THE LIFE AND ADVENTURES
OF
ROBINSON CRUSOE,
WRITTEN BY HIMSELF.

PARIS. — IMPRIMERIE DE TERZUOLO, SUCCESSEUR DE M. PLASSAN,
Rue de Vaugirard, n° 11.

ROBINSON CRUSOÉ,

PAR

DANIEL DE FOË.

TRADUCTION
DE PETRUS BOREL.

ENRICHI
DE LA VIE DE DANIEL DE FOË,
PAR PHILARÈTE CHASLES;

DE NOTICES SUR LE MATELOT SELKIRK, SUR SAINT-HYACINTHE, SUR L'ILE DE
JUAN-FERNANDEZ, SUR LES CARAÏBES ET LES FLIBUSTIERS,
PAR FERDINAND DENIS;

ET D'UNE DISSERTATION RELIGIEUSE,
PAR L'ABBÉ LA BOUDERIE,
VICAIRE-GÉNÉRAL D'AVIGNON.

ORNÉ DE **250** GRAVURES
SUR BOIS.

TOME SECOND.

PARIS,
FRANCISQUE BOREL ET ALEXANDRE VARENNE,
ÉDITEURS,
RUE DE SEINE-SAINT-GERMAIN, N° 16.

1836.

Le Vieux Capitaine Portugais.

Quand j'arrivai en Angleterre, j'étais parfaitement étranger à tout le monde, comme si je n'y eusse jamais été connu. Ma bienfaitrice, ma fidèle intendante à qui j'avais laissé en dépôt mon argent, vivait encore, mais elle avait essuyé de grandes infortunes dans le monde ; et, devenue

1

veuve pour la seconde fois, elle vivait chétivement. Je la mis à l'aise quant à ce qu'elle me devait, en lui donnant l'assurance que je ne la chagrinerais point. Bien au contraire, en reconnaissance de ses premiers soins et de sa fidélité envers moi, je l'assistai autant que le comportait mon petit avoir, qui pour lors, il est vrai, ne me permit pas de faire beaucoup pour elle. Mais je lui jurai que je garderais toujours souvenance de son ancienne amitié pour moi. Et vraiment je ne l'oubliai pas lorsque je fus en position de la secourir, comme on pourra le voir en son lieu.

Je m'en allai ensuite dans le Yorkshire. Mon père et ma mère étaient morts et toute ma famille éteinte, hormis de sœurs et deux enfants de l'un de mes frères. Comme depuis long-temps je passais pour mort, on ne m'avait rien réservé dans le partage. Bref je ne trouvai ni appui ni secours, et le petit capital que j'avais n'était pas suffisant pour fonder mon établissement dans le monde.

A la vérité je reçus une marque de gratitude à laquelle je ne m'attendais pas : le capitaine que j'avais si heureusement délivré avec son navire et sa cargaison, ayant fait à ses armateurs un beau récit de la manière dont j'avais sauvé le bâtiment et l'équipage, ils m'invitèrent avec quelques autres marchands intéressés à les venir voir, et touts ensemble ils m'honorèrent d'un fort gracieux compliment à ce sujet et d'un présent d'environ deux cents livres sterling.

Après beaucoup de réflexions sur ma position, et sur le peu de moyens que j'avais de m'établir dans le monde, je résolus de m'en aller à Lisbonne, pour voir si je ne pourrais pas obtenir quelques informations sur l'état de ma plantation au Brésil, et sur ce qu'était devenu mon PART-

NER, qui, j'avais tout lieu de le supposer, avait dû depuis bien des années me mettre au rang des morts.

Dans cette vue, je m'embarquai pour Lisbonne, où j'arrivai au mois d'avril suivant. Mon serviteur VENDREDI m'accompagna avec beaucoup de dévouement dans toutes ces courses, et se montra le garçon le plus fidèle en toute occasion.

Quand j'eus mis pied à terre à Lisbonne je trouvai après quelques recherches, et à ma toute particulière satisfaction, mon ancien ami le capitaine qui jadis m'avait accueilli en mer à la côte d'Afrique. Vieux alors, il avait abandonné la mer, après avoir laissé son navire à son fils, qui n'était plus un jeune homme, et qui continuait de commercer avec le Brésil. Le vieillard ne me reconnut pas, et au fait je le reconnaissais à peine; mais je me rétablis dans son souvenir aussitôt que je lui eus dit qui j'étais.

Après avoir échangé quelques expressions affectueuses de notre ancienne connaissance, je m'informai, comme on peut le croire, de ma plantation et de mon PARTNER. Le vieillard me dit: « — Je ne suis pas allé au Brésil depuis environ neuf ans; je puis néanmoins vous assurer que lors de mon dernier voyage votre PARTNER vivait encore, mais les curateurs que vous lui aviez adjoints pour avoir l'œil sur votre portion étaient morts tous les deux. Je crois cependant que vous pourriez avoir un compte très-exact du rapport de votre plantation; parce que, sur la croyance générale qu'ayant fait naufrage vous aviez été noyé, vos curateurs ont versé le produit de votre part de la plantation dans les mains du Procureur-Fiscal, qui en a assigné, — en cas que vous ne revinssiez jamais le réclamer, — un tiers au Roi et deux tiers au monastère de Saint-Augustin, pour être employés au soulagement des pauvres, et à la conversion des Indiens à la foi catholique. — Nonobstant, si vous vous présentiez, ou quelqu'un fondé de pouvoir, pour réclamer cet héritage, il serait restitué, excepté le revenu ou produit annuel, qui, ayant été affecté à des œuvres charitables, ne peut être reversible. Je vous assure que l'Intendant du Roi et le PROVEDOR, ou majordome du monastère, ont toujours eu grand soin que le bénéficier, c'est-à-dire votre PARTNER, leur rendit chaque année un compte fidèle du revenu total, dont ils ont dûment perçu votre moitié. »

Je lui demandai s'il savait quel accroissement avait pris ma plantation; s'il pensait qu'elle valût la peine de s'en occuper, ou si, allant sur les lieux, je ne rencontrerais pas d'obstacle pour rentrer dans mes droits à la moitié.

Il me répondit : — « Je ne puis vous dire exactement à quel point votre plantation s'est améliorée, mais je sais que votre PARTNER est devenu excessivement riche par la seule jouissance de sa portion. Ce dont j'ai meilleure souvenance, c'est d'avoir ouï dire que le tiers de votre portion, dévolu au Roi, et qui, ce me semble, a été octroyé à quelque monastère ou maison religieuse, montait à plus 200 MOIDORES par an. Quant à être rétabli en paisible possession de votre bien, cela ne fait pas de doute, votre PARTNER vivant encore pour témoigner de vos droits, et votre nom étant enregistré sur le cadastre du pays. » — Il me dit aussi : — « Les survivants de vos deux curateurs sont de très-probes et de très-honnêtes gens, fort riches, et je pense que non-seulement vous aurez leur assistance pour rentrer en possession, mais que vous trouverez entre leurs mains pour votre compte une somme très-considérable. C'est le produit de la plantation pendant que leurs pères en avaient la curatèle, et avant qu'ils s'en fussent dessaisis comme je vous le disais tout-à-l'heure, ce qui eut lieu, autant que je me le rappelle, il y a environ douze ans. »

A ce récit je montrai un peu de tristesse et d'inquiétude, et je demandai au vieux capitaine comment il était advenu que mes curateurs eussent ainsi disposé de mes biens, quand il n'ignorait pas que j'avais fait mon testament, et que je l'avais institué, lui, le capitaine portugais, mon légataire universel.

— « Cela est vrai, me répondit-il ; mais, comme il n'y avait point de preuves de votre mort, je ne pouvais agir comme exécuteur testamentaire jusqu'à ce que j'en eusse acquis quelque certitude. En outre, je ne me sentais pas porté à m'entremettre dans une affaire si lointaine. Toutefois j'ai fait enregistrer votre testament, et je l'ai revendiqué ; et, si j'eusse pu constater que vous étiez mort ou vivant, j'aurais agi par procuration, et pris possession de l'*engenho*, — c'est ainsi que les Portugais nomment une sucrerie — et j'aurais donné ordre de le faire à mon fils, qui était alors au Brésil.

—» Mais, poursuivit le vieillard, j'ai une autre nouvelle à vous donner, qui peut-être ne vous sera pas si agréable que les autres : c'est que, vous croyant perdu, et tout le monde le croyant aussi, votre PARTNER et vos curateurs m'ont offert de s'accommoder avec moi, en votre nom, pour le revenu des six ou huit premières années, lequel j'ai reçu. Cependant de grandes dépenses ayant été faites alors pour augmenter la plantation, pour bâtir un *engenho* et acheter des esclaves, ce produit ne s'est pas élevé à beaucoup près aussi haut que par la suite. Néanmoins je vous rendrai un compte exact de tout ce que j'ai reçu et de la manière dont j'en ai disposé. »

Après quelques jours de nouvelles conférences avec ce

vieil ami, il me remit un compte du revenu des six premières années de ma plantation, signé par mon PARTNER et mes deux curateurs, et qui lui avait toujours été livré en marchandises : telles que du tabac en rouleau, et du sucre en caisse, sans parler du *rum*, de la mélasphærule, produit obligé d'une sucrerie. Je reconnus par ce compte que le revenu s'accroissait considérablement chaque année ; mais, comme il a été dit précédemment, les dépenses ayant été grandes, le boni fut petit d'abord. Cependant, le vieillard me fit voir qu'il était mon débiteur pour 470 MOIDORES ; outre, 60 caisses de sucre et 15 doubles rouleaux de tabac, qui s'étaient perdus dans son navire, ayant fait naufrage en revenant à Lisbonne, environ onze ans après mon départ du Brésil.

Cet homme de bien se prit alors à se plaindre de ses malheurs, qui l'avaient contraint à faire usage de mon argent pour recouvrer ses pertes et acheter une part dans une autre navire. — « Quoi qu'il en soit, mon vieil ami, ajouta-t-il, vous ne manquerez pas de secours dans votre nécessité, et aussitôt que mon fils sera de retour, vous serez pleinement satisfait. »

Là-dessus il tira une vieille escarcelle, et me donna 160 MOIDORES portugais en or. Ensuite, me présentant les ...es de ses droits sur le bâtiment avec lequel son fils eta. llé au Brésil, et dans lequel il était intéressé pour un quart et son fils pour un autre, il me les remit tous entre les mains en nantissement du reste.

J'étais beaucoup trop touché de la probité et de la candeur de ce pauvre homme pour accepter cela ; et, me remémorant tout ce qu'il avait fait pour moi, comment il m'avait accueilli en mer, combien il en avait usé généreusement à mon égard en toute occasion, et combien surtout il se montrait en ce moment ami sincère, je fus sur le point de pleurer quand il m'adressait ces paroles. Aussi lui demandai-je d'abord si sa situation lui permettait de se dépouiller de tant d'argent à la fois, et si cela ne le gênerait point. Il me répondit qu'à la vérité cela pourrait le gêner un peu, mais que ce n'en était pas moins mon argent, et que j'en avais peut-être plus besoin que lui.

Tout ce que me disait ce galant homme était si affectueux que je pouvais à peine retenir mes larmes. Bref, je pris une centaine de MOIDORES, et lui demandai une plume et de l'encre pour lui en faire un reçu ; puis je lui rendis le reste, et lui dis : « — Si jamais je rentre en possession de ma plantation, je vous remettrai toute la somme, — comme effectivement je fis plus tard ; — et quant au titre de propriété de votre part sur le navire de votre fils, je ne veux en aucune façon l'accepter ; si je venais à avoir besoin d'argent, je vous tiens assez honnête pour me payer ; si au contraire je viens à palper celui que vous me faites espérer, je ne recevrai plus jamais un PENNY de vous. »

Quand ceci fut entendu, le vieillard me demanda s'il ne pourrait pas me servir en quelque chose dans la réclamation de ma plantation. Je lui dis que je pensais aller moi-même sur les lieux. — « Vous pouvez faire ainsi, reprit-il, si cela vous plaît ; mais, dans le cas contraire, il y a bien des moyens d'assurer vos droits et de recouvrer immédiatement la jouissance de vos revenus. » — Et, comme il se trouvait dans la rivière de Lisbonne des vaisseaux prêts à partir pour le Brésil, il me fit inscrire mon nom dans un registre public, avec une attestation de sa part, affirmant, sous serment, que j'étais en vie, et que j'étais bien la même personne qui avait entrepris autrefois le défrichement et la culture de ladite plantation.

A cette déposition régulièrement légalisée par un notaire, il me conseilla d'annexer une procuration, et de l'envoyer avec une lettre de sa main à un marchand de sa connaissance qui était sur les lieux. Puis il me proposa de demeurer avec lui jusqu'à ce que j'eusse reçu réponse.

Défaillance.

Il ne fut jamais rien de plus honorable que les procédés dont ma procuration fut suivie : car en moins de sept mois il m'arriva de la part des survivants de mes curateurs, les marchands pour le compte desquels je m'étais embarqué, un gros paquet contenant les lettres et papiers suivants :

1°. Il y avait un compte courant du produit de ma ferme ou plantation durant dix années, depuis que leurs pères avaient réglé avec mon vieux capitaine de Portugal; la balance semblait être en ma faveur de 1174 MOIDORES.

2°. Il y avait un compte de quatre années en sus, où les immeubles étaient restés entre leurs mains avant que le gouvernement en eût réclamé l'administration comme étant les biens d'une personne ne se retrouvant point, ce qui constitue Mort Civile. La balance de celui-ci, vu l'accroissement de la plantation, montait en cruzades à la valeur de 3241 MOIDORES.

3°. Il y avait le compte du Prieur des Augustins, qui, ayant perçu mes revenus pendant plus de quatorze ans, et ne devant pas me rembourser ce dont il avait disposé en faveur de l'hôpital, déclarait très-honnêtement qu'il avait encore entre les mains 872 MOIDORES et reconnaissait me les devoir. — Quant à la part du Roi, je n'en tirai rien.

Il y avait aussi une lettre de mon PARTNER me félicitant très-affectueusement de ce que j'étais encore de ce monde, et me donnant des détails sur l'amélioration de ma plantation, sur ce qu'elle produisait par an, sur la quantité d'acres qu'elle contenait, sur sa culture et sur le nombre d'esclaves qui l'exploitaient. Puis, faisant vingt-deux Croix en signe de bénédiction, il m'assurait qu'il avait dit autant d'AVE MARIA pour remercier la très-SAINTE-VIERGE de ce que je jouissais encore de la vie; et m'engageait fortement à venir moi-même prendre possession de ma propriété, ou à lui faire savoir en quelles mains il devait remettre mes biens, si je ne venais pas moi-même. Il finissait par de tendres et cordiales protestations de son amitié et de celle de sa famille, et m'adressait en présent sept belles peaux de léopards, qu'il avait sans doute reçues d'Afrique par quelque autre navire qu'il y avait envoyé, et qui apparemment avaient fait un plus heureux voyage que moi. Il m'adressait aussi cinq caisses d'excellentes confitures, et une centaine de pièces d'or non monnayées, pas tout-à-fait si grandes que des MOIDORES.

Par la même flotte mes curateurs m'expédièrent 1200 caisses de sucre, 800 rouleaux de tabac, et le solde de leur compte en or.

Je pouvais bien dire alors avec vérité que la fin de Job était meilleure que le commencement. Il serait impossible d'exprimer les agitations de mon cœur à la lecture de ces lettres, et surtout quand je me vis entouré de tous mes biens ; car les navires du Brésil venant toujours en flotte, les mêmes vaisseaux qui avaient apporté mes lettres avaient aussi apporté mes richesses, et mes marchandises étaient en sûreté dans le Tage avant que j'eusse la missive entre les mains. Bref, je devins pâle ; le cœur me tourna, et si le bon vieillard n'était accouru et ne m'avait apporté un cordial, je crois que ma joie soudaine aurait excédé ma nature, et que je serais mort sur la place.

Malgré cela, je continuai à aller fort mal pendant quelques heures, jusqu'à ce qu'on eût appelé un médecin, qui, apprenant la cause réelle de mon indisposition, ordonna de me faire saigner, après quoi je me sentis mieux et je me remis. Mais je crois véritablement que, si je n'avais été soulagé par l'air que de cette manière on donna pour ainsi dire à mes esprits, j'aurais succombé.

J'étais alors tout d'un coup maître de plus de 50,000 livres sterling en espèces, et au Brésil d'un domaine, je peux bien l'appeler ainsi, d'environ mille livres sterling de revenu annuel, et aussi sûr que peut l'être une propriété en Angleterre. En un mot, j'étais dans une situation que je pouvais à peine concevoir, et je ne savais quelles dispositions prendre pour en jouir.

Avant toutes choses, ce que je fis, ce fut de récompenser mon premier bienfaiteur, mon bon vieux capitaine, qui tout d'abord avait eu pour moi de la charité dans ma détresse, de la bonté au commencement de notre liaison et de la probité sur la fin. Je lui montrai ce qu'on m'envoyait, et lui dis qu'après la Providence céleste, qui dispose de toutes choses, c'était à lui que j'en étais redevable, et qu'il me restait à le récompenser, ce que je ferais au centuple. Je lui rendis donc premièrement les 100 MOIDORES que j'avais reçus de lui ; puis j'envoyai chercher un tabellion et je le priai de dresser en bonne et due forme une quittance générale ou décharge des 470 MOIDORES qu'il avait reconnu me devoir. Ensuite je lui demandai de me rédiger une procuration, l'investissant receveur des revenus annuels de ma plantation, et prescrivant à mon PARTNER de compter avec lui, et de lui faire en mon nom ses remises par les flottes ordinaires. Une clause finale lui assurait un don annuel de 100 MOIDORES sa vie durant, et à son fils, après sa mort, une rente viagère de 50 MOIDORES. C'est ainsi que je m'acquittai envers mon bon vieillard.

Je me pris alors à considérer de quel côté je gouvernerais ma course, et ce que je ferais du domaine que la Providence avait ainsi replacé entre mes mains. En vérité j'avais plus de soucis en tête que je n'en avais eus pendant ma vie silencieuse dans l'île, où je n'avais besoin que de ce que j'avais, où je n'avais que ce dont j'avais besoin ; tandis qu'à cette heure j'étais sous le poids d'un grand fardeau que je ne savais comment mettre à couvert. Je n'avais plus de caverne pour y cacher mon trésor, ni de lieu où il pût loger sans serrure et sans clef, et se ternir et se moisir avant que personne mît la main dessus. Bien au contraire, je ne savais où l'héberger, ni à qui le confier. Mon vieux patron, le capitaine, était, il est vrai, un homme intègre : ce fut lui mon seul refuge.

Secondement, mon intérêt semblait m'appeler au Brésil ; mais je ne pouvais songer à y aller avant d'avoir arrangé mes affaires, et laissé derrière moi ma fortune en mains sûres. Je pensai d'abord à ma vieille amie la veuve, que je savais honnête et ne pouvoir qu'être loyale envers moi ; mais alors elle était âgée, pauvre, et, selon toute apparence, peut-être endettée. Bref, je n'avais ainsi d'autre parti à prendre que de m'en retourner en Angleterre et d'emporter mes richesses avec moi.

Quelques mois pourtant s'écoulèrent avant que je me déterminasse à cela ; et c'est pourquoi, lorsque je me fus parfaitement acquitté envers mon vieux capitaine, mon premier bienfaiteur, je pensai aussi à ma pauvre veuve, dont le mari avait été mon plus ancien patron, et elle-même, tant qu'elle l'avait pu, ma fidèle intendante et ma directrice. Mon premier soin fut de charger un marchand de Lisbonne d'écrire à son correspondant à Londres, non pas seulement de lui payer un billet, mais d'aller la trouver et de lui remettre de ma part 100 livres sterling en espèces, de jaser avec elle, de la consoler dans sa pauvreté, en lui donnant l'assurance que, si Dieu me prêtait vie, elle aurait de nouveaux secours. En même temps j'envoyai dans leur province 100 livres sterling à chacune de mes sœurs, qui, bien qu'elles ne fussent pas dans le besoin, ne se trouvaient pas dans de très-heureuses circonstances, l'une étant veuve, et l'autre ayant un mari qui n'était pas aussi bon pour elle qu'il l'aurait dû.

Mais parmi tous mes parents ou connaissances, je ne pouvais faire choix de personne à qui j'osasse confier le gros de mon capital, afin que je pusse aller au Brésil et le laisser en sûreté derrière moi. Cela me jeta dans une grande perplexité.

J'eus une fois l'envie d'aller au Brésil et de m'y établir, car j'étais pour ainsi dire naturalisé dans cette contrée ; mais il s'éveilla en mon esprit quelques petits scrupules religieux qui insensiblement me détachèrent de ce dessein, dont il sera reparlé tout-à-l'heure. Toutefois ce n'était pas la dévotion qui pour lors me retenait ; comme je ne m'étais fait aucun scrupule de professer publiquement la religion du pays tout le temps que j'y avais séjourné, pourquoi ne l'eussé-je pas fait encore [1].

Non, comme je l'ai dit, ce n'était point là la principale cause qui s'opposât à mon départ pour le Brésil, c'était réellement parce que je ne savais à qui laisser mon avoir. Je me déterminai donc enfin à me rendre avec ma fortune en Angleterre, où, si j'y parvenais, je me promettais de faire quelque connaissance ou de trouver quelque parent qui ne serait point infidèle envers moi. En conséquence je me préparai à partir pour l'Angleterre avec toutes mes richesses.

A dessein de tout disposer pour mon retour dans ma patrie, — la flotte du Brésil étant sur le point de faire voile, — je résolus d'abord de répondre convenablement aux comptes justes et fidèles que j'avais reçus. J'écrivis premièrement au Prieur de Saint-Augustin une lettre de remerciment pour ses procédés sincères, et je le priai de vouloir bien accepter les 872 MOIDORES dont il n'avait point

[1] Voir à la Dissertation religieuse.

disposé ; d'en affecter 500 au monastère et 372 aux pauvres, comme bon lui semblerait. Enfin je me recommandai aux prières du révérend Père, et autres choses semblables.

J'écrivis ensuite une lettre d'action de grâces à mes deux curateurs, avec toute la reconnaissance que tant de droiture et de probité requérait. Quant à leur adresser un présent, ils étaient pour cela trop au-dessus de toutes nécessités.

Finalement j'écrivis à mon PARTNER, pour le féliciter de son industrie dans l'amélioration de la plantation et de son intégrité dans l'accroissement de la somme des productions. Je lui donnai mes instructions sur le gouvernement futur de ma part, conformément aux pouvoirs que j'avais laissés à mon vieux patron, à qui je le priai d'envoyer ce qui me reviendrait, jusqu'à ce qu'il eût plus particulièrement de mes nouvelles; l'assurant que mon intention était non-seulement d'aller le visiter, mais encore de m'établir au Brésil pour le reste de ma vie. A cela j'ajoutai pour sa femme et ses filles, — le fils du capitaine m'en avait parlé, — le fort galant cadeau de quelques soieries d'Italie, de deux pièces de drap fin anglais, le meilleur que je pus trouver dans Lisbonne, de cinq pièces de frise noire et de quelques dentelles de Flandres de grand prix.

Ayant ainsi mis ordre à mes affaires, vendu ma cargaison et converti tout mon avoir en bonnes lettres de change, mon nouvel embarras fut le choix de la route à prendre pour passer en Angleterre. J'étais assez accoutumé à la mer, et pourtant je me sentais alors une étrange aversion pour ce trajet ; et, quoique je n'en eusse pu donner la raison, cette répugnance s'accrut tellement, que je changeai d'avis, et fis rapporter mon bagage, embarqué pour le départ, non-seulement une fois, mais deux ou trois fois.

Il est vrai que mes malheurs sur mer pouvaient bien être une des raisons de ces appréhensions ; mais qu'en pareille circonstance nul homme ne méprise les fortes impulsions de ses pensées intimes. Deux des vaisseaux que j'avais choisis pour mon embarquement, j'entends plus particulièrement choisis qu'aucun autre ; car dans l'un j'avais fait porter toutes mes valises, et quant à l'autre j'avais fait marché avec le capitaine ; deux de ces vaisseaux, dis-je, furent perdus : le premier fut pris par les Algériens, le second fit naufrage vers le Start, près de Torbay, et, trois hommes exceptés, tout l'équipage se noya. Ainsi dans l'un ou l'autre de ces vaisseaux j'eusse trouvé le malheur. Et dans lequel le plus grand ? Il est difficile de le dire.

Le Guide attaqué par des Loups.

Mon esprit étant ainsi harassé par ces perplexités, mon vieux pilote, à qui je ne celais rien, me pria instamment de ne point aller sur mer, mais de me rendre par terre jusqu'à La Corogne, de traverser le golfe de Biscaye pour atteindre La Rochelle, d'où il était aisé de voyager sûrement par terre jusqu'à Paris, et de là de gagner Calais et Douvres, ou bien d'aller à Madrid et de traverser toute la France.

Bref, j'avais une telle appréhension de la mer, que, sauf de Calais à Douvres, je résolus de faire toute la route par terre ; comme je n'étais point pressé et que peu m'importait la dépense, c'était bien le plus agréable chemin. Pour qu'il le fût plus encore, mon vieux capitaine m'amena un Anglais, un GENTLEMAN, fils d'un négociant de Lisbonne, qui était désireux d'entreprendre ce voyage avec moi. Nous recueillîmes en outre deux marchands anglais et deux jeunes gentilshommes portugais : ces derniers n'allaient que jusqu'à Paris seulement. Nous étions en tout six maîtres et cinq serviteurs, les deux marchands et les deux Portugais se contentant d'un valet pour deux, afin de sauver la dépense. Quant à moi, pour le voyage je m'étais attaché un matelot anglais comme domestique, outre VENDREDI, qui était trop étranger pour m'en tenir lieu durant la route.

Nous partîmes ainsi de Lisbonne. Notre compagnie étant toute bien montée et bien armée, nous formions une petite troupe dont on me fit l'honneur de me nommer capitaine, parce que j'étais le plus âgé, que j'avais deux serviteurs, et qu'au fait j'étais la cause première du voyage.

Comme je ne vous ai point ennuyé de mes journaux de mer, je ne vous fatiguerai point de mes journaux de terre ; toutefois durant ce long et difficile voyage quelques aventures nous advinrent que je ne puis omettre.

Quand nous arrivâmes à Madrid, étant tous étrangers à l'Espagne, la fantaisie nous vint de nous y arrêter quelque temps pour voir la Cour et tout ce qui était digne d'observation ; mais, comme nous étions sur la fin de l'été, nous nous hâtâmes, et quittâmes Madrid environ au milieu d'octobre. En atteignant les frontières de la Navarre, nous fûmes alarmés en apprenant dans quelques villes le long du chemin que tant de neige était tombée sur le côté français des montagnes, que plusieurs voyageurs avaient été obligés de retourner à Pampelune, après avoir à grands risques tenté passage.

Arrivés à Pampelune, nous trouvâmes qu'on avait dit vrai ; et pour moi, qui avais toujours vécu sous un climat chaud, dans des contrées où je pouvais à peine endurer des vêtements, le froid fut insupportable. Au fait, il n'était pas moins surprenant que pénible d'avoir quitté dix jours auparavant la Vieille-Castille, où le temps était non-seulement chaud mais brûlant, et de sentir immédiatement le vent des Pyrénées si vif et si rude qu'il était insoutenable, et mettait nos doigts et nos orteils en danger d'être engourdis et gelés. C'était vraiment étrange.

Le pauvre VENDREDI fut réellement effrayé quand il vit ces montagnes toutes couvertes de neige et qu'il sentit le froid de l'air, choses qu'il n'avait jamais ni vues ni ressenties de sa vie.

Pour couper court, après que nous eûmes atteint Pampelune, il continua à neiger avec tant de violence et si long-temps, qu'on disait que l'hiver était venu avant son temps. Les routes, qui étaient déjà difficiles, furent alors tout-à-fait impraticables. En un mot, la neige se trouvait en quelques endroits trop épaisse pour qu'on pût voyager, et, n'étant point durcie par la gelée, comme dans les pays septentrionaux, on courait risque d'être enseveli vivant à chaque pas. Nous ne nous arrêtâmes pas moins de vingt jours à Pampelune ; mais, voyant que l'hiver s'approchait sans apparence d'adoucissement, — ce fut par toute l'Europe l'hiver le plus rigoureux qu'il y eût eu depuis nombre d'années, — je proposai d'aller à Fontarabie, et là de nous embarquer pour Bordeaux, ce qui n'était qu'un très-petit voyage.

Tandis que nous étions à délibérer là-dessus, il arriva quatre gentilshommes français, qui, ayant été arrêtés sur le côté français des passages comme nous sur le côté espagnol, avaient trouvé un guide qui, traversant le pays près la pointe du Languedoc, leur avait fait passer les montagnes par de tels chemins, que la neige les avait peu incommodés, et où, quand il y en avait en quantité, nous dirent-ils, elle était assez durcie par la gelée pour les porter eux et leurs chevaux.

Nous envoyâmes querir ce guide. — « J'entreprendrai de vous mener par le même chemin, sans danger quant à la neige, nous dit-il, pourvu que vous soyez assez bien armés pour vous défendre des bêtes sauvages; car durant ces grandes neiges il n'est pas rare que des loups, devenus enragés par le manque de nourriture, se fassent voir aux pieds des montagnes. » — Nous lui dîmes que nous étions suffisamment prémunis contre de pareilles créatures, s'il nous préservait d'une espèce de loups à deux jambes, que nous avions beaucoup à redouter, nous disait-on, particulièrement sur le côté français des montagnes.

Il nous affirma qu'il n'y avait point de danger de cette sorte par la route que nous devions prendre. Nous consentîmes donc sur-le-champ à le suivre. Le même parti fut pris par douze autres gentilshommes avec leurs domestiques, quelques-uns français, quelques-uns espagnols, qui, comme je l'ai dit, avaient tenté le voyage et s'étaient vus forcés de revenir sur leurs pas.

Conséquemment nous partîmes de Pampelune avec notre guide vers le 15 novembre, et je fus vraiment surpris quand, au lieu de nous mener en avant, je le vis nous faire rebrousser de plus de vingt milles, par la même route que nous avions suivie en venant de Madrid. Ayant passé deux rivières et gagné le pays plat, nous nous retrouvâmes dans un climat ch d, où le pays était agréable et où l'on ne voyait aucune trace de neige ; mais tout-à-coup, tournant à gauche, il nous ramena vers les montagnes par un autre chemin. Les rochers et les précipices étaient vraiment effrayants à voir ; cependant il fit tant de tours et de détours, et nous conduisit par des chemins si tortueux, qu'insensiblement nous passâmes le sommet des montagnes sans être trop incommodés par la neige. Et soudain il nous montra les agréables et fertiles provinces de Languedoc et de Gascogne, toutes vertes et fleurissantes, quoique, au fait, elles fussent à une grande distance et que nous eussions encore bien du mauvais chemin.

Nous eûmes pourtant un peu à décompter, quand tout un jour et une nuit nous vîmes neiger si fort que nous ne pouvions avancer. Mais notre guide nous dit de nous tranquilliser, que bientôt tout serait franchi. Nous nous apperçûmes en effet que nous descendions chaque jour, et que nous nous avancions plus au Nord qu'auparavant ; nous reposant donc sur notre guide, nous poursuivîmes.

Deux heures environ avant la nuit, notre guide était devant nous à quelque distance et hors de notre vue, quand soudain trois loups monstrueux, suivis d'un ours, s'élancèrent d'un chemin creux joignant un bois épais. Deux des loups se jetèrent sur le guide; et, s'il s'était trouvé seulement éloigné d'un demi-mille, il aurait été à coup sûr dévoré avant que nous eussions pu le secourir. L'un de ces animaux s'agrippa au cheval, et l'autre attaqua l'homme avec tant de violence, qu'il n'eut pas le temps ou la présence d'esprit de s'armer de son pistolet, mais il se prit à crier et à nous appeler de toute sa force. J'ordonnai à mon serviteur Vendredi, qui était près de moi, d'aller à toute bride voir ce qui se passait. Dès qu'il fut à portée de vue du guide il se mit à crier aussi fort que lui : — « O maître ! O maître ! » — Mais, comme un hardi compagnon, il galopa droit au pauvre homme, et déchargea son pistolet dans la tête du loup qui l'attaquait.

Par bonheur pour le pauvre guide, ce fut mon serviteur Vendredi qui vint à son aide ; car celui-ci, dans son pays, ayant été familiarisé avec cette espèce d'animal, fondit sur lui sans peur et tira son coup à bout portant ; au lieu que tout autre de nous aurait tiré de plus loin, et peut-être manqué le loup, ou couru le danger de frapper l'homme.

Il y avait là de quoi épouvanter un plus vaillant que moi ; et de fait toute la compagnie s'alarma quand avec la détonation du pistolet de Vendredi nous entendîmes des deux côtés les affreux hurlements des loups, et ces cris tellement redoublés par l'écho des montagnes, qu'on eût dit qu'il y en avait une multitude prodigieuse ; et peut-être en effet leur nombre légitimait-il nos appréhensions.

Quoi qu'il en fût, lorsque Vendredi eut tué ce loup, l'autre, qui s'était cramponné au cheval, l'abandonna sur-le-champ et s'enfuit. Fort heureusement, comme il l'avait attaqué à la tête, ses dents s'étaient fichées dans les bossettes de la bride, de sorte qu'il lui avait fait peu de mal. Mais l'homme était grièvement blessé : l'animal furieux lui avait fait deux morsures, l'une au bras et l'autre un peu au-dessus du genou, et il était juste sur le point d'être renversé par son cheval effrayé quand Vendredi accourut et tua le loup.

On imaginera facilement qu'au bruit du pistolet de VENDREDI nous forçâmes tous notre pas et galopâmes aussi vite que nous le permettait un chemin ardu, pour voir ce que cela voulait dire. Sitôt que nous eûmes passé les arbres qui nous offusquaient, nous vîmes clairement de quoi il s'agissait, et de quel mauvais pas VENDREDI avait tiré le pauvre guide, quoique nous ne pussions distinguer d'abord l'espèce d'animal qu'il avait tuée.

Mais jamais combat ne fut présenté plus hardiment et plus étrangement que celui qui suivit entre VENDREDI et l'ours, et qui, bien que nous eussions été premièrement surpris et effrayés, nous donna à tous le plus grand divertissement imaginable. — L'ours est un gros et pesant animal; il ne galope point comme le loup, alerte et léger; mais il possède deux qualités particulières, sur lesquelles généralement il base ses actions. Premièrement, il ne fait point sa proie de l'homme, non pas que je veuille dire que la faim extrême ne l'y puisse forcer, — comme dans le cas présent, la terre étant couverte de neige, — et d'ordinaire il ne l'attaque que lorsqu'il en est attaqué. Si vous le rencontrez dans les bois, et que vous ne vous mêliez pas de ses affaires, il ne se mêlera pas des vôtres. Mais ayez soin d'être très-galant avec lui et de lui céder la route; car c'est un GENTLEMAN fort chatouilleux, qui ne voudrait point faire un pas hors de son chemin, fût-ce pour un roi. Si réellement vous en êtes effrayé, votre meilleur parti est de détourner les yeux et de poursuivre; car par hasard si vous vous arrêtez, vous demeurez coi et le regardez fixement, il prendra cela pour un affront, et si vous lui jetiez ou lui lanciez quelque chose qui l'atteignit, ne serait-ce qu'un bout de bâton gros comme votre doigt, il le considérerait comme un outrage, et mettrait de côté tout autre affaire pour en tirer vengeance ; car il veut avoir satisfaction sur le point d'honneur : c'est là sa première qualité. La seconde, c'est qu'une fois offensé, il ne vous laissera ni jour ni nuit, jusqu'à ce qu'il ait sa revanche, et vous suivra, avec sa bonne grosse dégaine, jusqu'à ce qu'il vous ait atteint.

Mon serviteur VENDREDI, lorsque nous le joignîmes, avait délivré notre guide, et l'aidait à descendre de son cheval, car le pauvre homme était blessé et effrayé plus encore, quand soudain nous apperçûmes l'ours sortir du bois ; il était monstrueux, et de beaucoup le plus gros que j'eusse jamais vu. A son aspect nous fûmes tous un peu surpris ; mais nous démêlâmes aisément du courage et de la joie dans la contenance de VENDREDI. — « O ! O ! O ! s'écria-t-il trois fois, en le montrant du doigt, O maître ! vous me donner congé, moi donner une poignée de main à lui, moi vous faire vous bon rire. »

Vendredi montre à danser à l'Ours.

Je fus étonné de voir ce garçon si transporté. — « Tu es fou, lui dis-je, il te dévorera! » — « Dévorer moi! dévorer moi? répéta VENDREDI. Moi dévorer lui, moi faire vous bon rire; vous touts rester là, moi montrer vous bon rire. » — Aussitôt il s'assied à terre, en un tour de main ôte ses bottes, chausse une paire d'escarpins qu'il avait dans sa poche, donne son cheval à mon autre serviteur, et, armé de son fusil, se met à courir comme le vent.

L'ours se promenait tout doucement, sans songer à troubler personne, jusqu'à ce que Vendredi, arrivé assez près, se mit à l'appeler comme s'il pouvait le comprendre : — « Écoute ! écoute ! moi parler avec toi. » — Nous suivions à distance ; car, ayant alors descendu le côté des montagnes qui regardent la Gascogne, nous étions entrés dans une immense forêt dont le sol plat était rempli de clairières parsemées d'arbres çà et là.

Vendredi, qui était comme nous l'avons dit sur les talons de l'ours, le joignit promptement, ramassa une grosse pierre, la lui jeta et l'atteignit à la tête ; mais il ne lui fit pas plus de mal que s'il l'avait lancée contre un mur ; elle répondait cependant à ses fins, car le drôle était si exempt de peur, qu'il ne faisait cela que pour obliger l'ours à le poursuivre, et nous MONTRER BON RIRE, comme il disait.

Sitôt que l'ours sentit la pierre et apperçut Vendredi, il se retourna, et s'avança vers lui en faisant de longues et diaboliques enjambées, marchant tout de guingois et d'une si étrange allure, qu'il aurait fait prendre à un cheval le petit galot. Vendredi s'enfuit et porta sa course de notre côté, comme pour demander du secours. Nous résolûmes donc aussi de faire feu tous ensemble sur l'ours, afin de délivrer mon serviteur. J'étais cependant fâché de tout cœur contre lui, pour avoir ainsi attiré la bête sur nous lorsqu'elle allait à ses affaires par un autre chemin. J'étais surtout en colère de ce qu'il l'avait détournée et puis avait pris la fuite. Je l'appelai : « — Chien, lui dis-je, est-ce là nous faire rire ? Arrive ici et reprends ton bidet, afin que nous puissions faire feu sur l'animal. » — Il m'entendit et cria : — « Pas tirer ! pas tirer ! rester tranquille ; vous avoir beaucoup rire. » — Comme l'agile garçon faisait deux enjambées contre l'autre une, il tourna tout-à-coup de côté, et, appercevant un grand chêne propre pour son dessein, il nous fit signe de le suivre ; puis, redoublant de prestesse, il monta lestement sur l'arbre, ayant laissé son fusil sur la terre, à environ cinq ou six verges plus loin.

L'ours arriva bientôt vers l'arbre. Nous le suivions à distance. Son premier soin fut de s'arrêter au fusil et de le flairer ; puis, le laissant là, il s'agrippa à l'arbre et grimpa comme un chat, malgré sa monstrueuse pesanteur. J'étais étonné de la folie de mon serviteur, car j'envisageais cela comme tel ; et, sur ma vie, je ne trouvais là-dedans rien encore de risible, jusqu'à ce que, voyant l'ours monter à l'arbre, nous nous rapprochâmes de lui.

Quand nous arrivâmes Vendredi avait déjà gagné l'extrémité d'une grosse branche, et l'ours avait fait la moitié du chemin pour l'atteindre. Aussitôt que l'animal parvint à l'endroit où la branche était plus faible, — « Ah ! nous cria Vendredi, maintenant vous voir moi apprendre l'ours à danser. » — Et il se mit à sauter et à secouer la branche. L'ours, commençant alors à chanceler, s'arrêta court et se prit à regarder derrière lui pour voir comment il s'en retournerait, ce qui effectivement nous fit rire de tout cœur. Mais il s'en fallait de beaucoup que Vendredi eût fini avec lui. Quand il le vit se tenir coi, il l'appela de nouveau, comme s'il eût supposé que l'ours parlait anglais : — « Comment ! toi pas venir plus loin ? Moi prie toi venir plus loin. » — Il cessa donc de sauter et de remuer la branche ; et l'ours, juste comme s'il comprenait ce qu'il disait, s'avança un peu. Alors Vendredi se reprit à sauter, et l'ours s'arrêta encore.

Nous pensâmes alors que c'était un bon moment pour le frapper à la tête, et je criai à Vendredi de rester tranquille, que nous voulions tirer sur l'ours ; mais il répliqua vivement : — « O prie ! O prie ! pas tirer ; moi tirer près et alors. » — Il voulait dire tout-à-l'heure. Cependant, pour abréger l'histoire, Vendredi dansait tellement et l'ours se posait d'une façon si grotesque, que vraiment nous pâmions de rire. Mais nous ne pouvions encore concevoir ce que le camarade voulait faire. D'abord nous avions pensé qu'il comptait renverser l'ours ; mais nous vîmes que la bête était trop rusée pour cela : elle ne voulait pas avancer, de peur d'être jetée à bas, et s'accrochait si bien avec ses grandes griffes et ses grosses pattes, que nous ne pouvions imaginer quelle serait l'issue de ceci et où s'arrêterait la bouffonnerie.

Mais Vendredi nous tira bientôt d'incertitude. Voyant que l'ours se cramponnait à la branche et ne voulait point se laisser persuader d'approcher davantage : — « Bien, bien ! dit-il, toi pas venir plus loin, moi aller, moi aller ; toi pas venir à moi, moi aller à toi. » — Sur ce, il se retire jusqu'au bout de la branche, et, la faisant fléchir sous son poids, il s'y suspend et la courbe doucement jusqu'à ce qu'il soit assez près de terre pour tomber sur ses pieds; puis il court à son fusil, le ramasse et se plante là.

— Eh bien, lui dis-je, Vendredi, que voulez-vous faire maintenant ? Pourquoi ne tirez-vous pas ? » — « Pas tirer, répliqua-t-il, pas encore ; moi tirer maintenant, moi non tuer ; moi rester, moi donner vous encore un rire. » — Ce qu'il fit en effet, comme on le verra tout-à-l'heure.

— Quand l'ours vit son ennemi délogé, il déserta de la

branche où il se tenait, mais excessivement lentement, regardant derrière lui à chaque pas et marchant à reculons, jusqu'à ce qu'il eût gagné le corps de l'arbre. Alors, toujours l'arrière-train en avant, il descendit, s'agrippant au tronc avec ses griffes et ne remuant qu'une patte à la fois, très-posément. Juste à l'instant où il allait appuyer sa patte de derrière sur le sol, Vendredi s'avança sur lui, et, lui appliquant le canon de son fusil dans l'oreille, il le fit tomber roide mort comme une pierre.

Alors le maraud se retourna pour voir si nous n'étions pas à rire; et quand il lut sur nos visages que nous étions fort satisfaits, il poussa lui-même un grand ricanement, et nous dit : « Ainsi nous tue ours dans ma contrée. » — « Vous les tuez ainsi ? repris-je, comment! vous n'avez pas de fusils?» — « Non, dit-il, pas fusils; mais tirer grand beaucoup longues flèches. »

Ceci fut vraiment un bon divertissement pour nous; mais nous nous trouvions encore dans un lieu sauvage, notre guide était grièvement blessé, et nous savions à peine que faire. Les hurlements des loups retentissaient toujours dans ma tête; et, dans le fait, excepté le bruit que j'avais jadis entendu sur le rivage d'Afrique, et dont j'ai dit quelque chose déjà, je n'ai jamais rien ouï qui m'ait rempli d'une si grande horreur.

Ces raisons, et l'approche de la nuit, nous faisaient une loi de partir; autrement, comme l'eût souhaité Vendredi, nous aurions certainement dépouillé cette bête monstrueuse de sa robe, qui valait bien la peine d'être conservée; mais nous avions trois lieues à faire, et notre guide nous pressait. Nous abandonnâmes donc ce butin et poursuivîmes notre voyage.

La terre était toujours couverte de neige, bien que moins

épaisse et moins dangereuse que sur les montagnes. Des bêtes dévorantes, comme nous l'apprîmes plus tard, étaient descendues dans la forêt et dans le pays plat, pressées par la faim, pour chercher leur pâture, et avaient fait de grands ravages dans les hameaux, où elles avaient surpris les habitants, tué un grand nombre de leurs moutons et de leurs chevaux, et même quelques personnes.

Nous avions à passer un lieu dangereux dont nous parlait notre guide; s'il y avait encore des loups dans le pays, nous devions à coup sûr les rencontrer là. C'était une petite plaine, environnée de bois de tous les côtés, et un long et étroit défilé où il fallait nous engager pour traverser le bois et gagner le village, notre gîte.

Une demi-heure avant le coucher du soleil nous entrâmes dans le premier bois, et à soleil couché nous arrivâmes dans la plaine. Nous ne rencontrâmes rien dans ce premier bois, si ce n'est que dans une petite clairière, qui n'avait pas plus d'un quart de mille, nous vîmes cinq grands loups traverser la route en toute hâte, l'un après l'autre, comme s'ils étaient en chasse de quelque proie qu'ils avaient eu vue. Ils ne firent pas attention à nous, et disparurent en peu d'instants.

Là-dessus notre guide, qui, soit dit en passant, était un misérable poltron, nous recommanda de nous mettre en défense; il croyait que beaucoup d'autres allaient venir.

Nous tînmes nos armes prêtes et l'œil au guet; mais nous ne vîmes plus de loups jusqu'à ce que nous eûmes pénétré dans la plaine après avoir traversé ce bois, qui avait près d'une demi-lieue. Aussitôt que nous y fûmes arrivés, nous ne chômâmes pas d'occasion de regarder autour de nous. Le premier objet qui nous frappa ce fut un cheval mort, c'est-à-dire un pauvre cheval que les loups avaient tué. Au moins une douzaine d'entre eux étaient à la besogne, on ne peut pas dire en train de le manger, mais plutôt de ronger les os, car ils avaient dévoré toute la chair auparavant.

Nous ne jugeâmes point à propos de troubler leur festin, et ils ne prirent pas garde à nous. Vendredi aurait bien voulu tirer sur eux, mais je m'y opposai formellement, prévoyant que nous aurions sur les bras plus d'affaires semblables que nous ne nous y attendions. — Nous n'avions pas encore traversé la moitié de la plaine, quand, dans les bois, à notre gauche, nous commençâmes à entendre les loups hurler d'une manière effroyable, et aussitôt après nous en vîmes environ une centaine venir droit à nous, touts en corps, et la plupart d'entre eux en ligne, aussi régulièrement qu'une armée rangée par des officiers expérimentés. Je savais à peine que faire pour les recevoir. Il me sembla toutefois que le seul moyen était de nous serrer touts de front, ce que nous exécutâmes sur-le-champ. Mais, pour qu'entre les décharges nous n'eussions point trop d'intervalle, je résolus que seulement de deux hommes l'un ferait feu, et que les autres, qui n'auraient pas tiré, se tiendraient prêts à leur faire essuyer immédiatement une seconde fusillade s'ils continuaient d'avancer sur nous ; puis que ceux qui auraient lâché leur coup d'abord ne s'amuseraient pas à recharger leur fusil, mais s'armeraient chacun d'un pistolet, car nous étions touts munis d'un fusil et d'un paire de pistolets. Ainsi nous pouvions par cette tactique faire six salves, la moitié de nous tirant à la fois. Néanmoins, pour le moment, il n'y eut pas nécessité : à la première décharge les ennemis firent halte, épouvantés, stupéfiés du bruit autant que du feu. Quatre d'entre eux, frappés à la tête, tombèrent morts ; plusieurs autres furent blessés et se retirèrent tout sanglants, comme nous pûmes le voir par la neige. Ils s'étaient arrêtés, mais ils ne battaient point en retraite. Me ressouvenant alors d'avoir entendu dire que les plus farouches animaux étaient jetés dans l'épouvante à la voix de l'homme, j'enjoignis à tous nos compagnons de crier aussi haut qu'ils le pourraient, et je vis que le dicton n'était pas absolument faux ; car, à ce cri, les loups commencèrent à reculer et à faire volte-face. Sur le coup j'ordonnai de saluer leur arrière-garde d'une seconde décharge, qui leur fit prendre le galop, et ils s'enfuirent dans les bois.

Ceci nous donna le loisir de recharger nos armes, et, pour ne pas perdre de temps, nous le fîmes en marchant. Mais à peine eûmes-nous bourré nos fusils et repris la défensive, que nous entendîmes un bruit terrible dans le même bois, à notre gauche ; seulement c'était plus loin, en avant, sur la route que nous devions suivre.

Combat avec les Loups.

La nuit approchait et commençait à se faire noire, ce qui empirait notre situation; et, comme le bruit croissait, nous pouvions aisément reconnaître les cris et les hurlements de ces bêtes infernales. Soudain nous apperçûmes deux ou trois troupes de loups sur notre gauche, une derrière nous et une à notre front, de sorte que nous en semblions environnés. Néanmoins, comme elles ne nous assaillaient point, nous poussâmes en avant aussi vite que pouvaient aller nos chevaux, ce qui, à cause de l'âpreté du chemin, n'était tout bonnement qu'un grand trot. De cette manière nous vînmes au-delà de la plaine, en vue de l'entrée du bois à travers lequel nous devions passer; mais notre surprise fut grande quand, arrivés au défilé, nous apperçûmes, juste à l'entrée, un nombre énorme de loups à l'affût.

Tout-à-coup vers une autre percée du bois nous entendîmes la détonation d'un fusil; et comme nous regardions de ce côté, sortit un cheval, sellé et bridé, fuyant comme le vent, et ayant à ses trousses seize ou dix-sept loups haletants: en vérité il les avait sur ses talons. Comme nous ne pouvions supposer qu'il tiendrait à cette vitesse, nous ne mîmes pas en doute qu'ils finiraient par le joindre; infailliblement il en a dû être ainsi.

Un spectacle plus horrible encore vint alors frapper nos regards: ayant gagné la percée d'où le cheval était sorti, nous trouvâmes les cadavres d'un autre cheval et de deux hommes dévorés par ces bêtes cruelles. L'un de ces hommes était sans doute le même que nous avions entendu tirer une arme à feu, car il avait près de lui un fusil déchargé. Sa tête et la partie supérieure de son corps étaient rongées.

Cette vue nous remplit d'horreur, et nous ne savions où porter nos pas; mais ces animaux, alléchés par la proie, tranchèrent bientôt la question en se rassemblant autour de nous. Sur l'honneur, il y en avait bien trois cents! — Il se trouvait, fort heureusement pour nous, à l'entrée du bois, mais à une petite distance, quelques gros arbres propres à la charpente, abattus l'été d'auparavant, et qui, je le suppose, gisaient là en attendant qu'on les charriât. Je menai ma petite troupe au milieu de ces arbres, nous nous rangeâmes en ligne derrière le plus long, j'engageai tout le monde à mettre pied à terre, et, gardant ce tronc devant nous comme un parapet, à former un triangle ou trois fronts, renfermant nos chevaux dans le centre.

Nous fîmes ainsi et nous fîmes bien, car jamais il ne fut plus furieuse charge que celle qu'exécutèrent sur nous ces animaux quand nous fûmes en ce lieu : ils se précipitèrent en grondant, montèrent sur la pièce de charpente qui nous servait de parapet, comme s'ils se jetaient sur leur proie. Cette fureur, à ce qu'il paraît, était surtout excitée par la vue des chevaux placés derrière nous : c'était là la curée qu'ils convoitaient. J'ordonnai à nos hommes de faire feu comme auparavant, de deux hommes l'un, et ils ajustèrent si bien qu'ils tuèrent plusieurs loups à la première décharge ; mais il fut nécessaire de faire un feu roulant, car ils avançaient sur nous comme des diables, ceux de derrière poussant ceux de devant.

Après notre seconde fusillade, nous pensâmes qu'ils s'arrêteraient un peu, et j'espérais qu'ils allaient battre en retraite ; mais ce ne fut qu'une lueur, car d'autres s'élancèrent de nouveau. Nous fîmes donc nos salves de pistolets. Je crois que dans ces quatre décharges nous en tuâmes bien dix-sept ou dix-huit et que nous en estropiâmes le double. Néanmoins ils ne désemparaient pas.

Je ne me souciais pas de tirer notre dernier coup trop à la hâte. J'appelai donc mon domestique, non pas mon serviteur VENDREDI, il était mieux employé : durant l'engagement il avait, avec la plus grande dextérité imaginable, chargé mon fusil et le sien ; mais, comme je disais, j'appelai mon autre homme, et, lui donnant une corne à poudre, je lui ordonnai de faire une grande traînée le long de la pièce de charpente. Il obéit et n'avait eu que le temps de s'en aller, quand les loups y revinrent, et quelques-uns étaient montés dessus, lorsque moi, lâchant près de la poudre le chien d'un pistolet déchargé, j'y mis le feu. Ceux qui se trouvaient sur la charpente furent grillés, et six ou sept d'entre eux tombèrent ou plutôt sautèrent parmi nous, soit par la force ou par la peur du feu. Nous les dépêchâmes en un clin-d'œil ; et les autres furent si effrayés de cette explosion, que la nuit fort près alors d'être close rendit encore plus terrible, qu'ils se reculèrent un peu.

Là-dessus je commandai de faire une décharge générale de nos derniers pistolets, après quoi nous jetâmes un cri. Les loups alors nous montrèrent les talons, et aussitôt nous fîmes une sortie sur une vingtaine d'estropiés que nous trouvâmes se débattant par terre, et que nous taillâmes à coups de sabre, ce qui répondit à notre attente ; car les cris et les hurlements qu'ils poussèrent furent entendus par leurs camarades, si bien qu'ils prirent congé de nous et s'enfuirent.

Nous en avions en tout expédié une soixantaine, et si c'eût été en plein jour nous en aurions tué bien davantage. Le champ de bataille étant ainsi balayé, nous nous remîmes en route, car nous avions encore près d'une lieue à faire. Plusieurs fois chemin faisant nous entendîmes ces bêtes dévorantes hurler et crier dans les bois, et plusieurs fois nous nous imaginâmes en voir quelques-unes ; mais, nos yeux étant éblouis par la neige, nous n'en étions pas certains. Une heure après nous arrivâmes à l'endroit où nous devions loger. Nous y trouvâmes la population glacée d'effroi et sous les armes, car la nuit d'auparavant les loups et quelques ours s'étaient jetés dans le village et y avaient porté l'épouvante. Les habitants étaient forcés de faire le guet nuit et jour, mais surtout la nuit, pour défendre leur bétail et se défendre eux-mêmes.

Le lendemain notre guide était si mal et ses membres si enflés par l'apostème de ses deux blessures, qu'il ne put aller plus loin. Là nous fûmes donc obligés d'en prendre un nouveau pour nous conduire à Toulouse, où nous ne trouvâmes ni neige, ni loups, ni rien de semblable, mais un climat chaud et un pays agréable et fertile. Lorsque nous racontâmes notre aventure à Toulouse, on nous dit que rien n'était plus ordinaire dans ces grandes forêts au pied des montagnes, surtout quand la terre était couverte de neige. On nous demanda beaucoup quelle espèce de guide nous avions trouvé pour oser nous mener par cette route dans une saison si rigoureuse, et on nous dit qu'il était fort heureux que nous n'eussions pas été touts dévorés. Au récit que nous fîmes de la manière dont nous nous étions placés avec les chevaux au milieu de nous, on nous blâma excessivement, et on nous affirma qu'il y aurait eu cinquante à gager contre un que nous eussions dû périr; car c'était la vue des chevaux qui avait rendu les loups si furieux : ils les considéraient comme leur proie; qu'en toute autre occasion ils auraient été assurément effrayés de nos fusils; mais, qu'enrageant de faim, leur violente envie d'arriver jusqu'aux chevaux les avait rendus insensibles au danger, et si, par un feu roulant et à la fin par le stratagème de la traînée de poudre, nous n'en étions venus à bout, qu'il y avait gros à parier que nous aurions été mis en pièces; tandis que, si nous fussions demeurés tranquillement à cheval et eussions fait feu comme des cavaliers, ils n'auraient pas autant regardé les chevaux comme leur proie, voyant des hommes sur leur dos. Enfin on ajoutait que si nous avions mis pied à terre et avions abandonné nos chevaux, ils se seraient jetés dessus avec tant d'acharnement que nous aurions pu nous éloigner sains et saufs, surtout ayant en main des armes à feu et nous trouvant en si grand nombre.

Pour ma part, je n'eus jamais de ma vie un sentiment plus profond du danger ; car, lorsque je vis plus de trois cents de ces bêtes infernales, poussant des rugissements et la gueule béante, s'avancer pour nous dévorer, sans que nous eussions rien pour nous réfugier ou nous donner retraite, j'avais cru que c'en était fait de moi. N'importe ! je ne pense pas que je me soucie jamais de traverser les montagnes ; j'aimerais mieux faire mille lieues en mer, fussé-je sûr d'essuyer une tempête par semaine.

Rien qui mérite mention ne signala mon passage à travers la France, rien du moins dont d'autres voyageurs n'aient donné le récit infiniment mieux que je ne le saurais. Je me rendis de Toulouse à Paris ; puis, sans faire nulle part un long séjour, je gagnai Calais, et débarquai en bonne santé à Douvres, le 14 janvier, après avoir eu une âpre et froide saison pour voyager.

J'étais parvenu alors au terme de mon voyage, et en peu de temps j'eus autour de moi toutes mes richesses nouvellement recouvrées, les lettres de change dont j'étais porteur ayant été payées couramment.

Mon principal guide et conseiller privé ce fut ma bonne vieille veuve, qui, en reconnaissance de l'argent que je lui avais envoyé, ne trouvait ni peines trop grandes ni soins trop onéreux quand il s'agissait de moi. Je mis pour toutes choses ma confiance en elle si complétement, que je fus parfaitement tranquille quant à la sûreté de mon avoir ; et, par le fait, depuis le commencement jusqu'à la fin, je n'eus qu'à me féliciter de l'inviolable intégrité de cette bonne GENTLEWOMAN.

J'eus alors la pensée de laisser mon avoir à cette femme, et de passer à Lisbonne, puis de là au Brésil ; mais de nouveaux scrupules religieux vinrent m'en détourner [1]. — Je pris donc le parti de demeurer dans ma patrie, et, si j'en pouvais trouver le moyen, de me défaire de ma plantation [2].

Dans ce dessein j'écrivis à mon vieil ami de Lisbonne. Il me répondit qu'il trouverait aisément à vendre ma plantation dans le pays ; mais que, si je consentais à ce qu'au Brésil il l'offrît en mon nom aux deux marchands, les survivants de mes curateurs, que je savais fort riches, et qui, se trouvant sur les lieux, en connaissaient parfaitement la valeur, il était sûr qu'ils seraient enchantés d'en faire l'acquisition, et ne mettait pas en doute que je ne pusse en tirer au moins 4 ou 5,000 pièces de huit.

J'y consentis donc et lui donnai pour cette offre mes instructions, qu'il suivit. Au bout de huit mois, le bâtiment étant de retour, il me fit savoir que la proposition avait été acceptée, et qu'ils avaient adressé 33,000 pièces de huit à l'un de leurs correspondants à Lisbonne pour effectuer le paiement.

De mon côté je signai l'acte de vente en forme qu'on m'avait expédié de Lisbonne, et je le fis passer à mon vieil ami, qui m'envoya des lettres de change pour 32,800 pièces de huit [3], prix de ma propriété, se réservant le

---

[1] Voir à la Dissertation religieuse.

[2] Ce paragraphe et le fragment que nous renvoyons à la Dissertation ont été supprimés dans une édition contemporaine où l'on se borne au rôle de traducteur fidèle.

[3] La pièce de huit ou de huit testons, dont il a souvent été parlé dans

paiement annuel de 100 MOIDORES pour lui, et plus tard pour son fils celui viager de 50 MOIDORES [1], que je leur avais promis et dont la plantation répondait comme d'une rente inféodée. — Voici que j'ai donné la première partie de ma vie de fortune et d'aventures, vie qu'on pourrait appeler une MARQUETERIE DE LA PROVIDENCE, vie d'une bigarrure telle que le monde en pourra rarement offrir de semblable. Elle commença follement, mais elle finit plus heureusement qu'aucune de ses circonstances ne m'avait donné lieu de l'espérer.

le cours de cet ouvrage, est une pièce d'or portugaise valant environ 5 fr. 66 cent.

[1] Le MOIDORE, que les Français nomment NOBOB et les Portugais MOEDA-DOURO, est aussi une pièce d'or qui vaut environ 33 fr. 96 cent.   P. B.

Les deux Neveux.

On pensera que, dans cet état complet de bonheur, je renonçai à courir de nouveaux hasards, et il en eût été ainsi par le fait si mes alentours m'y eussent aidé; mais j'étais accoutumé à une vie vagabonde: je n'avais point de famille, point de parents; et, quoique je fusse riche, je n'avais pas fait beaucoup de connaissances. — Je m'étais défait de ma plantation au Brésil : cependant ce pays ne pouvait me sortir de la tête, et j'avais une grande envie de reprendre ma volée ; je ne pouvais surtout résister au violent désir que j'avais de revoir mon île, de savoir si les pauvres Espagnols l'habitaient, et comment les scélérats que j'y avais laissés en avaient usé avec eux[1].

Ma fidèle amie la veuve me déconseilla de cela, et m'influença si bien que pendant environ sept ans elle prévint mes courses lointaines. Durant ce temps je pris sous ma tutelle mes deux neveux, fils d'un de mes frères. L'aîné ayant quelque bien, je l'élevai comme un GENTLEMAN, et pour ajouter à son aisance je lui constituai un legs après ma mort. Le cadet, je le confiai à un capitaine de navire, et au bout de cinq ans, trouvant en lui un garçon judicieux, brave et entreprenant, je lui confiai un bon vaisseau et je l'envoyai en mer. Ce jeune homme m'entraîna moi-même plus tard, tout vieux que j'étais, dans de nouvelles aventures.

Cependant je m'établis ici en partie, car premièrement je me mariai, et cela non à mon désavantage ou à mon déplaisir. J'eus trois enfants, deux fils et une fille ; mais ma femme étant morte et mon neveu revenant à la maison après un fort heureux voyage en Espagne, mes inclinations à courir le monde et ses importunités prévalurent, et m'engagèrent à m'embarquer dans son navire comme simple négociant pour les Indes-Orientales. Ce fut en l'année 1694.

Dans ce voyage je visitai ma nouvelle colonie dans l'île, je vis mes successeurs les Espagnols, j'appris toute l'his-

---

[1] Dans l'édition où l'on se borne au rôle de traducteur fidèle, les cinq paragraphes, à partir de : J'EUS ALORS LA PENSÉE..., jusqu'à : MA FIDÈLE AMIE LA VEUVE..., ont été supprimés.   P. B.

toire de leur vie et celle des vauriens que j'y avais laissés : comment d'abord ils insultèrent les pauvres Espagnols, comment plus tard ils s'accordèrent, se brouillèrent, s'unirent et se séparèrent, et comment à la fin les Espagnols furent obligés d'user de violence; comment ils furent soumis par les Espagnols, combien les Espagnols en usèrent honnêtement avec eux. C'est une histoire, si elle était écrite, aussi pleine de variété et d'événements merveilleux que la mienne, surtout aussi quant à leurs batailles avec les CARIBES qui débarquèrent dans l'île, et quant aux améliorations qu'ils apportèrent à l'île elle-même. Enfin, j'appris encore comment trois d'entre eux firent une tentative sur la terre ferme et ramenèrent cinq femmes et onze hommes prisonniers, ce qui fit qu'à mon arrivée je trouvai une vingtaine d'enfants dans l'île.

J'y séjournai vingt jours environ et j'y laissai de bonnes provisions de toutes choses nécessaires, principalement des armes, de la poudre, des balles, des vêtements, des outils et deux artisans que j'avais amenés d'Angleterre avec moi, nommément un charpentier et un forgeron.

En outre je leur partageai le territoire : je me réservai la propriété de tout, mais je leur donnai respectivement telles parts qui leur convenaient. Ayant arrêté toutes ces choses avec eux et les ayant engagé à ne pas quitter l'île, je les y laissai.

De là je touchai au Brésil, d'où j'envoyai une embarcation que j'y achetai et de nouveaux habitants pour la colonie. En plus des autres subsides, je leur adressais sept femmes que j'avais trouvées propres pour le service ou pour le mariage si quelqu'un en voulait. Quant aux Anglais, je leur avais promis, s'ils voulaient s'adonner à la culture, de leur envoyer des femmes d'Angleterre avec une bonne cargaison d'objets de nécessité, ce que plus tard je ne pus effectuer. Ces garçons devinrent très-honnêtes et très-diligents après qu'on les eut domtés et qu'ils eurent établi à part leurs propriétés. Je leur expédiai aussi du Brésil cinq vaches dont trois près de vêler, quelques moutons et quelques porcs, qui lorsque je revins étaient considérablement multipliés.

Mais de toutes ces choses, et de la manière dont 300 CARIBES firent une invasion et ruinèrent leurs plantations; de la manière dont ils livrèrent contre cette multitude de Sauvages deux batailles, où d'abord ils furent défaits et perdirent un des leurs; puis enfin, une tempête ayant submergé les canots de leurs ennemis, de la manière dont ils les affamèrent, les détruisirent presque tous, restaurèrent leurs plantations, en reprirent possession et vécurent paisiblement dans l'île [1];

De toutes ces choses, dis-je, et de quelques incidents surprenants de mes nouvelles aventures durant encore dix années, je donnerai une relation plus circonstanciée ci-après.

Ce proverbe naïf si usité en Angleterre, CE QUI EST ENGENDRÉ DANS L'OS NE SORTIRA PAS DE LA CHAIR [2], ne s'est jamais mieux vérifié que dans l'histoire de ma vie. On pourrait penser qu'après trente-cinq années d'affliction et une multiplicité d'infortunes que peu d'hommes avant moi, pas un seul peut-être, n'avait essuyées, et qu'après environ sept années de paix et de jouissance dans l'abondance de toutes choses, devenu vieux alors, je devais être à même ou jamais d'apprécier tous les états de la vie moyenne et

---

[1] Dans l'édition où l'on se borne au rôle de traducteur fidèle, les cinq paragraphes précédents ont été supprimés.   P. B.

[2] What is bred in the bone will not go out of the flesh.

de connaître le plus propre à rendre l'homme complétement heureux. Après tout ceci, dis-je, on pourrait penser que la propension naturelle à courir, qu'à mon entrée dans le monde j'ai signalée comme si prédominante en mon esprit, était usée ; que la partie volatile de mon cerveau était évaporée ou tout au moins condensée, et qu'à soixante-et-un ans d'âge j'aurais le goût quelque peu casanier, et aurais renoncé à hasarder davantage ma vie et ma fortune.

Qui plus est, le commun motif des entreprises lointaines n'existait point pour moi : je n'avais point de fortune à faire, je n'avais rien à rechercher ; eussé-je gagné 10,000 livres sterling, je n'eusse pas été plus riche : j'avais déjà du bien à ma suffisance et à celle de mes héritiers, et ce que je possédais accroissait à vue d'œil ; car, n'ayant pas une famille nombreuse, je n'aurais pu dépenser mon revenu qu'en me donnant un grand train de vie, une suite brillante, des équipages, du faste et autres choses semblables, aussi étrangères à mes habitudes qu'à mes inclinations. Je n'avais donc rien à faire qu'à demeurer tranquille, à jouir pleinement de ce que j'avais acquis et à le voir fructifier chaque jour entre mes mains.

Aucune de ces choses cependant n'eut d'effet sur moi, ou du moins assez pour étouffer le violent penchant que j'avais à courir de nouveau le monde, penchant qui m'était inhérent comme une maladie chronique. Voir ma nouvelle plantation dans l'île, et la colonie que j'y avais laissée, était le désir qui roulait le plus incessamment dans ma tête. Je rêvais de cela toute la nuit et mon imagination s'en berçait tout le jour. C'était le point culminant de toutes mes pensées, et mon cerveau travaillait cette idée avec tant de fixité et de contention que j'en parlais dans mon sommeil. Bref, rien ne pouvait la bannir de mon esprit ; elle envahissait si tyranniquement touts mes entretiens, que ma conversation en devenait fastidieuse ; impossible à moi de parler d'autre chose : touts mes discours rabâchaient là-dessus jusqu'à l'impertinence, jusque là que je m'en apperçus moi-même.

J'ai souvent entendu dire à des personnes de grand sens que touts les bruits accrédités dans le monde sur les spectres et les apparitions sont dus à la force de l'imagination et au puissant effet de l'illusion sur nos esprits ; qu'il n'y a ni revenants, ni fantômes errants, ni rien de semblable ; qu'à force de repasser passionnément la vie et les mœurs de nos amis qui ne sont plus, nous nous les représentons si bien qu'il nous est possible en des circonstances extraordinaires de nous figurer les voir, leur parler et en recevoir des réponses, quand au fond dans tout cela il n'y a qu'ombre et vapeur. — Et par le fait, c'est chose fort incompréhensible.

Pour ma part, je ne sais encore à cette heure s'il y a de réelles apparitions, des spectres, des promenades de gens après leur mort, ou si dans toutes les histoires de ce genre qu'on nous raconte il n'y a rien qui ne soit le produit des vapeurs, des esprits malades et des imaginations égarées ; mais ce que je sais, c'est que mon imagination travaillait à un tel degré et me plongeait dans un tel excès de vapeurs, ou qu'on appelle cela comme on voudra, que souvent je me croyais être sur les lieux mêmes, à mon vieux château derrière les arbres, et voyais mon premier Espagnol, le père de Vendredi et les infâmes matelots que j'avais laissés dans l'île. Je me figurais même que je leur parlais ; et bien que je fusse tout-à-fait éveillé, je les regardais fixement comme s'ils eussent été en personne devant moi. J'en vins souvent à m'effrayer moi-même des objets qu'enfantait mon cerveau. — Une fois, dans mon sommeil, le premier Espagnol et le père de VENDREDI me peignirent si vivement la scélératesse des trois corsaires de matelots, que c'était merveille. Ils me racontaient que ces misérables avaient tenté cruellement de massacrer touts les Espagnols, et qu'ils avaient mis le feu aux provisions par eux amassées, à dessein de les réduire à l'extrémité et de les faire mourir de faim, choses qui ne m'avaient jamais été dites, et qui pourtant en fait étaient toutes vraies. J'en étais tellement frappé, et c'était si réel pour moi, qu'à cette heure je les voyais et ne pouvais qu'être persuadé que cela était vrai ou devait l'être. Aussi quelle n'était pas mon indignation quand l'Espagnol faisait ses plaintes, et comme je leur rendais justice en les traduisant devant moi et les condamnant touts trois à être pendus! On verra en son lieu ce que là-dedans il y avait de réel; car quelle que fût la cause de ce songe et quels que fussent les esprits secrets et familiers qui me l'inspirassent, il s'y trouvait, dis-je, toutefois beaucoup de choses exactes. J'avoue que ce rêve n'avait rien de vrai à la lettre et dans les particularités; mais l'ensemble en était si vrai, l'infâme et perfide conduite de ces trois fieffés coquins ayant été tellement au-delà de tout ce que je puis dire, que mon songe n'approchait que trop de la réalité, et que si plus tard je les eusse punis sévèrement et fait pendre touts, j'aurais été dans mon droit et justifiable devant Dieu et devant les hommes.

Mais revenons à mon histoire. Je vécus quelques années dans cette situation d'esprit : pour moi nulle jouissance de la vie, point d'heures agréables, de diversion attachante, qui ne tinssent en quelque chose à mon idée fixe; à tel point que ma femme, voyant mon esprit si uniquement préoccupé, me dit un soir très-gravement qu'à son avis j'étais sous le coup de quelque impulsion secrète et puissante de la Providence, qui avait décrété mon retour là-bas, et qu'elle ne voyait rien qui s'opposât à mon départ que mes obligations envers une femme et des enfants. Elle ajouta qu'à la vérité elle ne pouvait songer à aller avec moi; mais que, comme elle était sûre que si elle venait à mourir, ce voyage serait la première chose que j'entreprendrais, et que, comme cette chose lui semblait décidée là-haut, elle ne voulait pas être l'unique empêchement; car, si je le jugeais convenable et que je fusse résolu à partir.... Ici elle me vit si attentif à ses paroles et la regarder si fixement, qu'elle se déconcerta un peu et s'arrêta. Je lui demandai pourquoi elle ne continuait point et n'achevait pas ce qu'elle allait me dire ; mais je m'apperçus que son cœur était trop plein et que des larmes roulaient dans ses yeux.

Entretien de Robinson avec sa Femme.

Parlez, ma chère, lui dis-je, souhaitez-vous que je parte ? » — « Non, répondit-elle affectueusement, je suis loin de le désirer ; mais si vous êtes déterminé à partir, plutôt que d'y être l'unique obstacle, je partirai avec vous. Quoique je considère cela comme une chose déplacée pour quelqu'un de votre âge et dans votre position, si cela doit être, redisait-elle en pleurant, je ne vous abandonnerai point. Si c'est la volonté céleste, vous devez obéir. Point de résistance ; et si le Ciel vous fait un devoir de partir, il m'en fera un de vous suivre ; autrement il disposera de moi, afin que je ne rompe pas ce dessein. »

Cette conduite affectueuse de ma femme m'enleva un peu à mes vapeurs, et je commençai à considérer ce que je faisais. Je réprimai ma fantaisie vagabonde, et je me pris à discuter avec moi-même posément. — « Quel besoin as-tu, à plus de soixante ans, après une vie de longues souffrances et d'infortunes, close d'une si heureuse et si douce manière, quel besoin as-tu, me disais-je, de t'exposer à de nouveaux hasards, de te jeter dans des aventures qui conviennent seulement à la jeunesse et à la pauvreté? »

Dans ces sentiments, je réfléchis à mes nouveaux liens : j'avais une femme, un enfant, et ma femme en portait un autre ; j'avais tout ce que le monde pouvait me donner, et nullement besoin de chercher fortune à travers les dangers. J'étais sur le déclin de mes ans, et devais plutôt songer à quitter qu'à accroître ce que j'avais acquis. Quant à ce que m'avait dit ma femme, que ce penchant était une impulsion venant du Ciel, et qu'il serait de mon devoir de partir, je n'y eus point égard. Après beaucoup de considérations semblables, j'en vins donc aux prises avec le pouvoir de mon imagination, je me raisonnai pour m'y arracher, comme on peut toujours faire, il me semble, en pareilles circonstances, si on en a le vouloir. Bref je sortis vainqueur : je me calmai à l'aide des arguments qui se présentèrent à mon esprit, et que ma condition d'alors me fournissait en abondance. Particulièrement, comme la méthode la plus efficace, je résolus de me distraire par d'autres choses, et de m'engager dans quelque affaire qui pût me détourner complétement de toute excursion de ce genre ; car je m'étais aperçu que ces idées m'assaillaient principalement quand j'étais oisif, que je n'avais rien à faire ou du moins rien d'important immédiatement devant moi.

Dans ce but j'achetai une petite métairie dans le comté de Bedfort, et je résolus de m'y retirer. L'habitation était commode et les héritages qui en dépendaient susceptibles de grandes améliorations, ce qui sous bien des rapports me convenait parfaitement, amateur que j'étais de culture, d'économie, de plantation, d'améliorissement ; d'ailleurs, cette ferme se trouvant dans le cœur du pays, je n'étais plus à même de hanter la marine et les gens de mer et d'ouïr rien qui eût trait aux lointaines contrées du monde.

Bref, je me transportai à ma métairie, j'y établis ma famille, j'achetai charrues, herses, charrette, chariot, chevaux, vaches, moutons, et, me mettant sérieusement à l'œuvre, je devins en six mois un véritable GENTLEMAN campagnard. Mes pensées étaient totalement absorbées : c'étaient mes domestiques à conduire, des terres à cultiver, des clôtures, des plantations à faire.... Je jouissais, selon moi, de la plus agréable vie que la nature puisse nous départir, et dans laquelle puisse faire retraite un homme toujours nourri dans le malheur.

Comme je faisais valoir ma propre terre, je n'avais point de redevance à payer, je n'étais gêné par aucune clause, je pouvais tailler et rogner à ma guise. Ce que je plantais était pour moi-même, ce que j'améliorais pour ma famille. Ayant ainsi dit adieu aux aventures, je n'avais pas le moindre nuage dans ma vie pour ce qui est de ce monde.

Alors je croyais réellement jouir de l'heureuse médiocrité que mon père m'avait si instamment recommandée, une sorte d'existence céleste semblable à celle qu'a décrite le poëte en parlant de la vie pastorale :

Exempte de vice et de soins,
Jeunesse est sans écart, vieillesse sans besoins [1].

Mais au sein de toute cette félicité un coup inopiné de la Providence me renversa : non-seulement il me fit une blessure profonde et incurable, mais, par ses conséquences, il me fit faire une lourde rechute dans ma passion vagabonde. Cette passion, qui était pour ainsi dire née dans mon sang, eut bientôt repris tout son empire, et, comme le retour d'une maladie violente, elle revint avec une force irrésistible, tellement que rien ne fit plus impression sur moi. — Ce coup c'était la perte de ma femme.

Il ne m'appartient pas ici d'écrire une élégie sur ma femme, de retracer toutes ses vertus privées, et de faire ma cour au beau sexe par la flatterie d'une oraison funèbre. Elle était, soit dit en peu de mots, le support de toutes mes affaires, le centre de toutes mes entreprises, le bon génie qui par sa prudence me maintenait dans le cercle heureux où j'étais, après m'avoir arraché au plus extravagant et au plus ruineux projet où s'égarât ma tête. Et elle avait fait plus pour dompter mon inclination errante que les pleurs d'une mère, les instructions d'un père, les conseils d'un ami, ou que toute la force de mes propres raisonnements. J'étais heureux de céder à ses larmes, de m'attendrir à ses prières, et par sa perte je fus en ce monde au plus haut point brisé et désolé.

[1] Free from vices, free from care,
Age has no pains, and youth no snare.

Sitôt qu'elle me manqua le monde autour de moi me parut mal : j'y étais, me semblait-il, aussi étranger qu'au Brésil lorsque pour la première fois j'y abordai, et aussi isolé, à part l'assistance de mes domestiques, que je l'étais dans mon île. Je ne savais que faire ou ne pas faire. Je voyais autour de moi le monde occupé, les uns travaillant pour avoir du pain, les autres se consumant dans de vils excès ou de vains plaisirs, et également misérables, parce que le but qu'ils se proposaient fuyait incessamment devant eux. Les hommes de plaisir chaque jour se blasaient sur leurs vices, et s'amassaient une montagne de douleur et de repentir, et les hommes de labeur dépensaient leurs forces en efforts journaliers afin de gagner du pain de quoi soutenir ces forces vitales qu'exigeaient leurs travaux ; roulant ainsi dans un cercle continuel de peines, ne vivant que pour travailler, ne travaillant que pour vivre, comme si le pain de chaque jour était le seul but d'une vie accablante, et une vie accablante la seule voie menant au pain de chaque jour.

Cela réveilla chez moi l'esprit dans lequel je vivais en mon royaume, mon île, où je n'avais point laissé croître de blé au-delà de mon besoin, où je n'avais point nourri de chèvres au-delà de mon usage, où mon argent était resté dans le coffre jusque-là de s'y moisir, et avait eu à peine la faveur d'un regard pendant vingt années.

Si de toutes ces choses j'eusse profité comme je l'eusse dû faire et comme la raison et la religion me l'avaient dicté, j'aurais eu appris à chercher au-delà des jouissances humaine une félicité parfaite, j'aurais eu appris que, supérieur à elles, il y a quelque chose qui certainement est la raison et la fin de la vie, et que nous devons posséder ou tout au moins auquel nous devons aspirer sur ce côté-ci de la tombe.

Mais ma sage conseillère n'était plus là : j'étais comme un vaisseau sans pilote, qui ne peut que courir devant le vent. Mes pensées volaient de nouveau à leur ancienne passion, ma tête était totalement tournée par une manie d'aventures lointaines ; et touts les agréables et innocents amusements de ma métairie et de mon jardin, mon bétail, et ma famille, qui auparavant me possédaient tout entier, n'étaient plus rien pour moi, n'avaient plus d'attraits, comme la musique pour un homme qui n'a point d'oreilles, ou la nourriture pour un homme qui a le goût usé. En un mot, je résolus de me décharger du soin de ma métairie, de l'abandonner, de retourner à Londres : et je fis ainsi peu de mois après.

Arrivé à Londres, je me retrouvai aussi inquiet qu'auparavant, la ville m'ennuyait ; je n'y avais point d'emploi, rien à faire qu'à baguenauder, comme une personne oisive de laquelle on peut dire qu'elle est parfaitement inutile dans la création de Dieu, et que pour le reste de l'humanité il n'importe pas plus qu'un FARTHING [1] qu'elle soit morte ou vive. — C'était aussi de toutes les situations celle que je détestais le plus, moi qui avais usé mes jours dans une vie active ; et je me disais souvent à moi-même : L'ÉTAT D'OISIVETÉ EST LA LIE DE LA VIE. — Et en vérité je pensais que j'étais beaucoup plus convenablement occupé quand j'étais vingt-six jours à me faire une planche de sapin.

Nous entrions dans l'année 1693 quand mon neveu, dont j'avais fait, comme je l'ai dit précédemment, un marin et un commandant de navire, revint d'un court voyage à Bilbao, le premier qu'il eût fait. M'étant venu voir, il me conta que des marchands de sa connaissance lui avaient

---

[1] Un liard, un quart de denier sterling.

proposé d'entreprendre pour leurs maisons un voyage aux Indes-Orientales et à la Chine. — « Et maintenant, mon oncle, dit-il, si vous voulez aller en mer avec moi, je m'engage à vous débarquer à votre ancienne habitation dans l'île, car nous devons toucher au Brésil. »

Rien ne saurait être une plus forte démonstration d'une vie future et de l'existence d'un monde invisible que la coïncidence des causes secondes et des idées que nous formons en notre esprit tout-à-fait intimement, et que nous ne communiquons à pas une âme.

Mon neveu ignorait avec quelle violence ma maladie de courir le monde s'était de nouveau emparée de moi, et je ne me doutais pas de ce qu'il avait l'intention de me dire quand le matin même, avant sa visite, dans une très-grande confusion de pensées, repassant en mon esprit toutes les circonstances de ma position, j'en étais venu à prendre la détermination d'aller à Lisbonne consulter mon vieux capitaine ; et, si c'était raisonnable et praticable, d'aller voir mon île et ce que mon peuple y était devenu. Je me complaisais dans la pensée de peupler ce lieu, d'y transporter des habitants, d'obtenir une patente de possession, et je ne sais quoi encore, quand au milieu de tout ceci entra mon neveu, comme je l'ai dit, avec son projet de me conduire à mon île chemin faisant aux Indes-Orientales.

A cette proposition je me pris à réfléchir un instant, et le regardant fixement : — « Quel démon, lui dis-je, vous a chargé de ce sinistre message ? » — Mon neveu tressaillit, comme s'il eût été effrayé d'abord ; mais, s'appercevant que je n'étais pas très-fâché de l'ouverture, il se remit. — « J'espère, sir, reprit-il, que ce n'est point une proposition funeste ; j'ose même espérer que vous serez charmé de voir votre nouvelle colonie en ce lieu où vous régniez jadis avec plus de félicité que la plupart de vos frères les monarques de ce monde.

Bref, ce dessein correspondait si bien à mon humeur, c'est-à-dire à la préoccupation qui m'absorbait et dont j'ai déjà tant parlé, qu'en peu de mots je lui dis que je partirais avec lui s'il s'accordait avec les marchands, mais que je ne promettais pas d'aller au-delà de mon île. — « Pourquoi, SIR, dit-il ? vous ne désirez pas être laissé là de nouveau, j'espère. » — « Quoi ! répliquai-je, ne pouvez-vous pas me reprendre à votre retour ? » — Il m'affirma qu'il n'était pas possible que les marchands lui permissent de revenir par cette route, avec un navire chargé de si grandes valeurs, le détour étant d'un mois et pouvant l'être de trois ou quatre. — « D'ailleurs, SIR, ajouta-t-il, s'il me mésarrivait, et que je ne revinsse pas du tout, vous seriez alors réduit à la condition où vous étiez jadis. »

Proposition du Neveu.

C'était fort raisonnable ; toutefois nous trouvâmes l'un et l'autre un remède à cela. Ce fut d'embarquer à bord du navire un *sloop* tout façonné mais démonté en pièces, lequel, à l'aide de quelques charpentiers que nous convînmes d'emmener avec nous, pouvait être remonté dans l'île et achevé et mis à flot en peu de jours.

Je ne fus pas long à me déterminer, car réellement les importunités de mon neveu servaient si bien mon penchant, que rien ne m'aurait arrêté. D'ailleurs, ma femme étant morte, je n'avais personne qui s'intéressât assez à moi pour me conseiller telle voie ou telle autre, exception faite de ma vieille bonne amie la veuve, qui s'évertua pour me faire prendre en considération mon âge, mon aisance, l'inutile danger d'un long voyage, et, pardessus tout, mes jeunes enfants. Mais ce fut peine vaine : j'avais un désir irrésistible de voyager. — « J'ai la créance, lui dis-je, qu'il y a quelque chose de si extraordinaire dans les impressions qui pèsent sur mon esprit, que ce serait en quelque sorte résister à la Providence si je tentais de demeurer à la maison. » — Après quoi elle mit fin à ses remontrances et se joignit à moi non-seulement pour faire mes apprêts de voyage, mais encore pour régler mes affaires de famille en mon absence et pourvoir à l'éducation de mes enfants.

Pour le bien de la chose, je fis mon testament et disposai la fortune que je laissais à mes enfants de telle manière, et je la plaçai en de telles mains, que j'étais parfaitement tranquille et assuré que justice leur serait faite quoi qu'il pût m'advenir. Quant à leur éducation, je m'en remis entièrement à ma veuve, en la gratifiant pour ses soins d'une suffisante pension, qui fut richement méritée, car une mère n'aurait pas apporté plus de soins dans leur éducation ou ne l'eût pas mieux entendue. Elle vivait encore quand je revins dans ma patrie, et moi-même je vécus assez pour lui témoigner ma gratitude.

Mon neveu fut prêt à mettre à la voile vers le commencement de janvier 1694-5, et avec mon serviteur VENDREDI je m'embarquai aux Dunes le 8, ayant à bord, outre le *sloop* dont j'ai fait mention ci-dessus, un chargement très-considérable de toutes sortes de choses nécessaires pour ma colonie, que j'étais résolu de n'y laisser qu'autant que je la trouverais en bonne situation.

Premièrement j'emmenai avec moi quelques serviteurs que je me proposais d'installer comme habitants dans mon île, ou du moins de faire travailler pour mon compte pendant que j'y séjournerais, puis que j'y laisserais ou que je conduirais plus loin, selon qu'ils paraîtraient le désirer. Il y avait entre autres deux charpentiers, un forgeron, et un autre garçon fort adroit et fort ingénieux, tonnelier de son état, mais artisan universel, car il était habile à faire des roues et des moulins à bras pour moudre le grain, de plus bon tourneur et bon potier, et capable d'exécuter toute espèce d'ouvrages en terre ou en bois. Bref, nous l'appelions notre Jack-bon-à-tout.

Parmi eux se trouvait aussi un tailleur qui s'était présenté pour passer aux Indes-Orientales avec mon neveu, mais qui consentit par la suite à se fixer dans notre nouvelle colonie, et se montra le plus utile et le plus adroit compagnon qu'on eût su désirer, même dans beaucoup de choses qui n'étaient pas de son métier; car, ainsi que je l'ai fait observer autrefois, la nécessité nous rend industrieux.

Ma cargaison, autant que je puis m'en souvenir, car je n'en avais pas dressé un compte détaillé, consistait en une assez grande quantité de toiles et de légères étoffes anglaises pour habiller les Espagnols que je m'attendais à trouver dans l'île. A mon calcul il y en avait assez pour les vêtir confortablement pendant sept années. Si j'ai bonne mémoire, les marchandises que j'emportai pour leur habillement, avec les gants, chapeaux, souliers, bas et autres choses dont ils pourraient avoir besoin pour se couvrir, montaient à plus de 200 livres sterling, y compris quelques lits, couchers, et objets d'ameublement, particulièrement des ustensiles de cuisine, pots, chaudrons, vaisselle d'étain et de cuivre... : j'y avais joint en outre près de 100 livres sterling de ferronnerie, clous, outils de toute sorte, loquets, crochets, gonds ; bref, tout objet nécessaire auquel je pus penser.

J'emportai aussi une centaine d'armes légères, mousquets et fusils, de plus quelques pistolets, une grande quantité de balles de tout calibre, trois ou quatre tonneaux de plomb, deux pièces de canon d'airain, et comme j'ignorais pour combien de temps et pour quelles extrémités j'avais à me pourvoir, je chargeai cent barils de poudre, des épées, des coutelas et quelques fers de piques et de hallebardes ; si bien qu'en un mot nous avions un véritable arsenal de toute espèce de munitions. Je fis aussi emporter à mon neveu deux petites caronades en plus de ce qu'il lui fallait pour son vaisseau, à dessein de les laisser dans l'île si besoin était, afin qu'à notre débarquement nous pussions construire un Fort, et l'armer contre n'importe quel ennemi ; et par le fait dès mon arrivée, j'eus lieu de penser qu'il serait assez besoin de tout ceci et de beaucoup plus encore, si nous prétendions nous maintenir en possession de l'île, comme on le verra dans la suite de cette histoire.

Je n'eus pas autant de malencontre dans ce voyage que dans les précédents ; aussi aurai-je moins sujet de détourner le lecteur, impatient peut-être d'apprendre ce qu'il en était de ma colonie. Toutefois quelques accidents étranges, des vents contraires et du mauvais temps, qui nous advinrent à notre départ, rendirent la traversée plus longue que je ne m'y attendais d'abord ; et moi, qui n'avais jamais fait qu'un voyage, — mon premier voyage en Guinée, — que je pouvais dire s'être effectué comme il avait été conçu, je commençai à croire que la même fatalité m'attendait encore, et que j'étais né pour ne jamais être content à terre, et pour toujours être malheureux sur l'Océan.

Les vents contraires nous chassèrent d'abord vers le Nord, et nous fûmes obligés de relâcher à Galway en Irlande, où ils nous retinrent trente-deux jours ; mais dans cette mésaventure nous eûmes la satisfaction de trouver là des vivres excessivement à bon marché et en très-grande abondance ; de sorte que tout le temps de notre relâche, bien loin de toucher aux provisions du navire, nous y ajoutâmes plutôt. — Là je pris plusieurs porcs, et deux vaches avec leurs veaux, que, si nous avions une bonne traversée, j'avais dessein de débarquer dans mon île : mais nous trouvâmes occasion d'en disposer autrement

Nous quittâmes l'Irlande le 5 février, à la faveur d'un joli frais qui dura quelques jours. — Autant que je me le rappelle, c'était vers le 20 février, un soir, assez tard, le second, qui était de quart, entra dans la chambre du Conseil, et nous dit qu'il avait vu une flamme et entendu un coup de canon ; et tandis qu'il nous parlait de cela, un mouce vint nous avertir que le maître d'équipage en avait entendu un autre. Là-dessus nous courûmes tous sur le gaillard d'arrière, où nous n'entendîmes rien ; mais au bout de quelques minutes nous vîmes une grande lueur, et nous reconnûmes qu'il y avait au loin un feu terrible. Immédiatement nous eûmes recours à notre estime, et nous tombâmes tous d'accord que du côté où l'incendie se montrait il ne pouvait y avoir de terre qu'à non moins 500 lieues, car il apparaissait à l'Ouest-Nord-Ouest. Nous conclûmes alors que ce devait être quelque vaisseau incendié en mer, et les coups de canon que nous venions d'entendre nous firent présumer qu'il ne pouvait être loin. Nous fîmes voile directement vers lui, et nous eûmes bientôt la certitude de le découvrir ; parce que plus nous cinglions, plus la flamme grandissait, bien que de long-temps, le ciel étant brumeux, nous ne pûmes appercevoir autre chose que cette flamme. — Au bout d'une demi-heure de bon sillage, le vent nous étant devenu favorable, quoique assez faible, et le temps s'éclaircissant un peu, nous distinguâmes pleinement un grand navire en feu au milieu de la mer.

Je fus sensiblement touché de ce désastre, encore que je ne connusse aucunement les personnes qui s'y trouvaient plongées. Je me représentai alors mes anciennes infortunes, l'état où j'étais quand j'avais été recueilli par le capitaine portugais, et combien plus déplorable encore devait être celui des malheureuses gens de ce vaisseau, si quelque autre bâtiment n'allait avec eux de conserve. Sur ce, j'ordonnai immédiatement de tirer cinq coups de canon coup sur coup, à dessein de leur faire savoir, s'il était possible, qu'ils avaient du secours à leur portée, et afin qu'ils tâchassent de se sauver dans leur chaloupe ; car, bien que nous pussions voir la flamme dans leur navire, eux cependant, à cause de la nuit, ne pouvaient rien voir de nous.

Nous étions en panne depuis quelque temps, suivant seulement à la dérive le bâtiment embrâsé, en attendant le jour, quand soudain, à notre grande terreur, quoique nous eussions lieu de nous y attendre, le navire sauta en l'air, et s'engloutit aussitôt. Ce fut terrible, ce fut un douloureux spectacle, par la compassion qu'il nous donna de ces pauvres gens, qui, je le présumais, devaient touts avoir été détruits avec le navire ou se trouver dans la plus profonde détresse, jetés sur leur chaloupe au milieu de l'Océan : alternative d'où je ne pouvais sortir à cause de l'obscurité de la nuit. Toutefois, pour les diriger de mon mieux, je donnai l'ordre de suspendre touts les fanaux que nous avions à bord, et on tira le canon toute la nuit. Par là nous leur faisions connaître qu'il y avait un bâtiment dans ce parage.

Vers huit heures du matin, à l'aide de nos lunettes d'approche, nous découvrîmes les embarcations du navire incendié, et nous reconnûmes qu'il y en avait deux d'entre elles encombrées de monde et profondément enfoncées dans l'eau. Le vent leur étant contraire, ces pauvres gens ramaient, et, nous ayant vus, ils faisaient touts leurs efforts pour se faire voir aussi de nous.

Nous déployâmes aussitôt notre pavillon pour leur donner à connaître que nous les avions apperçus, et nous leur adressâmes un signal de ralliement ; puis nous forçâmes de voile, portant le cap droit sur eux. En un peu plus d'une demi-heure nous les joignîmes, et, bref, nous les accueillîmes touts à bord ; ils n'étaient pas moins de soixante-quatre, tant hommes que femmes et enfants ; car il y avait un grand nombre de passagers.

« Enfin nous apprîmes que c'était un vaisseau marchand français de 300 tonneaux, s'en retournant de Québec, sur la rivière du Canada. Le capitaine nous fit un long récit de la détresse de son navire. Le feu avait commencé à la timonnerie, par la négligence du timonier. A son appel au secours il avait été, du moins tout le monde le croyait-il, entièrement éteint. Mais bientôt on s'était apperçu que quelques flammèches avaient gagné certaines parties du bâtiment, où il était si difficile d'arriver, qu'on n'avait pu complétement les éteindre. Ensuite le feu, s'insinuant entre les couples et dans le vaigrage du vaisseau, s'était étendu jusqu'à la cale, et avait bravé touts les efforts et toute l'habileté qu'on avait pu faire éclater.

Ils n'avaient eu alors rien autre à faire qu'à se jeter dans leurs embarcations, qui, fort heureusement pour eux, se trouvaient assez grandes. Ils avaient leur chaloupe, un grand canot et de plus un petit esquif qui ne leur avait servi qu'à recevoir des provisions et de l'eau douce, après qu'ils s'étaient mis en sûreté contre le feu. Toutefois ils n'avaient que peu d'espoir pour leur vie en entrant dans ces barques à une telle distance de toute terre; seulement, comme ils le disaient bien, ils avaient échappé au feu, et il n'était pas impossible qu'un navire les rencontrât et les prît à son bord.

Le Vaisseau Incendié.

Ils avaient des voiles, des rames et une boussole, et se préparaient à mettre le cap en route sur Terre-Neuve, le vent étant favorable, car il soufflait un joli frais Sud-Est quart-Est. Ils avaient en les ménageant assez de provisions et d'eau pour ne pas mourir de faim pendant environ douze jours, au bout desquels, s'ils n'avaient point de mauvais temps et de vents contraires, le capitaine disait qu'il espérait atteindre les bancs de Terre-Neuve, où ils pourraient sans doute pêcher du poisson pour se soutenir jusqu'à ce qu'ils eussent gagné la terre. Mais il y avait dans tous les cas tant de chances contre eux, les tempêtes pour les renverser et les engloutir, les pluies et le froid pour engourdir et geler leurs membres, les vents contraires pour les arrêter et les faire périr par la famine, que s'ils eussent échappé c'eût été presque miraculeux.

Au milieu de leurs délibérations, comme ils étaient tous abattus et prêts à se désespérer, le capitaine me conta, les larmes aux yeux, que soudain ils avaient été surpris joyeusement en entendant un coup de canon, puis quatre autres. C'étaient les cinq coups de canon que j'avais fait tirer aussitôt que nous eûmes apperçu la lueur. Cela les avait rendus à leur courage, et leur avait fait savoir, — ce qui, je l'ai dit précédemment, était mon dessein, — qu'il se trouvait là un bâtiment à portée de les secourir.

En entendant ces coups de canon ils avaient calé leurs mâts et leurs voiles; et, comme le son venait du vent, ils avaient résolu de rester en panne jusqu'au matin. Ensuite, n'entendant plus le canon, ils avaient à de longs intervalles déchargé trois mousquets; mais, comme le vent nous était contraire, la détonation s'était perdue.

Quelque temps après ils avaient été encore plus agréablement surpris par la vue de nos fanaux et par le bruit du canon, que j'avais donné l'ordre de tirer tout le reste de la nuit. A ces signaux ils avaient forcé de rames pour maintenir leurs embarcations debout-au-vent, afin que nous pussions les joindre plus tôt, et enfin, à leur inexprimable joie, ils avaient reconnu que nous les avions découverts.

Il m'est impossible de peindre les différents gestes, les extases étranges, la diversité de postures, par lesquels ces pauvres gens, à une délivrance si inattendue, manifestaient la joie de leurs âmes. L'affliction et la crainte se peuvent décrire aisément : des soupirs, des gémissements et quelques mouvements de tête et de mains en font toute la variété ; mais une surprise de joie, mais un excès de joie entraîne à mille extravagances. — Il y en avait en larmes, il y en avait qui faisaient rage et se déchiraient eux-mêmes comme s'ils eussent été dans la plus douloureuse agonie ; quelques-uns, tout-à-fait en délire, étaient de véritables lunatiques ; d'autres couraient çà et là dans le navire en frappant du pied ; d'autres se tordaient les mains, d'autres dansaient, plusieurs chantaient, quelques-uns riaient, beaucoup criaient ; quantité, absolument muets, ne pouvaient proférer une parole ; ceux-ci étaient malades et vomissaient, ceux-là en pâmoison étaient près de tomber en défaillance ; — un petit nombre se signaient et remerciaient Dieu.

Je ne veux faire tort ni aux uns ni aux autres ; sans doute beaucoup rendirent grâces par la suite, mais tout d'abord la commotion, trop forte pour qu'ils pussent la maîtriser, les plongea dans l'extase et dans une sorte de frénésie ; et il n'y en eut que fort peu qui se montrèrent graves et dignes dans leur joie.

Peut-être aussi le caractère particulier de la nation à laquelle ils appartenaient y contribua-t-il ; j'entends la nation française, dont l'humeur est réputée plus volatile, plus passionnée, plus ardente et l'esprit plus fluide que chez les autres nations. — Je ne suis pas assez philosophe pour en déterminer la source, mais rien de ce que j'avais vu jusqu'alors n'égalait cette exaltation. Le ravissement du pauvre Vendredi, mon fidèle Sauvage, en retrouvant son père dans la pirogue, est ce qui s'en approchait le plus; la surprise du capitaine et de ses deux compagnons que je délivrai des deux scélérats qui les avaient débarqués dans l'île, y ressemblait quelque peu aussi : néanmoins rien ne pouvait entrer en comparaison, ni ce que j'avais observé chez Vendredi, ni ce que j'avais observé partout ailleurs durant ma vie.

Il est encore à remarquer que ces extravagances ne se montraient point, sous les différentes formes dont j'ai fait mention, chez différentes personnes uniquement, mais que toute leur multiplicité apparaissait en une brève succession d'instants chez un seul même individu. Tel homme que nous voyions muet, et, pour ainsi dire, stupide et confondu, à la minute suivante dansait et criait comme un baladin; le moment d'ensuite il s'arrachait les cheveux, mettait ses vêtements en pièces, les foulait aux pieds comme un furibond; peu après, tout en larmes, il se trouvait mal, il s'évanouissait, et s'il n'eût reçu de prompts secours, encore quelques secondes et il était mort. Il en fut ainsi, non pas d'un ou de deux, de dix ou de vingt, mais de la majeure partie; et, si j'ai bonne souvenance, à plus de trente d'entre eux notre chirurgien fut obligé de tirer du sang.

Il y avait deux prêtres parmi eux, l'un vieillard, l'autre jeune homme; et, chose étrange! le vieillard ne fut pas le plus sage.

Dès qu'il mit le pied à bord de notre bâtiment et qu'il se vit en sûreté, il tomba, en toute apparence, roide mort comme une pierre; pas le moindre signe de vie ne se manifestait en lui. Notre chirurgien lui appliqua immédiatement les remèdes propres à rappeler ses esprits; il était le seul du navire qui ne le croyait pas mort. A la fin il lui ouvrit une veine au bras, ayant premièrement massé et frotté la place pour l'échauffer autant que possible. Le sang, qui n'était d'abord venu que goutte à goutte, coula assez abondamment. En trois minutes l'homme ouvrit les yeux, un quart d'heure après il parla, se trouva mieux et au bout de peu de temps tout-à-fait bien. Quand la saignée fut arrêtée il se promena, nous assura qu'il allait à merveille, but un trait d'un cordial que le chirurgien lui offrit, et recouvra, comme on dit, toute sa connaissance. — Environ un quart d'heure après on accourut dans la cabine avertir le chirurgien, occupé à saigner une femme française évanouie, que le prêtre était devenu entièrement insensé. Sans doute en repassant dans sa tête la vicissitude de sa position, il s'était replongé dans un transport de joie; et, ses esprits circulant plus vite que les vaisseaux ne le comportaient, la fièvre avait enflammé son sang, et le bon homme était devenu aussi convenable pour BEDLAM[1] qu'aucune des créatures qui jamais y furent envoyées. En cet état le chirurgien ne voulut pas le saigner de nouveau; mais il lui donna quelque chose pour l'assoupir et l'endormir qui opéra sur lui assez promptement, et le lendemain matin il s'éveilla calme et rétabli.

Le plus jeune prêtre sut parfaitement maîtriser son émotion, et fut réellement un modèle de gravité et de retenue. Aussitôt arrivé à bord du navire il s'inclina, il se prosterna pour rendre grâces de sa délivrance. Dans cet élancement j'eus malheureusement la maladresse de le troubler, le croyant véritablement évanoui; mais il me parla avec calme, me remercia, me dit qu'il bénissait Dieu de

---

[1] Hôpital des fous.

son salut, me pria de le laisser encore quelques instants, ajoutant qu'après son Créateur je recevrais aussi ses bénédictions.

Je fus profondément contrit de l'avoir troublé ; et non-seulement je m'éloignai, mais encore j'empêchai les autres de l'interrompre. Il demeura dans cette attitude environ trois minutes, ou un peu plus, après que je me fus retiré ; puis il vint à moi, comme il avait dit qu'il ferait, et avec beaucoup de gravité et d'affection, mais les larmes aux yeux, il me remercia de ce qu'avec la volonté de Dieu je lui avais sauvé la vie ainsi qu'à tant de pauvres infortunés. Je lui répondis que je ne l'engagerais point à en témoigner sa gratitude à Dieu plutôt qu'à moi, n'ignorant pas que déjà c'était chose faite ; puis j'ajoutai que nous n'avions agi que selon ce que la raison et l'humanité dictent à touts les hommes, et qu'autant que lui nous avions sujet de glorifier Dieu qui nous avait bénis jusque là de nous faire les instruments de sa miséricorde envers un si grand nombre de ses créatures.

Après cela le jeune prêtre se donna tout entier à ses compatriotes : il travailla à les calmer, il les exhorta, il les supplia, il discuta et raisonna avec eux, et fit tout son possible pour les rappeler à la saine raison. Avec quelques-uns il réussit ; quant aux autres, d'assez long temps ils ne rentrèrent en puissance d'eux-mêmes.

Je me suis laissé aller complaisamment à cette peinture, dans la conviction qu'elle ne saurait être inutile à ceux sous les yeux desquels elle tombera, pour le gouvernement de leurs passions extrêmes ; car si un excès de joie peut entraîner l'homme si loin au-delà des limites de la raison, où ne nous emportera pas l'exaltation de la colère, de la fureur, de la vengeance ? Et par le fait j'ai vu là-dedans combien nous devions rigoureusement veiller sur toutes nos passions, soient-elles de joie et de bonheur, soient-elles de douleur et de colère.

Nous fûmes un peu bouleversés le premier jour par les extravagances de nos nouveaux hôtes ; mais quand ils se furent retirés dans les logements qu'on leur avait préparés aussi bien que le permettait notre navire, fatigués, brisés par l'effroi, ils s'endormirent profondément pour la plupart, et nous retrouvâmes en eux le lendemain une tout autre espèce de gens.

Point de courtoisies, point de démonstrations de reconnaissance qu'ils ne nous prodiguèrent pour les bons offices que nous leur avions rendus : les Français, on ne l'ignore pas, sont naturellement portés à donner dans l'excès de ce côté-là. — Le capitaine et un des prêtres m'abordèrent le jour suivant, et, désireux de s'entretenir avec moi et mon neveu le commandant, ils commencèrent par nous consulter sur nos intentions à leur égard. D'abord ils nous dirent que, comme nous leur avions sauvé la vie, tout ce qu'ils possédaient ne serait que peu en retour du bienfait qu'ils avaient reçu. Puis le capitaine nous déclara qu'ils avaient à la hâte arraché aux flammes et mis en sûreté dans leurs embarcations de l'argent et des objets de valeur, et que si nous voulions l'accepter ils avaient mission de nous offrir le tout ; seulement qu'ils désiraient être mis à terre, sur notre route, en quelque lieu où il ne leur fût point impossible d'obtenir passage pour la France.

Mon neveu tout d'abord ne répugnait pas à accepter leur argent, quitte à voir ce qu'on ferait d'eux plus tard ; mais je l'en détournai, car je savais ce que c'était que d'être déposé à terre en pays étranger. Si le capitaine portugais qui m'avait recueilli en mer avait agi ainsi envers moi, et avait pris pour la rançon de ma délivrance tout ce que je possédais, il m'eût fallu mourir de faim ou devenir esclave au Brésil comme je l'avais été en Barbarie, à la seule différence que je n'aurais pas été à vendre à un Mahométan; et rien ne dit qu'un Portugais soit meilleur maître qu'un Turc, voire même qu'il ne soit pire en certains cas.

Requête des Incendiés.

Je répondis donc au capitaine français : — « A la vérité nous vous avons secourus dans votre détresse ; mais c'était notre devoir, parce que nous sommes vos semblables, et que nous désirerions qu'il nous fût ainsi fait si nous nous trouvions en pareille ou en toute autre extrémité. Nous avons agi envers vous comme nous croyons que vous eussiez agi envers nous si nous avions été dans votre situation et vous dans la nôtre. Nous vous avons accueillis à bord pour vous assister, et non pour vous dépouiller ; ce serait une chose des plus barbares que de vous prendre le peu que vous avez sauvé des flammes, puis de vous mettre à terre et de vous abandonner ; ce serait vous avoir premièrement arrachés aux mains de la mort pour vous tuer ensuite nous-mêmes, vous avoir sauvés du naufrage pour vous faire mourir de faim. Je ne permettrai donc pas qu'on accepte de vous la moindre des choses. — Quant à vous déposer à terre, ajoutai-je, c'est vraiment pour nous d'une difficulté extrême ; car le bâtiment est chargé pour les Indes-Orientales ; et quoique à une grande distance du côté de l'Ouest, nous soyons entraînés hors de notre course, ce que peut-être le ciel a voulu pour votre délivrance, il nous est néanmoins absolument impossible de changer notre voyage à votre considération particulière. Mon neveu, le capitaine, ne pourrait justifier cela envers ses affréteurs, avec lesquels il s'est engagé par une charte-partie à se rendre à sa destination par la route du Brésil. Tout ce qu'à ma connaissance il peut faire pour vous, c'est de nous mettre en passe de rencontrer des navires revenant des Indes-Occidentales, et, s'il est possible, de vous faire accorder passage pour l'Angleterre ou la France. »

La première partie de ma réponse était si généreuse et si obligeante qu'ils ne purent que m'en rendre grâces, mais ils tombèrent dans une grande consternation, surtout les passagers, à l'idée d'être emmenés aux Indes-Orientales. Ils me supplièrent, puisque j'étais déjà entraîné si loin à l'Ouest avant de les rencontrer, de vouloir bien au moins tenir la même route jusqu'aux Bancs de Terre-Neuve, où sans doute je rencontrerais quelque navire ou quelque *sloop* qu'ils pourraient prendre à louage pour retourner au Canada, d'où ils venaient.

Cette requête ne me parut que raisonnable de leur part, et j'inclinais à l'accorder; car je considérais que, par le fait, transporter tout ce monde aux Indes-Orientales serait non-seulement agir avec trop de dureté envers de pauvres gens, mais encore serait la ruine complète de notre voyage, par l'absorption de toutes nos provisions. Aussi pensai-je que ce n'était point là une infraction à la charte-partie, mais une nécessité qu'un accident imprévu nous imposait, et que nul ne pouvait nous imputer à blâme; car les lois de Dieu et de la nature nous avaient enjoint d'accueillir ces deux bateaux pleins de gens dans une si profonde détresse, et la force des choses nous faisait une obligation, envers nous comme envers ces infortunés, de les déposer à terre quelque part, de les rendre à eux-mêmes. Je consentis donc à les conduire à Terre-Neuve si le vent et le temps le permettaient, et, au cas contraire, à la Martinique, dans les Indes-Occidentales.

Le vent continua de souffler fortement de l'Est; cependant le temps se maintint assez bon; et, comme le vent s'établit dans les aires intermédiaires entre le Nord-Est et le Sud-Est, nous perdîmes plusieurs occasions d'envoyer nos hôtes en France; car nous rencontrâmes plusieurs navires faisant voile pour l'Europe, entre autres deux bâtiments français venant de Saint-Christophe; mais ils avaient louvoyé si long-temps qu'ils n'osèrent prendre des passagers, dans la crainte de manquer de vivres et pour eux-mêmes et pour ceux qu'ils auraient accueillis. Nous fûmes donc obligés de poursuivre. — Une semaine après environ nous parvînmes aux Bancs de Terre-Neuve, où, pour couper

court, nous mîmes touts nos Français à bord d'une embarcation qu'ils prirent à louage en mer, pour les mener à terre, puis ensuite les transporter en France s'ils pouvaient trouver des provisions pour l'avitailler. Quand je dis que touts nos Français nous quittèrent, je dois faire observer que le jeune prêtre dont j'ai parlé, ayant appris que nous allions aux Indes-Orientales, désira faire le voyage avec nous pour débarquer à la côte de Coromandel. J'y consentis volontiers, car je m'étais pris d'affection pour cet homme, et non sans bonne raison, comme on le verra plus tard.
— Quatre matelots s'enrôlèrent aussi à bord, et se montrèrent bons compagnons.

De là nous prîmes la route des Indes-Occidentales, et nous gouvernions Sud et Sud-quart-Est depuis environ vingt jours, parfois avec peu ou point de vent, quand nous rencontrâmes une autre occasion, presque aussi déplorable que la précédente, d'exercer notre humanité.

Nous étions par 27 degrés 5 minutes de latitude septentrionale, le 19 mars 1694-5, faisant route Sud-Est-quart-Sud, lorsque nous découvrîmes une voile. Nous reconnûmes bientôt que c'était un gros navire, et qu'il arrivait sur nous ; mais nous ne sûmes que conclure jusqu'à ce qu'il fut un peu plus approché, et que nous eûmes vu qu'il avait perdu son grand mât de hune, son mât de misaine et son beaupré. Il tira alors un coup de canon en signal de détresse. Le temps était assez bon, un beau frais soufflait du Nord-Nord-Ouest ; nous fûmes bientôt à portée de lui parler.

Nous apprîmes que c'était un navire de Bristol, qui, chargeant à la Barbade pour son retour, avait été entraîné hors de la rade par un terrible ouragan, peu de jours avant qu'il fût prêt à mettre à la voile, pendant que le capitaine et le premier lieutenant étaient allés tous deux à terre ; de sorte que, à part la terreur qu'imprime une tempête, ces gens ne s'étaient trouvés que dans un cas ordinaire où d'habiles marins auraient ramené le vaisseau. Il y avait déjà neuf semaines qu'ils étaient en mer, et depuis l'ouragan ils avaient essuyé une autre terrible tourmente, qui les avait tout-à-fait égarés et jetés à l'Ouest, et qui les avait démâtés, ainsi que je l'ai noté plus haut. Ils nous dirent qu'ils s'étaient attendu à voir les îles Bahama, mais qu'ils avaient été emportés plus au Sud-Est par un fort coup de vent Nord-Nord-Ouest, le même qui soufflait alors. N'ayant point de voiles pour manœuvrer le navire, si ce n'est la grande voile, et une sorte de tréou sur un mât de misaine de fortune qu'ils avaient élevé, ils ne pouvaient courir au plus près du vent, mais ils s'efforçaient de faire route pour les Canaries.

Le pire de tout, c'est que pour surcroît des fatigues qu'ils avaient souffertes ils étaient à demi morts de faim. Leur pain et leur viande étaient entièrement consommés, il n'en restait pas une once dans le navire, pas une once depuis onze jours. Pour tout soulagement ils avaient encore de l'eau, environ un demi-baril de farine et pas mal de sucre. Dans l'origine ils avaient eu quelques conserves ou confitures, mais elles avaient été dévorées. Sept barils de *rum* restaient encore.

Il se trouvait à bord comme passagers un jeune homme, sa mère et une fille de service, qui, croyant le bâtiment prêt à faire voile, s'y étaient malheureusement embarqués la veille de l'ouragan. Leurs provisions particulières une fois consommées, leur condition était devenue plus déplorable que celle des autres ; car l'équipage, réduit lui-même à la dernière extrémité, n'avait eu, la chose est croyable, aucune compassion pour les pauvres passagers : ils étaient vraiment plongés dans une misère douloureuse à dépeindre.

Je n'aurais peut-être jamais connu ce fait dans touts ses détails si, le temps étant favorable et le vent abattu, ma curiosité ne m'avait conduit à bord de ce navire. — Le lieutenant en second, qui pour lors avait pris le commandement, vint à notre bord, et me dit qu'ils avaient dans la grande cabine trois passagers qui se trouvaient dans un état déplorable. — « Voire même, ajouta-t-il, je pense qu'ils sont morts ; car je n'en ai point entendu parler depuis plus de deux jours, et j'ai craint de m'en informer, ne pouvant rien faire pour leur consolation. »

Nous nous appliquâmes aussitôt à donner tout soulagement possible à ce malheureux navire, et, par le fait, j'influençai si bien mon neveu, que j'aurais pu l'approvisionner, eussions-nous dû aller à la Virginie ou en tout autre lieu de la côte d'Amérique pour nous ravitailler nous-mêmes ; mais il n'y eut pas nécessité.

Ces pauvres gens se trouvaient alors dans un nouveau danger : ils avaient à redouter de manger trop, quel que fût même le peu de nourriture qu'on leur donnât. — Le second ou commandant avait amené avec lui six matelots dans sa chaloupe ; mais les infortunés semblaient des squelettes et étaient si faibles qu'ils pouvaient à peine se tenir à leurs rames. Le second lui-même était fort mal et à moitié mort de faim ; car il ne s'était rien réservé, déclara-t-il, de plus que ses hommes, et n'avait toujours pris que part égale de chaque pitance.

Je lui recommandai de manger avec réserve, et je m'empressai de lui présenter de la nourriture ; il n'eut pas avalé trois bouchées qu'il commença à éprouver du malaise : aussi s'arrêta-t-il, et notre chirurgien lui mêla avec un peu de bouillon quelque chose qu'il dit devoir lui servir à la fois d'aliment et de remède. Dès qu'il l'eut pris il se sentit mieux. Dans cette entrefaite je n'oubliai pas les matelots. Je leur fis donner des vivres, et les pauvres diables les dévorèrent plutôt qu'ils ne les mangèrent. Ils étaient si affamés qu'ils enrageaient en quelque sorte et ne pouvaient se contenir. Deux entre autres mangèrent avec tant de voracité, qu'ils faillirent à mourir le lendemain matin.

La vue de la détresse de ces infortunés me remua profondément, et rappela à mon souvenir la terrible perspective qui se déroulait devant moi à mon arrivée dans mon île, où je n'avais pas une bouchée de nourriture, pas même l'espoir de m'en procurer; où pour surcroît j'étais dans la continuelle appréhension de servir de proie à d'autres créatures. — Pendant tout le temps que le second nous fit le récit de la situation misérable de l'équipage je ne pus éloigner de mon esprit ce qu'il m'avait conté des trois pauvres passagers de la grande cabine, c'est-à-dire la mère, son fils et la fille de service, dont il n'avait pas eu de nouvelles depuis deux ou trois jours, et que, il semblait l'avouer, on avait entièrement négligés, les propres souffrances de son monde étant si grandes. J'avais déduit de cela qu'on ne leur avait réellement donné aucune nourriture, par conséquent qu'ils devaient tous avoir péri, et que peut-être ils étaient tous étendus morts sur le plancher de la cabine.

Tandis que je gardais à bord le lieutenant, que nous appelions le capitaine, avec ses gens, afin de les restaurer, je n'oubliai pas que le reste de l'équipage se mourait de faim, et j'envoyai vers le navire ma propre chaloupe, montée par mon second et douze hommes, pour lui porter un sac de biscuit et quatre ou cinq pièces de bœuf. Notre chirurgien enjoignit aux matelots de faire cuire cette viande en leur présence, et de faire sentinelle dans la cuisine pour empêcher ces infortunés de manger la viande crue ou de l'arracher du pot avant qu'elle fût bien cuite, puis de n'en donner à chacun que peu à la fois. Par cette précaution il sauva ces hommes, qui autrement se seraient tués avec cette même nourriture qu'on leur donnait pour conserver leur vie.

J'ordonnai en même temps au second d'entrer dans la grande cabine et de voir dans quel état se trouvaient les pauvres passagers, et, s'ils étaient encore vivants, de les réconforter et de leur administrer les secours convenables. Le chirurgien lui donna une cruche de ce bouillon préparé, que sur notre bord il avait fait prendre au lieutenant, lequel bouillon, affirmait-il, devait les remettre petit à petit.

La Cabine.

Non content de cela, et, comme je l'ai dit plus haut, ayant un grand désir d'assister à la scène de misère que je savais devoir m'être offerte par le navire lui-même d'une manière plus saisissante que tout récit possible, je pris avec moi le capitaine, comme on l'appelait alors, et je partis peu après dans sa chaloupe.

Je trouvai à bord les pauvres matelots presque en révolte pour arracher la viande de la chaudière avant qu'elle fût cuite ; mais mon second avait suivi ses ordres et fait faire bonne garde à la porte de la cuisine ; et la sentinelle qu'il avait placée là, après avoir épuisé toutes persuasions possibles pour leur faire prendre patience, les repoussait par la force. Néanmoins elle ordonna de tremper dans le pot quelques biscuits pour les amollir avec le gras du bouillon, — on appelle cela *brewis*, — et d'en distribuer un à chacun pour appaiser leur faim : c'était leur propre conservation qui l'obligeait, leur disait-elle, de ne leur en donner que peu à la fois. Tout cela était bel et bon ; mais si je ne fusse pas venu à bord en compagnie de leur commandant et de leurs officiers, si je ne leur avais adressé de bonnes paroles et même quelques menaces de ne plus rien leur donner, je crois qu'ils auraient pénétré de vive force dans la cuisine et arraché la viande du fourneau : car Ventre affamé n'a point d'oreilles. — Nous les pacifiâmes pourtant : d'abord nous leur donnâmes à manger peu à peu et avec retenue, puis nous leur accordâmes davantage, enfin nous les mîmes à discrétion, et ils s'en trouvèrent assez bien.

Mais la misère des pauvres passagers de la cabine était d'une autre nature et bien au-delà de tout le reste ; car, l'équipage ayant si peu pour lui-même, il n'était que trop vrai qu'il les avait d'abord tenus fort chétivement, puis à la fin qu'il les avait totalement négligés ; de sorte qu'on eût pu dire qu'ils n'avaient eu réellement aucune nourriture depuis six ou sept jours, et qu'ils n'en avaient eu que très-peu les jours précédents.

La pauvre mère, qui, à ce que le lieutenant nous rapporta, était une femme de bon sens et de bonne éducation, s'était par tendresse pour son fils imposé tant de privations, qu'elle avait fini par succomber ; et quand notre second entra elle était assise sur le plancher de la cabine, entre deux chaises auxquelles elle se tenait fortement, son dos appuyé contre le lambris, la tête affaissée dans les épaules, et semblable à un cadavre, bien qu'elle ne fût pas tout-à-fait morte. Mon second lui dit tout ce qu'il put pour la ranimer et l'encourager, et avec une cuillère lui fit couler du bouillon dans la bouche. Elle ouvrit les lèvres, elle leva une main, mais elle ne put parler. Cependant elle entendit ce qu'il lui disait, et lui fit signe qu'il était trop tard pour elle ; puis elle lui montra son enfant, comme si elle eût voulu dire : Prenez-en soin.

Néanmoins le second, excessivement ému à ce spectacle, s'efforçait de lui introduire un peu de bouillon dans la bouche, et, à ce qu'il prétendit, il lui en fit avaler deux ou trois cuillerées : je doute qu'il en fût bien sûr. N'importe ! c'était trop tard : elle mourut la même nuit.

Le jeune homme, qui avait été sauvé au prix de la vie de la plus affectionnée des mères, ne se trouvait pas tout-à-fait aussi affaibli ; cependant il était étendu roide sur un lit, n'ayant plus qu'un souffle de vie. Il tenait dans sa bouche un morceau d'un vieux gant qu'il avait dévoré. Comme il était jeune et avait plus de vigueur que sa mère, le second réussit à lui verser quelque peu de la potion dans le gosier, et il commença sensiblement à se ranimer ; pourtant quelque temps après, lui en ayant donné deux ou trois grosses cuillerées, il se trouva fort mal et les rendit.

Des soins furent ensuite donnés à la pauvre servante. Près de sa maîtresse elle était couchée tout de son long sur le plancher, comme une personne tombée en apoplexie, et elle luttait avec la mort. Ses membres étaient tordus : une de ses mains était agrippée à un bâton de chaise, et le tenait si ferme qu'on ne put aisément le lui faire lâcher ; son autre bras était passé sur sa tête, et ses deux pieds, étendus et joints, s'appuyaient avec force contre la barre de la table. Bref, elle gisait là comme un agonisant dans le travail de la mort : cependant elle survécut aussi.

La pauvre créature n'était pas seulement épuisée par la faim et brisée par les terreurs de la mort ; mais, comme nous l'apprîmes de l'équipage, elle avait le cœur déchiré pour sa maîtresse, qu'elle voyait mourante depuis deux ou trois jours et qu'elle aimait fort tendrement.

Nous ne savions que faire de cette pauvre fille ; et lorsque notre chirurgien, qui était un homme de beaucoup de savoir et d'expérience, l'eut à grands soins rappelée à la vie, il eut à lui rendre la raison ; et pendant fort long-temps elle resta à peu près folle, comme on le verra par la suite.

Quiconque lira ces mémoires voudra bien considérer que les visites en mer ne se font pas comme dans un voyage sur terre, où l'on séjourne quelquefois une ou deux semaines en un même lieu. Il nous appartenait de secourir l'équipage de ce navire en détresse, mais non de demeurer avec lui ; et, quoiqu'il désirât fort d'aller de conserve avec nous pendant quelques jours, il nous était pourtant impossible de convoyer un bâtiment qui n'avait point de mâts. Néanmoins, quand le capitaine nous pria de l'aider à dresser un grand mât de hune et une sorte de mâtereau de hune à son mât de misaine de fortune, nous ne nous refusâmes pas à rester en panne trois ou quatre jours. Alors, après lui avoir donné cinq barils de bœuf et de porc, deux barriques de biscuits, et une provision de pois, de farine et d'autres choses dont nous pouvions disposer, et avoir pris en retour trois tonneaux de sucre, du *rum*, et quelques pièces de huit, nous les quittâmes en gardant à notre bord, à leur propre requête, le jeune homme et la servante avec touts leurs bagages.

Le jeune homme, dans sa dix-septième année environ, garçon aimable, bien élevé, modeste et sensible, profondément affligé de la perte de sa mère, son père étant mort à la Barbade peu de mois auparavant, avait supplié le chirurgien de vouloir bien m'engager à le retirer de ce vaisseau, dont le cruel équipage, disait-il, était l'assassin de sa mère; et par le fait il l'était, du moins passivement : car, pour la pauvre veuve délaissée ils auraient pu épargner quelques petites choses qui l'auraient sauvée, n'eût-ce été que juste de quoi l'empêcher de mourir. Mais la faim ne connaît ni ami, ni famille, ni justice, ni droit; c'est pourquoi elle est sans remords et sans compassion.

Le chirurgien lui avait exposé que nous faisions un voyage de long cours, qui le séparerait de touts ses amis et le replongerait peut-être dans une aussi mauvaise situation que celle où nous l'avions trouvé, c'est-à-dire mourant de faim dans le monde; et il avait répondu : — « Peu m'importe où j'irai, pourvu que je sois délivré du féroce équipage parmi lequel je suis! Le capitaine, — c'est de moi qu'il entendait parler, car il ne connaissait nullement mon neveu, — m'a sauvé la vie, je suis sûr qu'il ne voudra pas me faire de chagrin; et quant à la servante, j'ai la certitude, si elle recouvre sa raison, qu'elle sera très-reconnaissante, n'importe le lieu où vous nous emmeniez. »

— Le chirurgien m'avait rapporté tout ceci d'une façon si

touchante, que je n'avais pu résister, et que nous les avions pris à bord tous les deux, avec tous leurs bagages, excepté onze barriques de sucre qu'on n'avait pu remuer ou aveindre. Mais, comme le jeune homme en avait le connaissement, j'avais fait signer à son capitaine un écrit par lequel il s'obligeait dès son arrivée à Bristol à se rendre chez un M. Rogers, négociant auquel le jeune homme s'était dit allié, et à lui remettre une lettre de ma part, avec toutes les marchandises laissées à bord appartenant à la défunte veuve. Il n'en fut rien, je présume : car je n'appris jamais que ce vaisseau eût abordé à Bristol. Il se sera perdu en mer, cela est probable. Désemparé comme il était et si éloigné de toute terre, mon opinion est qu'à la première tourmente qui aura soufflé il aura dû couler bas. Déjà il faisait eau et avait sa cale avariée quand nous le rencontrâmes.

Nous étions alors par 19 degrés 32 minutes de latitude, et nous avions eu jusque là un voyage passable comme temps, quoique les vents d'abord eussent été contraires. — Je ne vous fatiguerai pas du récit des petits incidents de vents, de temps et de courants advenus durant la traversée ; mais, coupant court eu égard à ce qui va suivre, je dirai que j'arrivai à mon ancienne habitation, à mon île, le 10 avril 1695. — Ce ne fut pas sans grande difficulté que je la retrouvai. Comme autrefois venant du Brésil, je l'avais abordée par le Sud et Sud-Est, que je l'avais quittée de même, et qu'alors je cinglais entre le continent et l'île, n'ayant ni carte de la côte, ni point de repère, je ne la reconnus pas quand je la vis. Je ne savais si c'était elle ou non.

Nous rôdâmes long-temps, et nous abordâmes à plusieurs îles dans les bouches de la grande rivière Orénoque, mais inutilement. Toutefois j'appris en côtoyant le rivage que j'avais été jadis dans une grande erreur, c'est-à-dire que le continent que j'avais cru voir de l'île où je vivais n'était réellement point la terre ferme, mais une île fort longue, ou plutôt une chaîne d'îles s'étendant d'un côté à l'autre des vastes bouches de la grande rivière ; et que les Sauvages qui venaient dans mon île n'étaient pas proprement ceux qu'on appelle CARIBES, mais des insulaires et autres barbares de la même espèce, qui habitaient un peu plus près de moi.

Bref, je visitai sans résultat quantité de ces îles : j'en trouvai quelques-unes peuplées et quelques-unes désertes. Dans une entre autres je rencontrai des Espagnols, et je crus qu'ils y résidaient ; mais, leur ayant parlé, j'appris qu'ils avaient un *sloop* mouillé dans une petite crique près de là ; qu'ils venaient en ce lieu pour faire du sel et pêcher s'il était possible quelques huîtres à perle ; enfin qu'ils appartenaient à l'île de la TRINITÉ, située plus au Nord, par les 10 et 11 degrés de latitude.

Côtoyant ainsi d'une île à l'autre, tantôt avec le navire, tantôt avec la chaloupe des Français, — nous l'avions trouvée à notre convenance, et l'avions gardée sous leur bon plaisir, — j'atteignis enfin le côté Sud de mon île, et je reconnus les lieux de prime abord. Je fis donc mettre le navire à l'ancre, en face de la petite crique où gisait mon ancienne habitation.

Sitôt que je vins en vue de l'île j'appelai VENDREDI et je lui demandai s'il savait où il était. Il promena ses regards quelque temps, puis tout-à-coup il battit des mains et s'écria : — « O, oui ! O, voilà ! O, oui ! O, voilà ! » — Et montrant du doigt notre ancienne habitation, il se prit à danser et à cabrioler comme un fou, et j'eus beaucoup de peine à l'empêcher de sauter à la mer pour gagner la rive à la nage.

— « Eh bien ! Vendredi, lui demandai-je, penses-tu que nous trouvions quelqu'un ici? penses-tu que nous revoyions ton père? » — Il demeura quelque temps muet comme une souche; mais quand je nommai son père, le pauvre et affectionné garçon parut affligé, et je vis des larmes couler en abondance sur sa face. — « Qu'est-ce, Vendredi? lui dis-je, te fâcherait-il de revoir ton père? » — « Non, non, répondit-il en secouant la tête, non voir lui plus, non jamais plus voir encore! » — Pourquoi donc, Vendredi, repris-je, comment sais-tu cela? » — « Oh non! oh non! s'écria-t-il; lui mort il y a long-temps; il y a long-temps lui beaucoup vieux homme. » — « Bah! bah! Vendredi, tu n'en sais rien; mais allons-nous trouver quelqu'un autre? » — Le compagnon avait, à ce qu'il paraît, de meilleurs yeux que moi; il les jeta juste sur la colline au-dessus de mon ancienne maison, et, quoique nous en fussions à une demi-lieue, il se mit à crier : — « Moi voir! moi voir! oui, oui, moi voir beaucoup hommes là, et là, et là. »

Retour dans l'Ile.

Je regardai, mais je ne pus voir personne, pas même avec ma lunette d'approche, probablement parce que je la braquais mal, car mon serviteur avait raison; comme je l'appris le lendemain, il y avait là cinq ou six hommes arrêtés à regarder le navire, et ne sachant que penser de nous.

Aussitôt que Vendredi m'eut dit qu'il voyait du monde, je fis déployer le pavillon anglais et tirer trois coups de canon, pour donner à entendre que nous étions amis; et, un demi-quart d'heure après, nous apperçûmes une fumée s'élever du côté de la crique. J'ordonnai immédiatement de mettre la chaloupe à la mer, et, prenant Vendredi avec moi, j'arborai le pavillon blanc ou parlementaire et je me rendis directement à terre, accompagné du jeune religieux dont il a été question. Je lui avais conté l'histoire de mon existence en cette île, le genre de vie que j'y avais mené, toutes les particularités ayant trait et à moi-même et à ceux que j'y avais laissés, et ce récit l'avait rendu extrêmement désireux de me suivre. J'avais en outre avec moi environ seize hommes très-bien armés pour le cas où nous aurions trouvé quelques nouveaux hôtes qui ne nous eussent pas connus; mais nous n'eûmes pas besoin d'armes.

Comme nous allions à terre durant le flot, presque à marée haute, nous voguâmes droit dans la crique; et le premier homme sur lequel je fixai mes yeux fut l'Espagnol dont j'avais sauvé la vie, et que je reconnus parfaitement bien à sa figure; quant à son costume, je le décrirai plus tard. J'ordonnai d'abord que, excepté moi, personne ne mît pied à terre; mais il n'y eut pas moyen de retenir Vendredi dans la chaloupe : car ce fils affectionné avait découvert son père par delà les Espagnols, à une grande distance, où je ne le distinguais aucunement; si on ne l'eût pas laissé descendre au rivage, il aurait sauté à la mer. Il ne fut pas plus tôt débarqué qu'il vola vers son père comme une flèche décochée d'un arc. Malgré la plus ferme résolution, il n'est pas un homme qui eût pu se défendre de verser des larmes en voyant les transports de joie de ce pauvre garçon quand il rejoignit son père; comment il l'embrassa, le baisa, lui caressa la face, le prit dans ses bras, l'assit sur un arbre abattu et s'étendit près de lui ; puis se dressa et le regarda pendant un quart d'heure comme on regarderait une peinture étrange ; puis se coucha par terre, lui caressa et lui baisa les jambes ; puis enfin se releva et le regarda fixement. On eût dit une fascination ; mais le jour suivant un chien même aurait ri de voir les nouvelles manifestations de son affection. Dans la matinée, durant plusieurs heures il se promena avec son père çà et là le long du rivage, le tenant toujours par la main comme s'il eût été une LADY ; et de temps en temps venant lui chercher dans la chaloupe soit un morceau de sucre, soit un verre de liqueur, un biscuit ou quelque autre bonne chose. Dans l'après-midi ses folies se transformèrent encore : alors il asseyait le vieillard par terre, se mettait à danser autour de lui, faisait mille postures, mille gesticulations bouffonnes, et lui parlait et lui contait en même temps pour le divertir une histoire ou une autre de ses voyages et ce qui lui était advenu dans les contrées lointaines. Bref, si la même affection filiale pour leurs parents se trouvait chez les Chrétiens, dans notre partie du monde, on serait tenté de dire que c'eût été chose à peu près inutile que le cinquième Commandement.

Mais ceci est une digression : je retourne à mon débarquement. S'il me fallait relater toutes les cérémonies et toutes les civilités avec lesquelles les Espagnols me reçurent, je n'en aurais jamais fini. Le premier Espagnol qui s'avança, et que je reconnus très-bien, comme je l'ai dit, était celui dont j'avais sauvé la vie. Accompagné d'un des siens portant un drapeau parlementaire, il s'approcha de la chaloupe. Non-seulement il ne me remit pas d'abord, mais il n'eut pas même la pensée, l'idée, que ce fût moi qui revenais, jusqu'à ce que je lui eusse parlé. — « SENHOR, lui dis-je en portugais, ne me reconnaissez-vous pas? » — Il ne répondit pas un mot; mais, donnant son mousquet à l'homme qui était avec lui, il ouvrit les bras, et, disant quelque chose en espagnol que je n'entendis qu'imparfaitement, il s'avança pour m'embrasser; puis il ajouta qu'il était inexcusable de n'avoir pas reconnu cette figure qui lui avait une fois apparu comme celle d'un Ange envoyé du Ciel pour lui sauver la vie; et une foule d'autres jolies choses, comme en a toujours à son service un Espagnol bien élevé; ensuite, faisant signe de la main à la personne qui l'accompagnait, il la pria d'aller appeler ses camarades. Alors il me demanda si je voulais me rendre à mon ancienne habitation, où il me remettrait en possession de ma propre demeure, et où je verrais qu'il ne s'y était fait que de chétives améliorations. Je le suivis donc; mais, hélas! il me fut aussi impossible de retrouver les lieux que si je n'y fusse jamais allé; car on avait planté tant d'arbres, on les avait placés de telle manière, si épais et si près l'un de l'autre, et en dix ans de temps ils étaient devenus si gros, qu'en un mot, la place était inaccessible, excepté par certains détours et chemins dérobés que seulement ceux qui les avaient pratiqués pouvaient reconnaître.

Je lui demandai à quoi bon toutes ces fortifications. Il me répondit que j'en comprendrais assez la nécessité quand il m'aurait conté comment ils avaient passé leur temps depuis leur arrivée dans l'île, après qu'ils eurent eu le malheur de me trouver parti. Il me dit qu'il n'avait pu que participer de cœur à ma bonne fortune lorsqu'il avait appris que je m'en étais allé sur un bon navire, et tout à ma satisfaction, que maintes fois il avait été pris de la ferme persuasion qu'un jour ou l'autre il me reverrait; mais que jamais il ne lui était rien arrivé dans sa vie de plus consternant et de plus affligeant d'abord que le désappointement où il tomba quand à son retour dans l'île il ne me trouva plus.

Quant aux trois barbares, — comme il les appelait, — que nous avions laissés derrière nous et sur lesquels il avait une longue histoire à me conter, s'ils n'eussent été en si petit nombre, les Espagnols se seraient tous crus beaucoup mieux parmi les Sauvages. — « Il y a long-temps que s'ils avaient été assez forts nous serions tous en Purgatoire, me dit-il en se signant sur la poitrine; mais, sir, j'espère que vous ne vous fâcherez point quand je vous déclarerai que, forcés par la nécessité, nous avons été obligés, pour notre propre conservation, de désarmer et de faire nos sujets ces hommes, qui, ne se contentant point d'être avec modération nos maîtres, voulaient se faire nos meurtriers. » — Je lui répondis que j'avais profondément redouté cela en laissant ces hommes en ces lieux, et que rien ne m'avait plus affecté à mon départ de l'île que de ne pas les voir de retour, pour les mettre d'abord en possession de toutes choses, et laisser les autres dans un état de sujétion selon qu'ils le méritaient; mais que puisqu'ils les y avaient réduits j'en étais charmé, bien loin d'y trouver aucun mal; car je savais que c'étaient d'intraitables et d'ingouvernables coquins, propres à toute espèce de crime.

Comme j'achevais ces paroles, l'homme qu'il avait envoyé revint, suivi de onze autres. Dans le costume où ils étaient, il était impossible de deviner à quelle nation ils appartenaient; mais il posa clairement la question pour eux et pour moi : d'abord il se tourna vers moi, et me dit en les montrant : — « Sir, ce sont quelques-uns des GENTLEMEN qui vous sont redevables de la vie. » — Puis, se tournant vers eux et me désignant du doigt, il leur fit connaître qui j'étais. Là-dessus ils s'approchèrent touts un à un, non pas comme s'ils eussent été des marins et du petit monde et moi leur pareil, mais réellement comme s'ils eussent été des ambassadeurs ou de nobles hommes et moi un monarque ou un grand conquérant. Leur conduite fut au plus haut degré obligeante et courtoise, et cependant mêlée d'une mâle et majestueuse gravité qui leur séyait très-bien. Bref, ils avaient tellement plus d'entregent que moi, qu'à peine savais-je comment recevoir leurs civilités, beaucoup moins encore comment leur rendre la réciproque.

L'histoire de leur venue et de leur conduite dans l'île après mon départ est si remarquable, elle est traversée de tant d'incidents que la première partie de ma relation aidera à comprendre, elle a tant de liaison dans la plupart de ses détails avec le récit que j'ai déjà donné, que je ne saurais me défendre de l'offrir avec grand plaisir à la lecture de ceux qui viendront après moi.

Je n'embrouillerai pas plus long-temps le fil de cette histoire par une narration à la première personne, ce qui me mettrait en dépense de dix mille *dis-je, dit-il, et il me dit, et je lui dis*, et autres choses semblables; mais je rassemblerai les faits historiquement, aussi exactement que me les représentera ma mémoire, suivant qu'ils me les ont contés, et que je les ai recueillis dans mes entretiens avec eux sur le théâtre même.

Pour faire cela succinctement et aussi intelligiblement que possible, il me faut retourner aux circonstances dans lesquelles j'abandonnai l'île et dans lesquelles se trouvaient les personnes dont j'ai à parler. D'abord il est nécessaire de répéter que j'avais envoyé le père de Vendredi et l'Espagnol, touts les deux sauvés, grâce à moi, des Sauvages; que je les avais envoyés, dis-je, dans une grande pirogue à la terre-ferme, comme je le croyais alors, pour chercher les compagnons de l'Espagnol, afin de les tirer du malheur où ils étaient, afin de les secourir pour le présent, et d'inventer ensemble par la suite, si faire se pouvait, quelques moyens de délivrance.

Quand je les envoyai ma délivrance n'avait aucune probabilité, rien ne me donnait lieu de l'espérer, pas plus que vingt ans auparavant ; bien moins encore avais-je quelque prescience de ce qui après arriva, j'entends qu'un navire anglais aborderait là pour les emmener. Aussi quand ils revinrent quelle dut être leur surprise, non-seulement de me trouver parti, mais de trouver trois étrangers abandonnés sur cette terre, en possession de tout ce que j'avais laissé derrière moi, et qui autrement leur serait échu !

La première chose dont toutefois je m'enquis, — pour reprendre où j'en suis resté, — fut ce qui leur était personnel ; et je priai l'Espagnol de me faire un récit particulier de son voyage dans la pirogue à la recherche de ses compatriotes. Il me dit que cette portion de leurs aventures offrait peu de variété, car rien de remarquable ne leur était advenu en route : ils avaient eu un temps fort calme et une mer douce. Quant à ses compatriotes, ils furent, à n'en pas douter, ravis de le revoir. — A ce qu'il paraît, il était le principal d'entre eux, le capitaine du navire sur lequel ils avaient naufragé étant mort depuis quelque temps. — Ils furent d'autant plus surpris de le voir, qu'ils le savaient tombé entre les mains des Sauvages, et le supposaient dévoré comme tous les autres prisonniers. Quand il leur conta l'histoire de sa délivrance et qu'il était à même de les emmener, ce fut comme un songe pour eux. Leur étonnement, selon leur propre expression, fut semblable à celui des frères de Joseph lorsqu'il se découvrit à eux et leur raconta l'histoire de son exaltation à la Cour de Pharaon. Mais quand il leur montra les armes, la poudre, les balles et les provisions qu'il avait apportées pour leur traversée, ils se remirent, ne se livrèrent qu'avec réserve à la joie de leur délivrance et immédiatement se préparèrent à le suivre.

Leur première affaire fut de se procurer des canots ; et en ceci ils se virent obligés de faire violence à leur honneur, de tromper leurs amis les Sauvages, et de leur emprunter deux grands canots ou pirogues, sous prétexte d'aller à la pêche ou en partie de plaisir.

Dans ces embarcations ils partirent le matin suivant. Il est clair qu'il ne leur fallut pas beaucoup de temps pour leurs préparatifs, n'ayant ni bagages, ni hardes, ni provisions, rien au monde que ce qu'ils avaient sur eux et quelques racines qui leur servaient à faire leur pain.

Batterie des Insulaires.

Mes deux messagers furent en tout trois semaines absents, et dans cet intervalle, malheureusement pour eux, comme je l'ai rapporté dans la première partie, je trouvai l'occasion de me tirer de mon île, laissant derrière moi trois bandits, les plus impudents, les plus endurcis, les plus ingouvernables, les plus turbulents qu'on eût su rencontrer, au grand chagrin et au grand désappointement des pauvres Espagnols, ayez-en l'assurance.

La seule chose juste que firent ces coquins, ce fut de donner ma lettre aux Espagnols quand ils arrivèrent, et de leur offrir des provisions et des secours, comme je le leur avais recommandé. Ils leur remirent aussi de longues instructions écrites que je leur avais laissées, et qui contenaient les méthodes particulières dont j'avais fait usage dans le gouvernement de ma vie en ces lieux : la manière de faire cuire mon pain, d'élever mes chèvres apprivoisées et de semer mon blé ; comment je séchais mes raisins, je faisais mes pots et en un mot tout ce que je fabriquais. Tout cela, couché par écrit, fut remis par les trois vauriens aux Espagnols, dont deux comprenaient assez bien l'anglais. Ils ne refusèrent pas, qui plus est, de s'accommoder avec eux pour toute autre chose, car ils s'accordèrent très-bien pendant quelque temps. Ils partagèrent également avec eux la maison ou la grotte, et commencèrent par vivre fort sociablement. Le principal Espagnol, qui m'avait assisté dans beaucoup de mes opérations, administrait toutes les affaires avec l'aide du père de VENDREDI. Quant aux Anglais, ils ne faisaient que rôder çà et là dans l'île, tuer des perroquets, attraper des tortues ; et quand le soir ils revenaient à la maison, les Espagnols pourvoyaient à leur souper.

Les Espagnols s'en seraient arrangés si les autres les avaient seulement laissés en repos ; mais leur cœur ne pouvait leur permettre de le faire long-temps ; et, comme le chien dans la crèche, ils ne voulaient ni manger ni souffrir que les autres mangeassent. Leurs différends toutefois furent d'abord peu de chose et ne valent pas la peine d'être rapportés ; mais à la fin une guerre ouverte éclata et commença avec toute la grossièreté et l'insolence qui se puissent imaginer, sans raison, sans provocation, contrairement à la nature et au sens commun ; et, bien que le premier rapport m'en eût été fait par les Espagnols eux-mêmes, que je pourrais qualifier d'accusateurs, quand je vins à questionner les vauriens, ils ne purent en démentir un mot.

Mais avant d'entrer dans les détails de cette seconde partie, il faut que je répare une omission faite dans la première. J'ai oublié d'y consigner qu'à l'instant de lever l'ancre pour mettre à la voile, il s'engagea à bord de notre navire une petite querelle, qui un instant fit craindre une seconde révolte ; elle ne s'apaisa que lorsque le capitaine, s'armant de courage et réclamant notre assistance, eut séparé de vive force et fait prisonniers deux des plus séditieux, et les eut fait mettre aux fers. Comme ils s'étaient mêlés activement aux premiers désordres, et qu'en dernier lieu ils avaient laissé échapper quelques propos grossiers et dangereux, il les menaça de les transporter ainsi en Angleterre pour y être pendus comme rebelles et comme pirates.

Cette menace, quoique probablement le capitaine n'eût pas l'intention de l'exécuter, effraya les autres matelots ; et quelques-uns d'entre eux mirent dans la tête de leurs camarades que le capitaine ne leur donnait pour le présent de bonnes paroles qu'afin de pouvoir gagner quelque port anglais, où ils seraient tous jetés en prison et mis en jugement.

Le second eut vent de cela et nous en donna connaissance ; sur quoi il fut arrêté que moi, qui passais toujours à leurs yeux pour un personnage important, j'irais avec le second les rassurer et leur dire qu'ils pouvaient être certains, s'ils se conduisaient bien durant le reste du voyage, que tout ce qu'ils avaient fait précédemment serait oublié. J'y allai donc : ils parurent contents après que je leur eus donné ma parole d'honneur, et plus encore quand j'ordonnai que les deux hommes qui étaient aux fers fussent relâchés et pardonnés.

Cette mutinerie nous obligea à jeter l'ancre pour cette nuit, attendu d'ailleurs que le vent était tombé ; le lendemain matin nous nous apperçûmes que nos deux hommes qui avaient été mis aux fers s'étaient saisis chacun d'un mousquet et de quelques autres armes, — nous ignorions combien ils avaient de poudre et de plomb, — avaient pris la pinace du bâtiment, qui n'avait pas encore été halée à bord, et étaient allés rejoindre à terre leurs compagnons de scélératesse.

Aussitôt que j'en fus instruit je fis monter dans la grande chaloupe douze hommes et le second, et les envoyai à la poursuite de ces coquins ; mais ils ne purent les trouver non plus qu'aucun des autres ; car dès qu'ils avaient vu la chaloupe s'approcher du rivage ils s'étaient touts enfuis dans les bois. Le second fut d'abord tenté, pour faire justice de leur coquinerie, de détruire leurs plantations, de brûler leurs ustensiles et leurs meubles, et de les laisser se tirer d'affaire comme ils pourraient ; mais, n'ayant pas d'ordre, il laissa toutes choses comme il les trouva, et, ramenant la pinace, il revint à bord sans eux.

Ces deux hommes joints aux autres en élevaient le nombre à cinq ; mais les trois coquins l'emportaient tellement en scélératesse sur ceux-ci, qu'après qu'ils eurent passé ensemble deux ou trois jours, ils mirent à la porte les deux nouveau-venus, les abandonnant à eux-mêmes et ne voulant rien avoir de commun avec eux. Ils refusèrent même long-temps de leur donner de la nourriture. Quant aux Espagnols, ils n'étaient point encore arrivés.

Dès que ceux-ci furent venus, les affaires commencèrent à marcher; ils tâchèrent d'engager les trois scélérats d'Anglais à reprendre parmi eux leurs deux compatriotes, afin, disaient-ils, de ne faire qu'une seule famille; mais ils ne voulurent rien entendre : en sorte que les deux pauvres diables vécurent à part; et, voyant qu'il n'y avait que le travail et l'application qui pût les faire vivre confortablement, ils s'installèrent sur le rivage nord de l'île, mais un peu plus à l'Ouest, pour être à l'abri des Sauvages, qui débarquaient toujours dans la partie orientale.

Là ils bâtirent deux huttes, l'une pour se loger et l'autre pour servir de magasin. Les Espagnols leur ayant remis quelque peu de blé pour semer et une partie des pois que je leur avais laissés, ils bêchèrent, plantèrent, firent des clôtures, d'après l'exemple que je leur avais donné à tous, et commencèrent à se tirer assez bien d'affaire.

Leur première récolte de blé était venue à bien; et, quoiqu'ils n'eussent d'abord cultivé qu'un petit espace de terrain, vu le peu de temps qu'ils avaient eu, néanmoins c'en fut assez pour les soulager et les fournir de pain et d'autres aliments; l'un d'eux, qui avait rempli à bord les fonctions d'aide de cuisine, s'entendait fort bien à faire des soupes, des *puddings*, et quelques autres mets que le riz, le lait, et le peu de viande qu'ils avaient permettaient d'apprêter.

C'est ainsi que leur position commençait à s'améliorer, quand les trois dénaturés coquins leurs compatriotes se mirent en tête de venir les insulter et leur chercher noise. Ils leur dirent que l'île était à eux; que le gouverneur,

— c'était moi qu'ils désignaient ainsi, — leur en avait donné la possession, que personne qu'eux n'y avait droit; et que, de par tous les diables, ils ne leur permettraient point de faire des constructions sur leur terrain, à moins d'en payer le loyer.

Les deux hommes crurent d'abord qu'ils voulaient rire; ils les prièrent de venir s'asseoir auprès d'eux, d'examiner les magnifiques maisons qu'ils avaient construites et d'en fixer eux-mêmes le loyer; l'un d'eux ajouta en plaisantant que s'ils étaient effectivement les propriétaires du sol, il espérait que, bâtissant sur ce terrain et y faisant des améliorations, on devait, selon la coutume de touts les propriétaires, leur accorder un long bail, et il les engagea à amener un notaire pour rédiger l'acte. Un des trois scélérats se mit à jurer, et, entrant en fureur, leur dit qu'il allait leur faire voir qu'ils ne riaient pas; en même temps il s'approche de l'endroit où ces honnêtes gens avaient allumé du feu pour cuire leurs aliments, prend un tison, l'applique sur la partie extérieure de leur hutte et y met le feu : elle aurait brûlé tout entière en quelques minutes si l'un des deux, courant à ce coquin, ne l'eût chassé et n'eût éteint le feu avec ses pieds, sans de grandes difficultés.

Le vaurien, furieux d'être ainsi repoussé par cet honnête homme, s'avança sur lui avec un gros bâton qu'il tenait à la main; et si l'autre n'eût évité adroitement le coup et ne se fût enfui dans la hutte, c'en était fait de sa vie. Son camarade, voyant le danger où ils étaient touts deux, courut le rejoindre, et bientôt ils ressortirent ensemble, avec leurs mousquets; celui qui avait été frappé étendit à terre d'un coup de crosse le coquin qui avait commencé la querelle avant que les deux autres pussent arriver à son aide; puis, les voyant venir à eux, ils leur présentèrent le canon de leurs mousquets et leur ordonnèrent de se tenir à distance.

Les drôles avaient aussi des armes à feu ; mais l'un des deux honnêtes gens, plus décidé que son camarade et enhardi par le danger qu'ils couraient, leur dit que s'ils remuaient pied ou main ils étaient touts morts, et leur commanda résolument de mettre bas les armes. Ils ne mirent pas bas les armes, il est vrai ; mais, les voyant déterminés, ils parlementèrent et consentirent à s'éloigner en emportant leur camarade, que le coup de crosse qu'il avait reçu paraissait avoir grièvement blessé. Toutefois les deux honnêtes Anglais eurent grand tort : ils auraient dû profiter de leurs avantages pour désarmer entièrement leurs adversaires comme ils le pouvaient, aller immédiatement trouver les Espagnols et leur raconter comment ces scélérats les avaient traités ; car ces trois misérables ne s'occupèrent plus que des moyens de se venger, et chaque jour en fournissait quelque nouvelle preuve.

Mais je ne crois pas devoir charger cette partie de mon histoire du récit des manifestations les moins importantes de leur coquinerie, telles que fouler aux pieds leurs blés, tuer à coups de fusil trois jeunes chevreaux et une chèvre que les pauvres gens avaient apprivoisée pour en avoir des petits. En un mot, ils les tourmentèrent tellement nuit et jour, que les deux infortunés, poussés à bout, résolurent de leur livrer bataille à touts trois à la première occasion. A cet effet ils se décidèrent à aller au château, — c'est ainsi qu'ils appelaient ma vieille habitation, — où vivaient à cette époque les trois coquins et les Espagnols. Là leur intention était de livrer un combat dans les règles, en prenant les Espagnols pour témoins. Ils se levèrent donc le lendemain matin avant l'aube, vinrent au château et appelèrent les Anglais par leurs noms, disant à l'Espagnol, qui leur demanda ce qu'ils voulaient, qu'ils avaient à parler à leurs compatriotes.

Il était arrivé que la veille deux des Espagnols, s'étant rendus dans les bois, avaient rencontré l'un des deux Anglais que, pour les distinguer, j'appelle HONNÊTES GENS; il s'était plaint amèrement aux Espagnols des traitements barbares qu'ils avaient eu à souffrir de leurs trois compatriotes, qui avaient détruit leur plantation, dévasté leur récolte, qu'ils avaient eu tant de peine à faire venir; tué la chèvre et les trois chevreaux qui formaient toute leur subsistance. Il avait ajouté que si lui et ses amis, à savoir les Espagnols, ne venaient de nouveau à leur aide, il ne leur resterait d'autre perspective que de mourir de faim. Quand les Espagnols revinrent le soir au logis, et que tout le monde fut à souper, un d'entre eux prit la liberté de blâmer les trois Anglais, bien qu'avec douceur et politesse, et leur demanda comment ils pouvaient être aussi cruels envers des gens qui ne faisaient de mal à personne, qui tâchaient de subsister par leur travail, et qui avaient dû se donner bien des peines pour amener les choses à l'état de perfection où elles étaient arrivées.

Brigandage des Trois Vauriens.

L'un des Anglais repartit brusquement : — « Qu'avaient-ils à faire ici ? » — ajoutant qu'ils étaient venus à terre sans permission, et que, quant à eux, ils ne souffriraient pas qu'ils fissent de cultures ou de constructions dans l'île ; que le sol ne leur appartenait pas. — « Mais, dit l'Espagnol avec beaucoup de calme, señor ingles, ils ne doivent pas mourir de faim. » — L'Anglais répondit, comme un mal appris qu'il était, qu'ils pouvaient crever de faim et aller au diable, mais qu'ils ne planteraient ni ne bâtiraient dans ce lieu. — « Que faut-il donc qu'ils fassent, señor? dit l'Espagnol. » — Un autre de ces rustres répondit : — « *Goddam!* qu'ils nous servent et travaillent pour nous. » — « Mais comment pouvez-vous attendre cela d'eux? vous ne les avez pas achetés de vos deniers, vous n'avez pas le droit d'en faire vos esclaves. » — Les Anglais répondirent que l'île était à eux, que le gouverneur la leur avait donnée, et que nul autre n'y avait droit; ils jurèrent leurs grands Dieux qu'ils iraient mettre le feu à leurs nouvelles huttes, et qu'ils ne souffriraient pas qu'ils bâtissent sur leur territoire.

— « Mais señor, dit l'Espagnol, d'après ce raisonnement, nous aussi, nous devons être vos esclaves. » — « Oui, dit l'audacieux coquin, et vous le serez aussi, et nous n'en aurons pas encore fini ensemble », — entremêlant à ses paroles deux ou trois *goddam* placés aux endroits convenables. L'Espagnol se contenta de sourire, et ne répondit rien. Toutefois cette conversation avait échauffé la bile des Anglais, et l'un d'eux, c'était, je crois, celui qu'ils appelaient Will Atkins, se leva brusquement et dit à l'un de ses camarades : — « Viens, Jack, allons nous brosser avec eux : je te réponds que nous démolirons leurs châteaux; ils n'établiront pas de colonies dans nos domaines. » —

Ce disant, ils sortirent ensemble, armés chacun d'un fusil, d'un pistolet et d'un sabre : marmottant entre eux quelques propos insolents sur le traitement qu'ils infligeraient aux Espagnols quand l'occasion s'en présenterait; mais il paraît que ceux-ci n'entendirent pas parfaitement ce qu'ils disaient ; seulement ils comprirent qu'on leur faisait des menaces parce qu'ils avaient pris le parti des deux Anglais.

Où allèrent-ils et comment passèrent-ils leur temps ce soir-là, les Espagnols me dirent n'en rien savoir ; mais il paraît qu'ils errèrent çà et là dans le pays une partie de la nuit ; puis que, s'étant couchés dans l'endroit que j'appelais ma tonnelle, ils se sentirent fatigués et s'endormirent. Au fait, voilà ce qu'il en était : ils avaient résolu d'attendre jusqu'à minuit, et alors de surprendre les pauvres diables dans leur sommeil, et, comme plus tard ils l'avouèrent, ils avaient le projet de mettre le feu à la hutte des deux Anglais pendant qu'ils y étaient, de les faire périr dans les flammes ou de les assassiner au moment où ils sortiraient : comme la malignité dort rarement d'un profond sommeil, il est étrange que ces gens-là ne soient pas restés éveillés.

Toutefois comme les deux honnêtes gens avaient aussi sur eux des vues, plus honorables, il est vrai, que l'incendie et l'assassinat, il advint, et fort heureusement pour touts, qu'ils étaient debout et sortis avant que les sanguinaires coquins arrivassent à leurs huttes.

Quand ils y furent et virent que leurs adversaires étaient partis, Atkins, qui, à ce qu'il paraît, marchait en avant, cria à ses camarades : — « Holà ! Jack, voilà bien le nid ; mais, qu'ils soient damnés ! les oiseaux sont envolés. » — Ils réfléchirent un moment à ce qui avait pu les faire sortir de si bonne heure, et l'idée leur vint que c'étaient les Espagnols qui les avaient prévenus ; là-dessus ils se serrèrent la main et se jurèrent mutuellement de se venger des Espagnols. Aussitôt qu'ils eurent fait ce pacte de sang, ils se mirent à l'œuvre sur l'habitation des pauvres gens. Ils ne brûlèrent rien ; mais ils jetèrent bas les deux huttes, et en dispersèrent les débris, de manière à ne rien laisser debout et à rendre en quelque sorte méconnaissable l'emplacement qu'elles avaient occupé; ils mirent en pièces tout leur petit mobilier, et l'éparpillèrent de telle façon que les pauvres gens retrouvèrent plus tard, à un mille de distance de leur habitation, quelques-uns des objets qui leur avaient appartenu.

Cela fait, ils arrachèrent tous les jeunes arbres que ces pauvres gens avaient plantés, ainsi que les clôtures qu'ils avaient établies pour mettre en sûreté leurs bestiaux et leur grain; en un mot ils saccagèrent et pillèrent toute chose aussi complétement qu'aurait pu le faire une horde de Tartares.

Pendant ce temps les deux hommes étaient allés à leur recherche, décidés à les combattre partout où ils les trouveraient, bien que n'étant que deux contre trois : en sorte que s'ils se fussent rencontrés il y aurait eu certainement du sang répandu; car, il faut leur rendre cette justice, ils étaient tous des gaillards solides et résolus.

Mais la Providence mit plus de soin à les séparer qu'ils n'en mirent eux-mêmes à se joindre : comme s'ils s'étaient donné la chasse, les trois vauriens étaient à peine partis que les deux honnêtes gens arrivèrent; puis quand ces deux-ci retournèrent sur leurs pas pour aller à leur rencontre, les trois autres étaient revenus à la vieille habitation. Nous allons voir la différence de leur conduite. Quand les trois drôles furent de retour, encore furieux, et échauffés par l'œuvre de destruction qu'ils venaient d'accomplir, ils abordèrent les Espagnols par manière de bravade et comme pour les narguer, et ils leur dirent ce qu'ils avaient fait; l'un d'entre eux même, s'approchant de l'un des Espagnols, comme un polisson qui jouerait avec un autre, lui ôta son chapeau de dessus la tête, et, le faisant pirouetter, lui dit en lui riant au nez : — « Et vous aussi, señor Jack Espagnol, nous vous mettrons à la même sauce si vous ne réformez pas vos manières. » — L'Espagnol, qui, quoique doux et pacifique, était aussi brave qu'un homme peut désirer de l'être, et, d'ailleurs, fortement constitué, le regarda fixement pendant quelques minutes; puis, n'ayant à la main aucune arme, il s'approcha gravement de lui, et d'un coup de poing l'étendit par terre comme un boucher abat un bœuf; sur quoi l'un des bandits, aussi scélérat que le premier, fit feu de son pistolet sur l'Espagnol. Il le manqua, il est vrai, car les balles passèrent dans ses cheveux; mais il y en eut une qui lui toucha le bout de l'oreille et le fit beaucoup saigner. La vue de son sang fit croire à l'Espagnol qu'il avait plus de mal qu'il n'en avait effectivement; et il commença à s'échauffer, car jusque là il avait agi avec le plus grand sang-froid; mais, déterminé d'en finir, il se baissa, et, ramassant le mousquet de celui qu'il avait étendu par terre, il allait coucher en joue l'homme qui avait fait feu sur lui, quand le reste des Espagnols qui se trouvaient dans la grotte sortirent, lui crièrent de ne pas tirer, et, s'étant avancés, s'assurèrent des deux autres Anglais en leur arrachant leurs armes.

Quand ils furent ainsi désarmés, et lorsqu'ils se furent apperçus qu'ils s'étaient fait des ennemis de touts les Espagnols, comme ils s'en étaient fait de leurs propres compatriotes, ils commencèrent dès lors à se calmer, et, baissant le ton, demandèrent qu'on leur rendît leurs armes; mais les Espagnols, considérant l'inimitié qui régnait entre eux et les deux autres Anglais, et pensant que ce qu'il y aurait de mieux à faire serait de les séparer les uns des autres, leur dirent qu'on ne leur ferait point de mal, et que s'ils voulaient vivre paisiblement ils ne demandaient pas mieux que de les aider et d'avoir des rapports avec eux comme auparavant ; mais qu'on ne pouvait penser à leur rendre leurs armes lorsqu'ils étaient résolus à s'en servir contre leurs compatriotes, et les avaient même menacés de faire d'eux touts des esclaves.

Les coquins n'étaient pas alors plus en état d'entendre raison que d'agir raisonnablement ; mais, voyant qu'on leur refusait leurs armes, ils s'en allèrent en faisant des gestes extravagants, et comme fous de rage, menaçant, bien que sans armes à feu, de faire tout le mal en leur pouvoir. Les Espagnols, méprisant leurs menaces, leur dirent de se bien garder de causer le moindre dommage à leurs plantations ou à leur bétail ; que s'ils s'avisaient de le faire ils les tueraient à coups de fusil comme des bêtes féroces partout où ils les trouveraient ; et que s'ils tombaient vivants entre leurs mains, ils pouvaient être sûrs d'être pendus. Il s'en fallut toutefois que cela les calmât, et ils s'éloignèrent en jurant et sacrant comme des échappés de l'enfer. Aussitôt qu'ils furent partis, vinrent les deux autres, enflammés d'une colère et possédés d'une rage aussi grandes, quoique d'une autre nature : ce n'était pas sans motif, car, ayant été à leur plantation, ils l'avaient trouvée toute démolie et détruite ; à peine eurent-ils articulé leurs griefs, que les Espagnols leur dirent les leurs, et touts s'étonnèrent que trois hommes en bravassent ainsi dix-neuf impunément.

Les Espagnols les méprisaient, et, après les avoir ainsi désarmés, firent peu de cas de leurs menaces ; mais les deux Anglais résolurent de se venger, quoi qu'il pût leur en coûter pour les trouver.

Ici les Espagnols s'interposèrent également, et leur dirent que leurs adversaires étant déjà désarmés ils ne pouvaient consentir à ce qu'ils les attaquassent avec des armes à feu et les tuassent peut-être. — « Mais, dit le grave Espagnol qui était leur gouverneur, nous ferons en sorte de vous faire rendre justice si vous voulez vous en rapporter à nous ; il n'est pas douteux que lorsque leur colère sera appaisée ils reviendront vers nous, incapables qu'ils sont de subsister sans notre aide; nous vous promettons alors de ne faire avec eux ni paix ni trève qu'ils ne vous aient donné pleine satisfaction ; à cette condition, nous espérons que vous nous promettrez de votre côté de ne point user de violence à leur égard, si ce n'est dans le cas de légitime défense.

Les deux Anglais cédèrent à cette invitation de mauvaise grâce et avec beaucoup de répugnance ; mais les Espagnols protestèrent qu'en agissant ainsi ils n'avaient d'autre but que d'empêcher l'effusion du sang, et de rétablir l'harmonie parmi eux ; — « Nous sommes bien peu nombreux ici, dirent-ils, il y a place pour nous tous, et il serait dommage que nous ne fussions pas touts bons amis ». — A la fin les Anglais consentirent, et en attendant le résultat, demeurèrent quelques jours avec les Espagnols, leur propre habitation étant détruite.

Au bout d'environ trois jours les trois exilés, fatigués d'errer çà et là et mourant presque de faim, — car ils n'avaient guère vécu dans cet intervalle que d'œufs de tortues, — retournèrent au bocage. Ayant trouvé mon Espagnol qui, comme je l'ai dit, était le gouverneur, se promenant avec deux autres sur le rivage, ils l'abordèrent d'un air humble et soumis, et demandèrent en grâce d'être de nouveau admis dans la famille. Les Espagnols les accueillirent avec politesse; mais leur déclarèrent qu'ils avaient agi d'une manière si dénaturée envers les Anglais leurs compatriotes, et d'une façon si incivile envers eux, — les Espagnols —, qu'ils ne pouvaient rien conclure sans avoir préalablement consulté les deux Anglais et le reste de la troupe; qu'ils allaient les trouver, leur en parler, et que dans une demi-heure ils leur feraient connaître le résultat de leur démarche. Il fallait que les trois coupables fussent réduits à une bien rude extrémité, puisque, obligés d'attendre la réponse pendant une demi-heure, ils demandèrent qu'on voulût bien dans cet intervalle leur faire donner du pain; ce qui fut fait : on y ajouta même un gros morceau de chevreau et un perroquet bouilli, qu'ils mangèrent de bon appétit, car ils étaient mourants de faim.

Soumission des Trois Vauriens.

près avoir tenu conseil une demi-heure, on les fit entrer, et il s'engagea à leur sujet un long débat : leurs deux compatriotes les accusèrent d'avoir anéanti le fruit de leur travail et formé le dessein de les assassiner; toutes choses qu'ils avaient avouées auparavant et que par conséquent ils ne pouvaient nier actuellement ; alors les Espagnols intervinrent comme modérateurs ; et, de même qu'ils avaient obligé les deux Anglais à ne point faire de mal aux trois autres pendant que ceux-ci étaient nus et désarmés, de même maintenant ils obligèrent ces derniers à aller rebâtir à leurs compatriotes deux huttes, l'une devant être de la même dimension, et l'autre plus vaste que les premières ; comme aussi à rétablir les clôtures qu'ils avaient arrachées, à planter des arbres à la place de ceux qu'ils avaient déracinés, à bêcher le sol pour y semer du blé là où ils avaient endommagé la culture ; en un mot, à rétablir toutes choses en l'état où ils les avaient trouvées, autant du moins que cela se pouvait ; car ce n'était pas complètement possible : on ne pouvait réparer le temps perdu dans la saison du blé, non plus que rendre les arbres et les haies ce qu'ils étaient.

Ils se soumirent à toutes ces conditions ; et, comme pendant ce temps on leur fournit des provisions en abondance, ils devinrent très-paisibles, et la bonne intelligence régna de nouveau dans la société ; seulement on ne put jamais obtenir de ces trois hommes de travailler pour eux-mêmes, si ce n'est un peu par ci, par là, et selon leur caprice. Toutefois les Espagnols leur dirent franchement que, pourvu qu'ils consentissent à vivre avec eux d'une manière sociable et amicale, et à prendre en général le bien de la plantation à cœur, on travaillerait pour eux, en sorte qu'ils pourraient se promener et être oisifs tout à leur aise. Ayant donc vécu en paix pendant un mois ou deux, les Espagnols leur rendirent leurs armes, et leur donnèrent la permission de les porter dans leurs excursions comme par le passé.

Une semaine s'était à peine écoulée depuis qu'ils avaient repris possession de leurs armes et recommencé leurs courses, que ces hommes ingrats se montrèrent aussi insolents et aussi peu supportables qu'auparavant ; mais sur ces entrefaites un incident survint qui mit en péril la vie de tout le monde, et qui les força de déposer tout ressentiment particulier, pour ne songer qu'à la conservation de leur vie.

Il arriva une nuit que le gouverneur espagnol, comme je l'appelle, c'est-à-dire l'Espagnol à qui j'avais sauvé la vie, et qui était maintenant le capitaine, le chef ou le gouverneur de la colonie, se trouva tourmenté d'insomnie et dans l'impossibilité de fermer l'œil : il se portait parfaitement bien de corps, comme il me le dit par la suite en me contant cette histoire ; seulement ses pensées se succédaient tumultueusement, son esprit n'était plein que d'hommes combattant et se tuant les uns les autres ; cependant il était tout-à-fait éveillé et ne pouvait avoir un moment de sommeil. Il resta long-temps couché dans cet état ; mais, se sentant de plus en plus agité, il résolut de se lever. Comme ils étaient en grand nombre, ils ne couchaient pas dans des hamacs comme moi, qui étais seul, mais sur des peaux de chèvres étendues sur des espèces de lits et de paillasses qu'ils s'étaient faits ; en sorte que quand ils voulaient se lever ils n'avaient qu'à se mettre sur leurs jambes, à passer un habit et à chausser leurs souliers, et ils étaient prêts à aller où bon leur semblait.

S'étant donc ainsi levé, il jeta un coup d'œil dehors ; mais il faisait nuit et il ne put rien ou presque rien voir ; d'ailleurs les arbres que j'avais plantés, comme je l'ai dit dans mon premier récit, ayant poussé à une grande hauteur, interceptaient sa vue ; en sorte que tout ce qu'il put voir en levant les yeux, fut un ciel clair et étoilé. N'entendant aucun bruit, il revint sur ses pas et se recoucha ; mais ce fut inutilement : il ne put dormir ni goûter un instant de repos ; ses pensées continuaient à être agitées et inquiètes sans qu'il sût pourquoi.

Ayant fait quelque bruit en se levant et en allant et venant, l'un de ses compagnons s'éveilla et demanda quel était celui qui se levait. Le gouverneur lui dit ce qu'il éprouvait. — « Vraiment ! dit l'autre espagnol, ces choses-là méritent qu'on s'y arrête, je vous assure : il se prépare en ce moment quelque chose contre nous, j'en ai la certitude » ; — et sur-le-champ il lui demanda où étaient les Anglais. — « Ils sont dans leurs huttes, dit-il, tout est en sûreté de ce côté-là. » — Il paraît que les Espagnols avaient pris possession du logement principal, et avaient préparé un endroit où les trois Anglais, depuis leur dernière mutinerie, étaient toujours relégués sans qu'ils pussent communiquer avec les autres. — « Oui, dit l'Espagnol, il doit y avoir quelque chose là-dessous, ma propre expérience me l'assure. Je suis convaincu que nos âmes, dans leur enveloppe charnelle, communiquent avec les esprits incorporels, habitants du monde invisible et en reçoivent des clartés. Cet avertissement, ami, nous est sans doute donné pour notre bien si nous savons le mettre à profit. Venez, dit-il, sortons et voyons ce qui se passe ; et si nous ne trouvons rien qui justifie notre inquiétude, je vous conterai à ce sujet une histoire qui vous convaincra de la vérité de ce que je vous dis. »

En un mot, ils sortirent pour se rendre au sommet de la colline où j'avais coutume d'aller ; mais, étant en force et en bonne compagnie, ils n'employèrent pas la précaution que je prenais, moi qui étais tout seul, de monter au moyen de l'échelle, que je tirais après moi, et replaçais une seconde fois pour gagner le sommet ; mais ils traversèrent le bocage sans précaution et librement, lorsque tout-à-coup ils furent surpris de voir à très-peu de distance la lumière d'un feu et d'entendre, non pas une voix ou deux, mais les voix d'un grand nombre d'hommes.

Toutes les fois que j'avais découvert des débarquements de Sauvages dans l'île, j'avais constamment fait en en sorte qu'on ne pût avoir le moindre indice que le lieu était habité ; lorsque les événements le leur apprirent, ce fut d'une manière si efficace, que c'est tout au plus si ceux qui se sauvèrent purent dire ce qu'ils avaient vu, car nous disparûmes aussitôt que possible, et aucun de ceux qui m'avaient vu ne s'échappa pour le dire à d'autres, excepté les trois Sauvages qui, lors de notre dernière rencontre, sautèrent dans la pirogue, et qui, comme je l'ai dit, m'avaient fait craindre qu'ils ne retournassent auprès de leurs compatriotes et n'amenassent du renfort.

Etait-ce ce qu'avaient pu dire ces trois hommes qui en amenait maintenant un aussi grand nombre, ou bien était-ce le hasard seul ou l'un de leurs festins sanglants, c'est ce que les Espagnols ne purent comprendre, à ce qu'il paraît ; mais, quoi qu'il en fût, il aurait mieux valu pour eux qu'ils se fussent tenus cachés et qu'ils n'eussent pas vu les Sauvages, que de laisser connaître à ceux-ci que l'île était habitée. Dans ce dernier cas, il fallait tomber sur eux avec vigueur, de manière à n'en pas laisser échapper un seul ; ce qui ne pouvait se faire qu'en se plaçant entre eux et leurs canots : mais la présence d'esprit leur manqua, ce qui détruisit pour long-temps leur tranquillité.

Nous ne devons pas douter que le gouverneur et celui qui l'accompagnait, surpris à cette vue, ne soient retournés précipitamment sur leurs pas et n'aient donné l'alarme à leurs compagnons, en leur faisant part du danger imminent dans lequel ils étaient touts. La frayeur fut grande en effet ; mais il fut impossible de les faire rester où ils étaient : touts voulurent sortir pour juger par eux-mêmes de l'état des choses.

Tant qu'il fit nuit, ils purent pendant plusieurs heures les examiner tout à leur aise à la lueur de trois feux qu'ils avaient allumés à quelque distance l'un de l'autre : ils ne savaient ce que faisaient les Sauvages, ni ce qu'ils devaient faire eux-mêmes ; car d'abord les ennemis étaient trop nombreux, ensuite ils n'étaient point réunis, mais séparés en plusieurs groupes, et occupaient divers endroits du rivage.

Les Espagnols à cet aspect furent dans une grande consternation ; les voyant parcourir le rivage dans touts les sens, ils ne doutèrent pas que tôt ou tard quelques-uns d'entre eux ne découvrissent leur habitation ou quelque autre lieu où ils trouveraient des vestiges d'habitants ; ils éprouvèrent aussi une grande inquiétude à l'égard de leurs troupeaux de chèvres, car leur destruction les eût réduits presque à la famine. La première chose qu'ils firent donc fut de dépêcher trois hommes, deux Espagnols et un Anglais, avant qu'il fût jour, pour emmener toutes les chèvres dans la grande vallée où était située la caverne, et pour les cacher, si cela était nécessaire, dans la caverne même. Ils étaient résolus à attaquer les Sauvages, fussent-ils cent, s'ils les voyaient réunis touts ensemble et à quelque distance de leurs canots ; mais cela n'était pas possible : car ils étaient divisés en deux troupes éloignées de deux milles l'une de l'autre, et, comme on le sut plus tard, il y avait là deux nations différentes.

Après avoir long-temps réfléchi sur ce qu'ils avaient à faire et s'être fatigué le cerveau à examiner leur position actuelle, ils résolurent enfin d'envoyer comme espion, pendant qu'il faisait nuit, le vieux Sauvage, père de VENDREDI, afin de découvrir, si cela était possible, quelque chose touchant ces gens, par exemple d'où ils venaient, ce qu'ils se proposaient de faire. Le vieillard y consentit volontiers, et, s'étant mis tout nu, comme étaient la plupart des Sauvages, il partit. Après une heure ou deux d'absence, il revint et rapporta qu'il avait pénétré au milieu d'eux sans avoir été découvert, il avait appris que c'étaient deux expéditions séparées et deux nations différentes en guerre l'une contre l'autre; elles s'étaient livré une grande bataille dans leur pays, et, un certain nombre de prisonniers ayant été faits de part et d'autre dans le combat, ils étaient par hasard débarqués dans la même île pour manger leurs prisonniers et se réjouir; mais la circonstance de leur arrivée dans le même lieu avait troublé toute leur joie. Ils étaient furieux les uns contre les autres et si rapprochés qu'on devait s'attendre à les voir combattre aussitôt que le jour paraîtrait. Il ne s'était pas apperçu qu'ils soupçonnassent que d'autres hommes fussent dans l'île. Il avait à peine achevé son récit qu'un grand bruit annonça que les deux petites armées se livraient un combat sanglant.

Le père de VENDREDI fit tout ce qu'il put pour engager nos gens à se tenir clos et à ne pas se montrer; il leur dit que leur salut en dépendait, qu'ils n'avaient d'autre chose à faire qu'à rester tranquilles, que les Sauvages se tueraient les uns les autres et que les survivants, s'il y en avait, s'en iraient; c'est ce qui arriva; mais il fut impossible d'obtenir cela, surtout des Anglais: la curiosité l'emporta tellement en eux sur la prudence, qu'ils voulurent absolument sortir et être témoins de la bataille; toutefois ils usèrent de quelque précaution, c'est-à-dire qu'au lieu de marcher à découvert dans le voisinage de leur habitation, ils s'enfoncèrent plus avant dans les bois, et se placèrent dans une position avantageuse d'où ils pouvaient voir en sûreté le combat sans être découverts, du moins ils le pensaient ; mais il paraît que les Sauvages les apperçurent, comme on verra plus tard.

Le combat fut acharné, et, si je puis en croire les Anglais, quelques-uns des combattants avaient paru à l'un des leurs des hommes d'une grande bravoure et doués d'une énergie invincible, et semblaient mettre beaucoup d'art dans la direction de la bataille. La lutte, dirent-ils, dura deux heures avant qu'on pût deviner à qui resterait l'avantage ; mais alors le parti le plus rapproché de l'habitation de nos gens commença à ployer, et bientôt quelques-uns prirent la fuite. Ceci mit de nouveau les nôtres dans une grande consternation ; ils craignirent que les fuyards n'allassent chercher un abri dans le bocage qui masquait leur habitation, et ne la découvrissent, et que, par conséquent, ceux qui les poursuivaient ne vinssent à faire la même découverte. Sur ce, ils résolurent de se tenir armés dans l'enceinte des retranchements, et si quelques Sauvages pénétraient dans le bocage, de faire une sortie et de les tuer, afin de n'en laisser échapper aucun si cela était possible : ils décidèrent aussi que ce serait à coups de sabre ou de crosse de fusil qu'on les tuerait, et non en faisant feu sur eux, de peur que le bruit ne donnât l'alarme.

Prise des Trois Fuyards.

La chose arriva comme ils l'avaient prévu : trois hommes de l'armée en déroute cherchèrent leur salut dans la fuite ; et, après avoir traversé la crique, ils coururent droit au bocage, ne soupçonnant pas le moins du monde où ils allaient, mais croyant se réfugier dans l'épaisseur d'un bois.

La védette postée pour faire le guet en donna avis à ceux de l'intérieur, en ajoutant, à la satisfaction de nos gens, que les vainqueurs ne poursuivaient pas les fuyards et n'avaient pas vu la direction qu'ils avaient prise. Sur quoi le gouverneur espagnol, qui était plein d'humanité, ne voulut pas permettre qu'on tuât les trois fugitifs ; mais, expédiant trois hommes par le haut de la colline, il leur ordonna de la tourner, de les prendre à revers et de les faire prisonniers ; ce qui fut exécuté. Les débris de l'armée vaincue se jetèrent dans les canots et gagnèrent la haute mer. Les vainqueurs se retirèrent et les poursuivirent peu ou point, mais, se réunissant tous en un seul groupe, ils poussèrent deux grands cris, qu'on supposa être des cris de triomphe : c'est ainsi que se termina le combat. Le même jour, sur les trois heures de l'après-midi, ils se rendirent à leurs canots. Et alors les Espagnols se retrouvèrent paisibles possesseurs de l'île, leur effroi se dissipa, et pendant plusieurs années ils ne revirent aucun Sauvage.

Lorsqu'ils furent tous partis, les Espagnols sortirent de leur grotte, et, parcourant le champ de bataille, trouvèrent environ trente-deux morts sur la place. Quelques-uns avaient été tués avec de grandes et longues flèches, et ils en virent plusieurs dans le corps desquels elles étaient restées plongées; mais la plupart avaient été tués avec de grands sabres de bois, dont seize ou dix-sept furent trouvés sur le lieu du combat, avec un nombre égal d'arcs et une grande quantité de flèches. Ces sabres étaient de grosses et lourdes choses difficiles à manier, et les hommes qui s'en servaient devaient être extrêmement forts. La majeure partie de ceux qui étaient tués ainsi avaient la tête mise en pièces, ou, comme nous disons en Angleterre, *brains knocked out*, — la cervelle hors du crâne, — et en outre les jambes et les bras cassés; ce qui attestait qu'ils avaient combattu avec une furie et une rage inexprimables. Touts les hommes qu'on trouva là gisants étaient tout-à-fait morts ; car ces barbares ne quittent leur ennemi qu'après l'avoir entièrement tué, ou emportent avec eux touts ceux qui tombés sous leurs coups ont encore un souffle de vie.

Le danger auquel on venait d'échapper apprivoisa pour long-temps les trois Anglais. Ce spectacle les avait remplis d'horreur, et ils ne pouvaient penser sans un sentiment d'effroi qu'un jour ou l'autre ils tomberaient peut-être entre les mains de ces barbares, qui les tueraient non-seulement comme ennemis, mais encore pour s'en nourrir comme nous faisons de nos bestiaux. Et ils m'ont avoué que cette idée d'être mangés comme du bœuf ou du mouton, bien que cela ne dût arriver qu'après leur mort, avait eu pour eux quelque chose de si horrible en soi qu'elle leur soulevait le cœur et les rendait malades, et qu'elle leur avait rempli l'esprit de terreurs si étranges qu'ils furent tout autres pendant quelques semaines.

Ceci, comme je le disais, eut pour effet même d'apprivoiser nos trois brutaux d'Anglais, dont je vous ai entretenu. Ils furent long-temps fort traitables, et prirent assez d'intérêt au bien commun de la société; ils plantaient, semaient, récoltaient et commençaient à se faire au pays. Mais bientôt un nouvel attentat leur suscita une foule de peines.

Ils avaient fait trois prisonniers, ainsi que je l'ai consigné, et comme ils étaient touts trois jeunes, courageux et robustes, ils en firent des serviteurs, qui apprirent à travailler pour eux, et se montrèrent assez bons esclaves. Mais leurs maîtres n'agirent pas à leur égard comme j'avais fait envers Vendredi : ils ne crurent pas, après leur avoir sauvé la vie, qu'il fût de leur devoir de leur inculquer de sages principes de morale, de religion, de les civiliser et de se les acquérir par de bons traitements et des raisonnements affectueux. De même qu'ils leur donnaient leur nourriture chaque jour, chaque jour ils leur imposaient une besogne, et les occupaient totalement à de vils travaux : aussi manquèrent-ils en cela, car ils ne les eurent jamais pour les assister et pour combattre, comme j'avais eu mon serviteur Vendredi, qui m'était aussi attaché que ma chair à mes os.

Mais revenons à nos affaires domestiques. Étant alors touts bons amis, — car le danger commun, comme je l'ai dit plus haut, les avait parfaitement réconciliés, — ils se mirent à considérer leur situation en général. La première chose qu'ils firent ce fut d'examiner si, voyant que les Sauvages fréquentaient particulièrement le côté où ils étaient, et l'île leur offrant plus loin des lieux plus retirés, également propres à leur manière de vivre et évidemment plus avantageux, il ne serait pas convenable de transporter leur habitation et de se fixer dans quelque endroit où ils trouveraient plus de sécurité pour eux, et surtout plus de sûreté pour leurs troupeaux et leur grain.

Enfin, après une longue discussion, ils convinrent qu'ils n'iraient pas habiter ailleurs ; vu qu'un jour ou l'autre il pourrait leur arriver des nouvelles de leur gouverneur, c'est-à-dire de moi, et que si j'envoyais quelqu'un à leur recherche, ce serait certainement dans cette partie de l'île ; que là, trouvant la place rasée, on en conclurait que les habitants avaient touts été tués par les Sauvages, et qu'ils étaient partis pour l'autre monde, et qu'alors le secours partirait aussi.

Mais, quant à leur grain et à leur bétail, ils résolurent de les transporter dans la vallée où était ma caverne, le sol y étant, dans une étendue suffisante, également propre à l'un et à l'autre. Toutefois, après une seconde réflexion, ils modifièrent cette résolution; ils se décidèrent à ne parquer dans ce lieu qu'une partie de leurs bestiaux, et à n'y semer qu'une portion de leur grain, afin que si une partie était détruite l'autre pût être sauvée. Ils adoptèrent encore une autre mesure de prudence, et ils firent bien; ce fut de ne point laisser connaître aux trois Sauvages leurs prisonniers qu'ils avaient des cultures et des bestiaux dans la vallée, et encore moins qu'il s'y trouvait une caverne qu'ils regardaient comme une retraite sûre en cas de nécessité. C'est là qu'ils transportèrent les deux barils de poudre que je leur avais abandonnés lors de mon départ.

Résolus de ne pas changer de demeure, et reconnaissant l'utilité des soins que j'avais pris à masquer mon habitation par une muraille ou fortification et par un bocage, bien convaincus de cette vérité que leur salut dépendait du secret de leur retraite, ils se mirent à l'ouvrage afin de fortifier et cacher ce lieu encore plus qu'auparavant. A cet effet j'avais planté des arbres — ou plutôt enfoncé des pieux qui avec le temps étaient devenus des arbres. — Dans un assez grand espace, devant l'entrée de mon logement, ils remplirent, suivant la même méthode, tout le reste du terrain depuis ces arbres jusqu'au bord de la crique, où, comme je l'ai dit, je prenais terre avec mes radeaux, et même jusqu'au sol vaseux que couvrait le flot de la marée, ne laissant aucun endroit où l'on pût débarquer ni rien qui indiquât qu'un débarquement fût possible aux alentours. Ces pieux, comme autrefois je le mentionnai, étaient d'un bois d'une prompte végétation; ils eurent soin de les choisir généralement beaucoup plus forts et beaucoup plus grands que ceux que j'avais plantés, et de les placer si drus et si serrés, qu'au bout de trois ou quatre ans il était devenu impossible à l'œil de plonger très-avant dans la plantation. Quant aux arbres que j'avais plantés, ils étaient devenus gros comme la jambe d'un homme. Ils en placèrent dans les intervalles un grand nombre de plus petits si rapprochés qu'ils formaient comme une palissade épaisse d'un quart de mille, où l'on n'eût pu pénétrer qu'avec une petite armée pour les abattre tous; car un petit chien aurait eu de la peine à passer entre les arbres, tant ils étaient serrés.

Mais ce n'est pas tout, ils en firent de même sur le terrain à droite et à gauche, et tout autour de la colline jusqu'à son sommet, sans laisser la moindre issue par laquelle ils pussent eux-mêmes sortir, si ce n'est au moyen de l'échelle qu'on appuyait contre le flanc de la colline, et qu'on replaçait ensuite pour gagner la cime; une fois cette échelle enlevée, il aurait fallu avoir des ailes ou des sortiléges pour parvenir jusqu'à eux.

Cela était fort bien imaginé, et plus tard ils eurent occasion de s'en applaudir; ce qui a servi à me convaincre que comme la prudence humaine est justifiée par l'autorité de la Providence, c'est la Providence qui la met à l'œuvre; et si nous écoutions religieusement sa voix, je suis pleinement persuadé que nous éviterions un grand nombre d'adversités auxquelles par notre propre négligence notre vie est exposée. Mais ceci soit dit en passant.

Je reprends le fil de mon histoire. Depuis cette époque ils vécurent deux années dans un calme parfait, sans recevoir de nouvelles visites des Sauvages. Il est vrai qu'un matin ils eurent une alerte qui les jeta dans une grande consternation. Quelques-uns des Espagnols étant allés au côté occidental, ou plutôt à l'extrémité de l'île, dans cette partie que, de peur d'être découvert, je ne hantais jamais, ils furent surpris de voir plus de vingt canots d'Indiens qui se dirigeaient vers le rivage.

Épouvantés, ils revinrent à l'habitation en toute hâte donner l'alarme à leurs compagnons, qui se tinrent clos tout ce jour-là et le jour suivant, ne sortant que de nuit pour aller en observation. Ils eurent le bonheur de s'être trompés dans leur appréhension; car, quel que fût le but des Sauvages, ils ne débarquèrent pas cette fois-là dans l'île, mais poursuivirent quelqu'autre projet.

Il s'éleva vers ce temps-là une nouvelle querelle avec les trois Anglais. Un de ces derniers, le plus turbulent, furieux contre un des trois esclaves qu'ils avaient faits prisonniers, parce qu'il n'exécutait pas exactement quelque chose qu'il lui avait ordonné et se montrait peu docile à ses instructions, tira de son ceinturon la hachette qu'il portait à son côté, et s'élança sur le pauvre Sauvage, non pour le corriger, mais pour le tuer. Un des Espagnols, qui était près de là, le voyant porter à ce malheureux, à dessein de lui fendre la tête, un rude coup de hachette qui entra fort avant dans l'épaule, crut que la pauvre créature avait le bras coupé, courut à lui, et, le suppliant de ne pas tuer ce malheureux, se jeta entre lui et le Sauvage pour prévenir le crime.

Ce coquin, devenu plus furieux encore, leva sa hachette contre l'Espagnol, et jura qu'il le traiterait comme il avait voulu traiter le Sauvage. L'Espagnol, voyant venir le coup, l'évita, et avec une pelle qu'il tenait à la main,—car il travaillait en ce moment au champ de blé,—étendit par terre ce forcené. Un autre Anglais, accourant au secours de son camarade, renversa d'un coup l'Espagnol; puis, deux Espagnols vinrent à l'aide de leur compatriote, et le troisième Anglais tomba sur eux : aucun n'avait d'arme à feu; ils n'avaient que des hachettes et d'autres outils, à l'exception du troisième Anglais. Celui-ci était armé de l'un de mes vieux coutelas rouillés, avec lequel il s'élança sur les Espagnols derniers arrivants et les blessa tous les deux. Cette bagarre mit toute la famille en rumeur; du renfort survint, et les trois Anglais furent faits prisonniers. Il s'agit alors de voir ce que l'on ferait d'eux. Ils s'étaient montrés souvent si mutins, si terribles, si paresseux, qu'on ne savait trop quelle mesure prendre à leur égard; car ces quelques hommes, dangereux au plus haut degré, ne valaient pas le mal qu'ils donnaient. En un mot, il n'y avait pas de sécurité à vivre avec eux.

Nouvel Attentat de Will Atkins.

L'Espagnol qui était gouverneur leur dit en propres termes que s'ils étaient ses compatriotes il les ferait pendre ; car toutes les lois et touts les gouvernants sont institués pour la conservation de la société, et ceux qui sont nuisibles à la société doivent être repoussés de son sein ;

mais que comme ils étaient Anglais, et que c'était à la généreuse humanité d'un Anglais qu'ils devaient touts leur vie et leur délivrance, il les traiterait avec toute la douceur possible, et les abandonnerait au jugement de leurs deux compatriotes.

Un des deux honnêtes Anglais se leva alors, et dit qu'ils désiraient qu'on ne les choisît pas pour juges ; — « car, ajouta-t-il, j'ai la conviction que notre devoir serait de les condamner à être pendus. » — Puis, il raconta comment WILL ATKINS, l'un des trois, avait proposé aux Anglais de se liguer touts les cinq pour égorger les Espagnols pendant leur sommeil.

Quand le gouverneur espagnol entendit cela, il s'adressa à WILL ATKINS : — « Comment, SEÑOR ATKINS, dit-il, vous vouliez nous tuer touts? Qu'avez-vous à dire à cela ? » — Ce coquin endurci était si loin de le nier, qu'il affirma que cela était vrai, et, Dieu me damne, jura-t-il, si nous ne le faisons pas avant de démêler rien autre avec vous. — « Fort bien ; mais, SEÑOR ATKINS, dit l'Espagnol, que vous avons-nous fait pour que vous veuillez nous tuer? et que gagneriez-vous à nous tuer? et que devons-nous faire pour vous empêcher de nous tuer? Faut-il que nous vous tuions ou que nous soyons tués par vous? Pourquoi voulez-vous nous réduire à cette nécessité, SEÑOR ATKINS? dit l'Espagnol avec beaucoup de calme et en souriant.

SEÑOR ATKINS entra dans une telle rage contre l'Espagnol qui avait fait une raillerie de cela, que, s'il n'avait été retenu par trois hommes, et sans armes, il est croyable qu'il aurait tenté de le tuer au milieu de toute l'assemblée.

Cette conduite insensée les obligea à considérer sérieusement le parti qu'ils devaient prendre. Les deux Anglais et l'Espagnol qui avait sauvé le pauvre esclave étaient d'opinion qu'il fallait pendre l'un des trois, pour l'exemple des autres, et que ce devait être celui-là qui avait deux fois tenté de commettre un meurtre avec sa hachette; et, par le fait, on aurait pu penser, non sans raison, que le crime était consommé; car le pauvre Sauvage était dans un état si misérable depuis la blessure qu'il avait reçue, qu'on croyait qu'il ne survivrait pas.

Mais le gouverneur espagnol dit encore — « Non », — répétant que c'était un Anglais qui leur avait sauvé à touts la vie, et qu'il ne consentirait jamais à mettre un Anglais à mort, eût-il assassiné la moitié d'entre eux; il ajouta que, s'il était lui-même frappé mortellement par un Anglais, et qu'il eût le temps de parler, ce serait pour demander son pardon.

L'Espagnol mit tant d'insistance, qu'il n'y eut pas moyen de lui résister; et, comme les conseils de la clémence prévalent presque toujours lorsqu'ils sont appuyés avec autant de chaleur, touts se rendirent à son sentiment. Mais il restait à considérer ce qu'on ferait pour empêcher ces gens-là de faire le mal qu'ils préméditaient; car touts convinrent, le gouverneur aussi bien que les autres, qu'il fallait trouver le moyen de mettre la société à l'abri du danger. Après un long débat, il fut arrêté tout d'abord qu'ils seraient désarmés, et qu'on ne leur permettrait d'avoir ni fusils, ni poudre, ni plomb, ni sabres, ni armes quelconques; qu'on les expulserait de la société, et qu'on les laisserait vivre comme ils voudraient et comme ils pourraient; mais qu'aucun des autres, Espagnols ou Anglais, ne les fréquenterait, ne leur parlerait et n'aurait avec eux la moindre relation ; qu'on leur défendrait d'approcher à une certaine distance du lieu où habitaient les autres; et que s'ils venaient à commettre quelque désordre, comme de ravager, de brûler, de tuer, ou de détruire le blé, les cultures, les constructions, les enclos ou le bétail appartenant à la société, on les ferait mourir sans miséricorde et on les fusillerait partout où on les trouverait.

Le gouverneur, homme d'une grande humanité, réfléchit quelques instants sur cette sentence; puis, se tournant vers les deux honnêtes Anglais, — « Arrêtez, leur dit-il; songez qu'il s'écoulera bien du temps avant qu'ils puissent avoir du blé et des troupeaux à eux : il ne faut pas qu'ils périssent de faim; nous devons leur accorder des provisions. — Il fit donc ajouter à la sentence qu'on leur donnerait une certaine quantité de blé pour semer et se nourrir pendant huit mois, après lequel temps il était présumable qu'ils en auraient provenant de leur récolte; qu'en outre on leur donnerait six chèvres laitières, quatre boucs, six chevreaux pour leur subsistance actuelle et leur approvisionnement, et enfin des outils pour travailler aux champs, tels que six hachettes, une hache, une scie et autres objets; mais qu'on ne leur remettrait ni outils ni provisions à moins qu'ils ne jurassent solemnellement qu'avec ces instruments ils ne feraient ni mal ni outrage aux Espagnols et à leurs camarades anglais.

C'est ainsi qu'expulsés de la société, ils eurent à se tirer d'affaire par eux-mêmes. Ils s'éloignèrent hargneux et récalcitrants; mais, comme il n'y avait pas de remède, jouant les gens à qui il était indifférent de partir ou de rester, ils déguerpirent, prétendant qu'ils allaient se choisir une place pour s'y établir, y planter et y pourvoir à leur existence. On leur donna quelques provisions, mais point d'armes.

Quatre ou cinq jours après ils revinrent demander des aliments, et désignèrent au gouverneur le lieu où ils avaient dressé leurs tentes et tracé l'emplacement de leur habitation et de leur plantation. L'endroit était effectivement très-convenable, situé au Nord-Est, dans la partie la plus reculée de l'île, non loin du lieu où, grâce à la Providence, j'abordai lors de mon premier voyage après avoir été emporté en pleine mer, Dieu seul sait où ! dans ma folle tentative de faire le tour de l'île.

Là, à peu près sur le plan de ma première habitation, ils se bâtirent deux belles huttes, qu'ils adossèrent à une colline ayant déjà quelques arbres parsemés sur trois de ses côtés; de sorte qu'en en plantant d'autres, il fut facile de les cacher de manière à ce qu'elles ne pussent être apperçues sans beaucoup de recherches. — Ces exilés exprimèrent aussi le désir d'avoir quelques peaux de bouc séchées pour leur servir de lits et de couvertures; on leur en accorda, et, ayant donné leur parole qu'ils ne troubleraient personne et respecteraient les plantations, on leur remit des hachettes et les autres outils dont on pouvait se priver; des pois, de l'orge et du riz pour semer; en un mot tout ce qui leur était nécessaire, sauf des armes et des munitions.

Ils vécurent ainsi à part environ six mois, et firent leur première récolte ; à la vérité, cette récolte fut peu de chose, car ils n'avaient pu ensemencer qu'une petite étendue de terrain, ayant toutes leurs plantations à établir, et par conséquent beaucoup d'ouvrage sur les bras. Lorsqu'il leur fallut faire des planches, de la poterie et autres choses semblables, ils se trouvèrent fort empêchés et ne purent y réussir; quand vint la saison des pluies, n'ayant pas de caverne, ils ne purent tenir leur grain sec, et il fut en grand danger de se gâter : ceci les contrista beaucoup. Ils vinrent donc supplier les Espagnols de les aider, ce que ceux-ci firent volontiers, et en quatre jours on leur creusa dans le flanc de la colline un trou assez grand pour mettre à l'abri de la pluie leur grain et leurs autres provisions ; mais c'était après tout une triste grotte, comparée à la mienne, et surtout à ce qu'elle était alors ; car les Espagnols l'avaient beaucoup agrandie et y avaient pratiqué de nouveaux logements.

Environ trois trimestres après cette séparation il prit à ces chenapans une nouvelle lubie, qui, jointe aux premiers brigandages qu'ils avaient commis, attira sur eux le malheur et faillit à causer la ruine de la colonie tout entière. Les trois nouveaux associés commencèrent, à ce qu'il paraît, à se fatiguer de la vie laborieuse qu'ils menaient sans espoir d'améliorer leur condition; il leur vint la fantaisie de faire un voyage au continent d'où venaient les Sauvages, afin d'essayer s'ils ne pourraient pas réussir à s'emparer de quelques prisonniers parmi les naturels du pays, les emmener dans leur plantation, et se décharger sur eux des travaux les plus pénibles.

Ce projet n'était pas mal entendu s'ils se fussent bornés à cela ; mais ils ne faisaient rien et ne se proposaient rien où il n'y eût du mal soit dans l'intention, soit dans le résultat ; et, si je puis dire mon opinion, il semblait qu'ils fussent placés sous la malédiction du Ciel ; car si nous n'accordons pas que des crimes visibles sont poursuivis de châtiments visibles, comment concilierons-nous les événements avec la justice divine? Ce fut sans doute en punition manifeste de leurs crimes de rébellion et de piraterie qu'ils avaient été amenés à la position où ils se trouvaient ; mais bien loin de montrer le moindre remords de ces crimes, ils y ajoutaient de nouvelles scélératesses; telles que cette cruauté monstrueuse de blesser un pauvre esclave parce qu'il n'exécutait pas ou peut-être ne comprenait pas l'ordre qui lui était donné, de le blesser de telle manière, que sans nul doute il en est resté estropié toute sa vie, et dans un lieu où il n'y avait pour le guérir ni chirurgien, ni médicaments; mais le pire de tout ce fut leur dessein sanguinaire, c'est-à-dire, tout bien jugé, leur meurtre intentionnel, car, à coup sûr, c'en était un, ainsi que plus tard leur projet concerté d'assassiner de sang-froid les Espagnols durant leur sommeil.

Je laisse les réflexions, et je reprends mon récit. Les trois garnements vinrent un matin trouver les Espagnols, et en de très-humbles termes demandèrent instamment à être admis à leur parler. Ceux-ci consentirent volontiers à entendre ce qu'ils avaient à leur dire. Voilà de quoi il s'agissait : — « Nous sommes fatigués, dirent-ils, de la vie que nous menons ; nous ne sommes pas assez habiles pour faire nous-mêmes tout ce dont nous avons besoin ; et, manquant d'aide, nous aurions à redouter de mourir de faim ; mais si vous vouliez nous permettre de prendre l'un des canots dans lesquels vous êtes venus, et nous donner les armes et les munitions nécessaires pour notre défense, nous gagnerions la terre ferme pour chercher fortune, et nous vous délivrerions ainsi du soin de nous pourvoir de nouvelles provisions. »

Les Espagnols étaient assez enchantés d'en être débarrassés. Cependant ils leur représentèrent avec franchise qu'ils allaient courir à une mort certaine, et leur dirent qu'eux-mêmes avaient éprouvé de telles souffrances sur le continent, que, sans être prophètes, ils pouvaient leur prédire qu'ils y mourraient de faim ou y seraient assassinés. Ils les engagèrent à réfléchir à cela.

Ces hommes répondirent audacieusement qu'ils mourraient de faim s'ils restaient, car ils ne pouvaient ni ne voulaient travailler. Que lorsqu'ils seraient là-bas le pire qui pourrait leur arriver c'était de périr d'inanition ; que si on les tuait, tout serait fini pour eux ; qu'ils n'avaient ni femmes ni enfants pour les pleurer. Bref, ils renouvelèrent leur demande avec instance, déclarant que de toute manière ils partiraient, qu'on leur donnât ou non des armes.

Les Espagnols leur dirent, avec beaucoup de bonté, que, s'ils étaient absolument décidés à partir, ils ne devaient pas se mettre en route dénués de tout et sans moyens de défense ; et que, bien qu'il leur fût pénible de se défaire de leurs armes à feu, n'en ayant pas assez pour eux-mêmes, cependant ils leur donneraient deux mousquets, un pistolet, et de plus un coutelas et à chacun une hachette ; ce qu'ils jugeaient devoir leur suffire.

En un mot, les Anglais acceptèrent cette offre ; et, les Espagnols leur ayant cuit assez de pain pour subsister pendant un mois et leur ayant donné autant de viande de chèvre qu'ils en pourraient manger pendant qu'elle serait fraîche, ainsi qu'un grand panier de raisins secs, une cruche d'eau douce et un jeune chevreau vivant, ils montèrent hardiment dans un canot pour traverser une mer qui avait au moins quarante milles de large.

Captifs offerts en Présent.

Ce canot était grand, et aurait pu aisément transporter quinze ou vingt hommes : aussi ne pouvaient-ils le manœuvrer que difficilement ; toutefois, à la faveur d'une bonne brise et du flot de la marée, ils s'en tirèrent assez bien. Ils s'étaient fait un mât d'une longue perche, et une voile de quatre grandes peaux de bouc séchées qu'ils avaient cousues ou lacées ensemble ; et ils étaient partis assez joyeusement. Les Espagnols leur crièrent — « BUEN VIAGE ». — Personne ne pensait les revoir.

Les Espagnols se disaient souvent les uns aux autres, ainsi que les deux honnêtes Anglais qui étaient restés : — «Quelle vie tranquille et confortable nous menons maintenant que ces trois turbulents compagnons sont partis ! » — Quant à leur retour, c'était la chose la plus éloignée de leur pensée. Mais voici qu'après vingt-deux jours d'absence, un des Anglais, qui travaillait dehors à sa plantation, apperçoit au loin trois étrangers qui venaient à lui : deux d'entre eux portaient un fusil sur l'épaule.

L'Anglais s'enfuit comme s'il eût été ensorcelé. Il accourut bouleversé et effrayé vers le gouverneur espagnol, et lui dit qu'ils étaient tous perdus ; car des étrangers avaient débarqué dans l'île : il ne put dire qui ils étaient. L'Espagnol, après avoir réfléchi un moment, lui répondit : — « Que voulez-vous dire ? Vous ne savez pas qui ils sont ? mais ce sont des Sauvages sûrement. » — « Non, non, répartit l'Anglais, ce sont des hommes vêtus et armés. » — « Alors donc, dit l'Espagnol, pourquoi vous mettez-vous en peine ? Si ce ne sont pas des Sauvages, ce ne peut être que des amis, car il n'est pas de nation chrétienne sur la terre qui ne soit disposée à nous faire plutôt du bien que du mal. »

Pendant qu'ils discutaient ainsi arrivèrent les trois Anglais, qui, s'arrêtant en dehors du bois nouvellement planté, se mirent à les appeler. On reconnut aussitôt leur voix, et tout le merveilleux de l'aventure s'évanouit. Mais alors l'étonnement se porta sur un autre objet, c'est-à-dire qu'on se demanda quels étaient leur dessein et le motif de leur retour.

Bientôt on fit entrer nos trois coureurs, et on les questionna sur le lieu où ils étaient allés et sur ce qu'ils avaient fait. En peu de mots ils racontèrent tout leur voyage. Ils avaient, dirent-ils, atteint la terre en deux jours ou un peu moins ; mais, voyant les habitants alarmés à leur approche et s'armant de leurs arcs et de leurs flèches pour les combattre, ils n'avaient pas osé débarquer, et avaient fait voile au Nord pendant six ou sept heures; alors ils étaient arrivés à un grand chénal, qui leur fit reconnaître que la terre qu'on découvrait de notre domaine n'était pas le continent, mais une île. Après être entrés dans ce bras de mer, ils avaient apperçu une autre île à droite, vers le Nord, et plusieurs autres à l'Ouest. Décidés à aborder n'importe où, ils s'étaient dirigés vers l'une des îles situées à l'Ouest, et étaient hardiment descendus au rivage. Là ils avaient trouvé des habitants affables et bienveillants, qui leur avaient donné quantité de racines et quelques poissons secs, et s'étaient montrés très-sociables. Les femmes aussi bien que les hommes s'étaient empressés de les pourvoir de touts les aliments qu'ils avaient pu se procurer, et qu'ils avaient apportés de fort loin sur leur tête.

Ils demeurèrent quatre jours parmi ces naturels. Leur ayant demandé par signes, du mieux qu'il leur était possible, quelles étaient les nations environnantes, ceux-ci répondirent que presque de touts côtés habitaient des peuples farouches et terribles qui, à ce qu'ils leur donnèrent à entendre, avaient coutume de manger des hommes. Quant à eux, ils dirent qu'ils ne mangeaient jamais ni hommes ni femmes, excepté ceux qu'ils prenaient à la guerre; puis, ils avouèrent qu'ils faisaient de grands festins avec la chair de leurs prisonniers.

Les Anglais leur demandèrent à quelle époque ils avaient

fait un banquet de cette nature ; les Sauvages leur répondirent qu'il y avait de cela deux lunes, montrant la lune, puis deux de leurs doigts ; et que leur grand Roi avait deux cents prisonniers de guerre qu'on engraissait pour le prochain festin. Nos hommes parurent excessivement désireux de voir ces prisonniers ; mais les autres, se méprenant, s'imaginèrent qu'ils désiraient qu'on leur en donnât pour les emmener et les manger, et leur firent entendre, en indiquant d'abord le soleil couchant, puis le levant, que le lendemain matin au lever du soleil ils leur en amèneraient quelques-uns. En conséquence, le matin suivant ils amenèrent cinq femmes et onze hommes, — et les leur donnèrent pour les transporter avec eux, — comme on conduirait des vaches et des bœufs à un port de mer pour ravitailler un vaisseau.

Tout brutaux et barbares que ces vauriens se fussent montrés chez eux, leur cœur se souleva à cette vue, et ils ne surent que résoudre : refuser les prisonniers c'eût été un affront sanglant pour la nation sauvage qui les leur offrait ; mais qu'en faire, ils ne le savaient. Cependant après quelques débats ils se déterminèrent à les accepter, et ils donnèrent en retour aux Sauvages qui les leur avaient amenés une de leurs hachettes, une vieille clef, un couteau et six ou sept de leurs balles : bien qu'ils en ignorassent l'usage, ils en semblèrent extrêmement satisfaits ; puis, les Sauvages ayant lié sur le dos les mains des pauvres créatures, ils les traînèrent dans le canot.

Les Anglais furent obligés de partir aussitôt après les avoir reçus, car ceux qui leur avaient fait ce noble présent se seraient, sans aucun doute, attendus à ce que le lendemain matin ils se missent à l'œuvre sur ces captifs, à ce qu'ils en tuassent deux ou trois et peut-être à ce qu'ils les invitassent à partager leur repas.

Mais, ayant pris congé des Sauvages avec tout le respect

et la politesse possibles entre gens qui de part et d'autre n'entendent pas un mot de ce qu'ils se disent, ils mirent à la voile et revinrent à la première île, où en arrivant ils donnèrent la liberté à huit de leurs captifs, dont ils avaient un trop grand nombre.

Pendant le voyage, ils tâchèrent d'entrer en communication avec leurs prisonniers; mais il était impossible de leur faire entendre quoi que ce fût. A chaque chose qu'on leur disait, qu'on leur donnait ou faisait, ils croyaient qu'on allait les tuer. Quand ils se mirent à les délier, ces pauvres misérables jetèrent de grands cris, surtout les femmes, comme si déjà elles se fussent senti le couteau sur la gorge, s'imaginant qu'on ne les détachait que pour les assassiner.

Il en était de même si on leur donnait à manger; ils en concluaient que c'était de peur qu'ils ne dépérissent et qu'il ne fussent pas assez gras pour être tués. Si l'un d'eux était regardé d'une manière plus particulière, il s'imaginait que c'était pour voir s'il était le plus gras et le plus propre à être tué le premier. Après même que les Anglais les eurent amenés dans l'île et qu'ils eurent commencé à en user avec bonté à leur égard et à les bien traiter, ils ne s'en attendirent pas moins chaque jour à servir de dîner ou de souper à leurs nouveaux maîtres.

Quand les trois aventuriers eurent terminé cet étrange récit ou journal de leur voyage, les Espagnols leur demandèrent où était leur nouvelle famille. Ils leur répondirent qu'ils l'avaient débarquée et placée dans l'une de leurs huttes et qu'ils étaient venus demander quelques vivres pour elle. Sur quoi les Espagnols et les deux autres Anglais, c'est-à-dire la colonie tout entière, résolurent d'aller la voir, et c'est ce qu'ils firent : le père de Vendredi les accompagna.

Quand ils entrèrent dans la hutte ils les virent assis et

garrottés : car lorsque les Anglais avaient débarqué ces pauvres gens, ils leur avaient lié les mains, afin qu'ils ne pussent s'emparer du canot et s'échapper ; ils étaient donc là assis, entièrement nus. D'abord il y avait trois hommes vigoureux, beaux garçons, bien découplés, droits et bien proportionnés, pouvant avoir de trente à trente-cinq ans; puis cinq femmes, dont deux paraissaient avoir de trente à quarante ans ; deux autres n'ayant pas plus de vingt-quatre ou vingt-cinq ans, et une cinquième, grande et belle fille de seize à dix-sept ans. Les femmes étaient d'agréables personnes aussi belles de corps que de visage, seulement elles étaient basanées ; deux d'entre elles, si elles eussent été parfaitement blanches, auraient passé pour de jolies femmes, même à Londres, car elles avaient un air fort avenant et une contenance fort modeste, surtout lorsque par la suite elle furent vêtues et parées, comme ils disaient, bien qu'il faut l'avouer, ce fût peu de chose que cette parure. Nous y reviendrons.

Cette vue, on n'en saurait douter, avait quelque chose de pénible pour nos Espagnols, qui, c'est justice à leur rendre, étaient des hommes de la conduite la plus noble, du calme le plus grand, du caractère le plus grave, et de l'humeur la plus parfaite que j'aie jamais rencontrée, et en particulier d'une très-grande modestie, comme on va le voir tout-à-l'heure. Je disais donc qu'il était fort pénible pour eux de voir trois hommes et cinq femmes nus, touts garrottés ensemble et dans la position la plus misérable où la nature humaine puisse être supposée, s'attendant à chaque instant à être arrachés de ce lieu, à avoir le crâne fracassé et à être dévorés comme un veau tué pour un gala.

La première chose qu'ils firent fut d'envoyer le vieil Indien, le père de VENDREDI, auprès d'eux, afin de voir s'il en reconnaîtrait quelqu'un, et s'il comprendrait leur langue. Dès que ce vieillard fut entré il les regarda avec attention l'un après l'autre, mais n'en reconnut aucun; et aucun d'eux ne put comprendre une seule des paroles ou un seul des signes qu'il leur adressait, à l'exception d'une des femmes.

Néanmoins ce fut assez pour le but qu'on se proposait, c'est-à-dire pour les assurer que les gens entre les mains desquels ils étaient tombés étaient des Chrétiens, auxquels l'action de manger des hommes et des femmes faisait horreur, et qu'ils pouvaient être certains qu'on ne les tuerait pas. Aussitôt qu'ils eurent l'assurance de cela, ils firent éclater une telle joie, et par des manifestations si grotesques et si diverses, qu'il serait difficile de la décrire : il paraît qu'ils appartenaient à des nations différentes.

On chargea ensuite la femme qui servait d'interprète de leur demander s'ils consentaient à être les serviteurs des hommes qui les avaient emmenés dans le but de leur sauver la vie, et à travailler pour eux. A cette question ils se mirent touts à danser ; et aussitôt l'un prit une chose, l'autre une autre, enfin tout ce qui se trouvait sous leurs mains, et le plaçaient sur leurs épaules, pour faire connaître par là qu'ils étaient très-disposés à travailler.

Le gouverneur, qui prévit que la présence de ces femmes parmi eux ne tarderait pas à avoir des inconvénients, et pourrait occasioner quelques querelles et peut-être des querelles de sang, demanda aux trois Anglais comment ils entendaient traiter leurs prisonnières, et s'ils se proposaient d'en faire leurs servantes ou leurs femmes? L'un d'eux répondit brusquement et hardiment, qu'ils en feraient l'un et l'autre. A quoi le gouverneur répliqua : — « Mon intention n'est pas de vous en empêcher; vous êtes maîtres à cet égard. Mais je pense qu'il est juste, afin d'éviter parmi vous les désordres et les querelles, et j'attends de votre part par cette raison seulement que si quelqu'un de vous prend une de ces créatures pour femme ou pour épouse, il n'en prenne qu'une, et qu'une fois prise il lui donne protection ; car, bien que nous ne puissions vous marier, la raison n'en exige pas moins que, tant que vous resterez ici, la femme que l'un de vous aura choisie soit à sa charge et devienne son épouse, je veux dire, ajouta-t-il, que tant qu'il résidera ici, nul autre que lui n'ait affaire à elle. » —Tout cela parut si juste que chacun y donna son assentiment sans nulle difficulté.

Loterie.

Alors les Anglais demandèrent aux Espagnols s'ils avaient l'intention de prendre quelqu'une de ces Sauvages. Mais touts répondirent : « — Non. — » Les uns dirent qu'ils avaient leurs femmes en Espagne, les autres qu'ils ne voulaient pas de femmes qui n'étaient pas chrétiennes;

et touts déclarèrent qu'ils les respecteraient, ce qui est un exemple de vertu que je n'ai jamais rencontré dans touts mes voyages. Pour couper court, de leur côté, les cinq Anglais prirent chacun une femme, c'est-à-dire une femme temporaire; et depuis ils menèrent un nouveau genre de vie. Les Espagnols et le père de Vendredi demeuraient dans ma vieille habitation, qu'ils avaient beaucoup élargie à l'intérieur; ayant avec eux les trois serviteurs qu'ils s'étaient acquis lors de la dernière bataille des Sauvages. C'étaient les principaux de la colonie ; ils pourvoyaient de vivres touts les autres, ils leur prêtaient toute l'assistance possible, et selon que la nécessité le requérait.

Le prodigieux de cette histoire est que cinq individus insociables et mal assortis se soient accordés au sujet de ces femmes, et que deux d'entre eux n'aient pas choisi la même, d'autant plus qu'il y en avait deux ou trois parmi elles qui étaient sans comparaison plus agréables que les autres. Mais ils trouvèrent un assez bon expédient pour éviter les querelles : ils mirent les cinq femmes à part dans l'une des huttes et allèrent touts dans l'autre, puis tirèrent au sort à qui choisirait le premier.

Celui désigné pour choisir le premier alla seul à la hutte où se trouvaient les pauvres créatures toutes nues, et emmena l'objet de son choix. Il est digne d'observation que celui qui choisit le premier prit celle qu'on regardait comme la moins bien et qui était la plus âgée des cinq, ce qui mit en belle humeur ses compagnons : les Espagnols même en sourirent. Mais le gaillard, plus clairvoyant qu'aucun d'eux, considérait que c'est autant de l'application et du travail que de toute autre chose qu'il faut attendre le bien-être; et, en effet, cette femme fut la meilleure de toutes.

Quand les pauvres captives se virent ainsi rangées sur

une file puis emmenées une à une, les terreurs de leur situation les assaillirent de nouveau, et elles crurent fermement qu'elles étaient sur le point d'être dévorées. Aussi, lorsque le matelot anglais entra et en emmena une, les autres poussèrent un cri lamentable, se pendirent après elle et lui dirent adieu avec tant de douleur et d'affection que le cœur le plus dur du monde en aurait été déchiré. Il fut impossible aux Anglais de leur faire comprendre qu'elles ne seraient pas égorgées avant qu'ils eussent fait venir le vieux père de Vendredi, qui, sur-le-champ, leur apprit que les cinq hommes qui étaient allés les chercher l'une après l'autre les avaient choisies pour femmes.

Après que cela fut fait, et que l'effroi des femmes fut un peu dissipé, les hommes se mirent à l'ouvrage. Les Espagnols vinrent les aider, et en peu d'heures on leur eut élevé à chacun une hutte ou tente pour se loger à part; car celles qu'ils avaient déjà étaient encombrées d'outils, d'ustensiles de ménage et de provisions.

Les trois coquins s'étaient établis un peu plus loin que les deux honnêtes gens, mais les uns et les autres sur le rivage septentrional de l'île; de sorte qu'ils continuèrent à vivre séparément. Mon île fut donc peuplée en trois endroits, et pour ainsi dire on venait d'y jeter les fondements de trois villes.

Ici il est bon d'observer que, ainsi que cela arrive souvent dans le monde, — la Providence, dans la sagesse de ses fins, en dispose-t-elle ainsi? c'est ce que j'ignore —, les deux honnêtes gens eurent les plus mauvaises femmes en partage, et les trois réprouvés, qui étaient à peine dignes de la potence, qui n'étaient bons à rien, et qui semblaient nés pour ne faire du bien ni à eux-mêmes ni à autrui, eurent trois femmes adroites, diligentes, soigneuses et intelligentes : non que les deux premières fussent de mauvaises femmes sous le rapport de l'humeur et du caractère; car toutes les cinq étaient des créatures très-prévenantes, très-douces et très-soumises, passives plutôt comme des esclaves que comme des épouses; je veux dire seulement qu'elles n'étaient pas également adroites, intelligentes ou industrieuses, ni également épargnantes et soigneuses.

Il est encore une autre observation que je dois faire, à l'honneur d'une diligente persévérance d'une part, et à la honte d'un caractère négligent et paresseux d'autre part ; c'est que, lorsque j'arrivai dans l'île, et que j'examinai les améliorations diverses, les cultures et la bonne direction des petites colonies, les deux Anglais avaient de si loin dépassé les trois autres, qu'il n'y avait pas de comparaison à établir entre eux. Ils n'avaient ensemencé, il est vrai, les uns et les autres, que l'étendue de terrain nécessaire à leurs besoins, et ils avaient eu raison à mon sens; car la nature nous dit qu'il est inutile de semer plus qu'on ne consomme; mais la différence dans la culture, les plantations, les clôtures, et dans tout le reste se voyait de prime abord.

Les deux Anglais avaient planté autour de leur hutte un grand nombre de jeunes arbres, de manière qu'en approchant de la place vous n'apperceviez qu'un bois. Quoique leur plantation eût été ravagée deux fois, l'une par leurs compatriotes et l'autre par l'ennemi, comme on le verra en son lieu, néanmoins ils avaient tout rétabli, et tout chez eux était florissant et prospère. Ils avaient des vignes parfaitement plantées, bien qu'eux-mêmes n'en eussent jamais vu; et, grâce aux soins qu'ils donnaient à cette culture, leurs raisins étaient déjà aussi bons que ceux des autres. Ils s'étaient aussi fait une retraite dans la partie la plus épaisse des bois. Ce n'était pas une caverne naturelle comme celle que j'avais trouvée, mais une grotte qu'ils avaient creusée à force de travail, où, lorsque arriva le malheur qui va suivre, ils mirent en sûreté leurs femmes et leurs enfants, si bien qu'on ne put les découvrir. Au moyen d'innombrables pieux de ce bois qui, comme je l'ai dit, croît si facilement, ils avaient élevé à l'entour un bocage impénétrable, excepté en un seul endroit où ils grimpaient pour gagner l'extérieur, et de là entraient dans des sentiers qu'ils s'étaient ménagés.

Quant aux trois réprouvés, comme je les appelle à juste titre, bien que leur nouvelle position les eût beaucoup civilisés, en comparaison de ce qu'ils étaient antérieurement, et qu'ils ne fussent pas à beaucoup près aussi querelleurs, parce qu'ils n'avaient plus les mêmes occasions de l'être, néanmoins l'un des compagnons d'un esprit déréglé, je veux dire la paresse, ne les avait point abandonnés. Ils semaient du blé il est vrai, et faisaient des enclos ; mais jamais les paroles de Salomon ne se vérifièrent mieux qu'à leur égard : — «J'AI » PASSÉ PAR LA VIGNE DU PARESSEUX, ELLE ÉTAIT COU- » VERTE DE RONCES. » — Car, lorsque les Espagnols vinrent pour voir leur moisson, ils ne purent la découvrir en divers endroits, à cause des mauvaises herbes ; il y avait dans la haie plusieurs ouvertures par lesquelles les chèvres sauvages étaient entrées et avaient mangé le blé ; çà et là on avait bouché le trou comme provisoirement avec des broussailles mortes, mais c'était fermer la porte de l'écurie après que le cheval était déjà volé. Lorsqu'au contraire ils allèrent voir la plantation des deux autres, partout ils trouvèrent des marques d'une industrie prospère : il n'y avait pas une mauvaise herbe dans leurs blés, pas une ouverture dans leurs haies ; et eux aussi ils vérifiaient ces autres paroles de Salomon : — « LA MAIN DILIGENTE DEVIENT RICHE » ; — car toutes choses croissaient et se bonifiaient chez eux, et l'abondance y régnait au-dedans et au-dehors : ils avaient plus de bétail que les autres, et dans leur intérieur plus d'ustensiles, plus de bien-être, plus aussi de plaisir et d'agrément.

Il est vrai que les femmes des trois étaient entendues et soigneuses ; elles avaient appris à préparer et à accommoder les mets de l'un des deux autres Anglais, qui, ainsi que je l'ai dit, avait été aide de cuisine à bord du navire, et elles apprêtaient fort bien les repas de leurs maris. Les autres, au contraire, n'y entendirent jamais rien ; mais celui qui, comme je disais, avait été aide de cuisine, faisait lui-même le service. Quant aux maris des trois femmes, ils parcouraient les alentours, allaient chercher des œufs de tortues, pêcher du poisson et attraper des oiseaux ; en un mot ils faisaient tout autre chose que de travailler : aussi leur ordinaire s'en ressentait-il. Le diligent vivait bien et confortablement ; le paresseux vivait d'une manière dure et misérable ; et je pense que généralement parlant, il en est de même en touts lieux.

Mais maintenant nous allons passer à une scène différente de tout ce qui était arrivé jusqu'alors soit à eux, soit à moi. Voici quelle en fut l'origine.

Un matin de bonne heure abordèrent au rivage cinq ou six canots d'Indiens ou Sauvages, appelez-les comme il vous plaira ; et nul doute qu'ils ne vinssent, comme d'habitude, pour manger leurs prisonniers ; mais cela était devenu si familier aux Espagnols, à touts nos gens, qu'ils ne s'en tourmentaient plus comme je le faisais. L'expérience leur ayant appris que leur seule affaire était de se tenir cachés, et que s'ils n'étaient point vus des Sauvages, ceux-ci, l'affaire une fois terminée, se retireraient paisiblement, ne se doutant pas plus alors qu'ils ne l'avaient fait précédemment qu'il y eût des habitants dans l'île ; sachant cela, dis-je, ils comprirent qu'ils n'avaient rien de mieux à faire que de donner avis aux trois plantations qu'on se tînt renfermé et que personne ne se montrât; seulement ils placèrent une vedette dans un lieu convenable pour avertir lorsque les canots se seraient remis en mer.

Tout cela était sans doute fort raisonnable; mais un accident funeste déconcerta toutes ces mesures et fit connaître aux Sauvages que l'île était habitée, ce qui faillit à causer la ruine de la colonie tout entière. Lorsque les canots des Sauvages se furent éloignés, les Espagnols jetèrent au dehors un regard furtif, et quelques-uns d'entre eux eurent la curiosité de s'approcher du lieu qu'ils venaient d'abandonner pour voir ce qu'ils y avaient fait. A leur grande surprise, ils trouvèrent trois Sauvages, restés là, étendus à terre, et endormis profondément. On supposa que, gorgés à leur festin inhumain, ils s'étaient assoupis comme des brutes, et n'avaient pas voulu bouger quand les autres étaient partis, ou qu'égarés dans les bois ils n'étaient pas revenus à temps pour s'embarquer.

A cette vue les Espagnols furent grandement surpris, et fort embarrassés sur ce qu'ils devaient faire. Le gouverneur espagnol se trouvait avec eux, on lui demanda son avis; mais il déclara qu'il ne savait quel parti prendre. Pour des esclaves, ils en avaient assez déjà; quant à les tuer, nul d'entre eux n'y était disposé. Le gouverneur me dit qu'ils n'avaient pu avoir l'idée de verser le sang innocent, car les pauvres créatures ne leur avaient fait aucun mal, n'avaient porté aucune atteinte à leur propriété; et que touts pensaient qu'aucun motif ne pourrait légitimer cet assassinat.

Et ici je dois dire, à l'honneur de ces Espagnols, que, quoi qu'on puisse dire de la cruauté de ce peuple au Mexique et au Pérou, je n'ai jamais dans aucun pays étranger rencontré dix-sept hommes d'une nation quelconque qui fussent en toute occasion si modestes, si modérés, si vertueux, si courtois et d'une humeur si parfaite. Pour ce qui est de la cruauté, on n'en voyait pas l'ombre dans leur nature : on ne trouvait en eux ni inhumanité, ni barbarie, ni passions violentes; et cependant touts étaient des hommes d'une grande ardeur et d'un grand courage.

Fuite à la Grotte.

Leur douceur et leur calme s'étaient manifestés en supportant la conduite intolérable des trois Anglais ; et alors leur justice et leur humanité se montrèrent à propos des Sauvages dont je viens de parler. Après quelques délibérations, ils décidèrent qu'ils ne bougeraient pas jusqu'à ce que, s'il était possible, ces trois hommes fussent partis. Mais le gouverneur fit la réflexion que ces trois Indiens n'avaient pas de pirogue; et que si on les laissait rôder dans l'île, assurément ils découvriraient qu'elle était habitée, ce qui causerait la ruine de la colonie.

Sur ce, rebroussant chemin et trouvant les compères qui dormaient encore profondément, ils résolurent de les éveiller et de les faire prisonniers; et c'est ce qu'ils firent. Les pauvres diables furent étrangement effrayés quand ils se virent saisis et liés, et, comme les femmes, ils craignirent qu'on ne voulût les tuer et les dévorer; car, à ce qu'il paraît, ces peuples s'imaginent que tout le monde fait comme eux et mange de la chair humaine; mais on les eut bientôt tranquillisés là-dessus et on les emmena.

Ce fut une chose fort heureuse pour nos gens de ne pas les avoir conduits à leur château, je veux dire à mon palais au pied de la colline, mais de les avoir menés d'abord à la tonnelle, où étaient leurs principales cultures, leurs chèvres et leurs champs de blé; et plus tard à l'habitation des deux Anglais.

Là on les fit travailler, quoiqu'on n'eût pas grand ouvrage à leur donner; et, soit négligence à les garder, soit qu'on ne crût pas qu'ils pussent s'émanciper, un d'entre eux s'échappa, et, s'étant réfugié dans les bois, on ne le revit plus.

On eut tout lieu de croire qu'il était retourné dans son pays avec les Sauvages, qui débarquèrent trois ou quatre semaines plus tard, firent leurs bombances accoutumées, et s'en allèrent au bout de deux jours. Cette pensée atterra nos gens : ils conclurent, et avec beaucoup de raison, que cet individu, retourné parmi ses camarades, ne manquerait pas de leur rapporter qu'il y avait des habitants dans l'île, et combien ils étaient faibles et en petit nombre ; car, ainsi que je l'ai déjà dit, on n'avait jamais fait connaître à ce Sauvage, et cela fut fort heureux, combien nos hommes étaient et où ils vivaient ; jamais il n'avait vu ni entendu le feu de leurs armes ; on s'était bien gardé à plus forte raison de lui faire voir aucun des lieux de retraite, tels que la caverne dans la vallée, ou la nouvelle grotte que les deux Anglais avaient creusée, et ainsi du reste.

La première preuve qu'ils eurent de la trahison de ce misérable fut que, environ deux mois plus tard, six canots de Sauvages, contenant chacun de sept à dix hommes, s'approchèrent en voguant le long du rivage Nord de l'île, où ils n'avaient pas coutume de se rendre auparavant, et débarquèrent environ une heure après le lever du soleil dans un endroit convenable, à un mille de l'habitation des deux Anglais, où avait été gardé le fugitif. Comme me le dit le gouverneur espagnol, s'ils avaient touts été là le dommage n'aurait pas été si considérable, car pas un de ces Sauvages n'eût échappé ; mais le cas était bien différent : deux hommes contre cinquante, la partie n'était pas égale. Heureusement que les deux Anglais les apperçurent à une lieue en mer, de sorte qu'il s'écoula plus d'une heure avant qu'ils abordassent ; et, comme ils débarquèrent à environ un mille de leurs huttes, ce ne fut qu'au bout de quelque temps qu'ils arrivèrent jusqu'à eux. Ayant alors grande raison de croire qu'ils étaient trahis, la première chose qu'ils firent fut de lier les deux esclaves qui restaient, et de commander à deux des trois hommes qui avaient été amenés avec les femmes, et qui, à ce qu'il paraît, firent preuve d'une grande fidélité, de les conduire avec leurs deux épouses et tout ce qu'ils pourraient emporter avec eux au milieu du bois, dans cette grotte dont j'ai parlé plus haut, et là, de garder ces deux individus, pieds et poings liés, jusqu'à nouvel ordre.

En second lieu, voyant que les Sauvages avaient tous mis pied à terre et se portaient de leur côté, ils ouvrirent les enclos dans lesquels étaient leurs chèvres et les chassèrent dans le bois pour y errer en liberté, afin que ces barbares crussent que c'étaient des animaux farouches; mais le coquin qui les accompagnait, trop rusé pour donner là-dedans, les mit au fait de tout, et ils se dirigèrent droit à la place. Quand les pauvres gens effrayés eurent mis à l'abri leurs femmes et leurs biens, ils députèrent leur troisième esclave venu avec les femmes et qui se trouvait là par hasard, en toute hâte auprès des Espagnols pour leur donner l'alarme et leur demander un prompt secours. En même temps ils prirent leurs armes et ce qu'ils avaient de munitions, et se retirèrent dans le bois, vers le lieu où avaient été envoyées leurs femmes, se tenant à distance cependant, de manière à voir, si cela était possible, la direction que suivraient les Sauvages.

Ils n'avaient pas fait beaucoup de chemin quand du haut d'un monticule ils apperçurent la petite armée de leurs ennemis s'avancer directement vers leur habitation; et un moment après, ils virent leurs huttes et leurs meubles dévorés par les flammes, à leur grande douleur et à leur grande mortification : c'était pour eux une perte cruelle, une perte irréparable au moins pour quelque temps. Ils conservèrent un moment la même position, jusqu'à ce que les Sauvages se répandirent sur toute la place comme des bêtes féroces, fouillant partout à la recherche de leur proie, et en particulier des habitants, dont on voyait clairement qu'ils connaissaient l'existence.

Les deux Anglais, voyant cela et ne se croyant pas en sûreté où ils se trouvaient, car il était probable que quelques-uns de ces barbares viendraient de ce côté, et y viendraient supérieurs en forces, jugèrent convenable de se retirer à un demi-mille plus loin, persuadés, comme cela eut lieu en effet, que plus l'ennemi rôderait, plus il se disséminerait.

Leur seconde halte se fit à l'entrée d'un fourré épais où se trouvait un vieux tronc d'arbre creux et excessivement grand : ce fut dans cet arbre que touts deux prirent position, résolus d'attendre l'événement.

Il y avait peu de temps qu'ils étaient là, quand deux Sauvages accoururent de ce côté, comme s'ils les eussent découverts et vinssent pour les attaquer: Un peu plus loin ils en virent trois autres, et plus loin encore cinq autres, touts s'avançant dans la même direction ; en outre ils en virent à une certaine distance sept ou huit qui couraient d'un autre côté ; car ils se répandaient sur touts les points, comme des chasseurs qui battent un bois en quête du gibier.

Les pauvres gens furent alors dans une grande perplexité, ne sachant s'ils devaient rester et garder leur poste ou s'enfuir ; mais après une courte délibération, considérant que si les Sauvages parcouraient ainsi le pays, ils pourraient peut-être avant l'arrivée du secours découvrir leur retraite dans les bois, et qu'alors tout serait perdu, ils résolurent de les attendre là et, s'ils étaient trop nombreux, de monter au sommet de l'arbre, d'où ils ne doutaient pas qu'excepté contre le feu, ils ne se défendissent tant que leurs munitions dureraient, quand bien même touts les Sauvages, débarqués au nombre d'environ cinquante, viendraient à les attaquer.

Ayant pris cette détermination, ils se demandèrent s'ils feraient feu sur les deux premiers, ou s'ils attendraient les trois et tireraient sur ce groupe intermédiaire : tactique au moyen de laquelle les deux et les cinq qui suivaient seraient séparés. Enfin ils résolurent de laisser passer les deux premiers, à moins qu'ils ne les découvrissent dans leur refuge et ne vinssent les attaquer. Ces deux Sauvages les confirmèrent dans cette résolution en se détournant un peu vers une autre partie du bois ; mais les trois et les cinq, marchant sur leur piste, vinrent directement à l'arbre, comme s'ils eussent su que les Anglais y étaient.

Les voyant arriver droit à eux, ceux-ci résolurent de les prendre en ligne, ainsi qu'ils s'avançaient ; et, comme ils avaient décidé de ne faire feu qu'un à la fois, il était possible que du premier coup ils les atteignissent touts trois. A cet effet, celui qui devait tirer mit trois ou quatre balles dans son mousquet, et, à la faveur d'une meurtrière, c'est-à-dire d'un trou qui se trouvait dans l'arbre, il visa tout à son aise sans être vu, et attendit qu'ils fussent à trente verges de l'embuscade, de manière à ne pas manquer son coup.

Pendant qu'ils attendaient ainsi et que les Sauvages s'approchaient, ils virent que l'un des trois était le fugitif qui s'était échappé de chez eux, le reconnurent parfaitement, et résolurent de ne pas le manquer, dussent-ils ensemble faire feu. L'autre se tint donc prêt à tirer, afin que si le Sauvage ne tombait pas du premier coup, il fut sûr d'en recevoir un second.

Mais le premier tireur était trop adroit pour le manquer ; car pendant que les Sauvages s'avançaient l'un après l'autre sur une seule ligne, il fit feu et en atteignit deux du coup. Le premier fut tué roide d'une balle dans la tête ; le second, qui était l'Indien fugitif, en reçut une au travers du corps et tomba, mais il n'était pas tout-à-fait mort ; et le troisième eut une égratignure à l'épaule, que lui fit sans doute la balle qui avait traversé le corps du second.

Épouvanté, quoiqu'il n'eût pas grand mal, il s'assit à terre en poussant des cris et des hurlements affreux.

Les cinq qui suivaient, effrayés du bruit plutôt que pénétrés de leur danger, s'arrêtèrent tout court d'abord ; car les bois rendirent la détonation mille fois plus terrible ; les échos grondant çà et là, les oiseaux s'envolant de toutes parts et poussant toutes sortes de cris, selon leur espèce ; de même que le jour où je tirai le premier coup de fusil qui peut-être eût retenti en ce lieu depuis que c'était une île.

Cependant, tout étant rentré dans le silence, ils vinrent sans défiance, ignorant la cause de ce bruit, jusqu'au lieu où étaient leurs compagnons dans un assez pitoyable état. Là ces pauvres ignorantes créatures, qui ne soupçonnaient pas qu'un danger pareil pût les menacer, se groupèrent autour du blessé, lui adressant la parole et sans doute lui demandant d'où venait sa blessure. Il est présumable que celui-ci répondit qu'un éclair de feu, suivi immédiatement d'un coup de tonnerre de leurs dieux, avait tué ses deux compagnons et l'avait blessé lui-même. Cela, dis-je, est présumable ; car rien n'est plus certain qu'ils n'avaient vu aucun homme auprès d'eux, qu'ils n'avaient de leur vie entendu la détonation d'un fusil, qu'ils ne savaient non plus ce que c'était qu'une arme à feu, et qu'ils ignoraient qu'à distance on pût tuer ou blesser avec du feu et des balles. S'il n'en eût pas été ainsi, il est croyable qu'ils ne se fussent pas arrêtés si inconsidérément à contempler le sort de leurs camarades, sans quelque appréhension pour eux-mêmes.

Nos deux hommes, comme ils me l'ont avoué depuis, se voyaient avec douleur obligés de tuer tant de pauvres êtres qui n'avaient aucune idée de leur danger ; mais, les tenant là sous leurs coups et le premier ayant rechargé son arme, ils se résolurent à tirer touts deux dessus. Convenus de choisir un but différent, ils firent feu à la fois et en tuèrent ou blessèrent grièvement quatre. Le cinquième, horriblement effrayé, bien que resté sauf, tomba comme les autres. Nos hommes, les voyant tous gisants, crurent qu'ils les avaient tous expédiés.

La persuasion de n'en avoir manqué aucun fit sortir résolument de l'arbre nos deux hommes avant qu'ils eussent rechargé leurs armes : et ce fut une grande imprudence. Ils tombèrent dans l'étonnement quand ils arrivèrent sur le lieu de la scène, et ne trouvèrent pas moins de quatre Indiens vivants, dont deux fort légèrement blessés et un entièrement sauf. Ils se virent alors forcés de les achever à coups de crosse de mousquet. D'abord ils s'assurèrent de l'Indien fugitif qui avait été la cause de tout le désastre, ainsi que d'un autre blessé au genou, et les délivrèrent de leurs peines. En ce moment celui qui n'avait point été atteint vint se jeter à leurs genoux, les deux mains levées, et par gestes et par signes implorant piteusement la vie. Mais ils ne purent comprendre un seul mot de ce qu'il disait.

Défense des Deux Anglais.

Toutefois ils lui signifièrent de s'asseoir près de là au pied d'un arbre, et un des Anglais, avec une corde qu'il avait dans sa poche par le plus grand hasard, l'attacha fortement, et lui lia les mains par-derrière; puis on l'abandonna. Ils se mirent alors en toute hâte à la poursuite des deux autres qui étaient allés en avant, craignant que ceux-ci ou un plus grand nombre ne vînt à découvrir le chemin de leur retraite dans le bois, où étaient leurs femmes et le peu d'objets qu'ils y avaient déposés. Ils apperçurent enfin les deux Indiens, mais ils étaient fort éloignés; néanmoins ils les virent, à leur grande satisfaction, traverser une vallée proche de la mer, chemin directement opposé à celui qui conduisait à leur retraite pour laquelle ils étaient en de si vives craintes. Tranquillisés sur ce point, ils retournèrent à l'arbre où ils avaient laissé leur prisonnier, qui, à ce qu'ils supposèrent, avait été délivré par ses camarades, car les deux bouts de corde qui avaient servi à l'attacher étaient encore au pied de l'arbre.

Se trouvant alors dans un aussi grand embarras que précédemment; ne sachant de quel côté se diriger, ni à quelle distance était l'ennemi, ni quelles étaient ses forces, ils prirent la résolution d'aller à la grotte où leurs femmes avaient été conduites, afin de voir si tout s'y passait bien, et pour les délivrer de l'effroi où sûrement elles étaient, car, bien que les Sauvages fussent leurs compatriotes, elles en avaient une peur horrible, et d'autant plus peut-être qu'elles savaient tout ce qu'ils valaient.

Les Anglais à leur arrivée virent que les Sauvages avaient passé dans le bois, et même très-près du lieu de leur retraite, sans toutefois l'avoir découvert; car l'épais fourré qui l'entourait en rendait l'abord inaccessible pour quiconque n'eût pas été guidé par quelque affilié, et nos barbares ne l'étaient point. Ils trouvèrent donc toutes choses en bon ordre, seulement les femmes étaient glacées d'effroi. Tandis qu'ils étaient là, à leur grande joie, sept des Espagnols arrivèrent à leur secours. Les dix autres avec leurs serviteurs, et le vieux Vendredi, je veux dire le père de Vendredi, étaient partis en masse pour protéger leur tonnelle et le blé et le bétail qui s'y trouvaient, dans le cas où les Indiens eussent rôdé vers cette partie de l'île ; mais ils ne se répandirent pas jusque là. Avec les sept Espagnols se trouvait l'un des trois Sauvages qu'ils avaient autrefois faits prisonniers, et aussi celui que, pieds et poings liés, les Anglais avaient laissés près de l'arbre, car, à ce qu'il paraît, les Espagnols étaient venus par le chemin où avaient été massacrés les sept Indiens, et avaient délié le huitième pour l'emmener avec eux. Là, toutefois ils furent obligés de le garrotter de nouveau, comme l'étaient les deux autres, restés après le départ du fugitif.

Leurs prisonniers commençaient à leur devenir fort à charge, et ils craignaient tellement qu'ils ne leur échappassent, qu'ils s'imaginèrent être, pour leur propre conservation, dans l'absolue nécessité de les tuer touts. Mais le gouverneur n'y voulut pas consentir ; il ordonna de les envoyer à ma vieille caverne de la vallée, avec deux Espagnols pour les garder et pourvoir à leur nourriture. Ce qui fut exécuté ; et là, ils passèrent la nuit pieds et mains liés.

L'arrivée des Espagnols releva tellement le courage des deux Anglais, qu'ils n'entendirent pas s'arrêter plus longtemps. Ayant pris avec eux cinq Espagnols, et réunissant à eux touts quatre mousquets, un pistolet et deux gros bâtons à deux bouts, ils partirent à la recherche des Sauvages. Et d'abord, quand ils furent arrivés à l'arbre où gisaient ceux qui avaient été tués, il leur fut aisé de voir que quelques autres Indiens y étaient venus ; car ils avaient essayé d'emporter leurs morts, et avaient traîné deux cadavres à une bonne distance, puis les avaient abandonnés. De là ils gagnèrent le premier tertre où ils s'étaient arrêtés et d'où ils avaient vu incendier leurs huttes, et ils eurent la douleur de voir s'en élever un reste de fumée ; mais ils ne purent y découvrir aucun Sauvage. Ils résolurent alors d'aller, avec toute la prudence possible, vers les ruines de leur plantation. Un peu avant d'y arriver, s'étant trouvés en vue de la côte, ils apperçurent distinctement touts les Sauvages qui se rembarquaient dans leurs canots pour courir au large.

Il semblait qu'ils fussent fâchés d'abord qu'il n'y eût pas de chemin pour aller jusqu'à eux, afin de leur envoyer à leur départ une salve de mousqueterie ; mais, après tout, ils s'estimèrent fort heureux d'en être débarrassés.

Les pauvres Anglais étant alors ruinés pour la seconde fois, leurs cultures étant détruites, touts les autres convinrent de les aider à relever leurs constructions, et de les pourvoir de toutes choses nécessaires. Leurs trois compatriotes même, chez lesquels jusque là on n'avait pas remarqué la moindre tendance à faire le bien, dès qu'ils apprirent leur désastre, — car, vivant éloignés, ils n'avaient rien su qu'après l'affaire finie —, vinrent offrir leur aide et leur assistance, et travaillèrent de grand cœur pendant plusieurs jours à rétablir leurs habitations et à leur fabriquer des objets de nécessité.

Environ deux jours après ils eurent la satisfaction de voir trois pirogues des Sauvages venir se jeter à peu de distance sur la grève, ainsi que deux hommes noyés ; ce qui leur fit croire avec raison qu'une tempête, qu'ils avaient dû essuyer en mer, avait submergé quelques-unes de leurs embarcations. Le vent en effet avait soufflé avec violence durant la nuit qui suivit leur départ.

Si quelques-uns d'entre eux s'étaient perdus, toutefois il s'en était sauvé un assez grand nombre, pour informer leurs compatriotes de ce qu'ils avaient fait et de ce qui leur était advenu, et les exciter à une autre entreprise de la même nature, qu'ils résolurent effectivement de tenter, avec des forces suffisantes pour que rien ne pût leur résister. Mais, à l'exception de ce que le fugitif leur avait dit des habitants de l'île, ils n'en savaient par eux-mêmes que fort peu de chose ; jamais ils n'avaient vu ombre humaine en ce lieu, et celui qui leur avait raconté le fait ayant été tué, tout autre témoin manquait qui pût le leur confirmer.

Cinq ou six mois s'étaient écoulés, et l'on n'avait point entendu parler des Sauvages ; déjà nos gens se flattaient de l'espoir qu'ils n'avaient point oublié leur premier échec, et qu'ils avaient laissé là toute idée de réparer leur défaite, quand tout-à-coup l'île fut envahie par une redoutable flotte de vingt-huit canots remplis de Sauvages armés d'arcs et de flèches, d'énormes casse-têtes, de sabres de bois et d'autres instruments de guerre. Bref, cette multitude était si formidable, que nos gens tombèrent dans la plus profonde consternation.

Comme le débarquement s'était effectué le soir et à l'extrémité orientale de l'île, nos hommes eurent toute la nuit pour se consulter et aviser à ce qu'il fallait faire. Et d'abord, sachant que se tenir totalement cachés avait été jusque-là leur seule planche de salut, et devait l'être d'autant plus encore en cette conjoncture, que le nombre de leurs ennemis était fort grand, ils résolurent de faire disparaître les huttes qu'ils avaient bâties pour les deux Anglais, et de conduire leurs chèvres à l'ancienne grotte, parce qu'ils supposaient que les Sauvages se porteraient directement sur ce point sitôt qu'il ferait jour pour recommencer la même échauffourée, quoiqu'ils eussent pris terre cette fois à plus de deux lieues de là.

Ils menèrent aussi dans ce lieu les troupeaux qu'ils avaient à l'ancienne tonnelle, comme je l'appelais, laquelle appartenait aux Espagnols; en un mot, autant que possible, ils ne laissèrent nulle part de traces d'habitation, et le lendemain matin, de bonne heure, ils se postèrent avec toutes leurs forces près de la plantation des deux Anglais, pour y attendre l'arrivée des Sauvages. Tout confirma leurs prévisions : ces nouveaux agresseurs, laissant leurs canots à l'extrémité orientale de l'île, s'avancèrent en longeant le rivage droit à cette place, au nombre de deux cent-cinquante, suivant que les nôtres purent en juger. Notre armée se trouvait bien faible; mais le pire de l'affaire, c'était qu'il n'y avait pas d'armes pour tout le monde. Nos forces totales s'élevaient, je crois, ainsi : — D'abord, en hommes :

17 Espagnols.
5 Anglais.
1 Le vieux VENDREDI, c'est-à-dire le père de VENDREDI.
3 Esclaves acquis avec les femmes, lesquels avaient fait preuve de fidélité.
3 Autres esclaves qui vivaient avec les Espagnols.

29.

Pour armer ces gens, il y avait :

11 Mousquets.
5 Pistolets.
3 Fusils de chasse.
5 Mousquets ou arquebuses à giboyer pris aux matelots révoltés que j'avais soumis.
2 Sabres.
3 Vieilles hallebardes.

29.

On ne donna aux esclaves ni mousquets ni fusils; mais chacun d'eux fut armé d'une hallebarde, ou d'un long bâton, semblable à un brindestoc, garni d'une longue pointe de fer à chaque extrémité; ils avaient en outre une hachette au côté. Touts nos hommes portaient aussi une hache. Deux des femmes voulurent absolument prendre part au combat; elles s'armèrent d'arcs et de flèches, que les Espagnols avaient pris aux Sauvages lors de la première affaire, dont j'ai parlé, et qui avait eu lieu entre les Indiens. Les femmes eurent aussi des haches.

Le gouverneur espagnol, dont j'ai si souvent fait mention, avait le commandement général; et WILLIAM ATKINS, qui, bien que redoutable pour sa méchanceté, était un compagnon intrépide et résolu, commandait sous lui. — Les Sauvages s'avancèrent comme des lions; et nos hommes, pour comble de malheur, n'avaient pas l'avantage du terrain. Seulement WILL ATKINS, qui rendit dans cette affaire d'importants services, comme une sentinelle perdue, était planté avec six hommes, derrière un petit hallier, avec ordre de laisser passer les premiers, et de faire feu ensuite au beau milieu des autres; puis sur-le-champ de battre en retraite aussi vite que possible, en tournant une partie du bois pour venir prendre position derrière les Espagnols, qui se trouvaient couverts par un fourré d'arbres.

Quand les Sauvages arrivèrent, ils se mirent à courir çà et là en masse et sans aucun ordre. WILL ATKINS en laissa passer près de lui une cinquantaine; puis, voyant venir les autres en foule, il ordonna à trois de ses hommes de décharger sur eux leurs mousquets chargés de six ou sept balles, aussi fortes que des balles de gros pistolets. Combien en tuèrent-ils ou en blessèrent-ils, c'est ce qu'ils ne surent pas; mais la consternation et l'étonnement étaient inexprimable chez ces barbares, qui furent effrayés au plus haut degré d'entendre un bruit terrible, de voir tomber leurs hommes morts ou blessés, et sans comprendre d'où cela provenait. Alors, au milieu de leur effroi, WILLIAM ATKINS et ses trois hommes firent feu sur le plus épais de la tourbe, et en moins d'une minute les trois premiers, ayant rechargé leurs armes, leur envoyèrent une troisième volée.

Si WILLIAM ATKINS et ses hommes se fussent retirés immédiatement après avoir tiré, comme cela leur avait été ordonné, ou si le reste de la troupe eût été à portée de prolonger le feu, les Sauvages eussent été mis en pleine déroute ; car la terreur dont ils étaient saisis venait surtout de ce qu'ils ne voyaient personne qui les frappât et de ce qu'ils se croyaient tués par le tonnerre et les éclairs de leurs dieux. Mais WILLIAM ATKINS, en restant pour recharger, découvrit la ruse.

Nouvelle Incursion des Indiens.

Quelques Sauvages, qui les épiaient au loin, fondirent sur eux par derrière; et, bien que Atkins et ses hommes les eussent encore salués de deux ou trois fusillades et en eussent tué plus d'une vingtaine en se retirant aussi vite que possible, cependant ils le blessèrent lui-même et tuèrent avec leurs flèches un de ses compatriotes, comme ils tuèrent ensuite un des Espagnols et un des esclaves indiens acquis avec les femmes. Cet esclave était un brave compagnon, qui avait combattu en furieux. De sa propre main il avait tué cinq Sauvages, quoiqu'il n'eût pour armes qu'un des bâtons ferrés et une hache.

Atkins étant blessé et deux autres étant tués, nos hommes, ainsi maltraités, se retirèrent sur un monticule dans le bois. Les Espagnols, après avoir fait trois décharges, opérèrent aussi leur retraite ; car les Indiens étaient si nombreux, car ils étaient si désespérés, que, malgré qu'il y en eût de tués plus de cinquante et un beaucoup plus grand nombre de blessés, ils se jetaient sans peur du danger sous la dent de nos hommes et leur envoyaient une nuée de flèches. On remarqua même que leurs blessés qui n'étaient pas tout-à-fait mis hors de combat, exaspérés par leurs blessures, se battaient comme des enragés.

Nos gens, dans leur retraite, avaient laissé derrière eux les cadavres de l'Espagnol et de l'Anglais. Les Sauvages, quand ils furent arrivés auprès, les mutilèrent de la manière la plus atroce, leur brisant les bras, les jambes et la tête avec leurs massues et leurs sabres de bois, comme de vrais Sauvages qu'ils étaient. Mais, voyant que nos hommes avaient disparu, ils semblèrent ne pas vouloir les poursuivre, formèrent une espèce de cercle, ce qu'ils ont coutume de faire, à ce qu'il paraît, et poussèrent deux grands cris en signe de victoire ; après quoi ils eurent encore la mortification de voir tomber plusieurs de leurs blessés qu'avait épuisés la perte de leur sang.

Le gouverneur espagnol ayant rassemblé tout son petit corps d'armée sur une éminence, Atkins, quoique blessé, opinait pour qu'on se portât en avant et qu'on fît une charge générale sur l'ennemi. Mais l'Espagnol répondit : — « SEÑOR ATKINS, vous avez vu comment leurs blessés se battent ; remettons la partie à demain : tous ces écloppés seront roidis et endoloris par leurs plaies, épuisés par le sang qu'ils auront perdu, et nous aurons alors beaucoup moins de besogne sur les bras. »

L'avis était bon. Mais WILL ATKINS reprit gaîment : — « C'est vrai, SEÑOR ; mais il en sera de même de moi, et c'est pour cela que je voudrais aller en avant tandis que je suis en haleine. » — « Fort bien, SEÑOR ATKINS, dit l'Espagnol : vous vous êtes conduit vaillamment, vous avez rempli votre tâche ; nous combattrons pour vous si vous ne pouvez venir ; mais je pense qu'il est mieux d'attendre jusqu'à demain matin. » — Ils attendirent donc.

Mais, lorsqu'il fit un beau clair de lune, et qu'ils virent les Sauvages dans un grand désordre, au milieu de leurs morts et de leurs blessés et se pressant tumultueusement à l'entour, ils se résolurent à fondre sur eux pendant la nuit, dans le cas surtout où ils pourraient leur envoyer une décharge avant d'être apperçus. Il s'offrit à eux une belle occasion pour cela : car l'un des deux Anglais, sur le terrain duquel l'affaire s'était engagée, les ayant conduits par un détour entre les bois et la côte occidentale, et là ayant tourné brusquement au Sud, ils arrivèrent si proche du groupe le plus épais, qu'avant qu'on eût pu les voir ou les entendre, huit hommes tirèrent au beau milieu et firent une terrible exécution. Une demi-minute après huit autres tirèrent à leur tour et les criblèrent tellement de leurs dragées, qu'ils en tuèrent ou blessèrent un grand nombre. Tout cela se passa sans qu'ils pussent reconnaître qui les frappait, sans qu'ils sussent par quel chemin fuir.

Les Espagnols rechargèrent vivement leurs armes ; puis,

s'étant divisés en trois corps, ils résolurent de tomber touts ensemble sur l'ennemi. Chacun de ces pelotons se composait de huit personnes : ce qui formait en somme vingt-quatre combattants, dont vingt-deux hommes et deux femmes, lesquelles, soit dit en passant, se battirent en désespérées.

On répartit par peloton les armes à feu, les hallebardes et les brindestocs. On voulait que les femmes se tinssent derrière, mais elles déclarèrent qu'elles étaient décidées à mourir avec leurs maris. Leur petite armée ainsi disposée, ils sortirent d'entre les arbres et se jetèrent sous la dent de l'ennemi en criant et en hélant de toutes leurs forces. Les Indiens se tenaient là debout touts ensemble ; mais ils tombèrent dans la plus grande confusion en entendant les cris que jetaient nos gens sur trois différents points. Cependant ils en seraient venus aux mains s'ils nous eussent apperçus ; car à peine fûmes-nous assez près pour qu'ils nous vissent qu'ils nous décochèrent quelques flèches, et que le pauvre vieux Vendredi fut blessé, légèrement toutefois. Mais nos gens, sans plus de temps, fondirent sur eux, firent feu de trois côtés, puis tombèrent dessus à coups de crosses de mousquet, à coups de sabres, de bâtons ferrés et de haches, et, en un mot, les frottèrent si bien, qu'ils se mirent à pousser des cris et des hurlements sinistres en s'enfuyant de touts côtés pour échapper à la mort.

Les nôtres étaient fatigués de ce carnage : ils avaient tué ou blessé mortellement, dans les deux rencontres, environ cent quatre-vingts de ces barbares. Les autres, épouvantés, se sauvèrent à travers les bois et sur les collines, avec toute la vitesse que pouvaient leur donner la frayeur et des pieds agiles ; et, voyant que nos hommes se mettaient peu en peine de les poursuivre, ils se rassemblèrent sur la côte où ils avaient débarqué et où leurs canots étaient amarrés. Mais leur désastre n'était pas encore au bout : car, ce soir-là, un vent terrible s'éleva de la mer, et il leur fut impossible de prendre le large. Pour surcroît, la tempête ayant duré toute la nuit, à la marée montante la plupart de leurs pirogues furent entraînées par la houle si avant sur la rive, qu'il aurait fallu bien des efforts pour les remettre à flot. Quelques-unes même furent brisées contre le rivage, ou en s'entre-choquant.

Nos hommes, bien que joyeux de leur victoire, ne prirent cependant que peu de repos cette nuit-là. Mais, après s'être refaits le mieux qu'ils purent, ils résolurent de se porter vers cette partie de l'île où les Sauvages avaient fui, afin de voir dans quel état ils étaient. Ceci les mena nécessairement sur le lieu du combat, où ils trouvèrent plusieurs de ces pauvres créatures qui respiraient encore, mais que rien n'aurait pu sauver. Triste spectacle pour des cœurs généreux ! car un homme vraiment noble, quoique forcé par les lois de la guerre de détruire son ennemi, ne prend point plaisir à ses souffrances.

Tout ordre, du reste, était inutile à cet égard; car les Sauvages que les nôtres avaient à leur service dépêchèrent ces pauvres créatures à coups de haches.

Ils arrivèrent enfin en vue du lieu où les chétifs débris de l'armée indienne étaient rassemblés. Là restait environ une centaine d'hommes, dont la plupart étaient assis à terre, accroupis, la tête entre leurs mains et appuyée sur leurs genoux.

Quand nos gens ne furent plus qu'à deux portées de mousquet des vaincus, le gouverneur espagnol ordonna de tirer deux coups à poudre pour leur donner l'alarme, à dessein de voir par leur contenance ce qu'il avait à en attendre, s'ils étaient encore disposés à combattre ou s'ils étaient démontés au point d'être abattus et découragés, et afin d'agir en conséquence.

Le stratagème eut un plein succès; car les Sauvages n'eurent pas plus tôt entendu le premier coup de feu et vu la lueur du second, qu'ils se dressèrent sur leurs pieds dans la plus grande consternation imaginable; et, comme nos gens se précipitaient sur eux, ils s'enfuirent criant, hurlant et poussant une sorte de mugissement que nos hommes ne comprirent pas et n'avaient point ouï jusque là, et ils se réfugièrent sur les hauteurs plus avant dans le pays.

Les nôtres eussent d'abord préféré que le temps eût été calme et que les Sauvages se fussent rembarqués. Mais ils ne considéraient pas alors que cela pourrait en amener par la suite des multitudes auxquelles il leur serait impossible de résister, ou du moins être la cause d'incursions si redoutables et si fréquentes qu'elles désoleraient l'île et les feraient périr de faim. WILL ATKINS, qui, malgré sa blessure, se tenait toujours avec eux, se montra, dans cette occurrence, le meilleur conseiller : il fallait, selon lui, saisir l'occasion qui s'offrait de se jeter entre eux et leurs canots, et, par là, les empêcher à jamais de revenir inquiéter l'île.

On tint long-temps conseil sur ce point. Quelques-uns s'opposaient à cela, de peur qu'on ne forçât ces misérables à se retirer dans les bois, et à n'écouter que leur désespoir. — « Dans ce cas, disaient-ils, nous serons obligés de leur donner la chasse comme à des bêtes féroces; nous redouterons de sortir pour nos travaux; nous aurons nos plantations incessamment pillées, nos troupeaux détruits, bref nous serons réduits à une vie de misères continuelles. »

WILL ATKINS répondit que mieux valait avoir affaire à cent hommes qu'à cent nations; que s'il fallait détruire les canots il fallait aussi détruire les hommes, sinon être soi-même détruit. En un mot, il leur démontra cette nécessité d'une manière si palpable, qu'ils se rangèrent tous à son avis. Aussitôt ils se mirent à l'œuvre sur les pirogues, et, arrachant du bois sec d'un arbre mort, ils essayèrent de mettre le feu à quelques-unes de ces embarcations; mais elles étaient si humides qu'elles purent à peine brûler. Néanmoins, le feu endommagea tellement leurs parties supérieures, qu'elles furent bientôt hors d'état de tenir la mer. Quand les Indiens virent à quoi nos hommes étaient occupés, quelques-uns d'entre eux sortirent des bois en toute hâte, et, s'approchant le plus qu'ils purent, ils se jetèrent à genoux et se mirent à crier : — « OA, OA, WARAMOKOA ! » et à proférer quelques autres mots de leur langue que personne ne comprit; mais, comme ils faisaient des gestes piteux et poussaient des cris étranges, il fut aisé de reconnaître qu'ils suppliaient pour qu'on épargnât leurs canots, et qu'ils promettaient de s'en aller pour ne plus revenir.

Mais nos gens étaient alors convaincus qu'ils n'avaient d'autre moyen de se conserver ou de sauver leur établissement que d'empêcher à tout jamais les Indiens de revenir dans l'île, sachant bien que s'il arrivait seulement à l'un d'eux de retourner parmi les siens pour leur conter l'événement, c'en était fait de la colonie. En conséquence, faisant comprendre aux Indiens qu'il n'y avait pas de merci pour eux, ils se remirent à l'œuvre et détruisirent les canots que la tempête avait épargnés. A cette vue les Sauvages firent retentir les bois d'un horrible cri que notre monde entendit assez distinctement; puis ils se mirent à courir çà et là dans l'île comme des insensés, de sorte que nos colons ne surent réellement pas d'abord comment s'y prendre avec eux.

Les Espagnols, avec toute leur prudence, n'avaient pas

pensé que tandis qu'ils réduisaient ainsi ces hommes au désespoir, ils devaient faire bonne garde autour de leurs plantations; car, bien qu'ils eussent transféré leur bétail, et que les Indiens n'eussent pas déterré leur principale retraite, — je veux dire mon vieux château de la colline, — ni la caverne dans la vallée, ceux-ci avaient découvert cependant ma plantation de la tonnelle, l'avaient saccagée, ainsi que les enclos et les cultures d'alentour, foulant aux pieds le blé, arrachant les vignes et les raisins déjà presque mûrs; et faisant éprouver à la colonie une perte inestimable sans en retirer aucun profit.

Quoique nos gens pussent les combattre en toute occasion, ils n'étaient pas en état de les poursuivre et de les pourchasser; car, les Indiens étant trop agiles pour nos hommes quand ils les rencontraient seuls, aucun des nôtres n'osait s'aventurer isolément, dans la crainte d'être enveloppé par eux. Fort heureusement ils étaient sans armes : ils avaient des arcs, il est vrai, mais point de flèches, ni matériaux pour en faire, ni outils, ni instruments tranchants.

Mort de Faim!..

L'extrémité et la détresse où *ils* étaient réduits étaient grandes et vraiment déplorables; mais l'état où ils avaient jeté nos colons ne valait pas mieux : car, malgré que leurs retraites eussent été préservées, leurs provisions étaient détruites et leur moisson ravagée. Que faire, à quels moyens recourir? ils ne le savaient. La seule ressource qui leur restât c'était le bétail qu'ils avaient dans la vallée près de la caverne, le peu de blé qui y croissait et la plantation des trois Anglais, WILL ATKINS et ses camarades, alors réduits à deux, l'un d'entre eux ayant été frappé à la tête, juste au-dessous de la tempe, par une flèche qui l'avait fait taire à jamais. Et, chose remarquable, celui-ci était ce même homme cruel qui avait porté un coup de hache au pauvre esclave Indien, et qui ensuite avait formé le projet d'assassiner les Espagnols.

À mon sens, la condition de nos colons était pire en ce temps-là que ne l'avait jamais été la mienne depuis que j'eus découvert les grains d'orge et de riz, et que j'eus acquis la méthode de semer et de cultiver mon blé et d'élever mon bétail; car alors ils avaient, pour ainsi dire, une centaine de loups dans l'île, prêts à faire leur proie de tout ce qu'ils pourraient saisir, mais qu'il n'était pas facile de saisir eux-mêmes.

La première chose qu'ils résolurent de faire, quand ils virent la situation où ils se trouvaient, ce fut, s'il était possible, de reléguer les Sauvages dans la partie la plus éloignée de l'île, au Sud-Est; afin que si d'autres Indiens venaient à descendre au rivage, ils ne pussent les rencontrer; puis, une fois là, de les traquer, de les harasser chaque jour, et de tuer touts ceux qu'ils pourraient approcher, jusqu'à ce qu'ils eussent réduit leur nombre; et s'ils pouvaient enfin les apprivoiser et les rendre propres à quelque chose, de leur donner du blé, et de leur enseigner à cultiver la terre et à vivre de leur travail journalier.

En conséquence, ils les serrèrent de près et les épouvantèrent tellement par le bruit de leurs armes, qu'au bout de peu de temps, si un des colons tirait sur un Indien et le manquait, néanmoins il tombait de peur. Leur effroi fut si grand, qu'ils s'éloignèrent de plus en plus, et que, harcelés par nos gens, qui tous les jours en tuaient ou blessaient quelques-uns, ils se confinèrent tellement dans les bois et dans les endroits creux, que le manque de nourriture les réduisit à la plus horrible misère, et qu'on en trouva plusieurs morts dans les bois, sans aucune blessure, que la faim seule avait fait périr.

Quand les nôtres trouvèrent ces cadavres, leurs cœurs s'attendrirent, et ils se sentirent émus de compassion, surtout le gouverneur espagnol, qui était l'homme du caractère le plus noblement généreux que de ma vie j'aie jamais rencontré. Il proposa, si faire se pouvait, d'attraper vivant un de ces malheureux, et de l'amener à comprendre assez leur dessein pour qu'il pût servir d'interprète auprès des autres, et savoir d'eux s'ils n'acquiesceraient pas à quelque condition qui leur assurerait la vie, et garantirait la colonie du pillage.

Il s'écoula quelque temps avant qu'on pût en prendre aucun; mais, comme ils étaient faibles et exténués, l'un d'eux fut enfin surpris et fait prisonnier. Il se montra d'abord rétif, et ne voulut ni manger ni boire; mais, se voyant traité avec bonté, voyant qu'on lui donnait des aliments, et qu'il n'avait à supporter aucune violence, il finit par devenir plus maniable et par se rassurer.

On lui amena le vieux Vendredi, qui s'entretint souvent avec lui et lui dit combien les nôtres seraient bons envers tous les siens; que non-seulement ils auraient la vie sauve, mais encore qu'on leur accorderait pour demeure une partie de l'île, pourvu qu'ils donnassent l'assurance qu'ils garderaient leur propres limites, et qu'ils ne viendraient pas au-delà pour faire tort ou pour faire outrage aux colons;

enfin qu'on leur donnerait du blé qu'ils sèmeraient et cultiveraient pour leurs besoins, et du pain pour leur subsistance présente. — Ensuite le vieux Vendredi commanda au Sauvage d'aller trouver ses compatriotes et de voir ce qu'ils penseraient de la proposition, lui affirmant que s'ils n'y adhéraient immédiatement, ils seraient touts détruits.

Ces pauvres gens, profondément abattus et réduits au nombre de d'environ trente-sept, accueillirent tout d'abord cette offre, et prièrent qu'on leur donnât quelque nourriture. Là-dessus douze Espagnols et deux Anglais, bien armés, avec trois esclaves indiens et le vieux Vendredi, se transportèrent au lieu où ils étaient : les trois esclaves indiens charriaient une grande quantité de pain, du riz cuit en gâteaux et séché au soleil, et trois chèvres vivantes. On enjoignit à ces infortunés de se rendre sur le versant d'une colline, où ils s'assirent pour manger avec beaucoup de reconnaissance. Ils furent plus fidèles à leur parole qu'on ne l'aurait pensé ; car, excepté quand ils venaient demander des vivres et des instructions, jamais ils ne passèrent leurs limites. C'est là qu'ils vivaient encore lors de mon arrivée dans l'île, et que j'allai les visiter.

Les colons leur avaient appris à semer le blé, à faire le pain, à élever des chèvres et à les traire. Rien ne leur manquait que des femmes pour devenir bientôt une nation. Ils étaient confinés sur une langue de terre ; derrière eux s'élevaient des rochers, et devant eux une vaste plaine se prolongeait vers la mer, à la pointe Sud-Est de l'île. Leur terrain était bon et fertile et ils en avaient suffisamment ; car il s'étendait d'un côté sur une largeur d'un mille et demi, et de l'autre sur une longueur de trois ou quatre milles.

Nos hommes leur enseignèrent aussi à faire des bêches

en bois, comme j'en avais fait pour mon usage, et leur donnèrent douze hachettes et trois ou quatre couteaux ; et, là, ils vécurent comme les plus soumises et les plus innocentes créatures que jamais on n'eût su voir.

La colonie jouit après cela d'une parfaite tranquillité quant aux Sauvages, jusqu'à la nouvelle visite que je lui fis, environ deux ans après. Ce n'est pas que de temps à autre quelques canots de Sauvages n'abordassent à l'île pour la célébration barbare de leurs triomphes ; mais, comme ils appartenaient à diverses nations, et que, peut-être, ils n'avaient point entendu parler de ceux qui étaient venus précédemment dans l'île, ou que peut-être ils ignoraient la cause de leur venue, ils ne firent, à l'égard de leurs compatriotes, aucune recherche, et, en eussent-ils fait, il leur eût été fort difficile de les découvrir.

Voici que j'ai donné, ce me semble, la relation complète de ce qui était arrivé à nos colons jusqu'à mon retour, au moins de ce qui était digne de remarque. — Ils avaient merveilleusement civilisé les Indiens ou Sauvages, et allaient souvent les visiter ; mais ils leur défendaient, sous peine de mort, de venir parmi eux, afin que leur établissement ne fût pas livré derechef.

Une chose vraiment notable, c'est que les Sauvages, à qui ils avaient appris à faire des paniers et de la vannerie, surpassèrent bientôt leurs maîtres. Ils tressèrent une multitude de choses les plus ingénieuses, surtout des corbeilles de toute espèce, des cribles, des cages à oiseaux, des buffets, ainsi que des chaises pour s'asseoir, des escabelles, des lits, des couchettes et beaucoup d'autres choses encore ; car ils déployaient dans ce genre d'ouvrage une adresse remarquable, quand une fois on les avait mis sur la voie.

Mon arrivée leur fut d'un grand secours, en ce que nous

les approvisionnâmes de couteaux, de ciseaux, de bêches, de pelles, de pioches et de toutes choses semblables dont ils pouvaient avoir besoin.

Ils devinrent tellement adroits, à l'aide de ces outils, qu'ils parvinrent à se bâtir de fort jolies huttes ou maisonnettes, dont ils tressaient et arrondissaient les contours comme à de la vannerie ; vrais chefs-d'œuvre d'industrie et d'un aspect fort bizarre, mais qui les protégeaient efficacement contre la chaleur et contre toutes sortes d'insectes. Nos hommes en étaient tellement épris, qu'ils invitèrent la tribu sauvage à les venir voir et à s'en construire de pareilles. Aussi, quand j'allai visiter la colonie des deux Anglais, ces planteurs me firent-ils de loin l'effet de vivre comme des abeilles dans une ruche. Quant à WILL ATKINS, qui était devenu un garçon industrieux, laborieux et réglé, il s'était fait une tente en vannerie comme on n'en avait, je pense, jamais vu. Elle avait cent vingt pas de tour à l'extérieur, je la mesurai moi-même. Les murailles étaient à brins aussi serrés que ceux d'un panier, et se composaient de trente-deux panneaux ou carrés, très-solides, d'environ sept pieds de hauteur. Au milieu s'en trouvait une autre, qui n'avait pas plus de vingt-deux pas de circonférence, mais d'une construction encore plus solide, car elle était divisée en huit pans, aux huit angles desquels se trouvaient huit forts poteaux. Sur leur sommet il avait placé de grosses charpentes, jointes ensemble au moyen de chevilles de de bois, et d'où il avait élevé pour la couverture une pyramide de huit chevrons fort élégante, je vous l'assure, et parfaitement assemblée, quoiqu'il n'eût pas de clous, mais seulement quelques broches de fer qu'il s'était faites avec la ferraille que j'avais laissée dans l'île. — Cet adroit garçon donna vraiment des preuves d'une grande industrie en beaucoup de choses dont la connaissance lui manquait. Il se fit une forge et une paire de soufflets en bois pour attiser le feu ; il se fabriqua encore le charbon qu'en exigeait l'usage ; et d'une pince de fer, il fit une enclume fort passable. Cela le mit à même de façonner une foule de choses, des crochets, des gâches, des pointes, des verroux et des gonds. — Mais revenons à sa case. Après qu'il eut posé le comble de la tente intérieure, il remplit les entrevous des chevrons au moyen d'un treillis si solide et qu'il recouvrit si ingénieusement de paille de riz, et au sommet d'une large feuille d'un certain arbre, que sa maison était tout aussi à l'abri de l'humidité que si elle eût été couverte en tuiles ou en ardoises. Il m'avoua, il est vrai, que les Sauvages lui avaient fait la vannerie.

L'enceinte extérieure était couverte, comme une galerie, tout autour de la rotonde intérieure ; et de grands chevrons s'étendaient de trente-deux angles au sommet des poteaux de l'habitation du milieu, éloignée d'environ vingt pieds ; de sorte qu'il y avait entre le mur de clayonnage extérieur et le mur intérieur un espace, semblable à un promenoir, de la largeur de vingt pieds à peu près.

Il avait divisé la place intérieure avec un pareil clayonnage, mais beaucoup plus délicat, et l'avait distribuée en six logements, ou chambres de plain-pied, ayant d'abord chacune une porte donnant extérieurement sur l'entrée ou passage conduisant à la tente principale ; puis une autre sur l'espace ou promenoir qui régnait au pourtour ; de manière que ce promenoir était aussi divisé en six parties égales, qui servaient non-seulement de retraites, mais encore à entreposer toutes les choses nécessaires à la famille. Ces six espaces n'occupant point toute la circonférence, les autres logements de la galerie étaient disposés ainsi : Aussitôt que vous aviez passé la porte de l'enceinte extérieure, vous aviez droit devant vous un petit passage conduisant à la porte de la case intérieure ; de chaque côté était une cloison de clayonnage, avec une porte par laquelle vous pénétriez d'abord dans une vaste chambre ou magasin, de vingt pieds de large sur environ trente de long, et de là dans une autre un peu moins longue. Ainsi, dans le pourtour il y avait dix belles chambres, six desquelles n'avaient entrée que par les logements de la tente intérieure, et servaient de cabinets ou de retraits à chaque chambre respective de cette tente, et quatre grands magasins, ou granges, ou comme il vous plaira de les appeler, deux de chaque côté du passage qui conduisait de la porte d'entrée à la rotonde intérieure, et donnant l'un dans l'autre.

Habitation de William Atkins.

Un pareil morceau de vannerie, je crois, n'a jamais été vu dans le monde, pas plus qu'une maison ou tente si bien conçue, surtout bâtie comme cela. Dans cette grande ruche habitaient les trois familles, c'est-à-dire WILL ATKINS et ses compagnons; le troisième avait été tué, mais sa femme restait avec trois enfants, — elle était, à ce qu'il paraît, enceinte lorsqu'il mourut. Les deux survivants ne négligeaient pas de fournir la veuve de toutes choses, j'entends de blé, de lait, de raisins, et de lui faire bonne part quand ils tuaient un chevreau ou trouvaient une tortue sur le rivage; de sorte qu'ils vivaient touts assez bien, quoiqu'à la vérité ceux-ci ne fussent pas aussi industrieux que les deux autres, comme je l'ai fait observer déjà.

Il est une chose qui toutefois ne saurait être omise; c'est, qu'en fait de religion, je ne sache pas qu'il existât rien de semblable parmi eux. Il est vrai qu'assez souvent ils se faisaient souvenir l'un l'autre qu'il est un Dieu, mais c'était purement par la commune méthode des marins, c'est-à-dire en blasphémant son nom. Leurs femmes, pauvres ignorantes Sauvages, n'en étaient pas beaucoup plus éclairées pour être mariées à des Chrétiens, si on peut les appeler ainsi, car eux-mêmes, ayant fort peu de notions de Dieu, se trouvaient profondément incapables d'entrer en discours avec elles sur la Divinité, ou de leur parler de rien qui concernât la religion.

Le plus grand profit qu'elles avaient, je puis dire, retiré de leur alliance, c'était d'avoir appris de leurs maris à parler passablement l'anglais. Touts leurs enfants, qui pouvaient bien être une vingtaine, apprenaient de même à s'exprimer en anglais dès leurs premiers bégaiements, quoiqu'ils ne fissent d'abord que l'écorcher, comme leurs mères. Pas un de ces enfants n'avait plus de six ans quand j'arrivai, car il n'y en avait pas beaucoup plus de sept que ces cinq LADYS sauvages avaient été amenées; mais toutes s'étaient trouvées fécondes, toutes avaient des enfants, plus ou moins. La femme du cuisinier en second était, je crois, grosse de son sixième. Ces mères étaient toutes d'une heureuse nature.

paisibles, laborieuses, modestes et décentes, s'aidant l'une l'autre, parfaitement obéissantes et soumises à leurs maîtres, je ne puis dire à leurs maris. Il ne leur manquait rien, que d'être bien instruites dans la religion chrétienne et d'être légitimement mariées, avantages dont heureusement dans la suite elles jouirent par mes soins, ou du moins par les conséquences de ma venue dans l'île.

Ayant ainsi parlé de la colonie en général et assez longuement de mes cinq chenapans d'Anglais, je dois dire quelque chose des Espagnols, qui formaient le principal corps de la famille, et dont l'histoire offre aussi quelques incidents assez remarquables.

J'eus de nombreux entretiens avec eux sur ce qu'était leur situation durant leur séjour parmi les Sauvages. Ils m'avouèrent franchement qu'ils n'avaient aucune preuve à donner de leur savoir-faire ou de leur industrie dans ce pays ; qu'ils n'étaient là qu'une pauvre poignée d'hommes misérables et abattus ; que, quand bien même ils eussent eu des ressources entre les mains, ils ne s'en seraient pas moins abandonnés au désespoir ; et qu'ils ployaient tellement sous le poids de leurs infortunes, qu'ils ne songeaient qu'à se laisser mourir de faim. — Un d'entre eux, personnage grave et judicieux, me dit qu'il était convaincu qu'ils avaient eu tort ; qu'à des hommes sages il n'appartient pas de s'abandonner à leur misère, mais de se saisir incessamment des secours que leur offre la raison, tant pour l'existence présente que pour la délivrance future. — « Le chagrin, ajouta-t-il, est la plus insensée et la plus insignifiante passion du monde, parce qu'elle n'a pour objet que les choses passées, qui sont en général irrévocables ou irrémédiables ; parce qu'elle n'embrasse point l'avenir, qu'elle n'entre pour rien dans ce qui touche le salut, et qu'elle ajoute plutôt à l'affliction qu'elle n'y apporte remède. » — Là-dessus il cita un proverbe espagnol que je ne puis répéter dans les mêmes termes, mais dont je me souviens avoir habillé à ma façon un proverbe anglais, que voici :

> Dans le trouble soyez troublé,
> Votre trouble sera doublé.

Ensuite il abonda en remarques sur toutes les petites améliorations que j'avais introduites dans ma solitude, sur mon infatigable industrie, comme il l'appelait, et sur la manière dont j'avais rendu une condition, par ses circonstances d'abord pire que la leur, mille fois plus heureuse que celle dans laquelle ils étaient, même alors, où ils se trouvaient touts ensemble. Il me dit qu'il était à remarquer que les Anglais avaient une plus grande présence d'esprit dans la détresse que tout autre peuple qu'il eût jamais vu ; que ses malheureux compatriotes, ainsi que les Portugais, étaient la pire espèce d'hommes de l'univers pour lutter contre l'adversité ; parce que dans les périls, une fois les efforts vulgaires tentés, leur premier pas était de se livrer au désespoir, de succomber sous lui et de mourir sans tourner leurs pensées vers des voies de salut.

Je lui répliquai que leur cas et le mien différaient extrêmement ; qu'ils avaient été jetés sur le rivage privés de toutes choses nécessaires, et sans provisions pour subsister jusqu'à ce qu'ils pussent se pourvoir ; qu'à la vérité j'avais eu ce désavantage et cette affliction d'être seul ; mais que les secours providentiellement jetés dans mes mains par le bris inopiné du navire, étaient un si grand réconfort, qu'il aurait poussé tout homme au monde à s'ingénier comme je l'avais fait. — « Señor, reprit l'Espagnol, si nous pauvres Castillans eussions été à votre place, nous n'eussions pas tiré du vaisseau la moitié de ces choses que vous sûtes en tirer ; jamais nous n'aurions trouvé le moyen de nous procurer un radeau pour les transporter, ni de conduire un radeau à terre sans l'aide d'une chaloupe ou d'une voile ; et à plus forte raison pas un de nous ne l'eût fait s'il eût été seul. » — Je le priai de faire trêve à son compliment, et de poursuivre l'histoire de leur venue dans l'endroit où ils avaient abordé. Il me dit qu'ils avaient pris terre malheureusement en un lieu où il y avait des habitants sans provisions ; tandis que s'ils eussent eu le bon sens de remettre en mer et d'aller à une autre île un peu plus éloignée, ils auraient trouvé des provisions sans habitants. En effet, dans ce parage, comme on le leur avait dit, était située une île riche en comestibles, bien que déserte, c'est-à-dire que les Espagnols de la Trinité, l'ayant visitée fréquemment, l'avaient remplie à différentes fois de chèvres et de porcs. Là ces animaux avaient multiplié de telle sorte, là tortues et oiseaux de mer étaient en telle abondance, qu'ils n'eussent pas manqué de viande s'ils eussent eu faute de pain. A l'endroit où ils avaient abordé ils n'avaient au contraire pour toute nourriture que quelques herbes et quelques racines à eux inconnues, fort peu succulentes, et que leur donnaient avec assez de parcimonie les naturels, vraiment dans l'impossibilité de les traiter mieux, à moins qu'ils ne se fissent cannibales et mangeassent de la chair humaine, le grand régal du pays.

Nos Espagnols me racontèrent comment par divers moyens ils s'étaient efforcés, mais en vain, de civiliser les Sauvages leurs hôtes, et de leur faire adopter des coutumes rationnelles dans le commerce ordinaire de la vie ; et comment ces Indiens en récriminant leur répondaient qu'il était injuste à ceux qui étaient venus sur cette terre pour implorer aide et assistance, de vouloir se poser comme les instructeurs de ceux qui les nourrissaient ; donnant à entendre par-là, ce semble, que celui-là ne doit point se faire l'instructeur des autres qui ne peut se passer d'eux pour vivre.

Ils me firent l'affreux récit des extrémités où ils avaient été réduits ; comment ils avaient passé quelquefois plusieurs jours sans nourriture aucune, l'île où ils se trouvaient étant habitée par une espèce de Sauvages plus indolents, et, par cette raison, ils avaient tout lieu de le croire, moins pourvus des choses nécessaires à la vie que les autres indigènes de cette même partie du monde. Toutefois ils reconnaissaient que cette peuplade était moins rapace et moins vorace que celles qui avaient une meilleure et une plus abondante nourriture.

Ils ajoutèrent aussi qu'ils ne pouvaient se refuser à reconnaître avec quelles marques de sagesse et de bonté la souveraine providence de Dieu dirige l'événement des choses de ce monde ; marques, disaient-ils, éclatantes à leur égard; car, si poussés par la dureté de leur position et par la stérilité du pays où ils étaient ils eussent cherché un lieu meilleur pour y vivre, ils se seraient trouvés en dehors de la voie de salut qui par mon intermédiaire leur avait été ouverte.

Ensuite ils me racontèrent que les Sauvages leurs hôtes avaient fait fond sur eux pour les accompagner dans leurs guerres. Et par le fait, comme ils avaient des armes à feu, s'ils n'eussent pas eu le malheur de perdre leurs munitions, ils eussent pu non-seulement être utiles à leurs amis, mais encore se rendre redoutables et à leurs amis et à leurs ennemis. Or, n'ayant ni poudre ni plomb, et se voyant dans une condition qui ne leur permettait pas de refuser de suivre leurs LANDLORDS à la guerre, ils se trouvaient sur le champ de bataille dans une position pire que celle des Sauvages eux-mêmes; car ils n'avaient ni flèches ni arcs, ou ne savaient se servir de ceux que les Sauvages leur avaient donnés. Ils ne pouvaient donc faire autre chose que rester cois, exposés aux flèches, jusqu'à ce qu'on fût arrivé sous la dent de l'ennemi. Alors trois hallebardes qu'ils avaient leur étaient de quelque usage, et souvent ils balayaient devant eux toute une petite armée avec ces hallebardes et des bâtons pointus fichés dans le canon de leurs mousquets. Maintes fois pourtant ils avaient été entourés par des multitudes, et en grand danger de tomber sous leurs traits. Mais enfin ils avaient imaginé de se faire de grandes targes de bois, qu'ils avaient couvertes de peaux de bêtes sauvages dont ils ne savaient pas le nom. Nonobstant ces boucliers, qui les préservaient des flèches des Indiens, ils essuyaient quelquefois de grands périls. Un jour surtout cinq d'entre eux furent terrassés ensemble par les casse-têtes des Sauvages; et c'est alors qu'un des leurs fut fait prisonnier, c'est-à-dire l'Espagnol que j'arrachai à la mort. Ils crurent d'abord qu'il avait été tué; mais ensuite, quand ils apprirent qu'il était captif, ils tombèrent dans la plus profonde douleur imaginable, et auraient volontiers tous exposé leur vie pour le délivrer.

Lorsque ceux-ci eurent été ainsi terrassés, les autres les secoururent et combattirent en les entourant jusqu'à ce qu'ils fussent tous revenus à eux-mêmes, hormis celui qu'on croyait mort; puis tous ensemble, serrés sur une ligne, ils se firent jour avec leurs hallebardes et leurs bayonnettes à travers un corps de plus de mille Sauvages, abattirent tout ce qui se trouvait sur leur chemin et remportèrent la victoire; mais à leur grand regret, parce qu'elle leur avait coûté la perte de leur compagnon, que le parti ennemi, qui le trouva vivant, avait emporté avec quelques autres, comme je l'ai conté dans la première portion de ma vie.

Ils me dépeignirent de la manière la plus touchante quelle avait été leur surprise de joie au retour de leur ami et compagnon de misère, qu'ils avaient cru dévoré par des bêtes féroces de la pire espèce, c'est-à-dire par des hommes sauvages, et comment de plus en plus cette surprise s'était augmentée au récit qu'il leur avait fait de son message, et de l'existence d'un Chrétien sur une terre voisine, qui plus est d'un Chrétien ayant assez de pouvoir et d'humanité pour contribuer à leur délivrance.

Ils me dépeignirent encore leur étonnement à la vue du secours que je leur avais envoyé, et surtout à l'aspect des miches de pain, choses qu'ils n'avaient pas vues depuis leur arrivée dans ce misérable lieu, disant que nombre de fois ils les avaient couvertes de signes de croix et de bénédictions, comme un aliment descendu du Ciel; et en y goûtant quel cordial revivifiant ç'avait été pour leurs esprits, ainsi que tout ce que j'avais envoyé pour leur réconfort.

Distribution des Outils.

Ils auraient bien voulu me faire connaître quelque chose de la joie dont ils avaient été transportés à la vue de la barque et des pilotes destinés à les conduire vers la personne et au lieu d'où leur venaient touts ces secours ; mais ils m'assurèrent qu'il était impossible de l'exprimer par des mots ; que l'excès de leur joie les avait poussés à de messéantes extravagances qu'il ne leur était loisible de décrire qu'on me disant qu'ils s'étaient vus sur le point de tomber en frénésie, ne pouvant donner un libre cours aux émotions qui les agitaient; bref, que ce saisissement avait agi sur celui-ci de telle manière, sur celui-là de telle autre; que les uns avaient débondé en larmes, que les autres avaient été à moitié fous, et que quelques-uns s'étaient immédiatement évanouis. — Cette peinture me toucha extrêmement, et me rappela l'extase de VENDREDI quand il retrouva son père, les transports des pauvres Français quand je les recueillis en mer, après l'incendie de leur navire, la joie du capitaine quand il se vit délivré dans le lieu même où il s'attendait à périr, et ma propre joie quand, après vingt-huit ans de captivité, je vis un bon vaisseau prêt à me conduire dans ma patrie. Touts ces souvenirs me rendirent plus sensible au récit de ces pauvres gens et firent que je m'en affectai d'autant plus.

Ayant ainsi donné un apperçu de l'état des choses telles que je les trouvai, il convient que je relate ce que je fis d'important pour nos colons, et dans quelle situation je les laissai. Leur opinion et la mienne étaient qu'ils ne seraient plus inquiétés par les Sauvages, ou que, s'ils venaient à l'être, ils étaient en état de les repousser, fussent-ils deux fois plus nombreux qu'auparavant : de sorte qu'ils étaient fort tranquilles sur ce point. — En ce temps-là, avec l'Espagnol que j'ai surnommé gouverneur j'eus un sérieux entretien sur leur séjour dans l'île; car, n'étant pas venu pour emmener aucun d'entre eux, il n'eût pas été juste d'en emmener quelques-uns et de laisser les autres, qui peut-être ne seraient pas restés volontiers, si leurs forces eussent été diminuées.

En conséquence, je leur déclarai que j'étais venu pour les établir en ce lieu et non pour les en déloger; puis je leur lis connaître que j'avais apporté pour eux des secours de toute sorte ; que j'avais fait de grandes dépenses afin de les pourvoir de toutes les choses nécessaires à leur bien-être et à leur sûreté, et que je leur amenais telles et telles personnes, non-seulement pour augmenter et renforcer leur nombre, mais encore pour les aider comme artisans, grâce aux divers métiers utiles qu'elles avaient appris, à se procurer tout ce dont ils avaient faute encore.

Ils étaient tous ensemble quand je leur parlai ainsi. Avant de leur livrer les provisions que j'avais apportées, je leur demandai, un par un, s'ils avaient entièrement étouffé et oublié les inimitiés qui avaient régné parmi eux, s'ils voulaient se secouer la main et se jurer une mutuelle affection et une étroite union d'intérêts, que ne détruiraient plus ni mésintelligences ni jalousies.

William Atkins, avec beaucoup de franchise et de bonne humeur, répondit qu'ils avaient assez essuyé d'afflictions pour devenir touts sages, et rencontré assez d'ennemis pour devenir touts amis ; que, pour sa part, il voulait vivre et mourir avec les autres ; que, bien loin de former de mauvais desseins contre les Espagnols, il reconnaissait qu'ils ne lui avaient rien fait que son mauvais caractère n'eût rendu nécessaire et qu'à leur place il n'eût fait, s'il n'avait fait pis ; qu'il leur demanderait pardon si je le souhaitais de ses impertinences et de ses brutalités à leur égard ; qu'il avait la volonté et le désir de vivre avec eux dans les termes d'une amitié et d'une union parfaites, et qu'il ferait tout ce qui serait en son pouvoir pour les en convaincre. Enfin, quant à l'Angleterre, qu'il lui importait peu de ne pas y aller de vingt années.

Les Espagnols répondirent qu'à la vérité, dans le commencement, ils avaient désarmé et exclus William Atkins et ses deux camarades, à cause de leur mauvaise conduite, comme ils me l'avaient fait connaître, et qu'ils en appelaient tous à moi de la nécessité où ils avaient été d'en agir ainsi ; mais que William Atkins s'était conduit avec tant de bravoure dans le grand combat livré aux Sauvages et depuis dans quantité d'occasions, et s'était montré si fidèle et si dévoué aux intérêts généraux de la colonie, qu'ils avaient oublié tout le passé, et pensaient qu'il méritait autant qu'aucun d'eux qu'on lui confiât des armes et qu'on le pourvût de toutes choses nécessaires ; qu'on lui déférant le commandement après le gouverneur lui-même, ils avaient témoigné de la foi qu'ils avaient en lui ; que s'ils avaient eu foi entière en lui et en ses compatriotes, ils reconnaissaient aussi qu'ils s'étaient montrés dignes de cette foi par tout ce qui peut appeler sur un honnête homme l'estime et la confiance ; bref qu'ils saisissaient de tout cœur cette occasion de me donner cette assurance qu'ils n'auraient jamais d'intérêt qui ne fût celui de tous.

D'après ces franches et ouvertes déclarations d'amitié, nous fixâmes le jour suivant pour dîner tous ensemble, et nous fîmes, d'honneur, un splendide festin. Je priai le Cook du navire et son aide de venir à terre pour dresser le repas, et l'ancien cuisinier en second que nous avions dans l'île les assista. On tira des provisions du vaisseau : six pièces de bon bœuf, quatre pièces de porc et notre *bowl* à *punch*, avec les ingrédients pour en faire ; et je leur donnai, en particulier, dix bouteilles de vin clairet de France et dix bouteilles de bière anglaise, choses dont ni les Espagnols ni les Anglais n'avaient goûté depuis bien des années, et dont, cela est croyable, ils furent on ne peut plus ravis.

Les Espagnols ajoutèrent à notre festin cinq chevreaux entiers que les Cooks firent rôtir, et dont trois furent envoyés bien couverts à bord du navire, afin que l'équipage se pût régaler de notre viande fraîche, comme nous le faisions à terre de leur salaison.

Après ce banquet, où brilla une innocente gaîté, je fis étaler ma cargaison d'effets ; et, pour éviter toute dispute sur la répartition, je leur montrai qu'elle était suffisante pour eux touts, et leur enjoignis à touts de prendre une quantité égale des choses à l'usage du corps, c'est-à-dire égale après confection. Je distribuai d'abord assez de toile pour faire à chacun quatre chemises ; mais plus tard, à la requête des Espagnols, je portai ce nombre à six. Ce linge leur fut extrêmement confortable; car, pour ainsi dire, ils en avaient depuis long-temps oublié l'usage, ou ce que c'était que d'en porter.

Je distribuai les minces étoffes anglaises dont j'ai déjà parlé, pour faire à chacun un léger vêtement, en manière de blaude, costume frais et peu gênant que je jugeai le plus convenable à cause de la chaleur de la saison, et j'ordonnai que toutes et quantes fois ils seraient usés, on leur en fit d'autres, comme bon semblerait. Je répartis de même escarpins, souliers, bas et chapeaux.

Je ne saurais exprimer le plaisir et la satisfaction qui éclataient dans l'air de touts ces pauvres gens quand ils virent quel soin j'avais pris d'eux et combien largement je les avais pourvus. Ils me dirent que j'étais leur père, et que d'avoir un correspondant tel que moi dans une partie du monde si lointaine, cela leur ferait oublier qu'ils étaient délaissés sur une terre déserte. Et touts envers moi prirent volontiers l'engagement de ne pas quitter la place sans mon consentement.

Alors je leur présentai les gens que j'avais amenés avec moi, spécialement le tailleur, le forgeron, et les deux charpentiers, personnages fort nécessaires ; mais par-dessus tout mon artisan universel, lequel était plus utile pour eux qu'aucune chose qu'ils eussent pu nommer. Le tailleur, pour leur montrer son bon vouloir, se mit immédiatement à l'ouvrage, et avec ma permission leur fit à chacun premièrement une chemise. Qui plus est, non-seulement il enseigna aux femmes à coudre, à piquer, à manier l'aiguille, mais il s'en fit aider pour faire les chemises de leurs maris et de tous les autres.

Quant aux charpentiers, je ne m'appesantirai pas sur leur utilité : ils démontèrent tous mes meubles grossiers et mal bâtis, et en firent promptement des tables convenables, des escabeaux, des châlits, des buffets, des armoires, des tablettes, et autres choses semblables dont on avait faute.

Or pour le montrer comment la nature fait des ouvriers spontanément, je les menai voir la MAISON-CORBEILLE de VILLIAM ATKINS, comme je la nommais ; et ils m'avouèrent l'un et l'autre qu'ils n'avaient jamais vu un pareil exemple d'industrie naturelle, ni rien de si régulier et de si habilement construit, du moins en ce genre. A son aspect l'un d'eux, après avoir rêvé quelque temps, se tourna vers moi et dit : — « Je suis convaincu que cet homme n'a pas besoin de nous : donnez-lui seulement des outils. »

Je fis ensuite débarquer toute ma provision d'instruments, et je donnai à chaque homme une bêche, une pelle, et un rateau, au défaut de herses et de charrues ; puis pour chaque établissement séparé une pioche, une pince, une doloire et une scie, statuant toujours que toutes et quantes fois quelqu'un de ces outils serait rompu ou usé, on y suppléerait sans difficulté au magasin général que je laisserais en réserve.

Pour des clous, des gâches, des gonds, des marteaux, des gouges, des couteaux, des ciseaux, et des ustensiles et des ferrures de toutes sortes, nos hommes en eurent sans compter, selon ce qu'ils demandaient, car aucun ne se fût soucié d'en prendre au-delà de ses besoins : bien fou eût été celui qui les aurait gaspillés ou gâtés pour quelque raison que ce fût. A l'usage du forgeron, et pour son approvisionnement, je laissai deux tonnes de fer brut.

Le magasin de poudre et d'armes que je leur apportais allait jusqu'à la profusion, ce dont ils furent nécessairement fort aises. Ils pouvaient alors, comme j'avais eu coutume de le faire, marcher avec un mousquet sur chaque épaule, si besoin était, et combattre un millier de Sauvages, n'auraient-ils eu qu'un faible avantage de position, circonstance qui ne pouvait leur manquer dans l'occasion.

J'avais mené à terre avec moi le jeune homme dont la mère était morte de faim, et la servante aussi, jeune fille modeste, bien élevée, pieuse, et d'une conduite si pleine de candeur, que chacun avait pour elle une bonne parole. Parmi nous elle avait eu une vie fort malheureuse à bord, où pas d'autre femme qu'elle ne se trouvait ; mais elle l'avait supportée avec patience. — Après un court séjour dans l'île, voyant toutes choses si bien ordonnées et en si bon train de prospérer, et considérant qu'ils n'avaient ni affaires ni connaissances dans les Indes-Orientales, ni motif pour entreprendre un si long voyage ; considérant tout cela, dis-je, ils vinrent ensemble me trouver, et me demandèrent que je leur permisse de rester dans l'île, et d'entrer dans ma famille, comme ils disaient.

J'y consentis de tout cœur, et on leur assigna une petite pièce de terre, où on leur éleva trois tentes ou maisons, entourées d'un clayonnage, palissadées comme celle d'Atkins et contiguës à sa plantation. Ces huttes furent disposées de telle façon, qu'ils avaient chacun une chambre à part pour se loger, et un pavillon mitoyen, ou espèce de magasin, pour déposer tous leurs effets et prendre leurs repas. Les deux autres Anglais transportèrent alors leur habitation à la même place, et ainsi l'île demeura divisée en trois colonies, pas davantage. Les Espagnols, avec le vieux Vendredi et les premiers serviteurs, logeaient à mon ancien manoir au pied de la colline, lequel était, pour ainsi parler, la cité capitale, et où ils avaient tellement augmenté et étendu leurs travaux, tant dans l'intérieur qu'à l'extérieur de la colline, que, bien que parfaitement cachés, ils habitaient fort au large. Jamais, à coup sûr, dans aucune partie du monde, on ne vit une pareille petite cité, au milieu d'un bois, et si secrète.

Conférence.

Sur l'honneur, mille hommes, s'ils n'eussent su qu'elle existât ou ne l'eussent cherchée à dessein, auraient pu sans la trouver battre l'île pendant un mois : car les arbres avaient cru si épais et si serrés, et s'étaient tellement entrelacés les uns dans les autres, que pour découvrir la place il eût fallu d'abord les abattre, à moins qu'on n'eût trouvé les deux petits passages servant d'entrée et d'issue, ce qui n'était pas fort aisé. L'un était juste au bord de l'eau, sur la rive de la crique, et à plus de deux cents verges du château; l'autre se trouvait au haut de la double escalade, que j'ai déjà exactement décrite. Sur le sommet de la colline il y avait aussi un gros bois, planté serré, de plus d'un acre d'étendue, lequel avait cru promptement, et garantissait la place de toute atteinte de ce côté, où l'on ne pouvait pénétrer que par une ouverture étroite réservée entre deux arbres, et peu facile à découvrir.

L'autre colonie était celle de WILL ATKINS, où se trouvaient quatre familles anglaises, je veux dire les Anglais que j'avais laissés dans l'île, leurs femmes, leurs enfants, trois Sauvages esclaves, la veuve et les enfants de celui qui avait été tué, le jeune homme et la servante, dont, par parenthèse, nous fîmes une femme avant notre départ. Là habitaient aussi les deux charpentiers et le tailleur que je leur avais amenés, ainsi que le forgeron, artisan fort utile, surtout comme arquebusier, pour prendre soin de leurs armes; enfin, mon autre homme, que j'appelais — «Jack-bon-à-tout», et qui à lui seul valait presque vingt hommes; car c'était non-seulement un garçon fort ingénieux, mais encore un joyeux compagnon. Avant de partir nous le mariâmes à l'honnête se... venue avec le jeune homme à bord du navire, ce dont j'ai... jà fait mention.

Maintenant que j'en suis arrivé à parler de mariage, je me vois naturellement entraîné à dire quelques mots de l'ecclésiastique français, qui pour me suivre avait quitté l'équipage que je recueillis en mer. Cet homme, cela est vrai, était catholique, romain, et peut-être choquerais-je par-là quelques personnes si je rapportais rien d'extraordinaire au sujet d'un personnage que je dois, avant de commencer, — pour le dépeindre fidèlement, — en des termes fort à son désavantage aux yeux des Protestants, représenter d'abord comme Papiste, secondement comme prêtre papiste et troisièmement comme prêtre papiste français [1].

Mais la justice exige de moi que je lui donne son vrai caractère; et je dirai donc que c'était un homme grave, sobre, pieux, plein de ferveur, d'une vie régulière, d'une ardente charité, et presque en toutes choses d'une conduite exemplaire. Qui pourrait me blâmer d'apprécier, nonobstant sa communion, la valeur d'un tel homme, quoique mon opinion soit, peut-être ainsi que l'opinion de ceux qui liront ceci, qu'il était dans l'erreur? [2]

Tout d'abord que je m'entretins avec lui, après qu'il eut consenti à aller avec moi aux Indes-Orientales, je trouvai, non sans raison, un charme extrême dans sa conversation. Ce fut de la manière la plus obligeante qu'il entama notre première causerie sur la religion.

— « Sir, dit-il, non-seulement, grâce à Dieu, — à ce nom il se signa la poitrine, — vous m'avez sauvé la vie, mais vous m'avez admis à faire ce voyage dans votre navire, et par votre civilité pleine de déférence vous m'avez reçu dans votre familiarité, en donnant champ libre à mes discours. Or, sir, vous voyez à mon vêtement quelle est ma communion, et je devine, moi, par votre nation, quelle est la vôtre. Je puis penser qu'il est de mon devoir, et cela n'est pas douteux, d'employer tous mes efforts, en toute occasion, pour amener le plus d'âmes que je puis et à la connaissance de la vérité et à embrasser la doctrine catholique; mais, comme je suis ici sous votre bon vouloir et dans votre famille, vos amitiés

---

[1] Voir à la Dissertation religieuse.
[2] Voir à la même Dissertation.

m'obligent, aussi bien que la décence et les convenances, à me ranger sous votre obéissance. Je n'entrerai donc pas plus avant que vous ne m'y autoriserez dans aucun débat sur des points de religion touchant lesquels nous pourrions différer de sentiments.

Je lui dis que sa conduite était si pleine de modestie, que je ne pouvais ne pas en être pénétré; qu'à la vérité nous étions de ces gens qu'ils appelaient hérétiques, mais qu'il n'était pas le premier catholique avec lequel j'eusse conversé sans tomber dans quelques difficultés ou sans porter la question un peu haut dans le débat; qu'il ne s'en trouverait pas plus mal traité pour avoir une autre opinion que nous, et que si nous ne nous entretenions pas sur cette matière sans quelque aigreur d'un côté ou de l'autre, ce serait sa faute et non la nôtre.

Il répliqua qu'il lui semblait facile d'éloigner toute dispute de nos entretiens; que ce n'était point son affaire de convertir les principes de chaque homme avec qui il discourait, et qu'il désirait converser avec moi plutôt en homme du monde qu'en religieux; que si je voulais lui permettre de discourir quelquefois sur des sujets de religion, il le ferait très-volontiers; qu'alors il ne doutait point que je ne le laissasse défendre ses propres opinions aussi bien qu'il le pourrait, mais que sans mon agrément il n'ouvrirait jamais la bouche sur pareille matière.

Il me dit encore que, pour le bien du navire et le salut de tout ce qui s'y trouvait, il ne cesserait de faire tout ce qui seyait à sa double mission de prêtre et de Chrétien; et que, nonobstant que nous ne voulussions pas peut-être nous réunir à lui, et qu'il ne pût joindre ses prières aux nôtres, il espérait pouvoir prier pour nous, ce qu'il ferait en toute occasion. Telle était l'allure de nos conversations; et, de même qu'il était d'une conduite obligeante et noble, il était, s'il peut m'être permis de le dire, homme de bon sens, et, je crois, d'un grand savoir.

Il me fit un fort agréable récit de sa vie et des événements extraordinaires dont elle était semée. Parmi les nombreuses aventures qui lui étaient advenues depuis le peu d'années qu'il courait le monde, celle-ci était surtout très-remarquable. Durant le voyage qu'il poursuivait encore, il avait eu la disgrâce d'être embarqué et débarqué cinq fois, sans que jamais aucun des vaisseaux où il se trouvait fût parvenu à sa destination. Son premier dessein était d'aller à la Martinique, et il avait pris passage à Saint-Malo sur un navire chargé pour cette île; mais, contraint par le mauvais temps de faire relâche à Lisbonne, le bâtiment avait éprouvé quelque avarie en échouant dans l'embouchure du Tage, et on avait été obligé de décharger sa cargaison. Là, trouvant un vaisseau portugais nolisé pour Madère prêt à mettre à la voile, et supposant rencontrer facilement dans ce parage un navire destiné pour la Martinique, il s'était donc rembarqué. Mais le capitaine de ce bâtiment portugais, lequel était un marin négligent, s'étant trompé dans son estime, avait dérivé jusqu'à Fayal, où toutefois il avait eu la chance de trouver un excellent débit de son chargement, qui consistait en grains. En conséquence, il avait résolu de ne point aller à Madère, mais de charger du sel à l'île de May, et de faire route de là pour Terre-Neuve. — Notre jeune ecclésiastique dans cette occurrence n'avait pu que suivre la fortune du navire, et le voyage avait été assez heureux jusqu'aux Bancs, — on appelle ainsi le lieu où se fait la pêche. Ayant rencontré là un bâtiment français parti de France pour Québec, sur la rivière du Canada, puis devant porter des vivres à la Martinique, il avait cru tenir une bonne occasion d'accomplir son premier dessein ; mais, arrivé à Québec, le capitaine était mort, et le vaisseau n'avait pas poussé plus loin. Il s'était donc résigné à retourner en France sur le navire qui avait brûlé en mer, et dont nous avions recueilli l'équipage, et finalement il s'était embarqué avec nous pour les Indes-Orientales, comme je l'ai déjà dit. — C'est ainsi qu'il avait été désappointé dans cinq voyages, qui tous, pour ainsi dire, n'en étaient qu'un seul : cela soit dit sans préjudice de ce que j'aurai occasion de raconter de lui par la suite.

Mais je ne ferai point de digression sur les aventures d'autrui étrangères à ma propre histoire. — Je retourne à ce qui concerne nos affaires de l'île. Notre religieux, — car il passa avec nous tout le temps que nous séjournâmes à terre, — vint me trouver un matin, comme je me disposais à aller visiter la colonie des Anglais, dans la partie la plus éloignée de l'île ; il vint à moi, dis-je, et me déclara d'un air fort grave qu'il aurait désiré depuis deux ou trois jours trouver le moment opportun de me faire une ouverture qui, espérait-il, ne me serait point désagréable, parce qu'elle lui semblait tendre sous certains rapports à mon dessein général, le bonheur de ma nouvelle colonie, et pouvoir sans doute la placer, au moins plus avant qu'elle ne l'était selon lui, dans la voie des bénédictions de Dieu.

Je restai un peu surpris à ces dernières paroles ; et, l'interrompant assez brusquement : — « Comment, sir, m'écriai-je, peut-on dire que nous ne sommes pas dans la voie des bénédictions de Dieu, après l'assistance si palpable et les délivrances si merveilleuses que nous avons vues ici, et dont je vous ai donné un long détail ? »

— « S'il vous avait plu de m'écouter, sir, répliqua-t-il

avec beaucoup de modération et cependant avec une grande vivacité, vous n'auriez pas eu lieu d'être fâché, et encore moins de me croire assez dénué de sens pour insinuer que vous n'avez pas eu d'assistances et de délivrances miraculeuses. J'espère, quant à vous-même, que vous êtes dans la voie des bénédictions de Dieu, et que votre dessein est bon, et qu'il prospérera. Mais, sir, vos desseins fussent-ils encore meilleurs, au-delà même de ce qui vous est possible, il peut y en avoir parmi vous dont les actions ne sont pas aussi irréprochables; or, dans l'histoire des enfants d'Israël, qu'il vous souvienne d'Hachan, qui, lui seul, suffit, dans le camp, pour détourner la bénédiction de Dieu de tout le peuple et lui rendre son bras si redoutable, que trente-six d'entre les Hébreux, quoiqu'ils n'eussent point trempé dans le crime, devinrent l'objet de la vengeance céleste, et portèrent le poids du châtiment. »

Je lui dis, vivement touché de ce discours, que sa conclusion était si juste, que ses intentions me paraissaient si sincères et qu'elles étaient de leur nature réellement si religieuses, que j'étais fort contrit de l'avoir interrompu, et que je le suppliais de poursuivre. Cependant, comme il semblait que ce que nous avions à nous dire dût prendre quelque temps, je l'informai que j'allais visiter la plantation des Anglais, et lui demandai s'il voulait venir avec moi, que nous pourrions causer de cela chemin faisant. Il me répondit qu'il m'y accompagnerait d'autant plus volontiers que c'était là qu'en partie s'était passée la chose dont il désirait m'entretenir. Nous partîmes donc, et je le pressai de s'expliquer franchement et ouvertement sur ce qu'il avait à me dire.

— « Eh bien, sir, me dit-il, veuillez me permettre d'établir quelques propositions comme base de ce que j'ai à dire, afin que nous ne différions pas sur les principes généraux, quoique nous puissions être d'opinion différente sur la pratique des détails. D'abord, sir, malgré que nous divergions sur quelques points de doctrine religieuse, — et il est très-malheureux qu'il en soit ainsi, surtout dans le cas présent, comme je le démontrerai ensuite, — il est cependant quelques principes généraux sur lesquels nous sommes d'accord : nommément qu'il y a un Dieu, et que Dieu nous ayant donné des lois générales et fixes de devoir et d'obéissance, nous ne devons pas volontairement et sciemment l'offenser, soit en négligeant de faire ce qu'il a commandé, soit en faisant ce qu'il a expressément défendu. Quelles que soient nos différentes religions, ce principe général est spontanément avoué par nous tous, que la bénédiction de Dieu ne suit pas ordinairement une présomptueuse transgression de sa Loi.

Suite de la Conférence.

Tout bon chrétien devra donc mettre ses plus tendres soins à empêcher que ceux qu'il tient sous sa tutelle ne vivent dans un complet oubli de Dieu et de ses commandements. Parce que vos hommes sont protestants, quel que puisse être d'ailleurs mon sentiment, cela ne me décharge pas de la sollicitude que je dois avoir de leurs âmes et des efforts qu'il est de mon devoir de tenter, si le cas y échoit, pour les amener à vivre à la plus petite distance et dans la plus faible intimité possibles de leur Créateur, surtout si vous me permettez d'entreprendre à ce point sur vos attributions. »

Je ne pouvais encore entrevoir son but ; cependant je ne laissai pas d'applaudir à tout ce qu'il avait dit. Je le remerciai de l'intérêt si grand qu'il prenait à nous, et je le priai de vouloir bien exposer les détails de ce qu'il avait observé, afin que je pusse, comme Josué, — pour continuer sa propre parabole, — éloigner de nous la CHOSE MAUDITE.

— « Eh bien ! soit, me dit-il, je vais user de la liberté que vous me donnez. — Il y a trois choses, lesquelles, si je ne me trompe, doivent arrêter ici vos efforts dans la voie des bénédictions de Dieu, et que, pour l'amour de vous et des vôtres, je me réjouirais de voir écartées. SIR, j'ai la persuasion que vous les reconnaîtrez comme moi dès que je vous les aurai nommées, surtout quand je vous aurai convaincu qu'on peut très-aisément, et à votre plus grande satisfaction, remédier à chacune de ces choses. »

Et là-dessus il ne me permit pas de placer quelques mots polis, mais il continua : — « D'abord, SIR, dit-il, vous avez ici quatre Anglais qui sont allés chercher des femmes chez les Sauvages, en ont fait leurs épouses, en ont eu plusieurs enfants, et cependant ne sont unis à elles selon aucune coutume établie et légale, comme le requièrent les lois de Dieu et les lois des hommes ; ce ne sont donc pas moins, devant les unes et les autres, que des adultères, vivant dans l'adultère. A cela, SIR, je sais que vous objecterez qu'ils n'avaient ni clerc, ni prêtre d'aucune sorte ou d'aucune communion pour accomplir la cérémonie ; ni plumes, ni encre, ni papier, pour dresser un contrat de mariage et y apposer réciproquement leur seing. Je sais encore, sir, ce que le gouverneur espagnol vous a dit, de l'accord auquel il les obligea de souscrire quand ils prirent ces femmes, c'est-à-dire qu'ils les choisiraient d'après un mode consenti et les garderaient séparément ; ce qui, soit dit en passant, n'a rien d'un mariage, et n'implique point l'engagement des femmes comme épouses : ce n'est qu'un marché fait entre les hommes pour prévenir les querelles entre eux.

» Or, sir, l'essence du sacrement de mariage, — il l'appelait ainsi, étant catholique romain, — consiste non-seulement dans le consentement mutuel des parties à se prendre l'une l'autre pour mari et pour épouse, mais encore dans l'obligation formelle et légale renfermée dans le contrat, laquelle force l'homme et la femme de s'avouer et de se reconnaître pour tels dans tous les temps ; obligation imposant à l'homme de s'abstenir de toute autre femme, de ne contracter aucun autre engagement tandis que celui-ci subsiste, et, dans toutes les occasions, autant que faire se peut, de pourvoir convenablement son épouse et ses enfants ; obligation qui, *mutatis mutandis*, soumet de son côté la femme aux mêmes ou à de semblables conditions.

» Or, sir, ces hommes peuvent, quand il leur plaira ou quand l'occasion s'en présentera, abandonner ces femmes, désavouer leurs enfants, les laisser périr, prendre d'autres femmes et les épouser du vivant des premières. » — Ici il ajouta, non sans quelque chaleur : — « Comment, sir, Dieu est-il honoré par cette liberté illicite ? et comment sa bénédiction couronnera-t-elle vos efforts dans ce lieu, quoique bons en eux-mêmes, quoique honnêtes dans leur but ; tandis que ces hommes, qui sont présentement vos sujets, sous votre gouvernement et votre domination absolue, sont autorisés par vous à vivre ouvertement dans l'adultère ? »

Je l'avoue, je fus frappé de la chose, mais beaucoup plus encore des arguments convaincants dont il l'avait appuyée ; car il était certainement vrai que, malgré qu'ils n'eussent point d'ecclésiastique sur les lieux, cependant un contrat formel des deux parties, fait par-devant témoins, confirmé au moyen de quelque signe par lequel ils se seraient tous reconnus engagés, n'eût-il consisté que dans la rupture d'un fétu, et qui eût obligé les hommes à avouer ces femmes pour leurs épouses en toute circonstance, à ne les abandonner jamais, ni elles ni leurs enfants, et les femmes à en agir de même à l'égard de leurs maris, eût été un mariage valide et légal à la face de Dieu. Et c'était une grande faute de ne l'avoir pas fait.

Je pensai pouvoir m'en tirer avec mon jeune prêtre en lui disant que tout cela avait été fait durant mon absence, et que depuis tant d'années ces gens vivaient ensemble, que, si c'était un adultère, il était sans remède ; qu'à cette heure on n'y pouvait rien.

— « Sir, en vous demandant pardon d'une telle liberté, répliqua-t-il, vous avez raison en cela, que, la chose s'étant consommée en votre absence, vous ne sauriez être accusé d'avoir connivé au crime. Mais, je vous en conjure, ne vous flattez pas d'être pour cela déchargé de l'obligation de faire maintenant tout votre possible pour y mettre fin. Qu'on impute le passé à qui l'on voudra ! Comment pourriez-vous ne pas penser qu'à l'avenir le crime retombera entièrement sur vous, puisque aujourd'hui il est certainement en votre pouvoir de lever le scandale, et que nul autre n'a ce pouvoir que vous ? »

Je fus encore assez stupide pour ne pas le comprendre, et pour m'imaginer que par — « lever le scandale », — il entendait que je devais les séparer et ne pas souffrir qu'ils vécussent plus long-temps ensemble. Aussi lui dis-je que c'était chose que je ne pouvais faire en aucune façon, car ce serait vouloir mettre l'île entière dans la confusion. Il parut surpris que je me fusse si grossièrement mépris. — « Non, sir, reprit-il, je n'entends point que vous deviez les séparer, mais bien au contraire les unir légalement et efficacement. Et, sir, comme mon mode de mariage pourrait bien ne pas leur agréer facilement, tout valable qu'il serait, même d'après vos propres lois, je vous crois qualifié devant Dieu et devant les hommes pour vous en acquitter vous-même par un contrat écrit, signé par les deux époux et par touts les témoins présents, lequel assurément serait déclaré valide par toutes les législations de l'Europe. »

Je fus étonné de lui trouver tant de vraie piété, un zèle si sincère, qui plus est dans ses discours une impartialité si peu commune touchant son propre parti ou son Église, enfin une si fervente sollicitude pour sauver des gens avec lesquels il n'avait ni relation ni accointance ; pour les sauver, dis-je, de la transgression des lois de Dieu. Je n'avais en vérité rencontré nulle part rien de semblable. Or, récapitulant tout ce qu'il avait dit touchant le moyen de les unir par contrat écrit, moyen que je tenais aussi pour valable, je revins à la charge et je lui répondis que je reconnaissais que tout ce qu'il avait dit était fort juste et très-bienveillant de sa part, que je m'en entretiendrais avec ces gens tout-à-l'heure, dès mon arrivée ; mais que je ne voyais pas pour quelle raison ils auraient des scrupules à se laisser tous marier par lui : car je n'ignorais pas que cette alliance serait reconnue aussi authentique et aussi valide en Angleterre que s'ils eussent été mariés par un de nos propres ministres. Je dirai en son temps ce qui se fit à ce sujet.

Je le pressai alors de me dire quelle était la seconde plainte qu'il avait à faire, en reconnaissant que je lui étais fort redevable quant à la première, et je l'en remerciai cordialement. Il me dit qu'il userait encore de la même liberté et de la même franchise, et qu'il espérait que je le prendrais aussi bien. — Le grief était donc que, nonobstant que ces Anglais mes sujets, comme il les appelait, eussent vécu avec ces femmes depuis près de sept années, et leur eussent appris à parler l'anglais, même à le lire, et qu'elles fussent, comme il s'en était apperçu, des femmes assez intelligentes et susceptibles d'instruction, ils ne leur avaient rien enseigné jusque alors de la religion chrétienne, pas seulement fait connaître qu'il est un Dieu, qu'il a un culte, de quelle manière Dieu veut être servi, ni que leur propre idolâtrie et leur adoration étaient fausses et absurdes.

C'était, disait-il, une négligence injustifiable; et que Dieu leur en demanderait certainement compte, et que peut-être il finirait par leur arracher l'œuvre des mains. Tout ceci fut prononcé avec beaucoup de sensibilité et de chaleur. — « Je suis persuadé, poursuivit-il, que si ces hommes eussent vécu dans la contrée sauvage d'où leurs femmes sont venues, les Sauvages auraient pris plus de peine pour les amener à se faire idolâtres et à adorer le démon, qu'aucun d'eux, autant que je puis le voir, n'en a pris pour instruire sa femme dans la connaissance du vrai Dieu. — Or, sir, continua-t-il, quoique je ne sois pas de votre communion, ni vous de la mienne, cependant, l'un et l'autre, nous devrions être joyeux de voir les serviteurs du démon et les sujets de son royaume apprendre à connaître les principes généraux de la religion chrétienne, de manière qu'ils puissent au moins posséder quelques notions de Dieu et d'un Rédempteur, de la résurrection et d'une vie future, choses auxquelles nous tous nous croyons. Au moins seraient-ils ainsi beaucoup plus près d'entrer dans le giron de la véritable Église qu'ils ne le sont maintenant en professant publiquement l'idolâtrie et le culte de Satan. »

Je n'y tins plus; je le pris dans mes bras et l'embrassai avec un excès de tendresse. — « Que j'étais loin, lui dis-je, de comprendre le devoir le plus essentiel d'un Chrétien, c'est-à-dire de vouloir avec amour l'intérêt de l'Église chrétienne et le bien des âmes de notre prochain! A peine savais-je ce qu'il faut pour être chrétien. » — « Oh, monsieur, ne parlez pas ainsi, répliqua-t-il; la chose ne vient pas de votre faute. » — « Non, dis-je, mais pourquoi ne l'ai-je pas prise à cœur comme vous? » — « Il n'est pas trop tard encore, dit-il; ne soyez pas si prompt à vous condamner vous-même. » — « Mais, qu'y a-t-il à faire maintenant? repris-je. Vous voyez que je suis sur le point de partir. » — « Voulez-vous me permettre, SIR, d'en causer avec ces pauvres hommes? » — « Oui, de tout mon cœur, répondis-je, et je les obligerai à se montrer attentifs à ce que vous leur direz. » — « Quant à cela, dit-il, nous devons les abandonner à la grâce du Christ; notre affaire est seulement de les assister, de les encourager et de les instruire. Avec votre permission et la bénédiction de Dieu, je ne doute point que ces pauvres âmes ignorantes n'entrent dans le grand domaine de la chrétienté, sinon dans la foi particulière que nous embrassons tous, et cela même pendant que vous serez encore ici. » — « Là-dessus, lui dis-je, non-seulement je vous accorde cette permission, mais encore je vous donne mille remercîments. » — De ce qui s'en est suivi je ferai également mention en son lieu.

Je le pressai de passer au troisième article, sur lequel nous étions répréhensibles. — « En vérité, dit-il, il est de la même nature, et je pousuivrai, moyennant votre permission, avec la même franchise. Il s'agit de vos pauvres Sauvages de par là-bas, qui sont devenus, — pour ainsi parler, — vos sujets par droit de conquête. Il y a une maxime, SIR, qui est ou doit être reçue parmi touts les Chrétiens, de quelque communion ou prétendue communion qu'ils soient, et cette maxime est que la créance chrétienne doit être propagée par touts les moyens et dans toutes les occasions possibles. C'est d'après ce principe que notre Église envoie des missionnaires dans la Perse, dans l'Inde, dans la Chine, et que notre clergé, même du plus haut rang, s'engage volontairement dans les voyages les plus hasardeux, et pénètre dans les plus dangereuses résidences, parmi les barbares et les meurtriers, pour leur enseigner la connaissance du vrai Dieu et les amener à embrasser la Foi chrétienne.

I. Arrivée chez les Anglais.

Or, vous, SIR, vous avez ici une belle occasion de convertir trente-six ou trente-sept pauvres Sauvages idolâtres à la connaissance de Dieu, leur Créateur et Rédempteur, et je trouve très-extraordinaire que vous laissiez échapper une pareille opportunité de faire une bonne œuvre, digne vraiment qu'un homme y consacrât son existence tout entière.

Je restai muet, je n'avais pas un mot à dire. Là devant les yeux j'avais l'ardeur d'un zèle véritablement chrétien pour Dieu et la religion ; quels que fussent d'ailleurs les principes particuliers de ce jeune homme de bien. Quant à moi, jusqu'alors je n'avais pas même eu dans le cœur une pareille pensée, et sans doute je ne l'aurais jamais conçue ; car ces Sauvages étaient pour moi des esclaves, des gens que, si nous eussions eu à les employer à quelques travaux, nous aurions traités comme tels, ou que nous aurions été fort aises de transporter dans toute autre partie du monde. Notre affaire était de nous en débarrasser. Nous aurions tous été satisfaits de les voir partir pour quelque pays, pourvu qu'ils ne revissent jamais le leur. — Mais revenons à notre sujet. J'étais, dis-je, resté confondu à son discours, et je ne savais quelle réponse lui faire. Il me regarda fixement, et, remarquant mon trouble : — « SIR, dit-il, je serais désolé si quelqu'une de mes paroles avait pu vous offenser. » — « Non, non, repartis-je, ma colère ne s'adresse qu'à moi-même. Je suis profondément contristé non-seulement de n'avoir pas eu la moindre idée de cela jusqu'à cette heure, mais encore de ne pas savoir à quoi me servira la connaissance que j'en ai maintenant. Vous n'ignorez pas, SIR, dans quelles circonstances je me trouve. Je vais aux Indes-Orientales sur un navire frété par des négocians, envers lesquels ce serait commettre une injustice criante que de retenir ici leur bâtiment, l'équipage étant pendant tout ce temps nourri et payé aux frais des armateurs. Il est vrai que j'ai stipulé qu'il me serait loisible de demeurer douze jours ici, et que si j'y stationnais davantage, je paierais trois livres sterling par jour de starie. Toutefois je ne puis prolonger ma starie au-delà de huit jours : en voici déjà treize que je séjourne en ce lieu.

Je suis donc tout-à-fait dans l'impossibilité de me mettre à cette œuvre, à moins que je ne me résigne à être de nouveau abandonné sur cette île; et, dans ce cas, si ce seul navire venait à se perdre sur quelque point de sa course, je retomberais précisément dans le même état où je me suis trouvé une première fois ici, et duquel j'ai été si merveilleusement délivré. »

Il avoua que les clauses de mon voyage étaient onéreuses; mais il laissa à ma conscience à prononcer si le bonheur de sauver trente-sept âmes ne valait pas la peine que je hasardasse tout ce que j'avais au monde. N'étant pas autant que lui pénétré de cela, je lui répliquai ainsi : — « C'est en effet, sir, chose fort glorieuse que d'être un instrument dans la main de Dieu pour convertir trente-sept payens à la connaissance du Christ. Mais comme vous êtes un ecclésiastique et préposé à cette œuvre, il semble qu'elle entre naturellement dans le domaine de votre profession; comment se fait-il donc qu'au lieu de m'y exhorter, vous n'offriez pas vous-même de l'entreprendre? »

A ces mots, comme il marchait à mon côté, il se tourna face à face avec moi, et, m'arrêtant tout court, il me fit une profonde révérence. — « Je rends grâce à Dieu et à vous du fond de mon cœur, sir, dit-il, de m'avoir appelé si manifestement à une si sainte entreprise; et si vous vous en croyez dispensé et désirez que je m'en charge, je l'accepte avec empressement, et je regarderai comme une heureuse récompense des périls et des peines d'un voyage aussi interrompu et aussi malencontreux que le mien, de vaquer enfin à une œuvre si glorieuse. »

Tandis qu'il parlait ainsi, je découvris sur son visage une sorte de ravissement, ses yeux étincelaient comme le feu, sa face s'embrasait, pâlissait et se renflammait, comme s'il eût été en proie à des accès. En un mot il était rayonnant de joie de se voir embarqué dans une pareille entreprise. Je demeurai fort long-temps sans pouvoir exprimer ce que j'avais à lui dire ; car j'étais réellement surpris de trouver un homme d'une telle sincérité et d'une telle ferveur, et entraîné par son zèle au-delà du cercle ordinaire des hommes, non-seulement de sa communion, mais de quelque communion que ce fût. Or après avoir considéré cela quelques instants, je lui demandai sérieusement, s'il était vrai qu'il voulût s'aventurer dans la vue seule d'une tentative à faire auprès de ces pauvres gens, à rester enfermé dans une île inculte, peut-être pour la vie, et après tout sans savoir même s'il pourrait ou non leur procurer quelque bien.

Il se tourna brusquement vers moi, et s'écria : — « Qu'appelez-vous S'AVENTURER ! Dans quel but, s'il vous plaît, SIR, ajouta-t-il, pensez-vous que j'aie consenti à prendre passage à bord de votre navire pour les Indes-Orientales ? » — « Je ne sais, dis-je, à moins que ce ne fût pour prêcher les Indiens. » — « Sans aucun doute, répondit-il. Et croyez-vous que si je puis convertir ces trente-sept hommes à la Foi du CHRIST, je n'aurai pas dignement employé mon temps, quand je devrais même n'être jamais retiré de l'île ? Le salut de tant d'âmes n'est-il pas infiniment plus précieux que ne l'est ma vie et même celle de vingt autres de ma profession ? Oui, SIR, j'adresserais toute ma vie des actions de grâce au CHRIST et à la SAINTE-VIERGE si je pouvais devenir le moindre instrument heureux du salut de l'âme de ces pauvres hommes, dussé-je ne jamais mettre le pied hors de cette île, et ne revoir jamais mon pays natal. Or puisque vous voulez bien me faire l'honneur de me confier cette tâche, — en reconnaissance de quoi je prierai pour vous touts les jours de ma vie, — je vous adresserai une humble requête. » — « Qu'est-ce ? lui dis-je. » — « C'est, répondit-il, de laisser avec moi votre serviteur VENDREDI, pour me servir d'interprète et me seconder auprès de ces Sauvages ; car sans trucheman je ne saurais en être entendu ni les entendre. »

Je fus profondément ému à cette demande, car je ne pouvais songer à me séparer de VENDREDI, et pour maintes raisons. Il avait été le compagnon de mes travaux ; nonseulement il m'était fidèle, mais son dévouement était sans bornes, et j'avais résolu de faire quelque chose de considérable pour lui s'il me survivait, comme c'était probable. D'ailleurs je pensais qu'ayant fait de VENDREDI un Protestant, ce serait vouloir l'embrouiller entièrement que de l'inciter à embrasser une autre communion. Il n'eût jamais voulu croire, tant que ses yeux seraient restés ouverts, que son vieux maître fût un hérétique et serait damné. Cela ne pouvait donc avoir pour résultat que de ruiner les principes de ce pauvre garçon et de le rejeter dans son idolâtrie première.

Toutefois, dans cette angoisse, je fus soudainement soulagé par la pensée que voici : je déclarai à mon jeune prêtre qu'en honneur je ne pouvais pas dire que je fusse prêt à me séparer de VENDREDI pour quelque motif que ce pût être, quoiqu'une œuvre qu'il estimait plus que sa propre vie dût sembler à mes yeux de beaucoup plus de prix que la possession ou le départ d'un serviteur ; que d'ailleurs j'étais persuadé que VENDREDI ne consentirait jamais en aucune façon à se séparer de moi, et que l'y contraindre violemment serait une injustice manifeste, parce que je lui avais promis que je ne le renverrais jamais, et qu'il m'avait promis et juré de ne jamais m'abandonner, à moins que je ne le chassasse.

Là-dessus notre abbé parut fort en peine, car tout accès à l'esprit de ces pauvres gens lui était fermé, puisqu'il ne comprenait pas un seul mot de leur langue, ni eux un seul mot de la sienne. Pour trancher la difficulté, je lui dis que le père de Vendredi avait appris l'espagnol, et que lui-même, le connaissant, il pourrait lui servir d'interprète. Ceci lui remit du baume dans le cœur, et rien n'eût pu le dissuader de rester pour tenter la conversion des Sauvages. Mais la Providence donna à toutes ces choses un tour différent et fort heureux.

Je reviens maintenant à la première partie de ses reproches. — Quand nous fûmes arrivés chez les Anglais, je les mandai tous ensemble, et, après leur avoir rappelé ce que j'avais fait pour eux, c'est-à-dire de quels objets nécessaires je les avais pourvus et de quelle manière ces objets avaient été distribués, ce dont ils étaient pénétrés et reconnaissants, je commençai à leur parler de la vie scandaleuse qu'ils menaient, et je leur répétai toutes les remarques que le prêtre avait déjà faites à cet égard. Puis, leur démontrant combien cette vie était anti-chrétienne et impie, je leur demandai s'ils étaient mariés ou célibataires. Ils m'exposèrent aussitôt leur état, et me déclarèrent que deux d'entre eux étaient veufs et les trois autres simplement garçons. — « Comment, poursuivis-je, avez-vous pu en bonne conscience prendre ces femmes, cohabiter avec elles comme vous l'avez fait, les appeler vos épouses, en avoir un si grand nombre d'enfants, sans être légitimement mariés ? »

Ils me firent tous la réponse à laquelle je m'attendais, qu'il n'y avait eu personne pour les marier; qu'ils s'étaient engagés devant le gouverneur à les prendre pour épouses et à les garder et à les reconnaître comme telles; et qu'ils pensaient, eu égard à l'état des choses, qu'ils étaient aussi légitimement mariés que s'ils l'eussent été par un recteur et avec toutes les formalités du monde.

Je leur répliquai que sans aucun doute ils étaient unis aux yeux de Dieu et consciencieusement obligés de garder ces femmes pour épouses; mais que les lois humaines étant tout autres, ils pouvaient prétendre n'être pas liés et délaisser à l'avenir ces malheureuses et leurs enfants; et qu'alors leurs épouses, pauvres femmes désolées, sans amis et sans argent, n'auraient aucun moyen de se sortir de peine. Aussi, leur dis-je, à moins que je ne fusse assuré de la droiture de leurs intentions, que je ne pouvais rien pour eux; que j'aurais soin que ce que je ferais fût, à leur exclusion, tout au profit de leurs femmes et de leurs enfants; et, à moins qu'ils ne me donnassent l'assurance qu'ils épouseraient ces femmes, que je ne pensais pas qu'il fût convenable qu'ils habitassent plus long-temps ensemble conjugalement; car c'était tout à la fois scandaleux pour les hommes et offensant pour Dieu, dont ils ne pouvaient espérer la bénédiction s'ils continuaient de vivre ainsi.

Tout se passa selon mon attente. Ils me déclarèrent, principalement ATKINS, qui semblait alors parler pour les autres, qu'ils aimaient leurs femmes autant que si elles fussent nées dans leur propre pays natal, et qu'ils ne les abandonneraient sous aucun prétexte au monde; qu'ils avaient l'intime croyance qu'elles étaient tout aussi vertueuses, tout aussi modestes, et qu'elles faisaient tout ce qui dépendait d'elles pour eux et pour leurs enfants tout aussi bien que quelque femme que ce pût être. Enfin que nulle considération ne pourrait les en séparer. WILLIAM ATKINS ajouta, pour son compte, que si quelqu'un voulait l'emmener et lui offrait de le reconduire en Angleterre et de le faire capitaine du meilleur navire de guerre de la Marine, il refuserait de partir s'il ne pouvait transporter avec lui sa femme et ses enfants; et que, s'il se trouvait un ecclésiastique à bord, il se marierait avec elle sur-le-champ et de tout cœur.

C'était là justement ce que je voulais. Le prêtre n'était pas avec moi en ce moment, mais il n'était pas loin. Je dis donc à Atkins, pour l'éprouver jusqu'au bout, que j'avais avec moi un ecclésiastique, et que, s'il était sincère, je le marierais le lendemain; puis je l'engageai à y réfléchir et à en causer avec les autres. Il me répondit que, quant à lui-même, il n'avait nullement besoin de réflexion, car il était fort disposé à cela, et fort aise que j'eusse un ministre avec moi. Son opinion était d'ailleurs que tous y consentiraient également. Je lui déclarai alors que mon ami le ministre était Français et ne parlait pas anglais; mais que je ferais entre eux l'office de clerc. Il ne me demanda seulement pas s'il était papiste ou protestant, ce que vraiment je redoutais. Jamais même il ne fut question de cela. Sur ce nous nous séparâmes. Moi je retournai vers mon ecclésiastique et William Atkins rentra pour s'entretenir avec ses compagnons. — Je recommandai au prêtre français de ne rien leur dire jusqu'à ce que l'affaire fût tout-à-fait mûre, et je lui communiquai leur réponse.

Conversion de William Atkins.

Avant que j'eusse quitté leur habitation ils vinrent touts à moi pour m'annoncer qu'ils avaient considéré ce que je leur avais dit; qu'ils étaient ravis d'apprendre que j'eusse un ecclésiastique en ma compagnie, et qu'ils étaient prêts à me donner la satisfaction que je désirais, et à se marier dans les formes dès que tel serait mon plaisir ; car ils étaient bien éloignés de souhaiter de se séparer de leurs femmes, et n'avaient eu que des vues honnêtes quand ils en avaient fait choix. J'arrêtai alors qu'ils viendraient me trouver le lendemain matin, et dans cette entrefaite qu'ils expliqueraient à leurs femmes le sens de la loi du mariage, dont le but n'était pas seulement de prévenir le scandale, mais de les obliger, eux, à ne point les délaisser, quoi qu'il pût advenir.

Les femmes saisirent aisément l'esprit de la chose, et en furent très-satisfaites, comme en effet elles avaient sujet de l'être. Aussi ne manquèrent-ils pas le lendemain de se réunir tous dans mon appartement, où je produisis mon ecclésiastique. Quoiqu'il n'eût pas la robe d'un ministre anglican, ni le costume d'un prêtre français, comme il portait un vêtement noir, à peu près en manière de soutane, et noué d'une ceinture, il ne ressemblait pas trop mal à un pasteur. Quant au mode de communication, je fus son interprète.

La gravité de ses manières avec eux, et les scrupules qu'il se fit de marier les femmes, parce qu'elles n'étaient pas baptisées et ne professaient pas la Foi chrétienne, leur inspirèrent une extrême révérence pour sa personne. Après cela il ne leur fut pas nécessaire de s'enquérir s'il était ou non ecclésiastique.

Vraiment je craignis que son scrupule ne fût poussé si loin, qu'il ne voulût pas les marier du tout. Nonobstant tout ce que je pus dire, il me résista, avec modestie, mais avec fermeté ; et enfin il refusa absolument de les unir, à moins d'avoir conféré préalablement avec les hommes et avec les femmes aussi. Bien que d'abord j'y eusse un peu répugné, je finis par y consentir de bonne grâce, après avoir reconnu la sincérité de ses vues.

Il commença par leur dire que je l'avais instruit de leur situation et du présent dessein ; qu'il était tout disposé à s'acquitter de cette partie de son ministère, à les marier enfin, comme j'en avais manifesté le désir ; mais qu'avant de pouvoir le faire, il devait prendre la liberté de s'entretenir avec eux. Alors il leur déclara qu'aux yeux de tout homme et selon l'esprit des lois sociales, ils avaient vécu jusqu'à cette heure dans un adultère patent, auquel rien que leur consentement à se marier ou à se séparer effectivement et immédiatement ne pouvait mettre un terme ; mais qu'en cela il s'élevait même, relativement aux lois chrétiennes du mariage, une difficulté qui ne laissait pas de l'inquiéter, celle d'unir un Chrétien à une Sauvage, une idolâtre, une payenne, une créature non baptisée ; et cependant qu'il ne voyait pas qu'il y eût le loisir d'amener ces femmes par la voie de la persuasion à se faire baptiser, ou à confesser le nom du Christ, dont il doutait qu'elles eussent jamais ouï parler, et sans quoi elles ne pouvaient recevoir le baptême.

Il leur déclara encore qu'il présumait qu'eux-mêmes n'étaient que de très-indifférents Chrétiens, n'ayant qu'une faible connaissance de Dieu et de ses voies ; qu'en conséquence il ne pouvait s'attendre à ce qu'ils en eussent dit bien long à leurs femmes sur cet article ; et que, s'ils ne voulaient promettre de faire touts leurs efforts auprès d'elles pour les persuader de devenir chrétiennes et de les instruire de leur mieux dans la connaissance et la croyance de Dieu qui les a créées, et dans l'adoration de Jésus-Christ qui les a rachetées, il ne pourrait consacrer leur union ; car il ne voulait point prêter les mains à une alliance de Chrétiens à des Sauvages, chose contraire aux principes de la religion chrétienne et formellement défendue par la Loi de Dieu.

Ils écoutèrent fort attentivement tout ceci, que, sortant de sa bouche, je leur transmettais très-fidèlement et aussi littéralement que je le pouvais, ajoutant seulement parfois quelque chose de mon propre, pour leur faire sentir combien c'était juste et combien je l'approuvais. Mais j'établissais toujours très-scrupuleusement une distinction entre ce que je tirais de moi-même et ce qui était les paroles du prêtre. Ils me répondirent que ce que le GENTLEMAN avait dit était véritable, qu'ils n'étaient eux-mêmes que de très-indifférents Chrétiens, et qu'ils n'avaient jamais à leurs femmes touché un mot de religion. — « Seigneur Dieu ! SIR, s'écria WILL ATKINS, comment leur enseignerions-nous la religion ? nous n'y entendons rien nous-mêmes. D'ailleurs si nous allions leur parler de Dieu, de Jésus-Christ, du Ciel et de l'Enfer, ce serait vouloir les faire rire à nos dépens, et les pousser à nous demander qu'est-ce que nous-mêmes nous croyons ; et si nous leur disions que nous ajoutons foi à toutes les choses dont nous leur parlons, par exemple, que les bons vont au Ciel et les méchants en Enfer, elles ne manqueraient pas de nous demander où nous prétendons aller nous-mêmes, qui croyons à tout cela et n'en sommes pas moins de mauvais êtres, comme en effet nous le sommes. Vraiment, SIR, cela suffirait pour leur inspirer tout d'abord du dégoût pour la religion. Il faut avoir de la religion soi-même avant de vouloir prêcher les autres. » — « WILL ATKINS, lui repartis-je, quoique j'aie peur que ce que vous dites ne soit que trop vrai en soi, ne pourriez-vous cependant répondre à votre femme qu'elle est plongée dans l'erreur ; qu'il est un Dieu ; qu'il y a une religion meilleure que la sienne ; que ses dieux sont des idoles qui ne peuvent ni entendre ni parler ; qu'il existe un grand Être qui a fait toutes choses et qui a puissance de détruire tout ce qu'il a fait ; qu'il récompense le bien et punit le mal ; et que nous serons jugés par lui à la fin, selon nos œuvres en ce monde ? Vous n'êtes pas tellement dépourvu de sens que la nature elle-même ne vous ait enseigné que tout cela est vrai ; je suis sûr que vous savez qu'il en est ainsi, et que vous y croyez vous-même. »

« Cela est juste, sir, répliqua Atkins ; mais de quel front pourrais-je dire quelque chose de tout ceci à ma femme quand elle me répondrait immédiatement que ce n'est pas vrai ? »

— « Pas vrai ! répliquai-je. Qu'entendez-vous par-là ? »

— « Oui, sir, elle me dira qu'il n'est pas vrai que ce Dieu dont je lui parlerai soit juste, et puisse punir et récompenser, puisque je ne suis pas puni et livré à Satan, moi qui ai été, elle ne le sait que trop, une si mauvaise créature envers elle et envers touts les autres, puisqu'il souffre que je vive, moi qui ai toujours agi si contrairement à ce qu'il faut que je lui présente comme le bien, et à ce que j'eusse dû faire. »

— « Oui vraiment, Atkins, répétai-je, j'ai grand peur que tu ne dises trop vrai. » — Et là-dessus je reportai les réponses d'Atkins à l'ecclésiastique, qui brûlait de les connaître. — « Oh ! s'écria le prêtre, dites-lui qu'il est une chose qui peut le rendre le meilleur ministre du monde auprès de sa femme, et que c'est la repentance ; car personne ne prêche le repentir comme les vrais pénitents. Il ne lui manque que l'attrition pour être mieux que tout autre en état d'instruire son épouse. C'est alors qu'il sera qualifié pour lui apprendre que non-seulement il est un Dieu, juste rémunérateur du bien et du mal, mais que ce Dieu est un Être miséricordieux ; que, dans sa bonté ineffable et sa patience infinie, il diffère de punir ceux qui l'outragent, à dessein d'user de clémence, car il ne veut pas la mort du pécheur, mais bien qu'il revienne à soi et qu'il vive; que souvent il souffre que les méchants parcourent une longue carrière; que souvent même il ajourne leur damnation au jour de l'universelle rétribution; et que c'est là une preuve évidente d'un Dieu et d'une vie future, que les justes ne reçoivent pas leur récompense ni les méchants leur châtiment en ce monde. Ceci le conduira naturellement à enseigner à sa femme les dogmes de la Résurrection et du Jugement dernier. En vérité je vous le dis, que seulement il se repente, et il sera pour sa femme un excellent instrument de repentance. »

Je répétai tout ceci à ATKINS, qui l'écouta d'un air fort grave, et qui, il était facile de le voir, en fut extraordinairement affecté. Tout-à-coup, s'impatientant et me laissant à peine achever : — « Je sais tout cela, MASTER, me dit-il, et bien d'autres choses encore; mais je n'aurai pas l'impudence de parler ainsi à ma femme, quand Dieu et ma propre conscience savent, quand ma femme elle-même serait contre moi un irrécusable témoin, que j'ai vécu comme si je n'eusse jamais ouï parler de Dieu ou d'une vie future ou de rien de semblable; et pour ce qui est de mon repentir, hélas!... — là-dessus il poussa un profond soupir et je vis ses yeux se mouiller de larmes, — tout est perdu pour moi! » — « Perdu! ATKINS; mais qu'entends-tu par là? » — « Je ne sais que trop ce que j'entends, SIR, répondit-il; j'entends qu'il est trop tard, et que ce n'est que trop vrai. »

Je traduisis mot pour mot à mon ecclésiastique ce que WILLIAM venait de me dire. Le pauvre prêtre zélé, — ainsi dois-je l'appeler, car, quelle que fût sa croyance, il avait assurément une rare sollicitude du salut de l'âme de son prochain, et il serait cruel de penser qu'il n'eût pas une égale sollicitude de son propre salut ; — cet homme zélé et charitable, dis-je, ne put aussi retenir ses larmes; mais, s'étant remis, il me dit : — « Faites-lui cette seule question : Est-il satisfait qu'il soit trop tard ou en est-il chagrin, et souhaiterait-il qu'il n'en fût pas ainsi. » — Je posai nettement la question à Atkins, et il me répondit avec beaucoup de chaleur : — « Comment un homme pourrait-il trouver sa satisfaction dans une situation qui sûrement doit avoir pour fin la mort éternelle? Bien loin d'en être satisfait, je pense, au contraire, qu'un jour ou l'autre elle causera ma ruine. »

— « Qu'entendez-vous par là? lui dis-je. » Et il me répliqua qu'il pensait en venir, ou plus tôt ou plus tard, à se couper la gorge pour mettre fin à ses terreurs.

L'ecclésiastique hocha la tête d'un air profondément pénétré, quand je lui reportai tout cela; et, s'adressant brusquement à moi, il me dit : — « Si tel est son état, vous pouvez l'assurer qu'il n'est pas trop tard. Le Christ lui donnera repentance. Mais, je vous en prie, ajouta-t-il, expliquez-lui ceci, Que comme l'homme n'est sauvé que par le Christ et le mérite de sa Passion intercédant la miséricorde divine, il n'est jamais trop tard pour rentrer en grâce. Pense-t-il qu'il soit possible à l'homme de pécher au-delà des bornes de la puissance miséricordieuse de Dieu? Dites-lui, je vous prie, qu'il y a peut-être un temps où, lassée, la grâce divine cesse ses longs efforts, et où Dieu peut refuser de prêter l'oreille ; mais que pour l'homme il n'est jamais trop tard pour implorer merci; que nous, qui sommes serviteurs du Christ, nous avons pour mission de prêcher le pardon en tout temps, au nom de Jésus-Christ, à touts ceux qui se repentent sincèrement. Donc ce n'est jamais trop tard pour se repentir. »

Je répétai tout ceci à ATKINS. Il m'écouta avec empressement ; mais il parut vouloir remettre la fin de l'entretien, car il me dit qu'il désirait sortir pour causer un peu avec sa femme. Il se retira en effet, et nous poursuivîmes avec ses compagnons. Je m'aperçus qu'ils étaient tous ignorants jusqu'à la stupidité en matière de religion, comme je l'étais moi-même quand je m'enfuis de chez mon père pour courir le monde. Cependant aucun d'eux ne s'était montré inattentif à ce qui avait été dit ; et tous promirent sérieusement d'en parler à leurs femmes, et d'employer tous leurs efforts pour les persuader de se faire chrétiennes.

Mariages.

L'ecclésiastique sourit lorsque je lui rendis leur réponse ; mais il garda long-temps le silence. A la fin pourtant, secouant la tête : — « Nous qui sommes serviteurs du CHRIST, dit-il, nous ne pouvons qu'exhorter et instruire ; quand les hommes se soumettent et se conforment à nos censures, et promettent ce que nous demandons, notre pouvoir s'arrête là; nous sommes tenus d'accepter leurs bonnes paroles. Mais croyez-moi, sir, continua-t-il, quoi que vous ayez pu apprendre de la vie de cet homme que vous nommez William Atkins, j'ai la conviction qu'il est parmi eux le seul sincèrement converti. Je le regarde comme un vrai pénitent. Non que je désespère des autres. Mais cet homme-ci est profondément frappé des égarements de sa vie passée, et je ne doute pas que lorsqu'il viendra à parler de religion à sa femme, il ne s'en pénètre lui-même efficacement; car s'efforcer d'instruire les autres est souvent le meilleur moyen de s'instruire soi-même. J'ai connu un homme qui, ajouta-t-il, n'ayant de la religion que des notions sommaires, et menant une vie au plus haut point coupable et perdue de débauches, en vint à une complète résipiscence en s'appliquant à convertir un Juif. Si donc le pauvre Atkins se met une fois à parler sérieusement de Jésus-Christ à sa femme, ma vie à parier qu'il entre par-là lui-même dans la voie d'une entière conversion et d'une sincère pénitence. Et qui sait ce qui peut s'ensuivre? »

D'après cette conversation cependant, et les susdites promesses de s'efforcer à persuader aux femmes d'embrasser le Christianisme, le prêtre maria les trois couples présents. Will Atkins et sa femme n'étaient pas encore rentrés. Les épousailles faites, après avoir attendu quelque temps, mon ecclésiastique fut curieux de savoir où était allé Atkins; et, se tournant vers moi, il me dit: — « Sir, je vous en supplie, sortons de votre labyrinthe, et allons voir. J'ose avancer que nous trouverons par là ce pauvre homme causant sérieusement avec sa femme, et lui enseignant déjà quelque chose de la religion. » — Je commençais à être de même avis. Nous sortîmes donc ensemble, et je le menai par un chemin qui n'était connu que de moi, et où les arbres s'élevaient si épais qu'il n'était pas facile de voir à travers les touffes de feuillage, qui permettaient encore moins d'être vu qu'elles ne laissaient voir. Quand nous fûmes arrivés à la rive du bois, j'apperçus Atkins et sa sauvage épouse au teint basané assis à l'ombre d'un buisson et engagés dans une conversation animée. Je restai coi jusqu'à ce que mon ecclésiastique m'eût rejoint; et alors, lui ayant montré où ils étaient, nous fîmes halte et les examinâmes long-temps avec la plus grande attention.

Nous remarquâmes qu'il la sollicitait vivement en lui montrant du doigt là-haut le soleil et toutes les régions des cieux; puis en bas la terre, puis au loin la mer, puis lui-même, puis elle, puis les bois et les arbres. — « Or, me dit mon ecclésiastique, vous le voyez, voici que mes paroles se vérifient : il la prêche. Observez-le; maintenant il lui enseigne que notre Dieu les a faits, elle et lui, de même que le firmament, la terre, la mer, les bois et les arbres. — « Je le crois aussi, lui répondis-je. » — Aussitôt nous vîmes Atkins se lever, puis se jeter à genoux en élevant ses deux mains vers le ciel. Nous supposâmes qu'il proférait quelque chose, mais nous ne pûmes l'entendre : nous étions trop éloignés pour cela. Il resta à peine une demi-minute agenouillé, revint s'asseoir près de sa femme et lui parla derechef. Nous remarquâmes alors combien elle était attentive; mais gardait-elle le silence ou parlait-elle, c'est ce que nous n'aurions su dire. Tandis que ce pauvre homme était agenouillé, j'avais vu des larmes couler en abondance sur les joues de mon ecclésiastique, et j'avais eu peine moi-même à me retenir. Mais c'était un grand chagrin pour nous que de ne pas être assez près pour entendre quelque chose de ce qui s'agitait entre eux.

Cependant nous ne pouvions approcher davantage, de peur de les troubler. Nous résolûmes donc d'attendre la fin de cette conversation silencieuse, qui d'ailleurs nous parlait assez haut sans le secours de la voix. ATKINS, comme je l'ai dit, s'était assis de nouveau tout auprès de sa femme, et lui parlait derechef avec chaleur. Deux ou trois fois nous pûmes voir qu'il l'embrassait passionnément. Une autre fois nous le vîmes prendre son mouchoir, lui essuyer les yeux, puis l'embrasser encore avec des transports d'une nature vraiment singulière. Enfin, après plusieurs choses semblables, nous le vîmes se relever tout-à-coup, lui tendre la main pour l'aider à faire de même, puis, la tenant ainsi, la conduire aussitôt à quelques pas de là, où tous deux s'agenouillèrent et restèrent dans cette attitude deux minutes environ.

Mon ami ne se possédait plus. Il s'écria : — « Saint Paul ! saint Paul ! voyez, il prie ! » — Je craignis qu'ATKINS ne l'entendît : je le conjurai de se modérer pendant quelques instants, afin que nous pussions voir la fin de cette scène, qui, pour moi, je dois le confesser, fut bien tout à la fois la plus touchante et la plus agréable que j'aie jamais vue de ma vie. Il chercha en effet à se rendre maître de lui ; mais il était dans de tels ravissements de penser que cette pauvre femme payenne était devenue chrétienne, qu'il lui fut impossible de se contenir, et qu'il versa des larmes à plusieurs reprises. Levant les mains vers le ciel et se signant la poitrine, il faisait des oraisons jaculatoires pour rendre grâce à Dieu d'une preuve si miraculeuse du succès de nos efforts; tantôt il parlait tout bas et je pouvais à peine entendre, tantôt à voix haute, tantôt en latin, tantôt en français; deux ou trois fois des larmes de joie l'interrompirent et étouffèrent ses paroles tout-à-fait. Je le conjurai de nouveau de se calmer, afin que nous pussions observer de plus près et plus complètement ce qui se passait sous nos yeux, ce qu'il fit pour quelque temps. La scène n'était pas finie; car, après qu'ils se furent relevés, nous vîmes encore le pauvre homme parler avec ardeur à sa femme, et nous reconnûmes à ses gestes qu'elle était vivement touchée de ce qu'il disait : elle levait fréquemment les mains au ciel, elle posait une main sur sa poitrine, ou prenait telles autres attitudes qui décèlent d'ordinaire une componction profonde et une sérieuse attention. Ceci dura un demi-quart d'heure environ. Puis ils s'éloignèrent trop pour que nous pussions les épier plus long-temps.

Je saisis cet instant pour adresser la parole à mon religieux, et je lui dis d'abord que j'étais charmé d'avoir vu dans ses détails ce dont nous venions d'être témoins; que, malgré que je fusse assez incrédule en pareils cas, je me laissais cependant aller à croire qu'ici tout était fort sincère, tant de la part du mari que de celle de la femme, quelle que pût être d'ailleurs leur ignorance, et que j'espérais qu'un tel commencement aurait encore une fin plus heureuse. — « Et qui sait, ajoutai-je, si ces deux-là ne pourront pas avec le temps, par la voie de l'enseignement et de l'exemple, opérer sur quelques autres? » — « Quelques autres, reprit-il en se tournant brusquement vers moi, voire même sur touts les autres. Faites fond là-dessus : si ces deux Sauvages, — car lui, à votre propre dire, n'a guère laissé voir qu'il valût mieux, — s'adonnent à JÉSUS-CHRIST, ils n'auront pas de cesse qu'ils n'aient converti touts les autres; car la vraie religion est naturellement communicative, et celui qui une bonne fois s'est fait Chrétien ne laissera jamais un payen derrière lui s'il peut le sauver. » — J'avouai que penser ainsi était un principe vraiment chrétien, et la

preuve d'un zèle véritable et d'un cœur généreux en soi.
— « Mais, mon ami, poursuivis-je, voulez-vous me permettre de soulever ici une difficulté? Je n'ai pas la moindre chose à objecter contre le fervent intérêt que vous déployez pour convertir ces pauvres gens du paganisme à la religion chrétienne; mais quelle consolation en pouvez-vous tirer, puisque, à votre sens, ils sont hors du giron de l'Église catholique, hors de laquelle vous croyez qu'il n'y a point de salut? Ce ne sont toujours à vos yeux que des hérétiques, et, pour cent raisons, aussi effectivement damnés que les payens eux-mêmes. »

A ceci il répondit avec beaucoup de candeur et de charité chrétienne : — « Sir, je suis catholique de l'Église romaine et prêtre de l'ordre de Saint-Benoît, et je professe touts les principes de la Foi romaine; mais cependant, croyez-moi, et ce n'est pas comme compliment que je vous dis cela, ni eu égard à ma position et à vos amitiés, je ne vous regarde pas, vous qui vous appelez vous-même réformés, sans quelque sentiment charitable. Je n'oserais dire, quoique je sache que c'est en général notre opinion, je n'oserais dire que vous ne pouvez être sauvés, je ne prétends en aucune manière limiter la miséricorde du Christ jusquelà de penser qu'il ne puisse vous recevoir dans le sein de son Église par des voies à nous impalpables, et qu'il nous est impossible de connaître, et j'espère que vous avez la même charité pour nous. Je prie chaque jour pour que vous soyez touts restitués à l'Église du Christ, de quelque manière qu'il plaise à Celui qui est infiniment sage de vous y ramener. En attendant vous reconnaîtrez sûrement qu'il m'appartient, comme catholique, d'établir une grande différence entre un Protestant et un payen; entre celui qui invoque Jésus-Christ, quoique dans un mode que je ne juge pas conforme à la véritable Foi, et un Sauvage, un barbare, qui ne connaît ni Dieu, ni Christ, ni Rédempteur. Si vous n'êtes pas dans le giron de l'Église catholique, nous espérons que vous êtes plus près d'y entrer que ceux-là qui ne connaissent aucunement ni Dieu ni son Église. C'est pourquoi je me réjouis quand je vois ce pauvre homme, que vous me dites avoir été un débauché et presque un meurtrier, s'agenouiller et prier Jésus-Christ, comme nous supposons qu'il a fait, malgré qu'il ne soit pas pleinement éclairé, dans la persuasion où je suis que Dieu de qui toute œuvre semblable procède, touchera sensiblement son cœur, et le conduira, en son temps, à une connaissance plus profonde de la vérité. Et si Dieu inspire à ce pauvre homme de convertir et d'instruire l'ignorante Sauvage son épouse, je ne puis croire qu'il le repoussera lui-même. N'ai-je donc pas raison de me réjouir lorsque je vois quelqu'un amené à la connaissance du Christ, quoiqu'il ne puisse être apporté jusque dans le sein de l'Église catholique, juste à l'heure où je puis le désirer, tout en laissant à la bonté du Christ le soin de parfaire son œuvre en son temps et par ses propres voies? Certes que je me réjouirais si tous les Sauvages de l'Amérique étaient amenés, comme cette pauvre femme, à prier Dieu, dussent-ils être tous protestants d'abord, plutôt que de les voir persister dans le le paganisme et l'idolâtrie, fermement convaincu que je serais que Celui qui aurait épanché sur eux cette lumière daignerait plus tard les illuminer d'un rayon de sa céleste grâce; et les recueillir dans le bercail de son Église, alors que bon lui semblerait. »

Je fus autant étonné de la sincérité et de la modération de ce Papiste véritablement pieux, que terrassé par la force de sa dialectique, et il me vint en ce moment à l'esprit que si une pareille modération était universelle, nous pourrions être touts chrétiens catholiques, quelle que fût l'Église ou la communion particulière à laquelle nous appartinssions ; que l'esprit de charité bientôt nous insinuerait touts dans de droits principes ; et, en un mot, comme il pensait qu'une semblable charité nous rendrait touts catholiques, je lui dis qu'à mon sens si touts les membres de son Église professaient la même tolérance ils seraient bientôt touts protestants. Et nous brisâmes là, car nous n'entrions jamais en controverse.

Cependant, changeant de langage, et lui prenant la main. — « Mon ami, lui dis-je, je souhaiterais que tout le clergé de l'Église romaine fût doué d'une telle modération, et d'une charité égale à la vôtre. Je suis entièrement de votre opinion ; mais je dois vous dire que si vous prêchiez une pareille doctrine en Espagne ou en Italie on vous livrerait à l'Inquisition. »

— « Cela se peut, répondit-il. J'ignore ce que feraient les Espagnols ou les Italiens ; mais je ne dirai pas qu'ils en soient meilleurs Chrétiens pour cette rigueur : car ma conviction est qu'il n'y a point d'hérésie dans un excès de charité. »

Dialogue.

WILL ATKINS et sa femme étant partis, nous n'avions que faire en ce lieu. Nous rebroussâmes donc chemin; et, comme nous nous en retournions, nous les trouvâmes qui attendaient qu'on les fît entrer. Lorsque je les eus apperçus, je demandai à mon ecclésiastique si nous devions ou non découvrir à ATKINS que nous l'avions vu près du buisson. Il fut d'avis que nous ne le devions pas, mais qu'il fallait lui parler d'abord et écouter ce qu'il nous dirait. Nous l'appelâmes donc en particulier, et, personne n'étant là que nous-mêmes, je liai avec lui en ces termes :

— « Comment fûtes-vous élevé, WILL ATKINS, je vous prie? Qu'était votre père? »

WILLIAM ATKINS. — Un meilleur homme que je ne serai jamais, SIR; mon père était un ecclésiastique.

ROBINSON CRUSOÉ. — Quelle éducation vous donna-t-il?

W. A. — Il aurait désiré me voir instruit, SIR; mais je méprisai toute éducation, instruction ou correction, comme une brute que j'étais.

R. C. — C'est vrai, SALOMON a dit : — «CELUI QUI REPOUSSE LE BLAME EST SEMBLABLE A LA BRUTE. »

W. A. — Ah! SIR, j'ai été comme la brute en effet; j'ai tué mon père! Pour l'amour de Dieu, SIR, ne me parlez point de cela, SIR; j'ai assassiné mon pauvre père!

LE PRÊTRE. — Ha? un meurtrier?

Ici le prêtre tressaillit et devint pâle, — car je lui traduisais mot pour mot les paroles d'ATKINS. Il paraissait croire que WILL avait réellement tué son père.

ROBINSON CRUSOÉ. — Non, non, SIR, je ne l'entends pas ainsi. Mais ATKINS, expliquez-vous : n'est-ce pas que vous n'avez pas tué votre père de vos propres mains?

WILLIAM ATKINS. — Non, SIR; je ne lui ai pas coupé la gorge; mais j'ai tari la source de ses joies, mais j'ai accourci ses jours. Je lui ai brisé le cœur en payant de la plus noire ingratitude le plus tendre et le plus affectueux traitement que jamais père ait pu faire éprouver ou qu'enfant ait jamais reçu.

R. C. — C'est bien. Je ne vous ai pas questionné sur votre père pour vous arracher cet aveu. Je prie Dieu de vous en donner repentir et de vous pardonner cela ainsi que tous vos autres péchés. Je ne vous ai fait cette question que parce que je vois, quoique vous ne soyez pas très-docte, que vous n'êtes pas aussi ignorant que tant d'autres dans la science du bien, et que vous en savez en fait de religion beaucoup plus que vous n'en avez pratiqué.

W. A. — Quand vous ne m'auriez pas, sir, arraché la confession que je viens de vous faire sur mon père, ma conscience l'eût faite. Toutes les fois que nous venons à jeter un regard en arrière sur notre vie, les péchés contre nos indulgents parents sont certes, parmi tous ceux que nous pouvons commettre, les premiers qui nous touchent : les blessures qu'ils font sont les plus profondes, et le poids qu'ils laissent pèse le plus lourdement sur le cœur.

R. C. — Vous parlez, pour moi, avec trop de sentiment et de sensibilité, ATKINS, je ne saurais le supporter.

W. A. — Vous le pouvez, MASTER! J'ose croire que tout ceci vous est étranger.

R. C. — Oui, ATKINS, chaque rivage, chaque colline, je dirai même chaque arbre de cette île, est un témoin des angoisses de mon âme au ressentiment de mon ingratitude et de mon indigne conduite envers un bon et tendre père, un père qui ressemblait beaucoup au vôtre, d'après la peinture que vous en faites. Comme vous, WILL ATKINS, j'ai assassiné mon père, mais je crois ma repentance de beaucoup surpassée par la vôtre.

J'en aurais dit davantage si j'eusse pu maîtriser mon agitation ; mais le repentir de ce pauvre homme me semblait tellement plus profond que le mien, que je fus sur le point de briser là et de me retirer. J'étais stupéfait de ses paroles ; je voyais que bien loin que je dusse remontrer et instruire cet homme, il était devenu pour moi un maître et un précepteur, et cela de la façon la plus surprenante et la plus inattendue.

J'exposai tout ceci au jeune ecclésiastique, qui en fut grandement pénétré, et me dit : — « Eh bien, n'avais-je pas prédit qu'une fois que cet homme serait converti, il nous prêcherait tous ? En vérité, sir, je vous le déclare, si cet homme devient un vrai pénitent, on n'aura pas besoin de moi ici ; il fera des Chrétiens de touts les habitants de l'île. » — M'étant un peu remis de mon émotion, je renouai conversation avec WILL ATKINS.

Mais WILL, dis-je, d'où vient que le sentiment de ces fautes vous touche précisément à cette heure ?

WILLIAM ATKINS. — SIR, vous m'avez mis à une œuvre qui m'a transpercé l'âme. J'ai parlé à ma femme de Dieu et de religion, à dessein, selon vos vues, de la faire chrétienne, et elle m'a prêché, elle-même, un sermon tel que je ne l'oublierai de ma vie.

ROBINSON CRUSOÉ. — Non, non, ce n'est pas votre femme qui vous a prêché ; mais lorsque vous la pressiez de vos arguments religieux, votre conscience les rétorquait contre vous.

W. A. — Oh! oui, sir, et d'une telle force que je n'eusse pu y résister.

R. C. — Je vous en prie, WILL, faites-nous connaître

ce qui se passait entre vous et votre femme ; j'en sais quelque chose déjà.

W. A. — Sir, il me serait impossible de vous en donner un récit parfait. J'en suis trop plein pour le taire, cependant la parole me manque pour l'exprimer. Mais, quoiqu'elle ait dit, et bien que je ne puisse vous en rendre compte, je puis toutefois vous en déclarer ceci, que je suis résolu à m'amender et à réformer ma vie.

R. C. — De grâce, dites-nous en quelques mots. Comment commençâtes-vous, Will? Chose certaine, le cas a été extraordinaire. C'est effectivement un sermon qu'elle vous a prêché, si elle a opéré sur vous cet amendement.

W. A. — Eh bien, je lui exposai d'abord la nature de nos lois sur le mariage, et les raisons pour lesquelles l'homme et la femme sont dans l'obligation de former des nœuds tels qu'il ne soit au pouvoir ni de l'un ni de l'autre de les rompre; qu'autrement l'ordre et la justice ne pourraient être maintenus; que les hommes répudieraient leurs femmes et abandonneraient leurs enfants, et vivraient dans la promiscuité, et que les familles ne pourraient se perpétuer ni les héritages se régler par une descendance légale.

R. C. — Vous parlez comme un légiste, Will. Mais pûtes-vous lui faire comprendre ce que vous entendez par héritage et famille? On ne sait rien de cela parmi les Sauvages, on s'y marie n'importe comment, sans avoir égard à la parenté, à la consanguinité ou à la famille : le frère avec la sœur, et même, comme il m'a été dit, le père avec la fille, le fils avec la mère.

W. A. — Je crois, sir, que vous êtes mal informé; — ma femme m'assure le contraire, et qu'ils ont horreur de cela. Peut-être pour quelques parentés plus éloignées ne sont-ils pas aussi rigides que nous ; mais elle m'affirme qu'il n'y a point d'alliance dans les proches degrés dont vous parlez.

R. C. — Soit. Et que répondit-elle à ce que vous lui disiez?

W. A. — Elle répondit que cela lui semblait fort bien, et que c'était beaucoup mieux que dans son pays.

R. C. — Mais lui avez-vous expliqué ce que c'est que le mariage.

W. A. — Oui, oui; là commença notre dialogue. Je lui demandai si elle voulait se marier avec moi à notre manière. Elle me demanda de quelle manière était-ce. Je lui répondis que le mariage avait été institué par Dieu; et c'est alors que nous eûmes ensemble en vérité le plus étrange entretien qu'aient jamais eu mari et femme, je crois.

N. B. Voici ce dialogue entre W. Atkins et sa femme, tel que je le couchai par écrit, immédiatement après qu'il me le rapporta.

La Femme. — Institué par votre Dieu! Comment! vous avoir un Dieu dans votre pays?

William Atkins. — Oui, ma chère, Dieu est dans touts les pays.

La Femme. — Pas votre Dieu dans mon pays; mon pays avoir le grand vieux Dieu Benamuckée.

W. A. — Enfant, je ne suis pas assez habile pour vous démontrer ce que c'est que Dieu : Dieu est dans le Ciel, et il a fait le ciel et la terre et la mer, et tout ce qui s'y trouve.

La Femme. — Pas fait la terre; votre Dieu pas fait la terre; pas fait mon pays.

Will Atkins sourit à ces mots : que Dieu n'avait pas fait son pays.

La Femme. — Pas rire. Pourquoi me rire? ça pas chose à rire.

Il était blâmé à bon droit; car elle se montrait plus grave que lui-même d'abord.

William Atkins. — C'est très-vrai. Je ne rirai plus, ma chère.

La Femme. — Pourquoi vous dire, votre Dieu a fait tout?

W. A. — Oui, enfant, notre Dieu a fait le monde entier, et vous, et moi, et toutes choses; car il est le seul vrai Dieu. Il n'y a point d'autre Dieu que lui. Il habite à jamais dans le Ciel.

La Femme. — Pourquoi vous pas dire ça à moi depuis long-temps?

W. A. — C'est vrai. En effet; mais j'ai été un grand misérable, et j'ai non-seulement oublié jusqu'ici de t'instruire de tout cela, mais encore j'ai vécu moi-même comme s'il n'y avait pas de Dieu au monde.

La Femme. — Quoi! vous avoir le grand Dieu dans votre pays; vous pas connaître lui? Pas dire : O! à lui? Pas faire bonne chose pour lui? Ça pas possible!

W. A. — Tout cela n'est que trop vrai : nous vivons comme s'il n'y avait pas un Dieu dans le Ciel ou qu'il n'eût point de pouvoir sur la terre.

La Femme. — Mais pourquoi Dieu laisse vous faire ainsi? Pourquoi lui pas faire vous bien vivre?

W. A. — C'est entièrement notre faute.

La Femme. — Mais vous dire à moi, lui être grand, beaucoup grand, avoir beaucoup grand puissance; pouvoir faire tuer quand lui vouloir : pourquoi lui pas faire tuer vous quand vous pas servir lui? pas dire O! à lui? pas être bons hommes?

W. A. — Tu dis vrai; il pourrait me frapper de mort, et je devrais m'y attendre, car j'ai été un profond misérable. Tu dis vrai; mais Dieu est miséricordieux et ne nous traite pas comme nous le méritons.

La Femme. — Mais alors vous pas dire à Dieu merci pour cela?

W. A. — Non, en vérité, je n'ai pas plus remercié Dieu pour sa miséricorde que je n'ai redouté Dieu pour son pouvoir.

La Femme. — Alors votre Dieu pas Dieu; moi non penser, moi non croire lui être un tel grand beaucoup pouvoir, fort; puisque pas faire tuer vous, quoique vous faire lui beaucoup colère?

Conversion de la Femme d'Atkins.

WILLIAM ATKINS. — Quoi! ma coupable vie vous empêcherait-elle de croire en Dieu! Quelle affreuse créature je suis! Et quelle triste vérité est celle-là : que la vie infâme des Chrétiens empêche la conversion des idolâtres?

LA FEMME. — Comment! moi penser vous avoir grand

beaucoup Dieu là-haut, — du doigt elle montrait le ciel, — cependant pas faire bien, pas faire bonne chose? Pouvoir lui savoir? Sûrement lui pas savoir quoi vous faire?

W. A. — Oui, oui, il connaît et voit toutes choses; il nous entend parler, voit ce que nous faisons, sait ce que nous pensons, même quand nous ne parlons pas.

La Femme. — Non! lui pas entendre vous maudire, vous jurer, vous dire le grand *god-damn!*

W. A. — Si, si, il entend tout cela.

La Femme. — Où être alors son grand pouvoir fort?

W. A. — Il est miséricordieux : c'est tout ce que nous pouvons dire; et cela prouve qu'il est le vrai Dieu. Il est Dieu et non homme; et c'est pour cela que nous ne sommes point anéantis.

Will Atkins nous dit ici qu'il était saisi d'horreur en pensant comment il avait pu annoncer si clairement à sa femme que Dieu voit, entend, et connaît les secrètes pensées du cœur, et tout ce que nous faisons, encore qu'il eût osé commettre toutes les méprisables choses dont il était coupable.

La Femme. — Miséricordieux! quoi vous appeler ça?

William Atkins. — Il est notre père et notre Créateur; il a pitié de nous et nous épargne.

La Femme. — Ainsi donc lui jamais faire tuer, jamais colère quand faire méchant; alors lui pas bon lui-même ou pas grand capable.

W. A. — Si, si, ma chère, il est infiniment bon et infiniment grand et capable de punir. Souventes fois même, afin de donner des preuves de sa justice et de sa vengeance, il laisse sa colère se répandre pour détruire les pécheurs et faire exemple. Beaucoup même sont frappés au milieu de leurs crimes.

La Femme. — Mais pas faire tuer vous cependant. Donc vous lui dire, peut-être, que lui pas faire tuer vous? Donc vous faire le marché avec lui, vous commettre mauvaises choses; lui pas être colère contre vous, quand lui être colère contre les autres hommes?

W. A. — Non, en vérité; mes péchés ne proviennent que d'une confiance présomptueuse en sa bonté; et il serait infiniment juste, s'il me détruisait comme il a détruit d'autres hommes.

La Femme. — Bien. Néanmoins pas tuer, pas faire vous mort! Que vous dire à lui pour ça? Vous pas dire à lui: merci pour tout ça.

W. A. — Je suis un chien d'ingrat, voilà le fait.

La Femme. — Pourquoi lui pas faire vous beaucoup bon meilleur? Vous dire lui faire vous.

W. A. — Il m'a créé comme il a créé tout le monde; c'est moi-même qui me suis dépravé, qui ai abusé de sa bonté, et qui ai fait de moi un être abominable.

La Femme. — Moi désirer vous faire Dieu connaître à moi. Moi pas faire lui colère. Moi pas faire mauvaise méchante chose.

Ici Will Atkins nous dit que son cœur lui avait défailli en entendant une pauvre et ignorante créature exprimer le désir d'être amenée à la connaissance de Dieu, tandis que lui, misérable, ne pouvait lui en dire un mot auquel l'ignominie de sa conduite ne la détournât d'ajouter foi. Déjà même elle s'était refusée à croire en Dieu, parce que lui qui avait été si méchant n'était pas anéanti.

WILLIAM ATKINS. — Sans doute, ma chère, vous voulez dire que vous souhaitez que je vous enseigne à connaître Dieu et non pas que j'apprenne à Dieu à vous connaître; car il vous connaît déjà, vous et chaque pensée de votre cœur.

LA FEMME. — Ainsi donc lui savoir ce que moi dire à vous maintenant; lui savoir moi désirer de connaître lui. Comment moi connaître celui qui créer moi?

W. A. — Pauvre créature; il faut qu'il t'enseigne, lui, moi je ne puis t'enseigner. Je le prierai de t'apprendre à le connaître et de me pardonner, à moi, qui suis indigne de t'instruire.

Le pauvre garçon fut tellement mis aux abois quand sa femme lui exprima le désir d'être amenée par lui à la science de Dieu, quand elle forma le souhait de connaître Dieu, qu'il tomba à genoux devant elle, nous dit-il, et pria le Seigneur d'illuminer son esprit par la connaissance salutaire de JÉSUS-CHRIST, de lui pardonner à lui-même ses péchés et de l'accepter comme un indigne instrument pour instruire cette idolâtre dans les principes de la religion. Après quoi il s'assit de nouveau près d'elle et leur dialogue se poursuivit.

N. B. C'était là le moment où nous l'avions vu s'agenouiller et lever les mains vers le ciel.

LA FEMME. — Pourquoi vous mettre les genoux à terre? Pourquoi vous lever en haut les mains? Quoi vous dire? A qui vous parler? Quoi est tout ça?

WILLIAM ATKINS. — Ma chère, je ploie les genoux en signe de soumission envers Celui qui m'a créé. Je lui ai dit, O! comme vous appelez cela et comme vous racontez que font vos vieillards à leur idole BENAMUCKÉE, c'est-à-dire que je l'ai prié.

LA FEMME. — Pourquoi vous dire : O ! à lui ?

W. A. — Je l'ai prié d'ouvrir vos yeux et votre entendement, afin que vous puissiez le connaître et lui être agréable.

LA FEMME. — Pouvoir lui faire ça aussi ?

W. A. — Oui, il le peut ; il peut faire toutes choses.

LA FEMME. — Mais lui pas entendre quoi vous dire ?

W. A. — Si. Il nous a commandé de le prier et promis de nous écouter.

LA FEMME. — Commandé vous prier ! Quand lui commander vous ? Comment lui commander vous ? Quoi ! vous entendre lui parler ?

W. A. — Non, nous ne l'entendons point parler ; mais il s'est révélé à nous de différentes manières.

Ici ATKINS fut très-embarrassé pour lui faire comprendre que Dieu s'est révélé à nous par sa parole ; et ce que c'est que sa parole ; mais enfin il poursuivit ainsi :

WILLIAM ATKINS. — Dieu, dans les premiers temps, a parlé à quelques hommes bons du haut du ciel, en termes formels ; puis Dieu a inspiré des hommes bons par son Esprit, et ils ont écrit toutes ses lois dans un livre.

LA FEMME. — Moi pas comprendre ça. Où est ce livre ?

W. A. — Hélas ! ma pauvre créature, je n'ai pas ce livre ; mais j'espère un jour ou l'autre l'acquérir pour vous et vous le faire lire.

C'est ici qu'il l'embrassa avec beaucoup de tendresse, mais avec l'inexprimable regret de n'avoir pas de Bible.

La Femme. — Mais comment vous faire moi connaître que Dieu enseigner eux à écrire ce livre?

William Atkins. — Par la même démonstration par laquelle nous savons qu'il est Dieu.

La Femme. — Quelle démonstration? quel moyen vous savoir?

W. A. — Parce qu'il enseigne et ne commande rien qui ne soit bon, juste, saint, et ne tende à nous rendre parfaitement bons et parfaitement heureux, et parce qu'il nous défend et nous enjoint de fuir tout ce qui est mal, mauvais en soi ou mauvais dans ses conséquences.

La Femme. — Que moi voudrais comprendre, que moi volontiers connaître! Si lui récompenser toute bonne chose, punir toute méchante chose, défendre toute méchante chose, lui, faire toute chose, lui, donner toute chose, lui entendre moi quand moi dire : O! à lui, comme vous venir de faire juste à présent; lui faire moi bonne, si moi désir être bonne ; lui épargner moi, pas faire tuer moi, quand moi pas être bonne, si tout ce que vous dire lui faire; oui, lui être grand Dieu; moi prendre, penser, croire lui être grand Dieu; moi dire : O! aussi à lui, avec vous, mon cher.

Ici le pauvre homme nous dit qu'il n'avait pu se contenir plus long-temps; mais que prenant sa femme par la main il l'avait fait mettre à genoux près de lui et qu'il avait prié Dieu à haute voix de l'instruire dans la connaissance de lui-même par son divin Esprit, et de faire par un coup heureux de sa providence, s'il était possible, que tôt ou tard elle vînt à posséder une Bible, afin qu'elle pût lire la parole de Dieu et par là apprendre à le connaître.

C'est en ce moment que nous l'avions vu lui offrir la main et s'agenouiller auprès d'elle, comme il a été dit.

Ils se dirent encore après ceci beaucoup d'autres choses qu'il serait trop long, ce me semble, de rapporter ici. Entre autres elle lui fit promettre, puisque de son propre aveu sa vie n'avait été qu'une suite criminelle et abominable de provocations contre Dieu, de la réformer, de ne plus irriter Dieu, de peur qu'il ne voulût — « faire lui mort, » — selon sa propre expression ; qu'alors elle ne restât seule et ne pût apprendre à connaître plus particulièrement ce Dieu, et qu'il ne fût misérable, comme il lui avait dit que les hommes méchants le seraient après leur mort.

Ce récit nous parut vraiment étrange et nous émut beaucoup l'un et l'autre, surtout le jeune ecclésiastique. Il en fut, lui, émerveillé ; mais il ressentit la plus vive douleur de ne pouvoir parler à la femme, de ne pouvoir parler anglais pour s'en faire entendre, et comme elle écorchait impitoyablement l'anglais, de ne pouvoir la comprendre elle-même. Toutefois il se tourna vers moi, et me dit qu'il croyait que pour elle il y avait quelque chose de plus à faire que de la marier. Je ne le compris pas d'abord ; mais enfin il s'expliqua : il entendait par là qu'elle devait être baptisée.

J'adhérai à cela avec joie ; et comme je m'y empressais : — « Non, non, arrêtez, sir, me dit-il ; bien que j'aie fort à cœur de la voir baptisée, cependant tout en reconnaissant que Will Atkins, son mari, l'a vraiment amenée d'une façon miraculeuse à souhaiter d'embrasser une vie religieuse, et à lui donner de justes idées de l'existence d'un Dieu, de son pouvoir, de sa justice, de sa miséricorde, je désire savoir de lui s'il lui a dit quelque chose de Jésus-Christ et du salut des pécheurs ; de la nature de notre foi en lui, et de notre Rédemption ; du Saint-Esprit, de la Résurrection, du Jugement dernier et d'une vie future.

Je rappelai Will Atkins, et je le lui demandai. Le pauvre garçon fondit en larmes et nous dit qu'il lui en avait bien touché quelques paroles ; mais qu'il était lui-même une si méchante créature et que sa conscience lui reprochait si vivement sa vie horrible et impie, qu'il avait tremblé que la connaissance qu'elle avait de lui n'atténuât l'attention qu'elle devait donner à ces choses, et ne la portât plutôt à mépriser la religion qu'à l'embrasser. Néanmoins il était certain, nous dit-il, que son esprit était si disposé à recevoir d'heureuses impressions de toutes ces vérités, que si je voulais bien l'en entretenir, elle ferait voir, à ma grande satisfaction, que mes peines ne seraient point perdues sur elle.

En conséquence je la fis venir ; et, me plaçant comme interprète entre elle et mon pieux ecclésiastique, je le priai d'entrer en matière.

Baptême de la Femme d'Atkins.

Or, sûrement jamais pareil sermon n'a été prêché par un prêtre papiste dans ces derniers siècles du monde. Aussi lui dis-je que je lui trouvais tout le zèle, toute la science, toute la sincérité d'un Chrétien, sans les erreurs d'un catholique romain, et que je croyais voir en lui un pasteur tel qu'avaient été les Évêques de Rome avant que l'Église romaine se fût assumé la souveraineté spirituelle sur les consciences humaines [1].

En un mot il amena la pauvre femme à embrasser la connaissance du Christ, et de notre Rédemption, non-seulement avec admiration, avec étonnement, comme elle avait accueilli les premières notions de l'existence d'un Dieu, mais encore avec joie, avec foi, avec une ferveur et un degré surprenant d'intelligence presque inimaginables et tout-à-fait indicibles. Finalement, à sa propre requête, elle fut baptisée.

Tandis qu'il se préparait à lui conférer le baptême, je le suppliai de vouloir bien accomplir cet office avec quelques précautions, afin, s'il était possible, que l'homme ne pût s'appercevoir qu'il appartenait à l'Église romaine, à cause des fâcheuses conséquences qui pourraient résulter d'une dissidence entre nous dans cette religion même où nous instruisions les autres. Il me répondit que, n'ayant ni chapelle consacrée ni choses propres à cette célébration, il officierait d'une telle manière que je ne pourrais reconnaître moi-même qu'il était catholique romain si je ne le savais déjà. Et c'est ce qu'il fit : car, après avoir marmonné en latin quelques paroles que je ne pus comprendre, il versa un plein vase d'eau sur la tête de la femme, disant en français d'une voix haute : — « Marie ! » — C'était le nom que son époux avait souhaité que je lui donnasse, car j'étais son parrain. — « Je te baptise au nom du Père, et du Fils et du Saint-Esprit. » — De sorte qu'on ne pouvait deviner par-là de quelle religion il était. Ensuite il donna la bénédiction en latin ; mais Will Atkins ne sut pas si c'était

---

[1] Voir à la Dissertation religieuse.

en français, ou ne prit point garde à cela en ce moment.

Sitôt cette cérémonie terminée, il les maria ; puis après les épousailles faites il se tourna vers WILL ATKINS et l'exhorta d'une manière très-pressante, non-seulement à persévérer dans ses bonnes dispositions, mais à corroborer les convictions dont il était pénétré par une ferme résolution de réformer sa vie. Il lui déclara que c'était chose vaine que de dire qu'il se repentait, s'il n'abjurait ses crimes. Il lui représenta combien Dieu l'avait honoré en le choisissant comme instrument pour amener sa femme à la connaissance de la religion chrétienne, et combien il devait être soigneux de ne pas se montrer rebelle à la grâce de Dieu ; qu'autrement il verrait la payenne meilleure chrétienne que lui, la Sauvage élue et l'instrument réprouvé.

Il leur dit encore à touts deux une foule d'excellentes choses ; puis, les recommandant en peu de mots à la bonté divine, il leur donna de nouveau la bénédiction : moi, comme interprète, leur traduisant toujours chaque chose en anglais. Ainsi se termina la cérémonie. Ce fut bien pour moi la plus charmante, la plus agréable journée que j'aie jamais passée dans toute ma vie.

Or mon religieux n'en avait pas encore fini. Ses pensées se reportaient sans cesse à la conversion des trente-sept Sauvages, et volontiers il serait resté dans l'île pour l'entreprendre. Mais je le convainquis premièrement qu'en soi cette entreprise était impraticable, et secondement que je pourrais peut-être la mettre en voie d'être terminée à sa satisfaction durant son absence : ce dont je parlerai tout-à-l'heure.

Ayant ainsi mis à fond les affaires de l'île, je me préparais à retourner à bord du navire, quand le jeune homme que j'avais recueilli d'entre l'équipage affamé vint à moi et me dit qu'il avait appris que j'avais un ecclésiastique et que j'avais marié par son office les Anglais avec les femmes sauvages qu'ils nommaient leurs épouses, et que lui-même avait aussi un projet de mariage entre deux Chrétiens qu'il désirait voir s'accomplir avant mon départ, ce qui, espérait-il, ne me serait point désagréable.

Je compris de suite qu'il était question de la jeune fille servante de sa mère ; car il n'y avait point d'autre femme chrétienne dans l'île. Aussi commençai-je à le dissuader de faire une chose pareille inconsidérément, et parce qu'il se trouvait dans une situation isolée. Je lui représentai qu'il avait par le monde une fortune assez considérable et de bons amis, comme je le tenais de lui-même et de la jeune fille aussi ; que cette fille était non-seulement pauvre et servante, mais encore d'un âge disproportionné, puisqu'elle avait vingt-six ou vingt-sept ans, et lui pas plus de dix-sept ou dix-huit ; que très-probablement il lui serait possible avec mon assistance de se tirer de ce désert et de retourner dans sa patrie ; qu'alors il y avait mille à parier contre un qu'il se repentirait de son choix, et que le dégoût de sa position leur serait préjudiciable à touts deux. J'allais m'étendre bien davantage ; mais il m'interrompit en souriant et me dit avec beaucoup de candeur que je me trompais dans mes conjectures, qu'il n'avait rien de pareil en tête, sa situation présente étant déjà assez triste et déplorable ; qu'il était charmé d'apprendre que j'avais quelque désir de le mettre à même de revoir son pays ; que rien n'aurait pu l'engager à rester en ce lieu si le voyage que j'allais poursuivre n'eût été si effroyablement long et si hasardeux, et ne l'eût jeté si loin de touts ses amis ; qu'il ne souhaitait rien de moi, sinon que je voulusse bien lui assigner une petite propriété dans mon île, lui donner un serviteur ou deux et les choses nécessaires pour qu'il pût s'y établir comme planteur, en attendant l'heureux moment où, si je retournais en Angleterre, je pourrais le délivrer, plein de l'espérance que je ne l'oublierais pas quand j'y serais revenu; enfin qu'il me remettrait quelques lettres pour ses amis à Londres, afin de leur faire savoir combien j'avais été bon pour lui, et dans quel lieu du monde et dans quelle situation je l'avais laissé. Il me promettait, disait-il, lorsque je le délivrerais, que la plantation dans l'état d'amélioration où il l'aurait portée, quelle qu'en pût être la valeur, deviendrait tout-à-fait mienne.

Son discours était fort bien tourné eu égard à sa jeunesse, et me fut surtout agréable parce qu'il m'apprenait positivement que le mariage en vue ne le concernait point lui-même. Je lui donnai toutes les assurances possibles que, si j'arrivais à bon port en Angleterre, je remettrais ses lettres et m'occuperais sérieusement de ses affaires, et qu'il pouvait compter que je n'oublierais point dans quelle situation je le laissais; mais j'étais toujours impatient de savoir quels étaient les personnages à marier. Il me dit enfin que c'était mon Jack-bon-à-tout et sa servante Suzan.

Je fus fort agréablement surpris quand il me nomma le couple; car vraiment il me semblait bien assorti. J'ai déjà tracé le caractère de l'homme : quant à la servante, c'était une jeune femme très-honnête, modeste, réservée et pieuse. Douée de beaucoup de sens, elle était assez agréable de sa personne, s'exprimait fort bien et à propos, toujours avec décence et bonne grâce, et n'était ni lente à parler quand quelque chose le requérait, ni impertinemment empressée quand ce n'était pas ses affaires; très-adroite d'ailleurs, fort entendue dans tout ce qui la concernait, excellente ménagère et capable en vérité d'être la gouvernante de l'île entière. Elle savait parfaitement se conduire avec les gens de toute sorte qui l'entouraient, et n'eût pas été plus empruntée avec des gens du bel air, s'il s'en fût trouvé là.

Les accordailles étant faites de cette manière, nous les mariâmes le jour même ; et comme à l'autel, pour ainsi dire, je servais de père à cette fille, et que je la présentais, je lui constituai une dot : je lui assignai, à elle et à son mari, une belle et vaste étendue de terre pour leur plantation. Ce mariage et la proposition que le jeune GENTLEMAN m'avait faite de lui concéder une petite propriété dans l'île, me donnèrent l'idée de la partager entre ses habitants, afin qu'ils ne pussent par la suite se quereller au sujet de leur emplacement.

Je remis le soin de ce partage à WILL ATKINS, qui vraiment alors était devenu un homme sage, grave, ménager, complétement réformé, excessivement pieux et religieux, et qui, autant qu'il peut m'être permis de prononcer en pareil cas, était, je le crois fermement, un pénitent sincère.

Il s'acquitta de cette répartition avec tant d'équité et tellement à la satisfaction de chacun, qu'ils désirèrent seulement pour le tout un acte général de ma main que je fis dresser et que je signai et scellai. Ce contrat, déterminant la situation et les limites de chaque plantation, certifiait que je leur accordais la possession absolue et héréditaire des plantations ou fermes respectives et de leurs améliorissements, à eux et à leurs hoirs, me réservant tout le reste de l'île comme ma propriété particulière, et par chaque plantation une certaine redevance payable au bout de onze années à moi ou à quiconque de ma part ou en mon nom viendrait la réclamer et produirait une copie légalisée de cette concession.

Quant au mode de gouvernement et aux lois à introduire parmi eux, je leur dis que je ne saurais leur donner de meilleurs réglements que ceux qu'ils pouvaient s'imposer eux-mêmes. Seulement je leur fis promettre de vivre en amitié et en bon voisinage les uns avec les autres. Et je me préparai à les quitter.

Une chose que je ne dois point passer sous silence, c'est que, nos colons étant alors constitués en une sorte de république et surchargés de travaux, il était incongru que trente-sept Indiens vécussent dans un coin de l'île indépendants et inoccupés; car, excepté de pourvoir à leur nourriture, ce qui n'était pas toujours sans difficulté, ils n'avaient aucune espèce d'affaire ou de propriété à administrer. Aussi proposai-je au gouverneur Espagnol d'aller les trouver avec le père de VENDREDI et de leur offrir de se disperser et de planter pour leur compte, ou d'être agrégés aux différentes familles comme serviteurs, et entretenus pour leur travail, sans être toutefois absolument esclaves; car je n'aurais pas voulu souffrir qu'on les soumît à l'esclavage, ni par la force ni par nulle autre voie, parce que leur liberté leur avait été octroyée par capitulation, et qu'elle était un article de reddition, chose que l'honneur défend de violer.

Ils adhérèrent volontiers à la proposition et suivirent touts de grand cœur le gouverneur Espagnol. Nous leur départîmes donc des terres et des plantations; trois ou quatre d'entre eux en acceptèrent, mais touts les autres préférèrent être employés comme serviteurs dans les diverses familles que nous avions fondées; et ainsi ma colonie fut à peu près établie comme il suit : les Espagnols possédaient mon habitation primitive, laquelle était la ville capitale, et avaient étendu leur plantation tout le long du ruisseau qui formait la crique dont j'ai si souvent parlé, jusqu'à ma tonnelle : en accroissant leurs cultures ils poussaient toujours à l'Est. Les Anglais habitaient dans la partie Nord-Est, où Will Atkins et ses compagnons s'étaient fixés tout d'abord, et s'avançaient au Sud et au Sud-Ouest en deçà des possessions des Espagnols. Chaque plantation avait au besoin un grand supplément de terrain à sa disposition, de sorte qu'il ne pouvait y avoir lieu de se chamailler par manque de place.

Toute la pointe occidentale de l'île fut laissée inhabitée, afin que si quelques Sauvages y abordaient seulement pour y consommer leurs barbaries accoutumées, ils pussent aller et venir librement; s'ils ne vexaient personne, personne n'avait envie de les vexer. Sans doute ils y débarquèrent souvent, mais ils s'en retournèrent, sans plus; car je n'ai jamais entendu dire que mes planteurs eussent été attaqués et troublés davantage.

La Bible.

l me revint alors à l'esprit que j'avais insinué à mon ami l'ecclésiastique que l'œuvre de la conversion de nos Sauvages pourrait peut-être s'accomplir en son absence et à sa satisfaction ; et je lui dis que je la croyais à cette heure en beau chemin ; car ces Indiens étant ainsi répartis parmi les

Chrétiens, si chacun de ceux-ci voulait faire son devoir auprès de ceux qui se trouvaient sous sa main, j'espérais que cela pourrait avoir un fort bon résultat.

Il en tomba d'accord d'emblée : « — Si toutefois, dit-il, ils voulaient faire leur devoir ; mais comment, ajouta-t-il, obtiendrons-nous cela d'eux ? » — Je lui répondis que nous les manderions tous ensemble, et leur en imposerions la charge, ou bien que nous irions les trouver chacun en particulier, ce qu'il jugea préférable. Nous nous partageâmes donc la tâche, lui pour en parler aux Espagnols qui étaient touts papistes, et moi aux Anglais qui étaient touts protestants ; et nous leur recommandâmes instamment et leur fîmes promettre de ne jamais établir aucune distinction de Catholiques ou de Réformés, en exhortant les Sauvages à se faire Chrétiens, mais de leur donner une connaissance générale du vrai Dieu et de Jésus-Christ, leur Sauveur. Ils nous promirent pareillement qu'ils n'auraient jamais les uns avec les autres aucun différent, aucune dispute au sujet de la religion.

Quand j'arrivai à la maison de Will Atkins, — si je puis l'appeler ainsi, car jamais pareil édifice, pareil morceau de clayonnage, je crois, n'eut son semblable dans le monde, — quand j'arrivai là, dis-je, j'y trouvai la jeune femme dont précédemment j'ai parlé et l'épouse de William Atkins liées intimement. Cette jeune femme sage et religieuse avait perfectionné l'œuvre que Will Atkins avait commencée ; et, quoique ce ne fût pas plus de quatre jours après ce dont je viens de donner la relation, cependant la néophyte indienne était devenue une chrétienne telle que m'en ont rarement offert mes observations et le commerce du monde.

Dans la matinée qui précéda cette visite, il me vint à

l'idée que parmi les choses nécessaires que j'avais à laisser à mes Anglais, j'avais oublié de placer une Bible, et qu'en cela je me montrais moins attentionné à leur égard que ne l'avait été envers moi ma bonne amie la veuve, lorsqu'en m'envoyant de Lisbonne la cargaison de cent livres sterling, elle y avait glissé trois Bibles et un livre de prières. Toutefois la charité de cette brave femme eut une plus grande extension qu'elle ne l'avait imaginé; car il était réservé à ses présents de servir à la consolation et à l'instruction de gens qui en firent un bien meilleur usage que moi-même.

Je mis une de ces Bibles dans ma poche, et lorsque j'arrivai à la rotonde ou maison de WILLIAM ATKINS, et que j'eus appris que la jeune épousée et la femme baptisée d'ATKINS avaient conversé ensemble sur la religion, — car WILL me l'annonça avec beaucoup de joie, — je demandai si elles étaient réunies en ce moment, et il me répondit que oui. J'entrai donc dans la maison, il m'y suivit, et nous les trouvâmes toutes deux en grande conversation. — « Oh! SIR, me dit WILLIAM ATKINS, quand Dieu a des pécheurs à réconcilier à lui, et des étrangers à introduire dans son royaume, il ne manque pas de messagers. Ma femme s'est acquis un nouveau guide; moi je me reconnais aussi indigne qu'incapable de cette œuvre; cette jeune personne nous a été envoyée du Ciel : il suffirait d'elle pour convertir toute une île de Sauvages. » — La jeune épousée rougit et se leva pour se retirer, mais je l'invitai à se rasseoir. — « Vous avez une bonne œuvre entre les mains, lui dis-je, j'espère que Dieu vous bénira dans cette œuvre. »

Nous causâmes un peu; et, ne m'appercevant pas qu'ils eussent aucun livre chez eux, sans toutefois m'en être enquis, je mis la main dans ma poche et j'en tirai ma Bible.

— « Voici, dis-je à Atkins, que je vous apporte un secours que peut-être vous n'aviez pas jusqu'à cette heure. » — Le pauvre homme fut si confondu, que de quelque temps il ne put proférer une parole. Mais, revenant à lui, il prit le livre à deux mains, et se tournant vers sa femme : — « Tenez, ma chère, s'écria-t-il, ne vous avais-je pas dit que notre Dieu, bien qu'il habite là-haut, peut entendre ce que nous disons ! Voici ce livre que j'ai demandé par mes prières quand vous et moi nous nous agenouillâmes près du buisson. Dieu nous a entendu et nous l'envoie. » — En achevant ces mots il tomba dans de si vifs transports, qu'au milieu de la joie de posséder ce livre et des actions de grâce qu'il en rendait à Dieu, les larmes ruisselaient sur sa face comme à un enfant qui pleure.

La femme fut émerveillée et pensa tomber dans une méprise que personne de nous n'avait prévue ; elle crut fermement que Dieu lui avait envoyé le livre sur la demande de son mari. Il est vrai qu'il en était ainsi providentiellement, et qu'on pouvait le prendre ainsi dans un sens raisonnable ; mais je crois qu'il n'eût pas été difficile en ce moment de persuader à cette pauvre femme qu'un messager exprès était venu du Ciel uniquement dans le dessein de lui apporter ce livre. C'était matière trop sérieuse pour tolérer aucune supercherie ; aussi me tournai-je vers la jeune épousée et lui dis-je que nous ne devions point en imposer à la nouvelle convertie, dans sa primitive et ignorante intelligence des choses, et je la priai de lui expliquer qu'on peut dire fort justement que Dieu répond à nos supplices, quand, par le cours de sa providence, pareilles choses d'une façon toute particulière adviennent comme nous l'avions demandé ; mais que nous ne devons pas nous attendre à recevoir des réponses du Ciel par une voie miraculeuse et toute spéciale, et que c'est un bien pour nous qu'il n'en soit pas ainsi.

La jeune épousée s'acquitta heureusement de ce soin, de sorte qu'il n'y eut, je vous assure, nulle fraude pieuse là-dedans. Ne point détromper cette femme eût été à mes yeux la plus injustifiable imposture du monde. Toutefois le saisissement de joie de WILL ATKINS passait vraiment toute expression, et là pourtant, on peut en être certain, il n'y avait rien d'illusoire. A coup sûr, pour aucune chose semblable, jamais homme ne manifesta plus de reconnaissance qu'il n'en montra pour le don de cette Bible ; et jamais homme, je crois, ne fut ravi de posséder une Bible par de plus dignes motifs. Quoiqu'il eût été la créature la plus scélérate, la plus dangereuse, la plus opiniâtre, la plus outrageuse, la plus furibonde et la plus perverse, cet homme peut nous servir d'exemple à touts pour la bonne éducation des enfants, à savoir que les parents ne doivent jamais négliger d'enseigner et d'instruire, et ne jamais désespérer du succès de leurs efforts, les enfants fussent-ils à ce point opiniâtres et rebelles, ou en apparence insensibles à l'instruction; car si jamais Dieu dans sa providence vient à toucher leur conscience, la force de leur éducation reprend son action sur eux, et les premiers enseignements des parents ne sont pas perdus, quoiqu'ils aient pu rester enfouis bien des années : un jour ou l'autre ils peuvent en recueillir bénéfice.

C'est ce qui advint à ce pauvre homme. Quelque ignorant ou quelque dépourvu qu'il fût de religion et de connaissance chrétienne, s'étant trouvé avoir à faire alors à plus ignorant que lui, la moindre parcelle des instructions de son bon père, qui avait pu lui revenir à l'esprit, lui avait été d'un grand secours.

Entre autres choses il s'était rappelé, disait-il, combien son père avait coutume d'insister sur l'inexprimable valeur de la Bible, dont la possession est un privilége et un trésor pour l'homme, les familles et les nations. Toutefois il n'avait jamais conçu la moindre idée du prix de ce livre jusqu'au moment où; ayant à instruire des payens, des Sauvages, des barbares, il avait eu faute de l'assistance de l'Oracle Écrit.

La jeune épousée fut aussi enchantée de cela pour la conjoncture présente, bien qu'elle eût déjà, ainsi que le jeune homme, une Bible à bord de notre navire, parmi les effets qui n'étaient pas encore débarqués. Maintenant, après avoir tant parlé de cette jeune femme, je ne puis omettre à propos d'elle et de moi un épisode encore qui renferme en soi quelque chose de très-instructif et de très-remarquable.

J'ai raconté à quelle extrémité la pauvre jeune suivante avait été réduite; comment sa maîtresse, exténuée par l'inanition, était morte à bord de ce malheureux navire que nous avions rencontré en mer, et comment l'équipage entier étant tombé dans la plus atroce misère, la GENTLEWOMAN, son fils et sa servante avaient été d'abord durement traités quant aux provisions, et finalement totalement négligés et affamés, c'est-à-dire livrés aux plus affreuses angoisses de la faim.

Un jour, m'entretenant avec elle des extrémités qu'ils avaient souffertes, je lui demandai si elle pourrait décrire, d'après ce qu'elle avait ressenti, ce que c'est que mourir de faim, et quels en sont les symptômes. Elle me répondit qu'elle croyait le pouvoir, et elle me narra fort exactement son histoire en ces termes :

— « D'abord, SIR, dit-elle, durant quelques jours nous

fîmes très-maigre chère et souffrîmes beaucoup la faim, puis enfin nous restâmes sans aucune espèce d'aliments, excepté du sucre, un peu de vin et un peu d'eau. Le premier jour où nous ne reçûmes point du tout de nourriture, je me sentis, vers le soir, d'abord du vide et du malaise à l'estomac, et, plus avant dans la soirée, une invincible envie de bâiller et de dormir. Je me jetai sur une couche dans la grande cabine pour reposer, et je reposai environ trois heures, puis je m'éveillai quelque peu rafraîchie, ayant pris un verre de vin en me couchant. Après être demeurée trois heures environ éveillée, il pouvait être alors cinq heures du matin, je sentis de nouveau du vide et du malaise à l'estomac, et je me recouchai; mais harassée et souffrante, je ne pus dormir du tout. Je passai ainsi tout le deuxième jour dans de singulières intermittences, d'abord de faim, puis de douleurs, accompagnées d'envies de vomir. La deuxième nuit, obligée de me mettre au lit derechef sans avoir rien pris qu'un verre d'eau claire, et m'étant assoupie, je rêvai que j'étais à la Barbade, que le marché était abondamment fourni de provisions, que j'en achetais pour ma maîtresse, puis que je revenais et dînais tout mon soûl.

» Je crus après ceci mon estomac aussi plein qu'au sortir d'un bon repas; mais quand je m'éveillai je fus cruellement atterrée en me trouvant en proie aux horreurs de la faim. Le dernier verre de vin que nous eussions, je le bus après avoir mis du sucre, pour suppléer par le peu d'esprit qu'il contient au défaut de nourriture. Mais n'ayant dans l'estomac nulle substance qui pût fournir au travail de la digestion, je trouvai que le seul effet du vin était de faire monter de désagréables vapeurs de l'estomac au cerveau, et, à ce qu'on me rapporta, je demeurai stupide et inerte, comme une personne ivre, pendant quelque temps.

» Le troisième jour dans la matinée, après une nuit de rêves étranges, confus et incohérents, où j'avais plutôt sommeillé que dormi, je m'éveillai enragée et furieuse de faim, et je doute, au cas où ma raison ne fût revenue et n'en eût triomphé, je doute, dis-je, si j'eusse été mère et si j'eusse eu un jeune enfant avec moi, que sa vie eût été en sûreté.

» Ce transport dura environ trois heures, pendant lesquelles deux fois je fus aussi folle à lier qu'aucun habitant de BEDLAM, comme mon jeune maître me l'a dit et comme il peut aujourd'hui vous le confirmer.

Épisode de la Cabine.

Dans un de ces accès de frénésie ou de démence, soit par l'effet du mouvement du vaisseau ou que mon pied eût glissé, je ne sais, je tombai, et mon visage heurta contre le coin du lit de veille où couchait ma maîtresse. A ce coup le sang ruissela de mon nez. Le *cabin-boy* m'apporta un petit bassin, je m'assis et j'y saignai abondamment. A mesure que le sang coulait je revenais à moi, et la violence du transport ou de la fièvre qui me possédait s'abattait ainsi que la partie vorace de ma faim.

» Alors je me sentis de nouveau malade, et j'eus des soulèvements de cœur; mais je ne pus vomir, car je n'avais dans l'estomac rien à rejeter. Après avoir saigné quelque temps je m'évanouis : l'on crut que j'étais morte. Je revins bientôt à moi, et j'eus un violent mal dans l'estomac impossible à décrire. Ce n'était point des tranchées, mais une douleur d'inanition atroce et déchirante. Vers la nuit elle fit place à une sorte de désir déréglé, à une envie de nourriture, à quelque chose de semblable, je suppose, aux envies d'une femme grosse. Je pris un autre verre d'eau avec du sucre; mais mon estomac y répugna, et je rendis tout. Alors je bus un verre d'eau sans sucre que je gardai, et je me remis sur le lit, priant du fond du cœur, afin qu'il plût à Dieu de m'appeler à lui; et après avoir calmé mon esprit par cet espoir, je sommeillai quelque temps. A mon réveil, affaiblie par les vapeurs qui s'élèvent d'un estomac vide, je me crus mourante. Je recommandai mon âme à Dieu, et je souhaitai vivement que quelqu'un voulût me jeter à la mer.

» Durant tout ce temps ma maîtresse était étendue près de moi, et, comme je l'appréhendais, sur le point d'expirer. Toutefois elle supportait son mal avec beaucoup plus de résignation que moi, et donna son dernier morceau de pain à son fils, mon jeune maître, qui ne voulait point le prendre; mais elle le contraignit à le manger, et c'est, je crois, ce qui lui sauva la vie.

» Vers le matin, je me rendormis, et quand je me réveillai,

d'abord j'eus un débordement de pleurs, puis un second accès de faim dévorante, tel que je redevins vorace et retombai dans un affreux état : si ma maîtresse eût été morte, quelle que fût mon affection pour elle, j'ai la conviction que j'aurais mangé un morceau de sa chair avec autant de goût et aussi indifféremment que je le fis jamais de la viande d'aucun animal destiné à la nourriture; une ou deux fois, je fus tentée de mordre à mon propre bras. Enfin, j'apperçus le bassin dans lequel était le sang que j'avais perdu la veille; j'y courus, et j'avalai ce sang avec autant de hâte et d'avidité que si j'eusse été étonnée que personne ne s'en fût emparé déjà, et que j'eusse craint qu'on voulût alors me l'arracher.

» Bien qu'une fois faite cette action me remplît d'horreur, cependant cela étourdit ma grosse faim, et, ayant pris un verre d'eau pure, je fus remise et restaurée pour quelques heures. C'était le quatrième jour, et je me soutins ainsi jusque vers la nuit, où, dans l'espace de trois heures, je passai de nouveau, tour à tour, par toutes les circonstances précédentes, c'est-à-dire que je fus malade, assoupie, affamée, souffrante de l'estomac, puis de nouveau vorace, puis de nouveau malade, puis folle, puis éplorée, puis derechef vorace. De quart d'heure en quart d'heure changeant ainsi d'état, mes forces s'épuisèrent totalement. A la nuit, je me couchai, ayant pour toute consolation l'espoir de mourir avant le matin.

» Je ne dormis point de toute cette nuit, ma faim était alors devenue une maladie, et j'eus une terrible colique et des tranchées engendrées par les vents qui, au défaut de nourriture, s'étaient frayé un passage dans mes entrailles. Je restai dans cet état jusqu'au lendemain matin, où je fus quelque peu surprise par les plaintes et les lamentations de mon jeune maître, qui me criait que sa mère était morte. Je me soulevai un peu, n'ayant pas la force de me lever, mais je vis qu'elle respirait encore, quoiqu'elle ne donnât que de faibles signes de vie.

» J'avais alors de telles convulsions d'estomac, provoquées par le manque de nourriture, que je ne saurais en donner une idée; et de fréquents déchirements, des transes de faim telles que rien n'y peut être comparé, sinon les tortures de la mort. C'est dans cet état que j'étais, quand j'entendis au-dessus de moi les matelots crier : — « Une voile! une voile! » — et vociférer et sauter comme s'ils eussent été en démence.

» Je n'étais pas capable de sortir du lit, ma maîtresse encore moins, et mon jeune maître était si malade que je le croyais expirant. Nous ne pûmes donc ouvrir la porte de la cabine ni apprendre ce qui pouvait occasionner un pareil tumulte. Il y avait deux jours que nous n'avions eu aucun rapport avec les gens de l'équipage, qui nous avaient dit n'avoir pas dans le bâtiment une bouchée de quoi que ce soit à manger. Et depuis, ils nous avouèrent qu'ils nous avaient crus morts.

» C'était là l'affreux état où nous étions quand vous fûtes envoyé pour nous sauver la vie. Et comment vous nous trouvâtes, SIR, vous le savez aussi bien et même mieux que moi. »

Tel fut son propre récit. C'était une relation tellement exacte de ce qu'on souffre en mourant de faim, que jamais vraiment je n'avais rien ouï de pareil, et qu'elle fut excessivement intéressante pour moi. Je suis d'autant plus disposé à croire que cette peinture est vraie, que le jeune homme m'en toucha lui-même une bonne partie, quoique, à vrai dire, d'une façon moins précise et moins poignante, sans doute parce que sa mère l'avait soutenu aux dépens de sa propre vie. Bien que la pauvre servante fût d'une constitution plus forte que sa maîtresse, déjà sur le retour et délicate, il se peut qu'elle ait eu à lutter plus cruellement contre la faim, je veux dire qu'il peut être présumable que cette infortunée en ait ressenti les horreurs plus tôt que sa maîtresse, qu'on ne saurait blâmer d'avoir gardé les derniers morceaux, sans en rien abandonner pour le soulagement de sa servante. Sans aucun doute, d'après cette relation, si notre navire ou quelque autre ne les eût pas si providentiellement rencontrés, quelques jours de plus, et ils étaient touts morts, à moins qu'ils n'eussent prévenu l'événement en se mangeant les uns les autres ; et même, dans leur position, cela ne leur eût que peu servi, vu qu'ils étaient à cinq cents lieues de toute terre et hors de toute possibilité d'être secourus autrement que de la manière miraculeuse dont la chose advint. Mais ceci soit dit en passant. Je retourne à mes dispositions concernant ma colonie.

Et d'abord il faut observer que, pour maintes raisons, je ne jugeai pas à propos de leur parler du *sloop* que j'avais embarqué en botte, et que j'avais pensé faire assembler dans l'île ; car je trouvai, du moins à mon arrivée, de telles semences de discorde parmi eux, que je vis clairement, si je reconstruisais le *sloop* et le leur laissais, qu'au moindre mécontentement ils se sépareraient, s'en iraient chacun de son côté, ou peut-être même s'adonneraient à la piraterie et feraient ainsi de l'île un repaire de brigands, au lieu d'une colonie de gens sages et religieux comme je voulais qu'elle fût. Je ne leur laissai pas davantage, pour la même raison, les deux pièces de canon de bronze que j'avais à bord et les deux caronades dont mon neveu s'était chargé par surcroît. Ils me semblaient suffisamment équipés pour une guerre défensive contre quiconque entreprendrait sur eux; et je n'entendais point les armer pour une guerre offensive ni les encourager à faire des excursions pour attaquer autrui, ce qui, en définitive, n'eût attiré sur eux et leurs desseins que la ruine et la destruction. Je réservai, en conséquence, le *sloop* et les canons pour leur être utiles d'une autre manière, comme je le consignerai en son lieu.

J'en avais alors fini avec mon île. Laissant tous mes planteurs en bonne passe, et dans une situation florissante, je retournai à bord de mon navire le cinquième jour de mai, après avoir demeuré vingt-cinq jours parmi eux; comme ils étaient tous résolus à rester dans l'île jusqu'à ce que je vinsse les en tirer, je leur promis de leur envoyer de nouveaux secours du Brésil, si je pouvais en trouver l'occasion, et spécialement je m'engageai à leur envoyer du bétail, tels que moutons, cochons et vaches : car pour les deux vaches et les veaux que j'avais emmenés d'Angleterre, la longueur de la traversée nous avait contraints à les tuer, faute de foin pour les nourrir.

Le lendemain, après les avoir salués de cinq coups de canon de partance, nous fîmes voile, et nous arrivâmes à la Baie de Touts-les-Saints, au Brésil, en vingt-deux jours environ, sans avoir rencontré durant le trajet rien de remarquable que ceci : Après trois jours de navigation, étant abriés et le courant nous portant violemment au Nord-Nord-Est dans une baie ou golfe vers la côte, nous fûmes quelque peu entraînés hors de notre route, et une ou deux fois nos hommes crièrent : — « Terre à l'Est! » — Mais était-ce le Continent ou des îles? C'est ce que nous n'aurions su dire aucunement.

Or le troisième jour, vers le soir, la mer étant douce et le temps calme, nous vîmes la surface de l'eau en quelque sorte couverte, du côté de la terre, de quelque chose de très-noir, sans pouvoir distinguer ce que c'était. Mais un instant après, notre second étant monté dans les haubans du grand mât, et ayant braqué une lunette d'approche sur ce point, cria que c'était une armée. Je ne pouvais m'imaginer ce qu'il entendait par une armée, et je lui répondis assez brusquement, l'appelant fou, ou quelque chose semblable. — « Oui-da, Sir, dit-il, ne vous fâchez pas, car c'est bien une armée et même une flotte; car je crois qu'il y a bien mille canots ! Vous pouvez d'ailleurs les voir pagayer ; ils s'avancent en hâte vers nous, et sont pleins de monde. »

Dans le fond je fus alors un peu surpris, ainsi que mon neveu, le capitaine; comme il avait entendu dans l'île de terribles histoires sur les Sauvages et n'était point encore venu dans ces mers, il ne savait trop que penser de cela ; et deux ou trois fois il s'écria que nous allions tous être dévorés. Je dois l'avouer, vu que nous étions abriés, et que le courant portait avec force vers la terre, je mettais les choses au pire. Cependant je lui recommandai de ne pas s'effrayer, mais de faire mouiller l'ancre aussitôt que nous serions assez près pour savoir s'il nous fallait en venir aux mains avec eux.

Le temps demeurant calme, et les canots nageant rapidement vers nous, je donnai l'ordre de jeter l'ancre et de ferler toutes nos voiles. Quant aux Sauvages, je dis à nos gens que nous n'avions à redouter de leur part que le feu ; que, pour cette raison, il fallait mettre nos embarcations à la mer, les amarrer, l'une à la proue, l'autre à la poupe, les bien équiper toutes deux, et attendre ainsi l'événement. J'eus soin que les hommes des embarcations se tinssent prêts, avec des seaux et des écopes, à éteindre le feu si les

Sauvages tentaient de le mettre à l'extérieur du navire.

Dans cette attitude nous les attendîmes, et en peu de temps ils entrèrent dans nos eaux; mais jamais si horrible spectacle ne s'était offert à des Chrétiens! Mon lieutenant s'était trompé de beaucoup dans le calcul de leur nombre, — je veux dire en le portant à mille canots, — le plus que nous pûmes en compter quand ils nous eurent atteints étant d'environ cent vingt-six. Ces canots contenaient une multitude d'Indiens; car quelques-uns portaient seize ou dix-sept hommes, d'autres davantage, et les moindre six ou sept.

Lorsqu'ils se furent approchés de nous, ils semblèrent frappés d'étonnement et d'admiration, comme à l'aspect d'une chose qu'ils n'avaient sans doute jamais vue auparavant, et il ne surent d'abord, comme nous le comprîmes ensuite, comment s'y prendre avec nous. Cependant, ils s'avancèrent hardiment, et parurent se disposer à nous entourer; mais nous criâmes à nos hommes qui montaient les chaloupes, de ne pas les laisser venir trop près.

Mort de Vendredi.

Cet ordre nous amena un engagement avec eux, sans que nous en eussions le dessein ; car cinq ou six de leurs grands canots s'étant fort approchés de notre chaloupe, nos gens leur signifièrent de la main de se retirer, ce qu'ils comprirent fort bien, et ce qu'ils firent ;

mais, dans leur retraite, une cinquantaine de flèches nous furent décochées de ces pirogues, et un de nos matelots de la chaloupe tomba grièvement blessé.

Néanmoins, je leur criai de ne point faire feu; mais nous leur passâmes bon nombre de planches, dont le charpentier fit sur-le-champ une sorte de palissade ou de rempart, pour les défendre des flèches des Sauvages, s'ils venaient à tirer de nouveau.

Une demi-heure après environ, ils s'avancèrent tous en masse sur notre arrière, passablement près, si près même, que nous pouvions facilement les distinguer, sans toutefois pénétrer leur dessein. Je reconnus aisément qu'ils étaient de mes vieux amis, je veux dire de la même race de Sauvages que ceux avec lesquels j'avais eu coutume de me mesurer. Ensuite ils nagèrent un peu plus au large jusqu'à ce qu'ils fussent vis-à-vis de notre flanc, puis alors tirèrent à la rame droit sur nous, et s'approchèrent tellement qu'ils pouvaient nous entendre parler. Sur ce, j'ordonnai à tous mes hommes de se tenir clos et couverts, de peur que les Sauvages ne décochassent de nouveau quelques traits, et d'apprêter toutes nos armes. Comme ils se trouvaient à portée de la voix, je fis monter Vendredi sur le pont pour s'arraisonner avec eux dans son langage, et savoir ce qu'ils prétendaient. Il m'obéit. Le comprirent-ils ou non, c'est ce que j'ignore; mais sitôt qu'il les eut hélés, six d'entre eux, qui étaient dans le canot le plus avancé, c'est-à-dire le plus rapproché de nous, firent volte-face, et, se baissant, nous montrèrent leur derrière nu, précisément comme si, en anglais, sauf votre respect, ils nous eussent dit : Baise............. Était-ce un défi ou un cartel, était-ce purement une marque de mépris ou un signal pour les autres, nous ne savions; mais au même instant Vendredi s'écria qu'ils allaient tirer, et, malheureusement pour lui, pauvre garçon! ils firent voler plus de trois cents flèches; et, à mon inexprimable douleur, tuèrent ce pauvre Vendredi, exposé seul à leur vue. L'infortuné fut percé de trois flèches et trois autres tombèrent très-près de lui, tant ils étaient de redoutables tireurs.

Je fus si furieux de la perte de mon vieux serviteur, le compagnon de tous mes chagrins et de mes solitudes, que j'ordonnai sur-le-champ de charger cinq canons à biscayens et quatre à boulets; et nous leur envoyâmes une bordée telle, que de leur vie ils n'en avaient jamais essuyé de pareille, à coup sûr.

Ils n'étaient pas à plus d'une demi-encâblure quand nous fîmes feu, et nos canonniers avaient pointé si juste, que trois ou quatre de leurs canots furent, comme nous eûmes tout lieu de le croire, renversés d'un seul coup.

La manière incongrue dont ils nous avaient tourné leur derrière tout nu ne nous avait pas grandement offensé; d'ailleurs, il n'était pas certain que cela, qui passerait chez nous pour une marque du plus grand mépris, fût par eux entendu de même; aussi avais-je seulement résolu de les saluer en revanche de quatre ou cinq coups de canon à poudre, ce que je savais devoir les effrayer suffisamment. Mais quand ils tirèrent directement sur nous avec toute la furie dont ils étaient capables, et surtout lorsqu'ils eurent tué mon pauvre Vendredi, que j'aimais et estimais tant, et qui, par le fait, le méritait si bien, non-seulement je crus ma colère justifiée devant Dieu et devant les hommes, mais j'aurais été content si j'eusse pu les submerger eux et tous leurs canots.

Je ne saurais dire combien nous en tuâmes ni combien nous en blessâmes de cette bordée; mais, assurément, jamais on ne vit un tel effroi et un tel hourvari parmi une telle multitude : il y avait bien en tout, brisées et culbutées, treize ou quatorze pirogues dont les hommes s'étaient jetés à la nage ; le reste de ces barbares, épouvantés, éperdus, s'enfuyaient aussi vite que possible, se souciant peu de sauver ceux dont les pirogues avaient été brisées ou effondrées par notre canonnade. Aussi, je le suppose, beaucoup d'entre eux périrent-ils. Un pauvre diable, qui luttait à la nage contre les flots, fut recueilli par nos gens plus d'une heure après que touts étaient partis.

Nos coups de canon à biscayens durent en tuer et en blesser un grand nombre ; mais, bref, nous ne pûmes savoir ce qu'il en avait été : ils s'enfuirent si précipitamment qu'au bout de trois heures ou environ, nous n'appercevions plus que trois ou quatre canots traîneurs[1]. Et nous ne revîmes plus les autres, car, une brise se levant le même soir, nous appareillâmes et fîmes voile pour le Brésil.

Nous avions bien un prisonnier, mais il était si triste, qu'il ne voulait ni manger ni parler. Nous nous figurâmes touts qu'il avait résolu de se laisser mourir de faim. Pour le guérir, j'usai d'un expédient : j'ordonnai qu'on le prît, qu'on le redescendît dans la chaloupe, et qu'on lui fît accroire qu'on allait le rejeter à la mer, et l'abandonner où on l'avait trouvé, s'il persistait à garder le silence. Il s'obstina : nos matelots le jetèrent donc réellement à la mer et s'éloignèrent de lui ; alors il les suivit, car il nageait comme un liége, et se mit à les appeler dans sa langue ; mais ils ne comprirent pas un mot de ce qu'il disait. Cependant, à la fin,

---

[1] *Straggling.* La traduction contemporaine (indigne du beau nom de MADAME TASTU) dont il est parlé dans notre préface et dans les quelques notes précédentes, porte TRAINARDS. Toutes les pages de cette traduction sont émaillées de pareils BARBARISMES : il est déplorable qu'un livre destiné à l'éducation de la jeunesse soit une école de jargon. P. B.

ils le reprirent à bord. Depuis, il devint plus traitable, et je n'eus plus recours à cet expédient.

Nous remîmes alors à la voile. J'étais inconsolable de la perte de mon serviteur VENDREDI, et je serais volontiers retourné dans l'île pour y prendre quelqu'autre sauvage à mon service, mais cela ne se pouvait pas; nous poursuivîmes donc notre route. Nous avions un prisonnier, comme je l'ai dit, et beaucoup de temps s'écoula avant que nous pussions lui faire entendre la moindre chose. A la longue, cependant, nos gens lui apprirent quelque peu d'anglais, et il se montra plus sociable. Nous lui demandâmes de quel pays il venait : sa réponse nous laissa au même point, car son langage était si étrange, si guttural, et se parlait de la gorge d'une façon si sourde et si bizarre, qu'il nous fut impossible d'en recueillir un mot, et nous fûmes tous d'avis qu'on pouvait aussi bien parler ce baragouin avec un bâillon dans la bouche qu'autrement. Ses dents, sa langue, son palais, ses lèvres, autant que nous pûmes voir, ne lui étaient d'aucun usage : il formait ses mots précisément comme une trompe de chasse forme un ton, à plein gosier. Il nous dit cependant, quelque temps après, quand nous lui eûmes enseigné à articuler un peu l'anglais, qu'ils s'en allaient avec leurs rois pour livrer une grande bataille. Comme il avait dit ROIS, nous lui demandâmes combien ils en avaient. Il nous répondit qu'il y avait là cinq NATION, — car nous ne pouvions lui faire comprendre l'usage de l'S au pluriel, — et qu'elles s'étaient réunies pour combattre deux autres NATION. Nous lui demandâmes alors pourquoi ils s'étaient avancés sur nous. — « Pour faire la grande merveille regarder, » — dit-il (*To makee te great wonder look*). A ce propos, il est bon de remarquer que tous ces naturels, de même que ceux d'Afrique, quand ils apprennent l'anglais, ajoutent toujours deux E à la fin des mots où nous n'en mettons qu'un, et placent l'accent sur le dernier, comme *makee, takee*, par exemple, prononciation vicieuse dont on ne saurait les désaccoutumer, et dont j'eus beaucoup de peine à débarrasser VENDREDI, bien que j'eusse fini par en venir à bout.

Et maintenant que je viens de nommer encore une fois ce pauvre garçon, il faut que je lui dise un dernier adieu. Pauvre honnête VENDREDI!... Nous l'ensevelîmes avec toute la décence et la solemnité possibles. On le mit dans un cercueil, on le jeta à la mer, et je fis tirer pour lui onze coups de canon. Ainsi finit la vie du plus reconnaissant, du plus fidèle, du plus candide, du plus affectionné serviteur qui fût jamais.

A la faveur d'un bon vent, nous cinglions alors vers le Brésil, et, au bout de douze jours environs, nous découvrîmes la terre par la latitude de cinq degrés Sud de la ligne : c'est là le point le plus Nord-Est de toute cette partie de l'Amérique. Nous demeurâmes Sud-quart-Est en vue de cette côte pendant quatre jours ; nous doublâmes alors le Cap Saint-Augustin, et, trois jours après, nous vînmes mouiller dans la Baie de Tous-les-Saints, l'ancien lieu de ma délivrance, d'où m'étaient venues également ma bonne et ma mauvaise fortune.

Jamais navire n'avait amené dans ce parage personne qui y eût moins affaire que moi, et cependant ce ne fut qu'avec beaucoup de difficultés que nous fûmes admis à avoir à terre la moindre communication. Ni mon PARTNER lui-même, qui vivait encore, et faisait en ces lieux grande figure, ni les deux négociants, mes curateurs, ni le bruit de ma miraculeuse conservation dans l'île, ne purent m'obtenir cette faveur. Toutefois, mon PARTNER, se souvenant que j'avais donné cinq cents MOIDORES au Prieur du monastère des Augustins, et trois cent soixante-douze aux pauvres, alla au couvent, et engagea celui qui pour lors en était le Prieur à se rendre auprès du Gouverneur pour lui demander pour moi la permission de descendre à terre avec le capitaine, quelqu'un autre et huit matelots seulement, et ceci sous la condition expresse et absolue que nous ne débarquerions aucune marchandise et ne transporterions nulle autre personne sans autorisation.

On fut si strict envers nous, quant au non-débarquement des marchandises, que ce ne fut qu'avec une extrême difficulté que je pus mettre à terre trois ballots de merceries anglaises, à savoir, de draps fins, d'étoffes et de toiles que j'avais apportées pour en faire présent à mon PARTNER.

C'était un homme généreux et grand, bien que, ainsi que moi, il fût parti de fort bas d'abord. Quoiqu'il ne sût pas que j'eusse le moindre dessein de lui rien donner, il m'envoya à bord des provisions fraîches, du vin et des confitures, pour une valeur de plus de trente MOIDORES, à quoi il avait joint du tabac et trois ou quatre belles médailles d'or; mais je m'acquittai envers lui par mon présent, qui, comme je l'ai dit, consistait en drap fin, en étoffes anglaises, en dentelles et en belles toiles de Hollande. Je lui livrai en outre pour cent livres sterling de marchandises d'autre espèce, et j'obtins de lui, en retour, qu'il ferait assembler le *sloop* que j'avais apporté avec moi d'Angleterre pour l'usage de mes planteurs, afin d'envoyer à ma colonie les secours que je lui destinais.

En conséquence, il se procura des bras, et le *sloop* fut achevé en très-peu de jours, car il était tout façonné déjà; et je donnai au capitaine qui en prit le commandement des instructions telles qu'il ne pouvait manquer de trouver l'île. Aussi la trouva-t-il, comme par la suite j'en reçus l'avis de mon PARTNER. Le *sloop* fut bientôt chargé de la petite cargaison que j'adressais à mes insulaires, et un de nos marins, qui m'avait suivi dans l'île, m'offrit alors de s'embarquer pour aller s'y établir moyennant une lettre de moi, laquelle enjoignait au gouverneur espagnol de lui assigner une étendue de terrain suffisante pour une plantation, et de lui donner les outils et les choses nécessaires pour faire des plantages, ce à quoi il se disait fort entendu, ayant été planteur au Maryland et, par-dessus le marché, boucanier.

Je confirmai ce garçon dans son dessein en lui accordant tout ce qu'il désirait. Pour se l'attacher comme esclave, je l'avantageai en outre du Sauvage que nous avions fait prisonnier de guerre, et je fis passer l'ordre au gouverneur espagnol de lui donner sa part de tout ce dont il avait besoin, ainsi qu'aux autres.

Embarquement de Bestiaux pour l'Ile.

Quand nous en vînmes à équiper le *sloop*, mon vieux PARTNER me dit qu'il y avait un très-honnête homme, un planteur brésilien de sa connaissance, lequel avait encouru la disgrâce de l'Église. — «Je ne sais pourquoi, dit-il, mais, sur ma conscience, je pense qu'il est hérétique dans le fond de son cœur. De peur de l'inquisition, il a été obligé de se cacher. A coup sûr, il serait ravi de trouver une pareille occasion de s'échapper avec sa femme et ses deux filles. Si vous vouliez bien le laisser émigrer dans votre île et lui constituer une plantation, je me chargerais de lui donner un petit matériel pour commencer ; car les officiers de l'Inquisition ont saisi tous ses effets et tous ses biens, et il ne lui reste rien qu'un chétif mobilier et deux esclaves. Quoique je haïsse ses principes, cependant je ne voudrais pas le voir tomber entre leurs mains ; sûrement il serait brûlé vif. »

J'adhérai sur-le-champ à cette proposition, je réunis mon Anglais à cette famille, et nous cachâmes l'homme, sa femme et ses filles sur notre navire, jusqu'au moment où le *sloop* mit à la voile. Alors, leurs effets ayant été portés à bord de cette embarcation quelque temps auparavant, nous les y déposâmes quand elle fut sortie de la baie.

Notre marin fut extrêmement aise de ce nouveau compagnon. Aussi riches l'un que l'autre en outils et en matériaux, ils n'avaient, pour commencer leur établissement, que ce dont j'ai fait mention ci-dessus ; mais ils emportaient avec eux, — ce qui valait tout le reste, — quelques plants de canne à sucre et quelques instruments pour la culture des cannes, à laquelle le Portugais s'entendait fort bien.

Entre autres secours que je fis passer à mes tenanciers dans l'île, je leur envoyai par ce *sloop* : trois vaches laitières, cinq veaux, environ vingt-deux porcs, parmi lesquels trois truies pleines ; enfin deux poulinières et un étalon.

J'engageai trois femmes portugaises à partir, selon ma promesse faite aux Espagnols, auxquels je recommandai de les épouser et d'en user dignement avec elles. J'aurais pu en embarquer bien davantage, mais je me souvins que le pauvre homme persécuté avait deux filles, et que cinq Espagnols seulement en désiraient ; les autres avaient des femmes en leur puissance, bien qu'en pays éloignés.

Toute cette cargaison arriva à bon port et fut, comme il vous est facile de l'imaginer, fort bien reçue par mes vieux habitants, qui se trouvèrent alors, avec cette addition, au nombre de soixante ou soixante-dix personnes, non compris les petits enfants, dont il y avait foison. Quand je revins en Angleterre, je trouvai des lettres d'eux tous, apportées par le *sloop* à son retour du Brésil et venues par la voie de Lisbonne. J'en accuse ici réception.

Maintenant, j'en ai fini avec mon île, je romps avec tout ce qui la concerne ; et quiconque lira le reste de ces mémoires fera bien de l'ôter tout-à-fait de sa pensée, et de s'attendre à lire seulement les folies d'un vieillard que ses propres malheurs et à plus forte raison ceux d'autrui n'avaient pu instruire à se garer de nouveaux désastres ; d'un vieillard que n'avait pu rasseoir plus de quarante années de misères et d'adversités, que n'avaient pu satisfaire une prospérité surpassant son espérance, et que n'avaient pu rendre sage une affliction, une détresse qui passe l'imagination.

Je n'avais pas plus affaire d'aller aux Indes-Orientales qu'un homme en pleine liberté n'en a d'aller trouver le guichetier de NEWGATE, et de le prier de l'enfermer avec les autres prisonniers et de lui faire souffrir la faim. Si j'avais pris un petit bâtiment anglais pour me rendre directement dans l'île, si je l'avais chargé, comme j'avais fait l'autre vaisseau, de toutes choses nécessaires pour la plantation et pour mon peuple ; si j'avais demandé à ce gouvernement-ci des lettres-patentes qui assurassent ma propriété, rangée simplement sous la domination de l'Angleterre, ce qu'assurément j'eusse obtenu ; si j'y avais transporté du canon, des munitions, des esclaves, des planteurs ; si, prenant possession de la place, je l'eusse munie et fortifiée au nom de la Grande-Bretagne et eusse accru sa population, comme aisément je l'eusse pu faire ; si alors j'eusse résidé là et eusse renvoyé le vaisseau chargé de bon riz, ce qu'aussi j'eusse pu faire au bout de six mois, en mandant à mes amis de nous le réexpédier avec un chargement à notre convenance ; si j'avais fait ceci, si je me fusse fixé là, j'aurais enfin agi, moi, comme un homme de bon sens ; mais j'étais possédé d'un esprit vagabond, et je méprisai tous ces avantages. Je complaisais à me voir le patron de ces gens que j'avais placés là, et à en user avec eux en quelque sorte d'une manière haute et majestueuse comme un antique monarque patriarcal : ayant soin de les pourvoir comme si j'eusse été Père de toute la famille, comme je l'étais de la plantation ; mais je n'avais seulement jamais eu la prétention de planter au nom de quelque gouvernement ou de quelque nation, de reconnaître quelque prince, et de déclarer mes gens sujets d'une nation plutôt que d'une autre ; qui plus est, je n'avais même pas donné de nom à l'île : je la laissai comme je l'avais trouvée, n'appartenant à personne, et sa population n'ayant d'autre discipline, d'autre gouvernement que le mien, lequel, bien que j'eusse sur elle l'influence d'un père et d'un bienfaiteur, n'avait point d'autorité ou de pouvoir pour agir ou commander allant au-delà de ce que, pour me plaire, elle m'accordait volontairement. Et cependant cela aurait été plus que suffisant si j'eusse résidé dans mon domaine. Or, comme j'allai courir au loin et ne reparus plus, les dernières nouvelles que j'en reçus me parvinrent par le canal de mon PARTNER, qui plus tard envoya un autre *sloop* à la colonie, et qui, — je ne reçus toutefois sa missive que cinq années après qu'elle avait été écrite, — me donna avis que mes planteurs n'avançaient que chétivement, et murmuraient de leur long séjour en ce lieu ; que WILL. ATKINS était mort ; que cinq Espagnols étaient partis ; que, bien qu'ils n'eussent pas été très-molestés par les sauvages, ils avaient eu cependant quelques escarmouches avec eux ; et qu'ils le suppliaient de m'écrire de penser à la promesse que je leur avais faite de les tirer de là, afin qu'ils pussent revoir leur patrie avant de mourir.

Mais j'étais parti en chasse de l'OIE-SAUVAGE, en vérité ; et ceux qui voudront savoir quelque chose de plus sur mon compte, il faut qu'ils se déterminent à me suivre à travers une nouvelle variété d'extravagances, de détresse et d'importunes aventures, où la justice de la Providence se montre clairement, et où nous pouvons voir combien il est facile au Ciel de nous rassasier de nos propres désirs, de faire que le plus ardent de nos souhaits soit notre affliction, et de nous punir sévèrement dans les choses mêmes où nous pensions rencontrer le suprême bonheur.

Que l'homme sage ne se flatte pas de la force de son propre jugement, et de pouvoir faire choix par lui-même de sa condition privée dans la vie. L'homme est une créature qui a la vue courte, l'homme ne voit pas loin devant lui ; et comme ses passions ne sont pas de ses meilleurs amis, ses affections particulières sont généralement ses plus mauvais conseillers[1].

Je dis ceci, faisant trait au désir impétueux que j'avais, comme un jeune homme, de courir le monde. Combien il était évident alors que cette inclination s'était perpétuée en moi pour mon châtiment ! Comment advint-il, de quelle manière, dans quelle circonstance, quelle en fut la conclusion, c'est chose aisée de vous le rapporter historiquement

[1] Dans la susdite traduction contemporaine, indigne du beau nom de MADAME TASTU, où, soi-disant, on se borne au rôle de TRADUCTEUR FIDÈLE, ce paragraphe et le suivant sont entièrement passés.　　　P. B.

et dans touts ses détails ; mais les fins secrètes de la divine Providence, en permettant que nous soyons ainsi précipités dans le torrent de nos propres désirs, ne seront comprises que de ceux qui savent prêter l'oreille à la voix de la Providence et tirer de religieuses conséquences de la justice de Dieu et de leurs propres erreurs.

Que j'eusse affaire ou pas affaire, le fait est que je partis ; ce n'est point l'heure maintenant de s'étendre plus au long sur la raison ou l'absurdité de ma conduite. Or, pour en revenir à mon histoire, je m'étais embarqué pour un voyage, et ce voyage je le poursuivis.

J'ajouterai seulement que mon honnête et véritablement pieux ecclésiastique me quitta ici[1] : un navire étant prêt à faire voile pour Lisbonne, il me demanda permission de s'y embarquer, destiné qu'il était, comme il le remarqua, à ne jamais achever un voyage commencé. Qu'il eût été heureux pour moi que je fusse parti avec lui !

Mais il était trop tard alors. D'ailleurs le Ciel arrange toutes choses pour le mieux ; si j'étais parti avec lui, je n'aurais pas eu tant d'occasions de rendre grâce à Dieu, et vous, vous n'auriez point connu la seconde partie des Voyages et Aventures de ROBINSON CRUSOÉ. Il me faut donc laisser là ces vaines apostrophes contre moi-même, et continuer mon voyage.

Du Brésil, nous fîmes route directement à travers la mer Atlantique pour le Cap de Bonne-Espérance, ou, comme nous l'appelons, *the Cape of Good Hope*, et notre course

---

[1] Ici, dans la traduction contemporaine, indigne du beau nom de MADAME TASTU, est intercalé un long rabâchage sur la sincérité de cet ecclésiastique et sur le faux zèle et la rapacité des missionnaires, où il est dit que le chinois Confucius fait partie du calendrier de nos Saints. Je ne sais si ce morceau peu regrettable est de Daniel de Foë : je ne l'ai point trouvé dans l'édition originale de Stockdale, ni dans l'édition donnée par John Walker en 1818.
P. B.

étant généralement Sud-Est, nous eûmes une assez bonne traversée ; par-ci par-là, toutefois, quelques grains ou quelques vents contraires. Mais j'en avais fini avec mes désastres sur mer : mes infortunes et mes revers m'attendaient au rivage, afin que je fusse une preuve que la terre comme la mer se prête à notre châtiment, quand il plaît au Ciel, qui dirige l'événement des choses, d'ordonner qu'il en soit ainsi.

Notre vaisseau, faisant un voyage de commerce, il y avait à bord un subrécargue, chargé de diriger tous ses mouvements une fois arrivé au Cap ; seulement, dans chaque port où nous devions faire escale, il ne pouvait s'arrêter au-delà d'un certain nombre de jours fixé par la charte-partie ; ceci n'était pas mon affaire, je ne m'en mêlai pas du tout ; mon neveu, — le capitaine, — et le subrécargue arrangeaient toutes ces choses entre eux comme ils le jugeaient convenable.

Nous ne demeurâmes au Cap que le temps nécessaire pour prendre de l'eau, et nous fîmes route en toute diligence pour la côte de Coromandel. De fait, nous étions informés qu'un vaisseau de guerre français de cinquante canons et deux gros bâtiments marchands étaient partis aux Indes, et comme je savais que nous étions en guerre avec la France, je n'étais pas sans quelque appréhension à leur égard ; mais ils poursuivirent leur chemin, et nous n'en eûmes plus de nouvelles.

Je n'enchevêtrerai point mon récit ni le lecteur dans la description des lieux, le journal de nos voyages, les variations du compas, les latitudes, les distances, les moussons, la situation des ports, et autres choses semblables dont presque toutes les histoires de longue navigation sont pleines, choses qui rendent leur lecture assez fastidieuse, et sont parfaitement insignifiantes pour tout le mondo, excepté seulement pour ceux qui sont allés eux-mêmes dans ces mêmes parages.

C'est bien assez de nommer les ports et les lieux où nous relâchâmes, et de rapporter ce qui nous arriva dans le trajet de l'un à l'autre. — Nous touchâmes d'abord à l'île de Madagascar, où, quoiqu'ils soient farouches et perfides, et particulièrement très-bien armés de lances et d'arcs, dont ils se servent avec une inconcevable dextérité, nous ne nous entendîmes pas trop mal avec les naturels pendant quelque temps : ils nous traitaient avec beaucoup de civilité, et pour quelques bagatelles que nous leur donnâmes, telles que couteaux, ciseaux, *et cætera*, ils nous amenèrent onze bons et gras bouvillons, de moyenne taille, mais fort bien en chair, que nous embarquâmes, partie comme provisions fraîches pour notre subsistance présente, partie pour être salé pour l'avitaillement du navire.

Thomas Jeffrys.

près avoir fait nos approvisionnemen's, nous fûmes obligés de demeurer là quelque temps ; et moi, toujours aussi curieux d'examiner chaque recoin du monde où j'allais, je descendais à terre aussi souvent que possible. Un soir, nous débarquâmes sur le côté oriental de l'île, et les habitants, qui, soit dit en passant, sont très-nombreux, vinrent en foule autour de nous, et tout en nous épiant, s'arrêtèrent à quelque distance. Comme nous avions trafiqué librement avec eux et qu'ils en avaient fort bien usé avec nous, nous ne nous crûmes point en danger; mais, en voyant cette multitude, nous coupâmes trois branches d'arbre et les fichâmes en terre à quelques pas de nous, ce qui est, à ce qu'il paraît, dans ce pays une marque de paix et d'amitié. Quand le manifeste est accepté, l'autre parti plante aussi trois rameaux ou pieux en signe d'adhésion à la trêve. Alors, c'est une condition reconnue de la paix, que vous ne devez point passer par devers eux au-delà de leurs trois pieux, ni eux venir par devers vous en-deçà des trois vôtres, de sorte que vous êtes parfaitement en sûreté derrière vos trois perches. Tout l'espace entre vos jalons et les leurs est réservé comme un marché pour converser librement, pour troquer et trafiquer. Quand vous vous rendez là, vous ne devez point porter vos armes avec vous, et pour eux, quand ils viennent sur ce terrain, ils laissent près de leurs pieux leurs zagaies et leurs lances, et s'avancent désarmés. Mais si quelque violence leur est faite, si, par là, la trêve est rompue, ils s'élancent aux pieux, saisissent leurs armes, et alors adieu la paix.

Il advint un soir où nous étions au rivage, que les habitants descendirent vers nous en plus grand nombre que de coutume, mais touts affables et bienveillants. Ils nous apportèrent plusieurs sortes de provisions, pour lesquelles nous leur donnâmes quelques babioles que nous avions: leurs femmes nous apportèrent aussi du lait, des racines, et différentes choses pour nous très-acceptables, et tout demeura paisible. Nous fîmes une petite tente ou hutte avec quelques branches d'arbres pour passer la nuit à terre.

Je ne sais à quelle occasion, mais je ne me sentis pas si

satisfait de coucher à terre que les autres; et le canot se tenant à l'ancre à environ un jet de pierre de la rive, avec deux hommes pour le garder, j'ordonnai à l'un d'eux de mettre pied à terre; puis, ayant cueilli quelques branches d'arbres pour nous couvrir aussi dans la barque, j'étendis la voile dans le fond, et passai la nuit à bord sous l'abri de ces rameaux.

A deux heures du matin environ, nous entendîmes un de nos hommes faire grand bruit sur le rivage, nous criant, au nom de Dieu, d'amener l'esquif et de venir à leur secours, car ils allaient être tous assassinés. Au même instant, j'entendis la détonation de cinq mousquets, — c'était le nombre des armes que se trouvaient avoir nos compagnons, — et cela à trois reprises. Les naturels de ce pays, à ce qu'il paraît, ne s'effraient pas aussi aisément des coups de feu que les Sauvages d'Amérique auxquels j'avais eu affaire.

Ignorant la cause de ce tumulte, mais arraché subitement à mon sommeil, je fis avancer l'esquif, et je résolus, armés des trois fusils que nous avions à bord, de débarquer et de secourir notre monde.

Nous aurions bientôt gagné le rivage; mais nos gens étaient en si grande hâte qu'arrivés au bord de l'eau ils plongèrent pour atteindre vitement la barque: trois ou quatre cents hommes les poursuivaient. Eux n'étaient que neuf en tout; cinq seulement avaient des fusils: les autres, à vrai dire, portaient bien des pistolets et des sabres; mais ils ne leur avaient pas servi à grand'chose.

Nous en recueillîmes sept avec assez de peine, trois d'entre eux étant grièvement blessés. Le pire de tout, c'est que tandis que nous étions arrêtés pour les prendre à bord, nous nous trouvions exposés au même danger qu'ils avaient essuyé à terre. Les naturels faisaient pleuvoir sur nous une telle grêle de flèches, que nous fûmes obligés de barricader un des côtés de la barque avec des bancs et deux ou trois planches détachées qu'à notre grande satisfaction, par un pur hasard, ou plutôt providentiellement, nous trouvâmes dans l'esquif.

Toutefois, ils étaient, ce semble, tellement adroits tireurs que, s'il eût fait jour et qu'ils eussent pu appercevoir la moindre partie de notre corps, ils auraient été sûrs de nous. A la clarté de la lune on les entrevoyait, et comme du rivage où ils étaient arrêtés ils nous lançaient des zagaies et des flèches, ayant rechargé nos armes, nous leur envoyâmes une fusillade que nous jugeâmes avoir fait merveille aux cris que jetèrent quelques-uns d'eux. Néanmoins, ils demeurèrent rangés en bataille sur la grève jusqu'à la pointe du jour, sans doute, nous le supposâmes, pour être à même de nous mieux ajuster.

Nous gardâmes aussi la même position, ne sachant comment faire pour lever l'ancre et mettre notre voile au vent, parce qu'il nous eût fallu pour cela nous tenir debout dans le bateau, et qu'alors ils auraient été aussi certains de nous frapper que nous le serions d'atteindre avec de la cendrée un oiseau perché sur un arbre. Nous adressâmes des signaux de détresse au navire, et quoiqu'il fût mouillé à une lieue, entendant notre mousquetade, et, à l'aide de longues-vues, découvrant dans quelle attitude nous étions et que nous faisions feu sur le rivage, mon neveu nous comprit de reste. Levant l'ancre en toute hâte, il fit avancer le vaisseau aussi près de terre que possible ; puis, pour nous secourir, nous dépêcha une autre embarcation montée par dix hommes. Nous leur criâmes de ne point trop s'approcher, en leur faisant connaître notre situation. Nonobstant, ils s'avancèrent fort près de nous : puis l'un d'eux prenant à la main le bout d'une amarre, et gardant toujours notre esquif entre lui et l'ennemi, si bien qu'il ne pouvait parfaitement l'appercevoir, gagna notre bord à la nage et y attacha l'amarre. Sur ce, nous filâmes par le bout notre petit câble, et, abandonnant notre ancre, nous fûmes remorqués hors de la portée des flèches. Nous, durant toute cette opération, nous demeurâmes cachés derrière la barricade que nous avions faite.

Sitôt que nous n'offusquâmes plus le navire, afin de présenter le flanc aux ennemis, il prolongea la côte et leur envoya une bordée chargée de morceaux de fer et de plomb, de balles et autre mitraille, sans compter les boulets, laquelle fit parmi eux un terrible ravage.

Quand nous fûmes rentrés à bord et hors de danger, nous recherchâmes tout à loisir la cause de cette bagarre ; et notre subrécargue, qui souvent avait visité ces parages, me mit sur la voie : — « Je suis sûr, dit-il, que les habitants ne nous auraient point touchés après une trêve conclue si nous n'avions rien fait pour les y provoquer. » — Enfin il nous revint qu'une vieille femme était venue pour nous vendre du lait et l'avait apporté dans l'espace libre entre nos pieux, accompagnée d'une jeune fille qui nous apportait aussi des herbes et des racines. Tandis que la vieille, — était-ce ou non la mère de la jeune personne, nous l'ignorions, — débitait son laitage, un de nos hommes avait voulu prendre quelque grossière privauté avec la jeune Malgache, de quoi la vieille avait fait grand bruit. Néanmoins, le matelot n'avait pas voulu lâcher sa capture, et l'avait entraînée hors de la vue de la vieille sous les arbres : il faisait presque nuit. La vieille femme s'était donc en allée sans elle, et sans doute, on le suppose, ayant par ses clameurs ameuté le peuple, en trois ou quatre heures, toute cette grande armée s'était rassemblée contre nous. Nous l'avions échappé belle.

Un des nôtres avait été tué d'un coup de lance dès le commencement de l'attaque, comme il sortait de la hutte que nous avions dressée; les autres s'étaient sauvés, tous, hormis le drille qui était la cause de tout le méchef, et qui paya bien cher sa noire maîtresse : nous ne pûmes de quelque temps savoir ce qu'il était devenu. Nous demeurâmes encore sur la côte pendant deux jours, bien que le vent donna, et nous lui fîmes des signaux, et notre chaloupe côtoya et recôtoya le rivage l'espace de plusieurs lieues, mais en vain. Nous nous vîmes donc dans la nécessité de l'abandonner. Après tout, si lui seul eût souffert de sa faute, ce n'eût pas été grand dommage.

Je ne pus cependant me décider à partir sans m'aventurer une fois encore à terre, pour voir s'il ne serait pas possible d'apprendre quelque chose sur lui et les autres. Ce fut la troisième nuit après l'action que j'eus un vif désir d'en venir à connaître, s'il était possible, par n'importe le moyen, quel dégât nous avions fait et quel jeu se jouait du côté des Indiens. J'eus soin de me mettre en campagne durant l'obscurité, de peur d'une nouvelle attaque; mais j'aurais dû aussi m'assurer que les hommes qui m'accompagnaient étaient bien sous mon commandement, avant de m'engager dans une entreprise si hasardeuse et si dangereuse, comme inconsidérément je fis.

Nous nous adjoignîmes, le subrécargue et moi, vingt compagnons des plus hardis, et nous débarquâmes deux heures avant minuit, au même endroit où les Indiens s'étaient rangés en bataille l'autre soir. J'abordai là parce que mon dessein, comme je l'ai dit, était surtout de voir s'ils avaient levé le camp et s'ils n'avaient pas laissé derrière eux quelques traces du dommage que nous leur avions fait. Je pensais que, s'il nous était possible d'en surprendre un ou deux, nous pourrions peut-être ravoir notre homme en échange.

Nous mîmes pied à terre sans bruit, et nous divisâmes notre monde en deux bandes : le bosseman en commandait une, et moi l'autre. Nous n'entendîmes ni ne vîmes personne bouger quand nous opérâmes notre descente ; nous poussâmes donc en avant vers le lieu du combat, gardant quelque distance entre nos deux bataillons. De prime-abord, nous n'apperçumes rien : il faisait très-noir ; mais, peu après, notre maître d'équipage, qui conduisait l'avant-garde, broncha, et tomba sur un cadavre. Là-dessus touts firent halte, et, jugeant par cette circonstance qu'ils se trouvaient à la place même où les Indiens avaient pris position, ils attendirent mon arrivée. Alors nous résolûmes de demeurer là jusqu'à ce que, à la lueur de la lune, qui devait monter à l'horizon avant une heure, nous pussions reconnaître la perte que nous leur avions fait essuyer. Nous comptâmes trente-deux corps restés sur la place, dont deux n'étaient pas tout-à-fait morts. Les uns avaient un bras de moins, les autres une jambe, un autre la tête. Les blessés, à ce que nous supposâmes, avaient été enlevés.

Quand à mon sens nous eûmes fait une complète découverte de tout ce que nous pouvions espérer connaître, je me disposai à retourner à bord ; mais le maître d'équipage et sa bande me firent savoir qu'ils étaient déterminés à faire une visite à la ville indienne où ces chiens, comme ils les appelaient, faisaient leur demeure, et me prièrent de venir avec eux. S'ils pouvaient y pénétrer, comme ils se l'imaginaient, ils ne doutaient pas, disaient-ils, de faire un riche butin, et peut-être d'y retrouver Thomas Jefferys. C'était le nom de l'homme que nous avions perdu.

S'ils m'avaient envoyé demander la permission d'y aller, je sais quelle eût été ma réponse : je leur eus intimé l'ordre sur-le-champ de retourner à bord; car ce n'était point à nous à courir à de pareils hasards, nous qui avions un navire et son chargement sous notre responsabilité, et à accomplir un voyage qui reposait totalement sur la vie de l'équipage; mais comme ils me firent dire qu'ils étaient résolus à partir, et seulement demandèrent à moi et à mon escouade de les accompagner, je refusai net, et je me levai — car j'étais assis à terre — pour regagner l'embarcation. Un ou deux de mes hommes se mirent alors à m'importuner pour que je prisse part à l'expédition, et comme je m'y refusais toujours positivement, ils commencèrent à murmurer et à dire qu'ils n'étaient point sous mes ordres et qu'ils voulaient marcher. — « Viens, Jack, dit l'un d'eux; veux-tu venir avec moi? sinon j'irai tout seul. » — Jack répondit qu'il voulait bien, un autre le suivit, puis un autre.

Thomas Jeffrys Pendu.

Bref, touts me laissèrent, excepté un auquel, non sans beaucoup de difficultés, je persuadai de rester. Ainsi le subrécargue et moi, et cet homme, nous regagnâmes la chaloupe où, leur dîmes-nous, nous allions les attendre et veiller pour recueillir ceux d'entre eux qui pourraient s'en tirer; — « Car, leur répétai-je, c'est une mauvaise chose que vous allez faire, et je redoute que la plupart de vous ne subissent le sort de Thomas Jeffreys. »

Ils me répondirent, en vrais marins, qu'ils gageaient d'en revenir, qu'ils se tiendraient sur leur garde, *et cœtera* ; et ils partirent. Je les conjurai de prendre en considération le navire et la traversée ; je leur représentai que leur vie ne leur appartenait pas, qu'elle était en quelque sorte incorporée au voyage ; que s'il leur mésarrivait le vaisseau serait perdu faute de leur assistance et qu'ils seraient sans excuses devant Dieu et devant les hommes. Je leur dis bien des choses encore sur cet article, mais c'était comme si j'eusse parlé au grand mât du navire. Cette incursion leur avait tourné la tête ; seulement ils me donnèrent de bonnes paroles, me prièrent de ne pas me fâcher, m'assurèrent qu'ils seraient prudents, et que, sans aucun doute, ils seraient de retour dans une heure au plus tard, car le village indien, disaient-ils, n'était pas à plus d'un demi-mille au-delà. Ils n'en marchèrent pas moins deux milles et plus, avant d'y arriver.

Ils partirent donc, comme on l'a vu plus haut, et quoique ce fût une entreprise désespérée et telle que des fous seuls s'y pouvaient jeter, toutefois, c'est justice à leur rendre, ils s'y prirent aussi prudemment que hardiment. Ils étaient galamment armés, tout de bon, car chaque homme avait un fusil ou un mousquet, une bayonnette et un pistolet. Quelques-uns portaient de gros poignards, d'autres des coutelas, et le maître d'équipage ainsi que deux autres brandissaient des haches d'armes. Outre tout cela, ils étaient munis de treize grenades. Jamais au monde compagnons plus téméraires et mieux pourvus ne partirent pour un mauvais coup.

En partant, leur principal dessein était le pillage : ils se promettaient beaucoup de trouver de l'or ; mais une circonstance qu'aucun d'eux n'avait prévue, les remplit du feu de la vengeance, et fit d'eux tous des démons. Quand ils arrivèrent aux quelques maisons indiennes qu'ils avaient prises pour la ville, et qui n'étaient pas éloignées de plus d'un demi-mille, grand fut leur désappointement, car il y avait là tout au plus douze ou treize cases, et où était la ville, et quelle était son importance, ils ne le savaient. Ils se consultèrent donc sur ce qu'ils devaient faire, et demeurèrent quelque temps sans pouvoir rien résoudre : s'ils tombaient sur ces habitants, il fallait leur couper la gorge à tous ; pourtant il y avait dix à parier contre un que quelqu'un d'entre eux s'échapperait à la faveur de la nuit, bien que la lune fût levée, et, si un seul s'échappait, qu'il s'enfuirait pour donner l'alerte à toute la ville, de sorte qu'ils se verraient une armée entière sur les bras. D'autre part s'ils passaient outre et laissaient ces habitants en paix, — car ils étaient tous plongés dans le sommeil, — ils ne savaient par quel chemin chercher la ville.

Cependant ce dernier cas leur semblant le meilleur, ils se déterminèrent à laisser intactes ces habitations, et à se mettre en quête de la ville comme ils pourraient. Après avoir fait un bout de chemin ils trouvèrent une vache attachée à un arbre, et sur-le-champ il leur vint à l'idée qu'elle pourrait leur être un bon guide : — « Sûrement, se disaient-ils, cette vache appartient au village que nous cherchons ou au hameau que nous laissons, et en la déliant nous verrons de quel côté elle ira : si elle retourne en arrière, tant pis ; mais si elle marche en avant, nous n'aurons qu'à la suivre. » — Ils coupèrent donc la corde faite de glayeuls tortillés, et la vache partit devant. Bref, cette vache les conduisit directement ou village, qui, d'après leur rapport, se composait de plus de deux cents maisons ou cabanes. Dans quelques-unes plusieurs familles vivaient ensemble.

Là régnait partout le silence et cette sécurité profonde que pouvait goûter dans le sommeil une contrée qui n'avait jamais vu pareil ennemi. Pour aviser à ce qu'ils devaient faire, ils tinrent de nouveau conseil, et, bref, ils se déterminèrent à se diviser en trois bandes et à mettre le feu à trois maisons sur trois différents points du village ; puis à mesure que les habitants sortiraient de s'en saisir et de les garrotter. Si quelqu'un résistait il n'est pas besoin de demander ce qu'ils pensaient lui faire. Enfin ils devaient fouiller le reste des maisons et se livrer au pillage. Toutefois il était convenu que sans bruit on traverserait d'abord le village pour reconnaître son étendue et voir si l'on pouvait ou non tenter l'aventure.

La ronde faite, ils se résolurent à hasarder le coup en désespérés ; mais tandis qu'ils s'excitaient l'un l'autre à la besogne, trois d'entre eux, qui étaient un peu plus en avant, se mirent à appeler, disant qu'ils avaient trouvé Thomas Jeffrys. Tous accoururent, et ce n'était que trop vrai, car là ils trouvèrent le pauvre garçon pendu tout nu par un bras, et la gorge coupée. Près de l'arbre patibulaire il y avait une maison où ils entrevirent seize ou dix-sept des principaux Indiens qui précédemment avaient pris part au combat contre nous, et dont deux ou trois avaient reçu des coups de feu. Nos hommes s'apperçurent bien que les gens de cette demeure étaient éveillés et se parlaient l'un l'autre, mais ils ne purent savoir quel était leur nombre.

La vue de leur pauvre camarade massacré les transporta tellement de rage, qu'ils jurèrent tous de se venger et que pas un Indien qui tomberait sous leurs mains n'aurait quartier. Ils se mirent à l'œuvre sur-le-champ, toutefois moins follement qu'on eût pu l'attendre de leur fureur. Leur premier mouvement fut de se mettre en quête de choses aisément inflammables ; mais après un instant de recherche, ils s'aperçurent qu'ils n'en avaient que faire, car la plupart des maisons étaient basses et couvertes de glayeuls et de joncs dont la contrée est pleine. Ils firent donc alors des artifices en humectant un peu de poudre dans la paume de leur main ; et au bout d'un quart d'heure le village brûlait en quatre ou cinq endroits, et particulièrement cette habitation où les Indiens ne s'étaient pas couchés. Aussitôt que l'incendie éclata, ces pauvres misérables commencèrent à s'élancer dehors pour sauver leur vie ; mais ils trouvaient leur sort dans cette tentative, là, au seuil de la porte où ils étaient repoussés, le maître d'équipage lui-même en pourfendit un ou deux avec sa hache d'arme. Comme la case était grande et remplie d'Indiens, le drôle ne se soucia pas d'y entrer, mais il demanda et jeta au milieu d'eux une grenade qui d'abord les effraya ; puis quand elle éclata elle fit un tel ravage parmi eux qu'ils poussèrent des hurlements horribles.

Bref, la plupart des infortunés qui se trouvaient dans l'entrée de la hutte furent tués ou blessés par cette grenade, hormis deux ou trois qui se précipitèrent à la porte que gardaient le maître d'équipage et deux autres compagnons, avec la bayonnette au bout du fusil, pour dépêcher tous ceux qui prendraient ce chemin. Il y avait un autre logement dans la maison où le Prince ou Roi, n'importe, et quelques autres, se trouvaient : là, on les retint jusqu'à ce que l'habitation, qui pour lors était tout en flamme, croula sur eux. Ils furent étouffés ou brûlés tous ensemble.

Tout ceci durant, nos gens n'avaient pas lâché un coup de fusil, de peur d'éveiller les Indiens avant que de pouvoir s'en rendre maître ; mais le feu ne tarda pas à les arracher au sommeil, et mes drôles cherchèrent alors à se tenir ensemble bien en corps ; car l'incendie devenait si violent, toutes les maisons étant faites de matières légères et combustibles, qu'ils pouvaient à peine passer au milieu des rues ; et leur affaire était pourtant de suivre le feu pour consommer leur extermination. Au fur et à mesure que l'embrasement chassait les habitants de ces demeures brûlantes, ou que l'effroi les arrachait de celles encore préservées, nos lurons, qui les attendaient au seuil de la porte, les assommaient en s'appelant et en se criant réciproquement de se souvenir de Thomas Jeffays.

Tandis que ceci se passait, je dois confesser que j'étais fort inquiet, surtout quand je vis les flammes du village embrasé, qui, parce qu'il était nuit, me semblaient tout près de moi.

A ce spectacle, mon neveu, le capitaine, que ses hommes réveillèrent aussi, ne fut guère plus tranquille, ne sachant ce dont il s'agissait et dans quel danger j'étais, surtout quand il entendit les coups de fusil : car nos aventuriers commençaient alors à faire usage de leurs armes à feu. Mille pensées sur mon sort et celui du subrécargue et sur nous tous oppressaient son âme ; et enfin, quoiqu'il lui restât peu de monde disponible, ignorant dans quel mauvais cas nous pouvions être, il prit l'autre embarcation et vint me trouver à terre, à la tête de treize hommes.

Grande fut sa surprise de nous voir, le subrécargue et moi, dans la chaloupe, seulement avec deux matelots, dont l'un y avait été laissé pour sa garde ; et bien qu'enchanté de nous retrouver en bon point, comme nous il séchait d'impatience de connaître ce qui se passait, car le bruit continuait et la flamme croissait. J'avoue qu'il eût été bien impossible à tout homme au monde de réprimer sa curiosité de savoir ce qu'il était advenu, ou son inquiétude sur le sort des absents. Bref, le capitaine me dit qu'il voulait aller au secours de ses hommes, arrive qui plante. Je lui représentai, comme je l'avais déjà fait à nos aventuriers, la sûreté du navire, les dangers du voyage, l'intérêt des armateurs et des négociants, *et cætera*, et lui déclarai que je voulais partir, moi et deux hommes seulement, pour voir si nous pourrions, à distance, apprendre quelque chose de l'événement, et revenir le lui dire.

J'eus autant de succès auprès de mon neveu que j'en avais eu précédemment auprès des autres : — « Non, non ; j'irai, répondit-il ; seulement je regrette d'avoir laissé plus de dix hommes à bord, car je ne puis penser à laisser périr ces braves faute de secours : j'aimerais mieux perdre le navire, le voyage, et ma vie et tout !... » — Il partit donc.

Alors il ne me fut pas plus possible de rester en arrière qu'il m'avait été possible de les dissuader de partir. Pour couper court, le capitaine ordonna à deux matelots de retourner au navire avec la pinace, laissant la chaloupe à l'ancre, et de ramener encore douze hommes. Une fois arrivés, six devaient garder les deux embarcations et les six autres venir nous rejoindre. Ainsi seize hommes seulement devaient demeurer à bord ; car l'équipage entier ne se composait que de soixante-cinq hommes, dont deux avaient péri dans la première échauffourée.

Nous nous mîmes en marche ; à peine, comme on peut le croire, sentions-nous la terre que nous foulions, et guidés par la flamme, à travers champs, nous allâmes droit au lieu de l'incendie. Si le bruit des fusillades nous avait surpris d'abord, les cris des pauvres Indiens nous remuèrent bien autrement et nous remplirent d'horreur. Je le confesse, je n'avais jamais assisté au sac d'une cité ni à la prise d'assaut d'une ville. J'avais bien entendu dire qu'OLIVIER CROMWELL après avoir pris DROGHEDA en Irlande, y avait fait massacrer hommes, femmes et enfants. J'avais bien ouï raconter que le comte de TILLY au saccagement de la ville de Magdebourg avait fait égorger vingt-deux mille personnes de tout sexe ; mais jusqu'alors je ne m'étais jamais fait une idée de la chose même, et je ne saurais ni la décrire, ni rendre l'horreur qui s'empara de nos esprits.

Néanmoins nous avancions toujours et enfin nous atteignîmes le village, sans pouvoir toutefois pénétrer dans les rues à cause du feu. Le premier objet qui s'offrit à nos regards, ce fut les ruines d'une maison ou d'une hutte, ou plutôt ses cendres, car elle était consumée. Tout auprès, éclairés en plein par l'incendie, gisaient quatre hommes et trois femmes tués ; et nous eûmes lieu de croire qu'un ou deux autres cadavres étaient ensevelis parmi les décombres en feu.

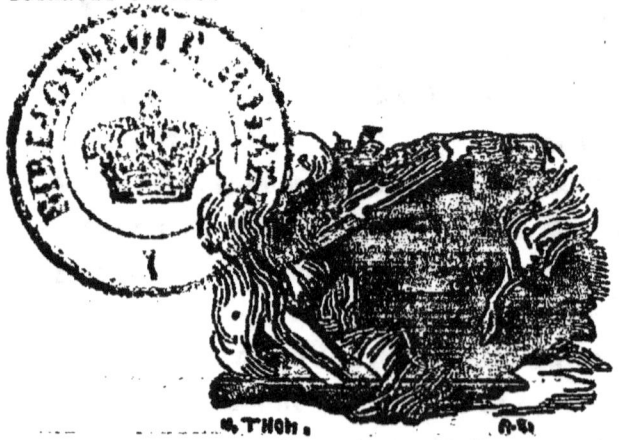

Saccagement du Village Indien.

En un mot, nous trouvâmes partout les traces d'une rage si barbare, et d'une fureur si au-delà de tout ce qui est humain, que nous ne pûmes croire que nos gens fussent coupables de telles atrocités, ou s'ils en étaient les auteurs, nous pensâmes que touts avaient mérité la mort la plus cruelle. Mais ce n'était pas tout : nous vîmes l'incendie s'étendre, et comme les cris croissaient à mesure que l'incendie croissait, nous tombâmes dans la dernière consternation. Nous nous avançâmes un peu, et nous apperçûmes, à notre grand étonnement, trois femmes nues, poussant d'horribles cris, et fuyant comme si elles avaient des ailes, puis, derrière elles, dans la même épouvante et la même terreur, seize ou dix-sept naturels poursuivis — je ne saurais les mieux nommer — par trois de nos bouchers anglais, qui, ne pouvant les atteindre, leur envoyèrent une décharge : un pauvre diable, frappé d'une balle, fut renversé sous nos yeux. Quand ces Indiens nous virent, croyant que nous étions des ennemis et que nous voulions les égorger, comme ceux qui leur donnaient la chasse, ils jetèrent un cri horrible, surtout les femmes, et deux d'entre eux tombèrent par terre comme morts d'effroi.

A ce spectacle, j'eus le cœur navré, mon sang se glaça dans mes veines, et je crois que si les trois matelots anglais qui les poursuivaient se fussent approchés, je les aurais fait tuer par notre monde. Nous essayâmes de faire connaître à ces pauvres fuyards que nous ne voulions point leur faire de mal, et aussitôt ils accoururent et se jetèrent à nos genoux, levant les mains, et se lamentant piteusement pour que nous leur sauvions la vie. Leur ayant donné à entendre que c'était là notre intention, touts vinrent pêle-mêle derrière nous se ranger sous notre protection. Je laissai mes hommes assemblés, et je leur recommandai de ne frapper personne, mais, s'il était possible, de se saisir de quelqu'un de nos gens pour voir de quel démon ils étaient possédés, ce qu'ils espéraient faire, et, bref, de leur enjoindre de se retirer, en leur assurant que, s'ils demeuraient jusqu'au jour, ils auraient une centaine de mille hommes à leurs trousses. Je les laissai, dis-je, et prenant seulement avec moi deux de nos marins, je m'en allai parmi les fuyards. Là, quel triste spectacle m'attendait! Quelques-uns s'étaient horriblement rôti les pieds en passant et courant à travers le feu; d'autres avaient les mains brûlées; une des femmes était tombée dans les flammes et avait été presque mortellement grillée avant de pouvoir s'en arracher; deux ou trois hommes avaient eu, dans leur fuite, le dos et les cuisses tailladés par nos gens; un autre enfin avait reçu une balle dans le corps, et mourut tandis que j'étais là.

J'aurais bien désiré connaître quelle avait été la cause de tout ceci, mais je ne pus comprendre un mot de ce qu'ils me dirent; à leurs signes, toutefois, je m'apperçus qu'ils n'en savaient rien eux-mêmes. Cet abominable attentat me transperça tellement le cœur que, ne pouvant tenir là plus long-temps, je retournai vers nos compagnons. Je leur faisais part de ma résolution et leur commandais de me suivre, quand, tout-à-coup, s'avancèrent quatre de nos matamores avec le maître d'équipage à leur tête, courant, tout couverts de sang et de poussière, sur des monceaux de corps qu'ils avaient tués, comme s'ils cherchaient encore du monde à massacrer. Nos hommes les appelèrent de toutes leurs forces; un d'eux, non sans beaucoup de peine, parvint à s'en faire entendre; ils reconnurent qui nous étions, et s'approchèrent de nous.

Sitôt que le maître d'équipage nous vit, il poussa comme un cri de triomphe, pensant qu'il lui arrivait du renfort; et sans plus écouter : — « Capitaine, s'écria-t-il, noble capitaine, que je suis aise que vous soyez venu! nous n'en avons pas encore à moitié fini. Les plats gueux! les chiens d'Enfer! je veux en tuer autant que le pauvre Tom a de cheveux sur la tête. Nous avons juré de n'en épargner aucun; nous voulons extirper cette race de la terre ! » — Et il se reprit à courir, pantelant, hors d'haleine, sans nous donner le temps de lui dire un mot.

Enfin, élevant la voix pour lui imposer un peu silence : — « Chien sanguinaire ! lui criai-je, qu'allez-vous faire ? Je vous défends de toucher à une seule de ces créatures, sous peine de la vie. Je vous ordonne, sur votre tête, de mettre fin à cette tuerie, et de rester ici, sinon vous êtes mort. »

— «Tudieu ! Sir, dit-il, savez-vous ce que vous faites et ce qu'ils ont fait ? Si vous voulez savoir la raison de ce que nous avons fait, nous, venez ici. » — Et sur ce, il me montra le pauvre Tom pendu à un arbre, et la gorge coupée.

J'avoue qu'à cet aspect je fus irrité moi-même, et qu'en tout autre occasion j'eusse été fort exaspéré ; mais je pensai que déjà ils n'avaient porté que trop loin leur rage et je me rappelai les paroles de Jacob à ses fils Siméon et Lévi : — « Maudite soit leur colère, car elle a été féroce, et leur vengeance, car elle a été cruelle. » — Or, une nouvelle besogne me tomba alors sur les bras, car lorsque les marins qui me suivaient eurent jeté les yeux sur ce triste spectacle, ainsi que moi, j'eus autant de peine à les retenir que j'en avais eu avec les autres. Bien plus, mon neveu le capitaine se rangea de leur côté, et me dit, de façon à ce qu'ils l'entendissent, qu'ils redoutaient seulement que nos hommes ne fussent écrasés par le nombre ; mais quant aux habitants, qu'ils méritaient touts la mort, car touts avaient trempé dans le meurtre du pauvre matelot et devaient être traités comme des assassins. A ces mots, huit de mes hommes, avec le maître d'équipage et sa bande, s'enfuirent pour achever leur sanglant ouvrage. Et moi, puisqu'il était tout-à-fait hors de mon pouvoir de les retenir, je me retirai morne et pensif : je ne pouvais supporter la vue encore moins les cris et les gémissements des pauvres misérables qui tombaient entre leurs mains.

Personne ne me suivit, hors le subrécargue et deux hommes; et avec eux seuls je retournai vers nos embarcations. C'était une grande folie à moi, je l'avoue, de m'en aller ainsi; car il commençait à faire jour et l'alarme s'était répandue dans le pays. Environ trente ou quarante hommes armés de lances et d'arcs campaient à ce petit hameau de douze ou treize cabanes dont il a été question déjà ; mais par bonheur, j'évitai cette place et je gagnai directement la côte. Quand j'arrivai au rivage il faisait grand jour : je pris immédiatement la pinace et je me rendis à bord, puis je la renvoyai pour secourir nos hommes le cas advenant.

Je remarquai, à peu près vers le temps où j'accostai le navire, que le feu était presque éteint et le bruit appaisé ; mais environ une demi-heure après que j'étais à bord j'entendis une salve de mousqueterie et je vis une grande fumée. C'était, comme je l'appris plus tard, nos hommes qui, chemin faisant, assaillaient les quarante Indiens postés au petit hameau. Ils en tuèrent seize ou dix-sept et brûlèrent toutes les maisons, mais ils ne touchèrent point aux femmes ni aux enfants.

Au moment où la pinace regagnait le rivage nos aventuriers commencèrent à reparaître : ils arrivaient petit à petit, non plus en deux corps et en ordre comme ils étaient partis, mais pêle-mêle, mais à la débandade, de telle façon qu'une poignée d'hommes résolus auraient pu leur couper à touts la retraite.

Mais ils avaient jeté l'épouvante dans tout le pays. Les naturels étaient si consternés, si atterrés qu'une centaine d'entre eux, je crois, auraient fui seulement à l'aspect de cinq des nôtres. Dans toute cette terrible action il n'y eut pas un homme qui fit une belle défense. Surpris tout à la fois par l'incendie et l'attaque soudaine de nos gens au milieu de l'obscurité, ils étaient si éperdus qu'ils ne savaient que devenir. S'ils fuyaient d'un côté ils rencontraient un parti, s'ils reculaient un autre, partout la mort. Quant à nos marins, pas un n'attrapa la moindre blessure, hors un homme qui se foula le pied et un autre qui eut une main assez grièvement brûlée.

J'étais fort irrité contre mon neveu le capitaine, et au fait intérieurement, contre touts les hommes du bord, mais surtout contre lui, non-seulement parce qu'il avait forfait à son devoir, comme commandant du navire, responsable du voyage, mais encore parce qu'il avait plutôt attisé qu'amorti la rage de son équipage dans cette sanguinaire et cruelle entreprise. Mon neveu me répondit très-respectueusement, et me dit qu'à la vue du cadavre du pauvre matelot, massacré d'une façon si féroce et si barbare, il n'avait pas été maître de lui-même et n'avait pu maîtriser sa colère. Il avoua qu'il n'aurait pas dû agir ainsi comme capitaine du navire, mais comme il était homme, que la nature l'avait remué et qu'il n'avait pu prévaloir sur elle. Quant aux autres ils ne m'étaient soumis aucunement, et ils ne le savaient que trop : aussi firent-ils peu de compte de mon blâme.

Le lendemain nous mîmes à la voile, nous n'apprîmes donc rien de plus. Nos hommes n'étaient pas d'accord sur le nombre des gens qu'ils avaient tués : les uns disaient une chose, les autres une autre; mais selon le plus admissible de touts leurs récits, ils avaient bien expédié environ cent cinquante personnes, hommes, femmes et enfants, et n'avaient pas laissé une habitation debout dans le village.

Quant au pauvre Thomas Jeffrys, comme il était bien mort, car on lui avait coupé la gorge si profondément que sa tête était presque décollée, ce n'eût pas été la peine de l'emporter. Ils le laissèrent donc où ils l'avaient trouvé, seulement ils le descendirent de l'arbre où il était pendu par un bras.

Quelque juste que semblât cette action à nos marins, je n'en demeurai pas moins là-dessus en opposition ouverte avec eux, et toujours depuis je leur disais que Dieu maudirait notre voyage; car je ne voyais dans le sang qu'ils avaient fait couler durant cette nuit qu'un meurtre qui pesait sur eux. Il est vrai que les Indiens avaient tué Thomas Jeffrys; mais Thomas Jeffrys avait été l'agresseur, il avait rompu la trêve, et il avait violé ou débauché une de leurs jeunes filles qui était venue à notre camp innocemment et sur la foi des traités.

A bord, le maître d'équipage défendit sa cause par la suite. Il disait qu'à la vérité nous semblions avoir rompu la trêve, mais qu'il n'en était rien; que la guerre avait été allumée la nuit auparavant par les naturels eux-mêmes, qui avaient tiré sur nous et avaient tué un de nos marins sans aucune provocation; que puisque nous avions été en droit de les combattre, nous avions bien pu aussi être en droit de nous faire justice d'une façon extraordinaire; que ce n'était pas une raison parce que le pauvre Tom avait pris quelques libertés avec une jeune Malgache, pour l'assassiner et d'une manière si atroce; enfin, qu'ils n'avaient rien fait que de juste, et qui, selon les lois de Dieu, ne fût à faire aux meurtriers.

On va penser sans doute qu'après cet évènement nous nous donnâmes de garde de nous aventurer à terre parmi les payens et les barbares; mais point du tout, les hommes ne deviennent sages qu'à leurs propres dépens, et toujours l'expérience semble leur être d'autant plus profitable qu'elle est plus chèrement achetée.

Nous étions alors destinés pour le golfe Persique et de là pour la côte de Coromandel, en touchant seulement à Surate; mais le principal dessein de notre subrécargue l'appelait dans la baie du Bengale, d'où, s'il manquait l'affaire pour laquelle il avait mission, il devait aller à la Chine, et revenir à la côte en s'en retournant.

Le premier désastre qui fondit sur nous ce fut dans le golfe Persique, où s'étant aventurés à terre sur la côte Arabique du golfe, cinq de nos hommes furent environnés par les Arabes et tous tués ou emmenés en esclavage : le reste des matelots montant l'embarcation n'avait pas été à même de les délivrer et n'avait eu que le temps de regagner la chaloupe.

Mutinerie.

Je plantai alors au nez de nos gens la juste rétribution du Ciel en ce cas ; mais le maître d'équipage me répondit avec chaleur que j'allais trop loin dans mes censures que je ne saurais appuyer d'aucun passage des Écritures, et il s'en référa au chapitre XIII de saint Luc, verset 4, où notre Sauveur donne à entendre que ceux sur lesquels la Tour de Siloé tomba, n'étaient pas plus coupables que les autres GALILÉENS. Mais ce qui me réduisit tout de bon au silence en cette occasion, c'est que pas un des cinq hommes que nous venions de perdre n'était du nombre de ceux descendus à terre lors du massacre de Madagascar, — ainsi toujours l'appelais-je, quoique l'équipage ne pût supporter qu'impatiemment ce mot de massacre. Cette dernière circonstance, comme je l'ai dit, me ferma réellement la bouche pour le moment.

Mes sempiternels sermons à ce sujet eurent des conséquences pires que je ne m'y attendais, et le maître d'équipage qui avait été le chef de l'entreprise, un beau jour vint à moi hardiment et me dit qu'il trouvait que je remettais bien souvent cette affaire sur le tapis, que je faisais d'injustes réflexions là dessus et qu'à cet égard j'en avais fort mal usé avec l'équipage et avec lui-même en particulier; que, comme je n'étais qu'un passager, que je n'avais ni commandement dans le navire, ni intérêt dans le voyage, ils n'étaient pas obligés de supporter tout cela; qu'après tout qui leur disait que je n'avais pas quelque mauvais dessein en tête, et ne leur susciterais pas un procès quand ils seraient de retour en Angleterre; enfin, que si je ne me déterminais pas à en finir et à ne plus me mêler de lui et de ses affaires, il quitterait le navire, car il ne croyait pas qu'il fût sain de voyager avec moi.

Je l'écoutai assez patiemment jusqu'au bout, puis je lui répliquai qu'il était parfaitement vrai que tout du long je m'étais opposé au MASSACRE DE MADAGASCAR, car je ne démordais pas de l'appeler ainsi, et qu'en toute occasion j'en avait parlé fort à mon aise, sans l'avoir en vue lui plus que les autres; qu'à la vérité je n'avais point de commandement dans le navire et n'y exerçais aucune autorité, mais que je prenais la liberté d'exprimer mon opinion sur des choses qui visiblement nous concernaient tous. — « Quant à mon intérêt dans le voyage, ajoutai-je, vous n'y entendez goutte : je suis propriétaire pour une grosse part dans ce navire, et en cette qualité je me crois quelque droit de parler, même plus que je ne l'ai encore fait, sans avoir de compte à rendre ni à vous ni à personne autre. » Je commençais à m'échauffer : il ne me répondit que peu de chose cette fois, et je crus l'affaire terminée. Nous étions alors en rade au Bengale, et désireux de voir le pays, je me rendis à terre, dans la chaloupe, avec le subrécargue, pour me récréer. Vers le soir, je me préparais à retourner à bord, quand un des matelots s'approcha de moi et me dit qu'il voulait m'épargner la peine[1] de regagner la chaloupe, car ils avaient ordre de ne point me ramener à bord. On devine quelle fut ma surprise à cet insolent message. Je demandai au matelot qui l'avait chargé de cette mission près de moi. Il me répondit que c'était le patron de la chaloupe ; je n'en dis pas davantage à ce garçon, mais je lui ordonnai d'aller faire savoir à qui de droit qu'il avait rempli son message, et que je n'y avait fait aucune réponse.

J'allai immédiatement retrouver le subrécargue, et je lui contai l'histoire, ajoutant qu'à l'heure même je pressentais qu'une mutinerie devait éclater à bord. Je le sup-

---

[1] Ici, dans la traduction contemporaine, indigne du beau nom de MADAME TASTU, se trouve entre mille autres, cette phrase barbare : — « *Lorsqu'un des matelots vint à moi, et me dit qu'il voulait* M'ÉVITER LA PEINE....

Pardon, on N'ÉVITE pas une peine à quelqu'un. On épargne une peine, c'est un mauvais lieu et une mauvaise traduction qu'on évite. Je l'ai déjà dit, il serait bon dans un livre destiné à l'éducation de la jeunesse d'éviter de pareilles incongruités.

P. B.

pliai donc de s'y rendre sur-le-champ dans un canot indien pour donner l'éveil au capitaine ; mais j'aurais pu me dispenser de cette communication, car avant même que je lui eusse parlé à terre, le coup était frappé à bord. Le maître d'équipage, le canonnier et le charpentier, et en un mot tous les officiers inférieurs, aussitôt que je fus descendu dans la chaloupe, se réunirent vers le gaillard d'arrière et demandèrent à parler au capitaine. Là, le maître d'équipage faisant une longue harangue, — car le camarade s'exprimait fort bien, — et répétant tout ce qu'il m'avait dit, lui déclara en peu de mots que, puisque je m'en étais allé paisiblement à terre, il leur fâcherait d'user de violence envers moi, ce que, autrement, si je ne me fusse retiré de moi-même, ils auraient fait pour m'obliger à m'éloigner. — « Capitaine, poursuivit-il, nous croyons donc devoir vous dire que, comme nous nous sommes embarqués pour servir sous vos ordres, notre désir est de les accomplir avec fidélité ; mais que si cet homme ne veut pas quitter le navire, ni vous, capitaine, le contraindre à le quitter, nous abandonnerons tous le bâtiment ; nous vous laisserons en route. » — Au mot TOUS, il se tourna vers le grand mât, ce qui était, à ce qu'il paraît, le signal convenu entre eux, et là-dessus tous les matelots qui se trouvaient là réunis se mirent à crier : — « Oui, TOUS ! TOUS ! »

Mon neveu le capitaine était un homme de cœur et d'une grande présence d'esprit. Quoique surpris assurément à cette incartade, il leur répondit cependant avec calme qu'il examinerait la question, mais qu'il ne pouvait rien décider là-dessus avant de m'en avoir parlé. Pour leur montrer la déraison et l'injustice de la chose, il leur poussa quelques arguments ; mais ce fut peine vaine. Ils jurèrent devant lui, en se secouant la main à la ronde, qu'ils s'en iraient tous à terre, à moins qu'il ne promît de ne point souffrir que je revinsse à bord du navire.

La clause était dure pour mon neveu, qui sentait toute l'obligation qu'il m'avait, et ne savait comment je prendrais cela. Aussi commença-t-il à leur parler cavalièrement. Il leur dit que j'étais un des plus considérables intéressés dans ce navire, et qu'en bonne justice il ne pouvait me mettre à la porte de ma propre maison ; que ce serait me traiter à peu près à la manière du fameux pirate Kid, qui fomenta une révolte à bord, déposa le capitaine dans une île inhabitée et fit la course avec le navire ; qu'ils étaient libres de s'embarquer sur le vaisseau qu'ils voudraient, mais que si jamais ils reparaissaient en Angleterre, il leur en coûterait cher ; que le bâtiment était mien, qu'il ne pouvait m'en chasser, et qu'il aimerait mieux perdre le navire et l'expédition aussi, que de me désobliger à ce point ; donc, qu'ils pouvaient agir comme bon leur semblait. Toutefois, il voulut aller à terre pour s'entretenir avec moi, et invita le maître d'équipage à le suivre, espérant qu'ils pourraient accommoder l'affaire.

Ils s'opposèrent tous à cette démarche, disant qu'ils ne voulaient plus avoir aucune espèce de rapport avec moi, ni sur terre ni sur mer, et que si je remettais le pied à bord, ils s'en iraient. — « Eh bien ! dit le capitaine, si vous êtes tous de cet avis, laissez-moi aller à terre pour causer avec lui. » — Il vint donc me trouver avec cette nouvelle, un peu après le message qui m'avait été apporté de la part du patron de la chaloupe, du *Cockswain*.

Je fus charmé de revoir mon neveu, je dois l'avouer, dans l'appréhension où j'étais qu'ils ne se fussent saisi de lui pour mettre à la voile, et faire la course avec le navire. Alors j'aurais été jeté dans une contrée lointaine dénué et sans ressource, et je me serais trouvé dans une condition pire que lorsque j'étais tout seul dans mon île.

Mais heureusement ils n'allèrent pas jusque là, à ma grande satisfaction ; et quand mon neveu me raconta ce qu'ils lui avaient dit, comment ils avaient juré, en se serrant la main, d'abandonner touts le bâtiment s'il souffrait que je rentrasse à bord, je le priai de ne point se tourmenter de cela, car je désirais rester à terre. Seulement je lui demandai de vouloir bien m'envoyer touts mes effets et de me laisser une somme compétente, pour que je fusse à même de regagner l'Angleterre aussi bien que possible.

Ce fut un rude coup pour mon neveu, mais il n'y avait pas moyen de parer à cela, il fallait se résigner. Il revint donc à bord du navire et annonça à ses hommes que son oncle cédait à leur importunité, et envoyait chercher ses bagages. Ainsi tout fut terminé en quelques heures : les mutins retournèrent à leur devoir, et moi je commençai à songer à ce que j'allais devenir.

J'étais seul dans la contrée la plus reculée du monde : je puis bien l'appeler ainsi, car je me trouvais d'environ trois mille lieues par mer plus loin de l'Angleterre que je ne l'avais été dans mon île. Seulement, à dire vrai, il m'était possible de traverser par terre le pays du Grand-Mogol jusqu'à Surate, d'aller de là à Bassora par mer, en remontant le golfe Persique, de prendre le chemin des caravanes à travers les déserts de l'Arabie jusqu'à Alep et Scanderoun, puis de là, par mer, de gagner l'Italie, puis enfin de traverser la France ; additionné tout ensemble, ceci équivaudrait au moins au diamètre entier du globe, et mesuré, je suppose que cela présenterait bien davantage.

Un autre moyen s'offrait encore à moi : c'était celui d'attendre les bâtiments anglais qui se rendent au Bengale, venant d'Achem dans l'île de Sumatra, et de prendre passage à bord de l'un d'eux pour l'Angleterre ; mais comme je n'étais point venu là sous le bon plaisir de la Compagnie anglaise des Indes-Orientales, il devait m'être difficile d'en sortir sans sa permission, à moins d'une grande faveur des capitaines de navire ou des facteurs de la Compagnie, et aux uns et aux autres j'étais absolument étranger.

Là, j'eus le singulier plaisir, parlant par antiphrase, de voir le bâtiment mettre à la voile sans moi : traitement que sans doute jamais homme dans ma position n'avait subi, si ce n'est de la part de pirates faisant la course et déposant à terre ceux qui ne tremperaient point dans leur infamie. Ceci sous tous les rapports n'y ressemblait pas mal. Toutefois mon neveu m'avait laissé deux serviteurs, ou plutôt un compagnon et un serviteur : le premier était le secrétaire du commis aux vivres, qui s'était engagé à me suivre, et le second était son propre domestique. Je pris un bon logement dans la maison d'une dame anglaise, où logeaient plusieurs négociants, quelques Français, deux Italiens, ou plutôt deux Juifs, et un Anglais. J'y étais assez bien traité ; et, pour qu'il ne fût pas dit que je courais à tout inconsidérément, je demeurai là plus de neuf mois à réfléchir sur le parti que je devais prendre et sur la conduite que je devais tenir. J'avais avec moi des marchandises anglaises de valeur et une somme considérable en argent : mon neveu m'avait remis mille pièces de huit et une lettre de crédit supplémentaire en cas que j'en eusse besoin, afin que je ne pusse être gêné quoi qu'il advînt.

Je trouvai un débit prompt et avantageux de mes marchandises ; et comme je me l'étais primitivement proposé, j'achetai de fort beaux diamants, ce qui me convenait le mieux dans ma situation, parce que je pouvais toujours porter tout mon bien avec moi.

Après un long séjour en ce lieu, et bon nombre de projets formés pour mon retour en Angleterre, sans qu'aucun répondît à mon désir, le négociant Anglais qui logeait avec moi, et avec lequel j'avais contracté une liaison intime, vint me trouver un matin : — « Compatriote, me dit-il, j'ai un projet à vous communiquer ; comme il s'accorde avec mes idées, je crois qu'il doit cadrer avec les vôtres également, quand vous y aurez bien réfléchi.

« Ici nous sommes placés, ajouta-t-il, vous par accident, moi par mon choix, dans une partie du monde fort éloignée de notre patrie ; mais c'est une contrée où nous pouvons, nous qui entendons le commerce et les affaires, gagner beaucoup d'argent. Si vous voulez joindre mille livres sterling aux mille livres sterling que je possède, nous louerons ici un bâtiment, le premier qui pourra nous convenir. Vous serez le capitaine, moi je serai le négociant, et nous ferons un voyage de commerce à la Chine. Pourquoi demeurerions-nous tranquilles ? Le monde entier est en mouvement, roulant et circulant sans cesse ; toutes les créatures de Dieu, les corps célestes et terrestres sont occupés et diligents : pourquoi serions-nous oisifs ? Il n'y a point dans l'univers de fainéants que parmi les hommes : pourquoi grossirions-nous le nombre des fainéants ?

Proposition du Négociant Anglais.

Je goûtai fort cette proposition, surtout parce quelle semblait faite avec beaucoup de bon vouloir et d'une manière amicale. Je ne dirai pas que ma situation isolée et détachée me rendait plus que tout autre situation propre à embrasser une entreprise commerciale : le négoce n'était pas mon élément ; mais je puis bien dire avec vérité que si le commerce n'était pas mon élément, une vie errante l'était ; et jamais proposition d'aller visiter quelque coin du monde que je n'avais point encore vu ne pouvait m'arriver mal à propos.

Il se passa toutefois quelque temps avant que nous eussions pu nous procurer un navire à notre gré ; et quand nous eûmes un navire, il ne fut pas aisé de trouver des marins anglais, c'est-à-dire autant qu'il en fallait pour gouverner le voyage et diriger les matelots que nous prendrions sur les lieux. A la fin cependant nous trouvâmes un lieutenant, un maître d'équipage et un canonnier anglais, un charpentier hollandais, et trois Portugais, matelots du gaillard d'avant ; avec ce monde et des marins indiens tels quels nous pensâmes que nous pourrions passer outre.

Il y a tant de voyageurs qui ont écrit l'histoire de leurs voyages et de leurs expéditions dans ces parages, qu'il serait pour tout le monde assez insipide de donner une longue relation des lieux où nous allâmes et des peuples qui les habitent. Je laisse cette besogne à d'autres, et je renvoie le lecteur aux journaux des voyageurs anglais, dont beaucoup sont déjà publiés et beaucoup plus encore sont promis chaque jour. C'est assez pour moi de vous dire que nous nous rendîmes d'abord à Achem, dans l'île de Sumatra, puis de là à Siam, où nous échangeâmes quelques-unes de nos marchandises contre de l'opium et de l'arack ; le premier est un article d'un grand prix chez les Chinois, et dont ils avaient faute à cette époque. En un mot nous allâmes jusqu'à Sung-Kiang ; nous fîmes un très-grand voyage ; nous demeurâmes huit mois dehors, et nous retournâmes au Bengale. Pour ma part, je fus grandement satisfait de mon entreprise. —J'ai remarqué qu'en Angleterre souvent on s'étonne de ce que les officiers que la Compagnie envoie aux Indes et les négociants qui généralement s'y établissent, amassent de si grands biens et quelquefois reviennent riches à soixante, soixante-dix, cent mille livres sterling.

Mais ce n'est pas merveilleux, ou du moins cela s'explique, quand on considère le nombre innombrable de ports et de comptoirs où le commerce est libre, et surtout quand on songe que, dans touts ces lieux, ces ports fréquentés par les navires anglais il se fait constamment des demandes si considérables de touts les produits étrangers, que les marchandises qu'on y porte y sont toujours d'une aussi bonne défaite que celles qu'on en exporte.

Bref, nous fîmes un fort bon voyage, et je gagnai tant d'argent dans cette première expédition, et j'acquis de telles notions sur la manière d'en gagner davantage, que si j'eusse été de vingt ans plus jeune, j'aurais été tenté de me fixer en ce pays, et n'aurais pas cherché fortune plus loin. Mais qu'était tout ceci pour un homme qui avait passé la soixantaine, pour un homme bien assez riche, venu dans ces climats lointains plutôt pour obéir à un désir impatient de voir le monde qu'au désir cupide d'y faire grand gain? Et c'est vraiment à bon droit, je pense, que j'appelle ce désir impatient; car c'en était là : quand j'étais chez moi j'étais impatient de courir, et quand j'étais à l'étranger j'étais impatient de revenir chez moi. Je le répète, que m'importait ce gain? Déjà bien assez riche, je n'avais nul désir importun d'accroître mes richesses ; et c'est pourquoi les profits de ce voyage me furent choses trop inférieures pour me pousser à de nouvelles entreprises. Il me semblait que dans cette expédition je n'avais fait aucun lucre, parce que j'étais revenu au lieu d'où j'étais parti, à la maison, en quelque sorte; d'autant que mon œil, comme l'œil dont parle SALOMON, n'était jamais rassasié, et que je me sentais de plus en plus désireux de courir et de voir. J'étais venu dans une partie du monde que je n'avais jamais visitée, celle dont plus particulièrement j'avais beaucoup entendu parler, et j'étais résolu à la parcourir autant que possible : après quoi, pensais-je, je pourrais dire que j'avais vu tout ce qui au monde est digne d'être vu.

Mais mon compagnon de voyage et moi nous avions une idée différente. Je ne dis pas cela pour insister sur la mienne, car je reconnais que la sienne était la plus juste et la plus conforme au but d'un négociant, dont toute la sagesse, lorsqu'il est au dehors en opération commerciale, se résume en cela, que pour lui la chose la meilleure est celle qui peut lui faire gagner le plus d'argent. Mon nouvel ami s'en tenait au positif, et se serait contenté d'aller, comme un cheval de roulier, toujours à la même auberge, au départ et au retour, pourvu, selon sa propre expression, qu'il y pût trouver son compte. Mon idée, au contraire, tout vieux que j'étais, ressemblait fort à celle d'un écolier fantasque et buissonnier qui ne se soucie point de voir une chose deux fois.

Or ce n'était pas tout. J'avais une sorte d'impatience de me rapprocher de chez moi, et cependant pas la moindre résolution arrêtée sur la route à prendre. Durant cette indétermination, mon ami, qui était toujours à la recherche des affaires, me proposa un autre voyage aux îles des Epices pour rapporter une cargaison de clous de girofle de Manille ou des environs, lieux où vraiment les Hollandais font tout le commerce, bien qu'ils appartiennent en partie aux Espagnols. Toutefois nous ne poussâmes pas si loin, nous nous en tînmes seulement à quelques autres places où ils n'ont pas un pouvoir absolu comme ils l'ont à Batavia, Ceylan *et cætera*. Nous n'avions pas été longs à nous préparer pour cette expédition : la difficulté principale avait été de m'y engager. Cependant à la fin rien autre ne s'étant offert et trouvant qu'après tout rouler et trafiquer avec un profit si grand, et je puis bien dire certain, était chose plus agréable en soi et plus conforme à mon humeur que de rester inactif, ce qui pour moi était une mort, je m'étais déterminé à ce voyage. Nous le fîmes avec un grand succès, et, touchant à Bornéo et à plusieurs autres îles dont je ne puis me remémorer le nom, nous revînmes au bout de cinq mois environ. Nous vendîmes nos épices, qui consistaient principalement en clous de girofle et en noix muscades, à des négociants persans, qui les expédièrent pour le Golfe; nous gagnâmes cinq pour un, nous eûmes réellement un bénéfice énorme.

Mon ami, quand nous réglâmes ce compte, me regarda en souriant : — « Eh bien maintenant, me dit-il, insultant aimablement à ma nonchalance, ceci ne vaut-il pas mieux que de trôler çà et là comme un homme désœuvré, et de perdre notre temps à nous ébahir de la sottise et de l'ignorance des payens? » — « Vraiment, mon ami, répondis-je, je le crois et commence à me convertir aux principes du négoce; mais souffrez que je vous le dise en passant, vous ne savez ce dont je suis capable; car si une bonne fois je surmonte mon indolence, et m'embarque résolûment, tout vieux que je suis, je vous harasserai de côté et d'autre par le monde jusqu'à ce que vous n'en puissiez plus; car je prendrai si chaudement l'affaire, que je ne vous laisserai point de répit.

Or pour couper court à mes spéculations, peu de temps après ceci arriva un bâtiment hollandais venant de Batavia; ce n'était pas un navire marchand européen, mais un caboteur, du port d'environ deux cents tonneaux. L'équipage, prétendait-on, avait été si malade, que le capitaine, n'ayant pas assez de monde pour tenir la mer, s'était vu forcé de relâcher au Bengale; et comme s'il eût assez gagné d'argent, ou qu'il souhaitât pour d'autres raisons d'aller en Europe, il fit annoncer publiquement qu'il désirait vendre son vaisseau. Cet avis me vint aux oreilles avant que mon nouveau PARTNER n'en eût ouï parler, et il me prit grandement envie de faire cette acquisition. J'allai donc le trouver et je lui en touchai quelques mots. Il réfléchit un moment, car il n'était pas homme à s'empresser; puis, après cette pause, il répondit : — « Il est un peu trop gros ; mais cependant ayons-le. » — En conséquence, tombant d'accord avec le capitaine, nous achetâmes ce navire, le payâmes et en prîmes possession. Ceci fait, nous résolûmes d'embaucher les gens de l'équipage pour les joindre aux hommes que nous avions déjà et poursuivre notre affaire. Mais tout-à-coup, ayant reçu non leurs gages, mais leurs parts de l'argent, comme nous l'apprîmes plus tard, il ne fut plus possible d'en retrouver un seul. Nous nous enquîmes d'eux partout, et à la fin nous apprîmes qu'ils étaient partis tous ensemble par terre pour Agra, la grande cité, résidence du Mogol, à dessein de se rendre de là à Surate, puis de gagner par mer le golfe Persique.

Rien depuis long-temps ne m'avait autant chagriné que d'avoir manqué l'occasion de partir avec eux. Un tel pèlerinage, m'imaginais-je, eût été pour moi en pareille compagnie, tout à la fois agréable et sûr, et aurait complètement cadré avec mon grand projet : j'aurais vu le monde et en même temps je me serais rapproché de ma patrie. Mais je fus beaucoup moins inconsolable peu de jours après quand je vins à savoir quelle sorte de compagnons c'étaient, car, en peu de mots, voici leur histoire. L'homme qu'ils appelaient capitaine n'était que le canonnier et non le commandant. Dans le cours d'un voyage commercial ils avaient été attaqués sur le rivage par quelques Malais, qui tuèrent le capitaine et trois de ses hommes. Après cette perte nos drôles, au nombre de onze, avaient résolu de s'enfuir avec le bâtiment, ce qu'ils avaient fait, et l'avaient amené dans le golfe du Bengale, abandonnant à terre le lieutenant et cinq matelots, dont nous aurons des nouvelles plus loin.

N'importe par quelle voie ce navire leur était tombé entre les mains, nous l'avions acquis honnêtement, pensions-nous, quoique, je l'avoue, nous n'eussions pas examiné la chose aussi exactement que nous le devions ; car nous n'avions fait aucune question aux matelots, qui, si nous les avions sondés, se seraient assurément coupés dans leur récits, se seraient démentis réciproquement, peut-être contredits eux-mêmes : et d'une manière ou d'une autre nous auraient donné lieu de les suspecter. L'homme nous avait montré un contrat de vente du navire à un certain EMMANUEL CLOSTERSHOVEN ou quelque nom semblable, forgé comme tout le reste je suppose, qui soi-disant était le sien, ce que nous n'avions pu mettre en doute; et, un peu trop inconsidérément ou du moins n'ayant aucun soupçon de la chose, nous avions conclu le marché.

Quoi qu'il en fût, après cet achat nous enrôlâmes des marins anglais et hollandais, et nous nous déterminâmes à faire un second voyage dans le Sud-Est pour aller chercher des clous de girofle et autres épices aux îles Philippines et aux Moluques. Bref, pour ne pas remplir de bagatelles cette partie de mon histoire, quand la suite en est si remarquable, je passai en tout six ans dans ces contrées, allant et revenant et trafiquant de port en port avec beaucoup de succès. La dernière année j'entrepris avec mon

PARTNER, sur le vaisseau ci-dessus mentionné, un voyage en Chine, convenus que nous étions d'aller d'abord à Siam pour y acheter du riz.

Dans cette expédition, contrariés par les vents, nous fûmes obligés de louvoyer long-temps çà et là dans le détroit de Malacca et parmi les îles, et comme nous sortions de ces mers difficiles nous nous apperçûmes que le navire avait fait une voie d'eau : malgré toute notre habileté nous ne pouvions découvrir où elle était. Cette avarie nous força de chercher quelque port, et mon PARTNER, qui connaissait le pays mieux que moi, conseilla au capitaine d'entrer dans la rivière de Camboge, car j'avais fait capitaine le lieutenant anglais, un M. THOMPSON, ne voulant point me charger du commandement du navire. Cette rivière coule au nord de la grande baie ou golfe qui remonte jusqu'à Siam.

Rencontre du Canonnier.

andis que nous étions mouillés là, allant souvent à terre me récréer, un jour vint à moi un Anglais, second canonnier, si je ne me trompe, à bord d'un navire de la compagnie des Indes Orientales, à l'ancre plus haut dans la même rivière près de la ville de Camboge ou à Camboge même. Qui l'avait amené en ce lieu? Je ne sais ; mais il vint à moi, et, m'adressant la parole en anglais : — « Sir, dit-il, vous m'êtes étranger et je vous le suis également ; cependant j'ai à vous dire quelque chose qui vous touche de très-près. »

Je le regardai long-temps fixement, et je crus d'abord le reconnaître ; mais je me trompais. — « Si cela me touche de très-près, lui dis-je, et ne vous touche point vous-même, qui vous porte à me le communiquer? » — « Ce qui m'y porte c'est le danger imminent où vous êtes, et dont je vois que vous n'avez aucune connaissance. » — « Tout le danger où je suis, que je sache, c'est que mon navire a fait une voie d'eau que je ne puis trouver; mais je me propose de le mettre à terre demain pour tâcher de la découvrir. » — « Mais, Sir, répliqua-t-il, qu'il ait fait ou non une voie, que vous l'ayez trouvée ou non, vous ne serez pas si fou que de le mettre à terre demain quand vous aurez entendu ce que j'ai à vous dire. Savez-vous, Sir, que la ville de Camboge n'est guère qu'à quinze lieues plus haut sur cette rivière et qu'environ à cinq lieues de ce côté il y a deux gros bâtiments anglais et trois hollandais? » — « Eh bien ! qu'est-ce que cela me fait, à moi ? repartis-je. » — « Quoi ! Sir, reprit-il, appartient-il à un homme qui cherche certaine aventure comme vous faites d'entrer dans un port sans examiner auparavant quels vaisseaux s'y trouvent, et s'il est de force à se mesurer avec eux? Je ne suppose pas que vous pensiez la partie égale. » — Ce discours m'avait fort amusé, mais pas effrayé le moins du monde, car je ne savais ce qu'il signifiait. Et me tournant brusquement vers notre inconnu, je lui dis : — « Sir, je vous prie, expliquez-vous ; je n'imagine pas quelle raison je puis avoir de redouter les navires de la Compagnie, ou des bâtiments hollandais : je ne suis point interlope. Que peuvent-ils avoir à me dire? »

Il prit un air moitié colère, moitié plaisant, garda un instant le silence, puis souriant : — « Fort bien, Sir, me dit-il, si vous vous croyez en sûreté, à vos souhaits ! je suis pourtant fâché que votre destinée vous rende sourd à un bon avis; sur l'honneur, je vous l'assure, si vous ne regagnez la mer immédiatement vous serez attaqué à la prochaine marée par cinq chaloupes bien équipées, et peut-être, si l'on vous prend, serez-vous pendus comme pirates, sauf à informer après. Sir, je pensais trouver un meilleur accueil en vous rendant un service d'une telle importance. »
— « Je ne saurais être méconnaissant d'aucun service, ni envers aucun homme qui me témoigne de l'intérêt ; mais cela passe ma compréhension, qu'on puisse avoir un tel dessein contre moi. Quoi qu'il en soit, puisque vous me dites qu'il n'y a point de temps à perdre, et qu'on ourdit contre moi quelque odieuse trame, je retourne à bord sur-le-champ et je remets immédiatement à la voile, si mes hommes peuvent étancher la voie d'eau ou si malgré cela nous pouvons tenir la mer. Mais, Sir, partirai-je sans savoir la raison de tout ceci? Ne pourriez-vous me donner là-dessus quelques lumières? »

— « Je ne puis vous conter qu'une partie de l'affaire, Sir, me dit-il; mais j'ai là avec moi un matelot hollandais qui à ma prière, je pense, vous dirait le reste si le temps le permettait. Or le gros de l'histoire, dont la première partie, je suppose, vous est parfaitement connue, c'est que vous êtes allés avec ce navire à Sumatra; que là votre capitaine a été massacré par les Malais avec trois de ses gens, et que, vous et quelques-uns de ceux qui se trouvaient à bord avec vous, vous vous êtes enfui avec le bâtiment, et depuis vous vous êtes faits Pirates. Voilà le fait en substance, et vous allez être tous saisis comme écumeurs, je vous l'assure, et exécutés sans autre forme de procès ; car, vous le savez, les navires marchands font peu de cérémonies avec les forbans quand ils tombent en leur pouvoir. »

— « Maintenant vous parlez bon anglais, lui dis-je, et je vous remercie ; et quoique je ne sache pas que nous ayons rien fait de semblable, quoique je sois sûr d'avoir acquis honnêtement et légitimement ce vaisseau [1], cependant, puisqu'un pareil coup se prépare, comme vous dites, et que vous me semblez sincère, je me tiendrai sur mes gardes. » — « Non, Sir, reprit-il, je ne vous dis pas de vous mettre sur vos gardes : la meilleure précaution est d'être hors de danger. Si vous faites quelque cas de votre vie et de celle de vos gens, regagnez la mer sans délai à la marée haute ; comme vous aurez toute une marée devant vous, vous serez déjà bien loin avant que les cinq chaloupes puissent descendre, car elles ne viendront qu'avec le flux, et comme elles sont à vingt milles plus haut, vous aurez l'avance de près de deux heures sur elles par la différence de la marée, sans compter la longueur du chemin. En outre, comme ce sont des chaloupes seulement, et non point des navires, elles n'oseront vous suivre au large, surtout s'il fait du vent. »

— « Bien, lui dis-je, vous avez été on ne peut plus obligeant en cette rencontre : que puis-je faire pour votre récompense ? » — « Sir, répondit-il, vous ne pouvez avoir grande envie de me récompenser, vous n'êtes pas assez con-

---

[1] *But I am sure we came honestly and fairly by the ship.* — Ici, dans la traduction contemporaine, toujours indigne du beau nom de Madame Tastu, on a confondu le verbe to come, venir, et to come by, qui a le sens d'acquérir, et l'on a fait ce joli non-sens et contre-sens : et que je sois sur d'être venu très-paisiblement et très-honnêtement sur ce navire. — Nous citons ceci entre mille comme memento seulement. P. B.

vaincu de la vérité de tout ceci : je vous ferai seulement une proposition : il m'est dû dix-neuf mois de paie à bord du navire le........., sur lequel je suis venu d'Angleterre, et il en est dû sept au Hollandais qui est avec moi ; voulez-vous nous en tenir compte ? nous partirons avec vous. Si la chose en reste là, nous ne demanderons rien de plus ; mais s'il advient que vous soyez convaincu que nous avons sauvé, et votre vie, et le navire, et la vie de tout l'équipage, nous laisserons le reste à votre discrétion. »

J'y tôpai sur-le-champ, et je m'en allai immédiatement à bord, et les deux hommes avec moi. Aussitôt que j'approchai du navire, mon PARTNER, qui ne l'avait point quitté, accourut sur le gaillard d'arrière et tout joyeux me cria : — « O ho ! O ho ! nous avons bouché la voie. » — « Tout de bon ? lui dis-je ; béni soit Dieu ! mais qu'on lève l'ancre en toute hâte. » — « Qu'on lève l'ancre ! répéta-t-il, qu'entendez-vous par là ? Qu'y a-t-il ? » — « Point de questions, répliquai-je ; mais tout le monde à l'œuvre, et qu'on lève l'ancre sans perdre une minute. » — Frappé d'étonnement, il ne laissa pas d'appeler le capitaine, et de lui ordonner incontinent de lever l'ancre, et quoique la marée ne fût pas entièrement montée, une petite brise de terre soufflant, nous fîmes route vers la mer. Alors j'appelai mon PARTNER dans la cabine et je lui contai en détail mon aventure, puis nous fîmes venir les deux hommes pour nous donner le reste de l'histoire. Mais comme ce récit demandait beaucoup de temps, il n'était pas terminé qu'un matelot vint crier à la porte de la cabine, de la part du capitaine, que nous étions chassés. — « Chassés ! m'écriai-je ; comment et par qui ? » — « Par cinq *sloops*, ou chaloupes, pleines de monde. » — « Très-bien ! dis-je ; il paraît qu'il y a du vrai là-dedans. » — Sur-le-champ je fis assembler touts nos hommes, et je leur déclarai qu'on avait dessein de se saisir du navire pour nous traiter comme des pirates ; puis je leur demandai s'ils voulaient nous assister et se défendre. Ils répondirent joyeusement, unanimement, qu'ils voulaient vivre et mourir avec nous. Sur ce, je demandai au capitaine quel était à son sens la meilleure marche à suivre dans le combat, car j'étais résolu à résister jusqu'à la dernière goutte de mon sang. — « Il faut, dit-il, tenir l'ennemi à distance avec notre canon, aussi long-temps que possible, puis faire pleuvoir sur lui notre mousqueterie pour l'empêcher de nous aborder ; puis, ces ressources épuisées, se retirer dans nos quartiers ; peut-être n'auront-ils point d'instruments pour briser nos cloisons et ne pourront-ils pénétrer jusqu'à nous. »

Là-dessus notre canonnier reçut l'ordre de transporter deux pièces à la timonerie, pour balayer le pont de l'avant à l'arrière, et de les charger de balles, de morceaux de ferraille, et de tout ce qui tomberait sous la main. Tandis que nous nous préparions au combat, nous gagnions toujours le large avec assez de vent, et nous appercevions dans l'éloignement les embarcations, les cinq grandes chaloupes qui nous suivaient avec toute la voile qu'elles pouvaient faire.

Deux de ces chaloupes, qu'à l'aide de nos longues-vues nous reconnûmes pour anglaises, avaient dépassé les autres de près de deux lieues, et gagnaient considérablement sur nous ; à n'en pas douter, elles voulaient nous joindre ; nous tirâmes donc un coup de canon à poudre pour leur intimer l'ordre de mettre en panne et nous arborâmes un pavillon blanc, comme pour demander à parlementer ; mais elles continuèrent de forcer de voiles jusqu'à ce qu'elles vinssent à portée de canon. Alors nous amenâmes le pavillon blanc auquel elles n'avaient point fait réponse, et, déployant le pavillon rouge, nous tirâmes sur elles à boulets. Sans en tenir aucun compte elles poursuivirent. Quand elles furent assez près pour être hélées avec le porte-voix que nous avions à bord nous les arraisonnâmes, et leur enjoignîmes de s'éloigner, que sinon mal leur en prendrait.

Ce fut peine perdue, elles n'en démordirent point, et s'efforcèrent d'arriver sous notre poupe comme pour nous aborder par l'arrière. Voyant qu'elles étaient résolues à tenter un mauvais coup, et se fiaient sur les forces qui les suivaient, je donnai l'ordre de mettre en panne afin de leur présenter le travers, et immédiatement on leur tira cinq coups de canon, dont un avait été pointé si juste qu'il emporta la poupe de la chaloupe la plus éloignée, ce qui mit l'équipage dans la nécessité d'amener toutes les voiles et de se jeter sur l'avant pour empêcher qu'elle ne coulât; elle s'en tint là, elle en eut assez; mais la plus avancée n'en poursuivant pas moins sa course, nous nous préparâmes à faire feu sur elle en particulier.

Dans ces entrefaites, une des trois qui suivaient, ayant devancé les deux autres, s'approcha de celle que nous avions désemparée pour la secourir, et nous la vîmes ensuite en recueillir l'équipage. Nous hélâmes de nouveau la chaloupe la plus proche, et lui offrîmes de nouveau une trève pour parlementer, afin de savoir ce qu'elle nous voulait : pour toute réponse elle s'avança sous notre poupe. Alors notre canonnier, qui était un adroit compagnon, braqua ses deux canons de chasse et fit feu sur elle; mais il manqua son coup, et les hommes de la chaloupe, faisant des acclamations et agitant leurs bonnets, poussèrent en avant. Le canonnier, s'étant de nouveau promptement apprêté, fit feu sur eux une seconde fois. Un boulet, bien qu'il n'atteignît pas l'embarcation elle-même, tomba au milieu des matelots, et fit, nous pûmes le voir aisément, un grand ravage parmi eux. Incontinent nous virâmes lof pour lof; nous leur présentâmes la hanche, et, leur ayant lâché trois coups de canon nous nous apperçûmes que la chaloupe était presque mise en pièces; le gouvernail entre autres et un morceau de la poupe avaient été emportés; ils serrèrent donc leurs voiles immédiatement, jetés qu'ils étaient dans une grande confusion.

Affaire des Cinq Chaloupes.

Pour compléter leur désastre notre canonnier leur envoya deux autres coups; nous ne sûmes où ils frappèrent, mais nous vîmes la chaloupe qui coulait bas. Déjà plusieurs hommes luttaient avec les flots. — Sur-le-champ je fis mettre à la mer et garnir de monde notre pinace, avec ordre de repêcher quelques-uns de nos ennemis s'il était possible, et de les amener de suite à bord, parce que les autres chaloupes commençaient à s'approcher. Nos gens de la pinace obéirent et recueillirent trois pauvres diables, dont l'un était sur le point de se noyer : nous eûmes bien de la peine à le faire revenir à lui. Aussitôt qu'ils furent rentrés à bord, nous mîmes toutes voiles dehors pour courir au large, et quand les trois autres chaloupes eurent rejoint les deux premières, nous vîmes qu'elles avaient levé la chasse.

Ainsi délivré d'un danger qui, bien que j'en ignorasse la cause, me semblait beaucoup plus grand que je ne l'avais appréhendé, je fis changer de route pour ne point donner à connaître où nous allions. Nous mîmes donc le cap à l'Est, entièrement hors de la ligne suivie par les navires européens chargés pour la Chine ou même tout autre lieu en relation commerciale avec les nations de l'Europe.

Quand nous fûmes au large nous consultâmes avec les deux marins, et nous leur demandâmes d'abord ce que tout cela pouvait signifier. Le Hollandais nous mit tout d'un coup dans le secret, en nous déclarant que le drille qui nous avait vendu le navire, comme on sait, n'était rien moins qu'un voleur qui s'était enfui avec. Alors il nous raconta comment le capitaine, dont il nous dit le nom que je ne puis me remémorer aujourd'hui, avait été traîtreusement massacré par les naturels sur la côte de Malacca, avec trois de ses hommes, et comment lui, ce Hollandais, et quatre autres s'étaient réfugiés dans les bois, où ils avaient erré bien long-temps, et d'où lui seul enfin s'était échappé d'une façon miraculeuse en atteignant à la nage un navire hollandais, qui, navigant près de la côte en revenant de Chine, avait envoyé sa chaloupe à terre pour faire aiguade. Cet infortuné n'avait pas osé descendre sur le rivage où était l'embarcation ; mais, dans la nuit, ayant gagné l'eau un peu au-delà, après avoir nagé fort long-temps, à la fin il avait été recueilli par la chaloupe du navire.

Il nous dit ensuite qu'il était allé à Batavia, où ayant abandonné les autres dans leur voyage, deux marins appartenant à ce navire étaient arrivés ; il nous conta que le drôle qui s'était enfui avec le bâtiment l'avait vendu au Bengale à un ramassis de pirates qui, partis en course, avaient déjà pris un navire anglais et deux hollandais très-richement chargés.

Cette dernière allégation nous concernait directement ; et quoiqu'il fût patent qu'elle était fausse, cependant, comme mon PARTNER le disait très-bien, si nous étions tombés entre leurs mains, ces gens avaient contre nous une prévention telle, que c'eût été en vain que nous nous serions défendus, ou que de leur part nous aurions espéré quartier. Nos accusateurs auraient été nos juges : nous n'aurions rien eu à en attendre que ce que la rage peut dicter et que peut exécuter une colère aveugle. Aussi l'opinion de mon PARTNER fut-elle de retourner en droiture au Bengale, d'où nous venions, sans relâcher à aucun port, parce que là nous pourrions nous justifier, nous pourrions prouver où nous nous trouvions quand le navire était arrivé, à qui nous l'avions acheté, et surtout, s'il advenait que nous fussions dans la nécessité de porter l'affaire devant nos juges naturels, parce que nous pourrions être sûrs d'obtenir quelque justice et de ne pas être pendus d'abord et jugés après.

Je fus quelque temps de l'avis de mon PARTNER ; mais après y avoir songé un peu plus sérieusement : — « Il me semble bien dangereux pour nous, lui dis-je, de tenter de retourner au Bengale, d'autant que nous sommes en deçà du détroit de Malacca. Si l'alarme a été donnée nous pouvons avoir la certitude d'y être guettés par les Hollandais de Batavia et par les Anglais ; et si nous étions en quelque sorte pris en fuite, par là nous nous condamnerions nous-mêmes : il n'en faudrait pas davantage pour nous perdre. » — Je demandai au marin anglais son sentiment. Il répondit qu'il partageait le mien et que nous serions immanquablement pris.

Ce danger déconcerta un peu et mon PARTNER et l'équipage. Nous déterminâmes immédiatement d'aller à la côte de Ton-Kin, puis à la Chine, et là, tout en poursuivant notre premier projet, nos opérations commerciales, de chercher d'une manière ou d'une autre à nous défaire de notre navire pour nous en retourner sur le premier vaisseau du pays que nous nous procurerions. Nous nous arrêtâmes à ces mesures comme aux plus sages, et en conséquence nous gouvernâmes Nord-Nord-Est, nous tenant à plus de cinquante lieues hors de la route ordinaire vers l'Est.

Ce parti pourtant ne laissa pas d'avoir ses inconvénients ; les vents, quand nous fûmes à cette distance de la terre, semblèrent nous être plus constamment contraires, les moussons, comme on les appelle, soufflant Est et Est-Nord-Est ; de sorte que, tout mal pourvu de vivres que nous étions pour un long trajet, nous avions la perspective d'une traversée laborieuse ; et ce qui était encore pire, nous avions à redouter que les navires anglais et hollandais dont les chaloupes nous avaient donné la chasse, et dont quelques-uns étaient destinés pour ces parages, n'arrivassent avant nous, ou que quelque autre navire chargé pour la Chine, informé de nous par eux, ne nous poursuivît avec la même vigueur.

Il faut que je l'avoue, je n'étais pas alors à mon aise, et je m'estimais, depuis que j'avais échappé aux chaloupes, dans la plus dangereuse position où je me fusse trouvé de ma vie ; en quelque mauvaise passe que j'eusse été, je ne m'étais jamais vu jusque-là poursuivi comme un voleur ; je n'avais non plus jamais rien fait qui blessât la délicatesse et la loyauté, encore moins qui fût contraire à l'honneur. J'avais été surtout mon propre ennemi, je n'avais été même, je puis bien le dire, hostile à personne autre qu'à moi. Pourtant je me voyais empêtré dans la plus méchante affaire imaginable ; car bien que je fusse parfaitement innocent, je n'étais pas à même de prouver mon innocence ; pourtant, si j'étais pris, je me voyais prévenu d'un crime de la pire espèce, au moins considéré comme tel par les gens auxquels j'avais à faire.

Je n'avais qu'une idée : chercher notre salut ; mais comment ? mais dans quel port, dans quel lieu ? Je ne savais. — Mon PARTNER, qui d'abord avait été plus démonté que moi, me voyant ainsi abattu, se prit à relever mon courage ; et après m'avoir fait la description des différents ports de cette côte, il me dit qu'il était d'avis de relâcher à la Cochinchine ou à la baie de Ton-Kin, pour gagner ensuite Macao, ville appartenant autrefois aux Portugais, où résident encore beaucoup de familles européennes, et où se rendent d'ordinaire les missionnaires, dans le dessein de pénétrer en Chine.

Nous nous rangeâmes à cet avis, et en conséquence, après une traversée lente et irrégulière, durant laquelle nous souffrîmes beaucoup, faute de provisions, nous arrivâmes en vue de la côte de très-grand matin, et faisant réflexion aux circonstances passées et au danger imminent auquel nous avions échappé, nous résolûmes de relâcher dans une petite rivière, ayant toutefois assez de fond pour nous, et de voir si nous ne pourrions pas, soit par terre, soit avec la pinace du navire, reconnaître quels bâtiments se trouvaient dans les ports d'alentour. Nous dûmes vraiment notre salut à cette heureuse précaution ; car si tout d'abord aucun navire européen ne s'offrit à nos regards dans la baie de Ton-Kin, le lendemain matin il y arriva deux vaisseaux hollandais, et un troisième sans pavillon déployé, mais que nous crûmes appartenir à la même nation, passa environ à deux lieues au large, faisant voile pour la côte de Chine. Dans l'après-midi nous apperçûmes deux bâtiments anglais, tenant la même route. Ainsi nous pensâmes nous voir environnés d'ennemis de tous côtés. Le pays où nous faisions station était sauvage et barbare, les naturels voleurs par vocation ou par profession ; et bien qu'avec eux nous n'eussions guère commerce, et qu'excepté pour nous procurer des vivres nous évitassions d'avoir à faire à eux, ce ne fut pourtant qu'à grande peine que nous pûmes nous garder de leurs insultes plusieurs fois.

La petite rivière où nous étions n'est distante que de quelques lieues des dernières limites septentrionales de ce pays. Avec notre embarcation nous côtoyâmes au Nord-Est jusqu'à la pointe de terre qui ouvre la grande baie de Ton-Kin, et ce fut durant cette reconnaissance que nous découvrîmes, comme on sait, les ennemis dont nous étions environnés. Les naturels chez lesquels nous étions sont les plus barbares de tous les habitants de cette côte ; ils n'ont commerce avec aucune autre nation, et vivent seulement de poisson, d'huile, et autres grossiers aliments. Une preuve évidente de leur barbarie toute particulière, c'est la coutume qu'ils ont, lorsqu'un navire a le malheur de naufrager sur leur côte, de faire l'équipage prisonnier, c'est-à-dire esclave ; et nous ne tardâmes pas à voir un échantillon de leur bonté en ce genre à l'occasion suivante :

J'ai consigné ci-dessus que notre navire avait fait une voie d'eau en mer, et que nous n'avions pu la découvrir. Bien qu'à la fin elle eût été bouchée aussi inopinément qu'heureusement dans l'instant même où nous allions être capturés par les chaloupes hollandaises et anglaises proche la baie de Siam, cependant comme nous ne trouvions pas le bâtiment en aussi bon point que nous l'aurions désiré, nous résolûmes, tandis que nous étions en cet endroit, de l'échouer au rivage après avoir retiré le peu de choses lourdes que nous avions à bord, pour nettoyer et réparer la carène, et, s'il était possible, trouver où s'était fait le déchirement.

En conséquence, ayant allégé le bâtiment et mis touts les canons et les autres objets mobiles d'un seul côté, nous fîmes de notre mieux pour le mettre à la bande, afin de parvenir jusqu'à la quille ; car, toute réflexion faite, nous ne nous étions pas souciés de l'échouer à sec : nous n'avions pu trouver une place convenable pour cela.

Les habitants, qui n'avaient jamais assisté à un pareil spectacle, descendirent émerveillés au rivage pour nous regarder ; et voyant le vaisseau ainsi abattu, incliné vers la rive, et ne découvrant point nos hommes qui, de l'autre côté, sur des échafaudages et dans les embarcations travaillaient à la carène, ils s'imaginèrent qu'il avait fait naufrage et se trouvait profondément engravé.

Dans cette supposition, au bout de deux ou trois heures et avec dix ou douze grandes barques qui contenaient les unes huit, les autres dix hommes, ils se réunirent près de nous, se promettant sans doute de venir à bord, de piller le navire, et, s'ils nous y trouvaient, de nous mener comme esclaves à leur Roi ou Capitaine, car nous ne sûmes point qui les gouvernait.

Quand ils s'approchèrent du bâtiment et commencèrent de ramer à l'entour, ils nous apperçurent tous fort embesognés après la carène, nettoyant, calfatant et donnant le suif, comme tout marin sait que cela se pratique.

Ils s'arrêtèrent quelque temps à nous contempler. Dans notre surprise nous ne pouvions concevoir quel était leur dessein; mais, à tout évènement, profitant de ce loisir, nous fîmes entrer quelques-uns des nôtres dans le navire, et passer des armes et des munitions à ceux qui travaillaient, afin qu'ils pussent se défendre au besoin. Et ce ne fut pas hors de propos; car après tout au plus un quart d'heure de délibération, concluant sans doute que le vaisseau était réellement naufragé, que nous étions à l'œuvre pour essayer de le sauver et de nous sauver nous-mêmes à l'aide de nos embarcations, et, quand on transporta nos armes, que nous tâchions de faire le sauvetage de nos marchandises, ils posèrent en fait que nous leur étions échus et s'avancèrent droit sur nous, comme en ligne de bataille.

Combat à la Poix.

A la vue de cette multitude, la position vraiment n'était pas tenable, nos hommes commencèrent à s'effrayer, et se mirent à nous crier qu'ils ne savaient que faire. Je commandai aussitôt à ceux qui travaillaient sur les échafaudages de descendre, de rentrer dans le bâtiment, et à ceux qui montaient les chaloupes de revenir. Quant à nous, qui étions à bord, nous employâmes toutes nos forces pour redresser le bâtiment. Ni ceux de l'échafaudage cependant, ni ceux des embarcations, ne purent exécuter ces ordres avant d'avoir sur les bras les Cochinchinois qui, avec deux de leurs barques, se jetaient déjà sur notre chaloupe pour faire nos hommes prisonniers.

Le premier dont ils se saisirent était un matelot anglais, un hardi et solide compagnon. Il tenait un mousquet à la main; mais, au lieu de faire feu, il le déposa dans la chaloupe : je le crus fou. Le drôle entendait mieux que moi son affaire; car il agrippa un payen, le tira violemment de sa barque dans la nôtre, puis, le prenant par les deux oreilles, lui cogna la tête si rudement contre le plat-bord, que le camarade lui resta dans les mains. Sur l'entrefaite un Hollandais qui se trouvait à côté ramassa le mousquet, et avec la crosse manœuvra si bien autour de lui, qu'il terrassa cinq barbares au moment où ils tentaient d'entrer dans la chaloupe. Mais qu'était tout cela pour résister à quarante ou cinquante hommes qui, intrépidement, ne se méfiant pas du danger, commençaient à se précipiter dans la chaloupe, défendue par cinq matelots seulement! Toutefois un incident qui nous apprêta surtout à rire, procura à nos gens une victoire complète. Voici ce que c'est :

Notre charpentier, en train de donner un suif à l'extérieur du navire et de brayer les coutures qu'il avait calfatées pour boucher les voies, venait justement de faire descendre dans la chaloupe deux chaudières, l'une pleine de poix bouillante, l'autre de résine, de suif, d'huile et d'autres matières dont on fait usage pour ces opérations, et le garçon qui servait notre charpentier avait justement à la main une grande cuillère de fer avec laquelle il passait aux travailleurs la matière en fusion, quand, par les écoutes d'avant, à l'endroit même où se trouvait ce garçon, deux de nos ennemis entrèrent dans la chaloupe. Le drille aussitôt les salua d'une cuillerée de poix bouillante qui les grilla et les échauda si bien, d'autant qu'ils étaient à moitié nus, qu'exaspérés par leurs brûlures, ils sautèrent à la mer beuglant comme deux taureaux. A ce coup le charpentier s'écria : — « Bien joué, JACK ! bravo, va toujours. » — Puis s'avançant lui-même il prend un guipon, et le plongeant dans la chaudière à la poix, lui et son aide en envoient une telle profusion, que, bref, dans trois barques, il n'y eut pas un assaillant qui ne fût roussi et brûlé d'une manière piteuse, d'une manière effroyable, et ne poussât des cris et des hurlements tels que de ma vie je n'avois ouï un plus horrible vacarme, voire même rien de semblable ; car bien que la douleur, et c'est une chose digne de remarque, fasse naturellement jeter des cris à touts les êtres, cependant chaque nation a un mode particulier d'exclamation et ses vociférations à elle comme elle a son langage à elle. Je ne saurais, aux clameurs de ces créatures, donner un nom ni plus juste ni plus exact que celui de hurlement. Je n'ai vraiment jamais rien ouï qui en approchât plus que les rumeurs des loups que j'entendis hurler, comme on sait, dans la forêt, sur les frontières du Languedoc.

Jamais victoire ne me fit plus de plaisir, non-seulement parce qu'elle était pour moi inopinée et qu'elle nous tirait d'un péril imminent, mais encore parce que nous l'avions remportée sans avoir répandu d'autre sang que celui de ce pauvre diable qu'un de nos drilles avait dépêché de ses mains, à mon regret toutefois, car je souffrais de voir tuer de pareils pauvres misérables Sauvages, même en cas de personnelle défense, dans la persuasion où j'étais qu'ils croyaient ne faire rien que de juste, et n'en savaient pas plus long. Et, bien que ce meurtre pût être justifiable parce qu'il avait été nécessaire et qu'il n'y a point de crime nécessaire dans la nature, je n'en pensais pas moins que c'est là une triste vie que celle où il nous faut sans cesse tuer nos semblables pour notre propre conservation, et, de fait, je pense ainsi toujours; même aujourd'hui j'aimerais mieux souffrir beaucoup que d'ôter la vie à l'être le plus vil qui m'outragerait. Tout homme judicieux, et qui connaît la valeur d'une vie, sera de mon sentiment, j'en ai l'assurance, s'il y réfléchit sérieusement.

Mais pour en revenir à mon histoire, durant cette échauffourée mon PARTNER et moi, qui dirigions le reste de l'équipage à bord, nous avions fort dextrement redressé le navire ou à peu près; et, quand nous eûmes remis les canons en place, le canonnier me pria d'ordonner à notre chaloupe de se retirer, parce qu'il voulait envoyer une bordée à l'ennemi. Je lui dis de s'en donner de garde, de ne point mettre en batterie, que sans lui le charpentier ferait la besogne; je le chargeai seulement de faire chauffer une autre chaudière de poix, ce dont pris soin notre COOX qui se trouvait à bord. Mais nos assaillants étaient si atterrés de leur première rencontre, qu'ils ne se soucièrent pas de revenir. Quant à ceux de nos ennemis qui s'étaient trouvés hors d'atteinte, voyant le navire à flot, et pour ainsi dire debout, ils commencèrent, nous le supposâmes du moins, à s'appercevoir de leur bévue et à renoncer à l'entreprise, trouvant que ce n'était pas là du tout ce qu'ils s'étaient promis. — C'est ainsi que nous sortîmes de cette plaisante bataille; et comme deux jours auparavant nous avions porté à bord du riz, des racines, du pain et une quinzaine de pourceaux gras, nous résolûmes de ne pas demeurer là plus long-temps, et de remettre en mer quoi qu'il en pût advenir ; car nous ne doutions pas d'être environnés, le jour suivant, d'un si grand nombre de ces marauds, que notre chaudière de poix n'y pourrait suffire.

En conséquence tout fut replacé à bord le soir même, et dès le matin nous étions prêts à partir. Dans ces entrefaites, comme nous avions mouillé l'ancre à quelque distance du rivage, nous fûmes bien moins inquiets : nous étions alors en position de combattre et de courir au large si quelque ennemi se fût présenté. Le lendemain, après avoir terminé à bord notre besogne, toutes les voies se trouvant parfaitement étanchées, nous mîmes à la voile. Nous aurions bien voulu aller dans la baie de Ton-Kin, désireux que nous étions d'obtenir quelques renseignements sur ces bâtiments hollandais qui y étaient entrés ; mais nous n'osâmes pas, à cause que nous avions vu peu auparavant plusieurs navires qui s'y rendaient, à ce que nous supposâmes. Nous cinglâmes donc au Nord-Est, à dessein de toucher à l'île Formose, ne redoutant pas moins d'être apperçu par un bâtiment marchand hollandais ou anglais, qu'un navire hollandais ou anglais ne redoute de l'être dans la Méditerranée par un vaisseau de guerre algérien.

Quand nous eûmes gagné la haute mer nous tînmes toujours au Nord-Est comme si nous voulions aller aux Manilles ou îles Philippines, ce que nous fîmes pour ne pas tomber dans la route des vaisseaux européens ; puis nous gouvernâmes au Nord jusqu'à ce que nous fussions par 22 degrés 20 minutes de latitude, de sorte que nous arrivâmes directement à l'île Formose, où nous jetâmes l'ancre pour faire de l'eau et des provisions fraîches. Là les habitants, qui sont très-courtois et très-civils dans leurs manières, vinrent au-devant de nos besoins et en usèrent très-honnêtement et très-loyalement avec nous dans toutes leurs relations et touts leurs marchés, ce que nous n'avions pas trouvé chez l'autre peuple, ce qui peut-être est dû au reste du christianisme autrefois planté dans cette île par une mission de protestants hollandais : preuve nouvelle de ce que j'ai souvent observé, que la religion chrétienne partout où elle est reçue civilise toujours les hommes et réforme leurs mœurs, qu'elle opère ou non leur sanctification.

De là nous continuâmes à faire route au Nord, nous tenant toujours à la même distance de la côte de Chine, jusqu'à ce que nous eussions passé touts les ports fréquentés par les navires européens, résolus que nous étions autant que possible à ne pas nous laisser prendre, surtout dans cette contrée, où, vu notre position, c'eût été fait de nous infailliblement. Pour ma part, j'avais une telle peur d'être capturé, que, je le crois fermement, j'eusse préféré de beaucoup tomber entre les mains de l'Inquisition espagnole [1].

Étant alors parvenus à la latitude de 30 degrés, nous nous déterminâmes à entrer dans le premier port de commerce que nous trouverions. Tandis que nous rallions la terre, une barque vint nous joindre à deux lieues au large, ayant à bord un vieux pilote portugais, qui, nous ayant reconnu pour un bâtiment européen, venait nous offrir ses services. Nous fûmes ravis de sa proposition ; nous le prîmes à bord, et là-dessus, sans nous demander où nous voulions aller, il congédia la barque sur laquelle il était venu.

Bien persuadé qu'il nous était loisible alors de nous

---

[1] Dans la traduction contemporaine, indigne du beau nom de MADAME TASTU, où, soi-disant, on se borne au rôle de TRADUCTEUR FIDÈLE, toute la fin de ce paragraphe est supprimée et remplacée par ce non-sens : C'EUT ÉTÉ NOTRE PERTE, SANS AUCUN ESPOIR DE SALUT.   P. B.

faire mener par ce vieux homme où bon nous semblerait, je lui parlai tout d'abord de nous conduire au golfe de Nanking, dans la partie la plus septentrionale de la côte de Chine. Le bon homme nous dit qu'il connaissait fort bien le golfe de Nanking; mais, en souriant, il nous demanda ce que nous y comptions faire.

Je lui répondis que nous voulions y vendre notre cargaison, y acheter des porcelaines, des calicots, des soies écrues, du thé, des soies ouvrées, puis nous en retourner par la même route. — « En ce cas, nous dit-il, ce serait bien mieux votre affaire de relâcher à Macao, où vous ne pourriez manquer de vous défaire avantageusement de votre opium, et où, avec votre argent, vous pourriez acheter toute espèce de marchandises chinoises à aussi bon marché qu'à Nanking.

Dans l'impossibilité de détourner le bon homme de ce sentiment dont il était fort entêté et fort engoué, je lui dis que nous étions GENTLEMEN aussi bien que négociants, et que nous avions envie d'aller voir la grande cité de Péking et la fameuse Cour du monarque de la Chine. — « Alors, reprit-il, il faut aller à Ningpo, d'où, par le fleuve qui se jette là dans la mer, vous gagnerez, au bout de cinq lieues, le grand canal. Ce canal, partout navigable, traverse le cœur de tout le vaste empire chinois, coupe toutes les rivières, franchit plusieurs montagnes considérables au moyen d'écluses et de portes, et s'avance jusqu'à la ville de Péking, après un cours de deux cent soixante-dix lieues. »

— « Fort bien, SENHOR PORTUGUEZ, répondis-je; mais ce n'est pas là notre affaire maintenant : la grande question est de savoir s'il vous est possible de nous conduire à la ville de Nanking, d'où plus tard nous nous rendrions à Péking. » — Il me dit que Oui, que c'était pour lui chose facile, et qu'un gros navire hollandais venait justement de prendre la même route. Ceci me causa quelque trouble : un vaisseau hollandais était pour lors notre terreur, et nous eussions préféré rencontrer le diable pourvu qu'il ne fût pas venu sous une figure trop effroyable. Nous avions la persuasion qu'un bâtiment hollandais serait notre ruine ; nous n'étions pas de taille à nous mesurer : touts les vaisseaux qui trafiquent dans ces parages étant d'un port considérable et d'une beaucoup plus grande force que nous.

Le bon homme s'apperçut de mon trouble et de mon embarras quand il me parla du navire hollandais, et il me dit : — « Sir, vous n'avez rien à redouter des Hollandais, je ne suppose pas qu'ils soient en guerre aujourd'hui avec votre nation. » — « Non, dis-je, il est vrai ; mais je ne sais quelles libertés les hommes se peuvent donner lorsqu'ils sont hors de la portée des lois de leurs pays. » — « Eh quoi ! reprit-il, vous n'êtes pas des pirates, que craignez-vous ? A coup sûr on ne s'attaquera pas à de paisibles négociants. »

Le Vieux Pilote Portugais.

i, à ces mots, tout mon sang ne me monta pas au visage, c'est que quelque obstruction l'arrêta dans les vaisseaux que la nature a destinés à sa circulation. — Jeté dans la dernière confusion, je dissimulai mal, et le bon homme s'apperçut aisément de mon désordre.

— « Sir, me dit-il, je vois que je déconcerte vos mesures : je vous en prie, s'il vous plaît, faites ce que bon vous semble, et croyez bien que je vous servirai de toutes mes forces. » — « Oui, cela est vrai, Senhor, répondis-je, maintenant je suis quelque peu ébranlé dans ma résolution, je ne sais où je dois aller, d'autant surtout que vous avez parlé de pirates. J'ose espérer qu'il n'y en a pas dans ces mers ; nous serions en fort mauvaise position : vous le voyez, notre navire n'est pas de haut-bord et n'est que faiblement équipé. »

— « Oh ! Sir, s'écria-t-il, tranquillisez-vous ; je ne sache pas qu'aucun pirate ait paru dans ces mers depuis quinze ans, un seul excepté, qui a été vu, à ce que j'ai ouï dire, dans la baie de Siam il y a environ un mois ; mais vous pouvez être certain qu'il est parti pour le Sud ; d'ailleurs ce bâtiment n'est ni formidable ni propre à son métier ; il n'a pas été construit pour faire la course ; il a été enlevé par un tas de coquins qui se trouvaient à bord, après que le capitaine et quelques-uns de ses hommes eurent été tués par des Malais à ou près l'île de Sumatra. »

— « Quoi ! dis-je, faisant semblant de ne rien savoir de cette affaire, ils ont assassiné leur capitaine ? » — « Non, reprit-il, je ne prétends pas qu'ils l'aient massacré ; mais comme après le coup ils se sont enfuis avec le navire, on croit généralement qu'ils l'ont livré par trahison entre les mains de ces Malais qui l'égorgèrent, et que sans doute ils avaient apostés pour cela. » — « Alors, m'écriai-je, ils ont mérité la mort tout autant que s'ils avaient frappé eux-mêmes. »
— « Oui-da, repartit le bon homme, ils l'ont méritée et pour certain ils l'auront s'ils sont découverts par quelque navire anglais ou hollandais ; car touts sont convenus s'ils rencontrent ces brigands de ne leur point donner de quartier.

— « Mais, lui fis-je observer, puisque vous dites que le pirate a quitté ces mers, comment pourraient-ils le rencontrer ? »
— « Oui vraiment, répliqua-t-il, on assure qu'il est parti ; ce qu'il y a de certain toutefois, comme je vous l'ai déjà dit, c'est qu'il est entré il y a environ un mois, dans la baie de Siam, dans la rivière de Camboge, et que là, découvert par des Hollandais, qui avaient fait partie de l'équipage et qui avaient été abandonnés à terre quand leurs compagnons s'étaient enfuis avec le navire, peu s'en est fallu qu'il ne soit tombé entre les mains de quelques marchands anglais et hollandais mouillés dans la même rivière. Si leurs premières embarcations avaient été bien secondées on l'aurait infailliblement capturé ; mais ne se voyant harcelés que par deux chaloupes, il vira vent devant, fit feu dessus, les désempara avant que les autres fussent arrivées, puis, gagnant la haute mer, leur fit lever la chasse et disparut. Comme ils ont une description exacte du navire, ils sont sûrs de le reconnaître, et partout où ils le trouveront ils ont juré de ne faire aucun quartier ni au capitaine ni à ses hommes et de les pendre tous à la grande vergue. »

— « Quoi ! m'écriai-je, ils les exécuteront à tort ou à droit ? Ils les pendront d'abord et les jugeront ensuite ? » — « Bon Dieu ! SIR, répondit le vieux pilote, qu'est-il besoin de formalités avec de pareils coquins ? Qu'on les lie dos à dos et qu'on les jette à la mer, c'est là tout ce qu'ils méritent. »

Sentant le bon homme entre mes mains et dans l'impossibilité de me nuire, je l'interrompis brusquement : — « Fort bien, SENHOR, lui dis-je, et voilà justement pourquoi je veux que vous nous meniez à Nanking et ne veux pas rebrousser vers Macao ou tout autre parage fréquenté par les bâtiments anglais ou hollandais ; car, sachez, SENHOR, que messieurs les capitaines de ces vaisseaux sont un tas de malavisés, d'orgueilleux, d'insolents personnages qui ne savent ce que c'est que la justice, ce que c'est que de se conduire selon les lois de Dieu et la nature; fiers de leur office et n'entendant goutte à leur pouvoir pour punir des voleurs, ils se font assassins; ils prennent sur eux d'outrager des gens faussement accusés et de les déclarer coupables sans enquête légale; mais si Dieu me prête vie je leur en ferai rendre compte, je leur ferai apprendre comment la justice veut être administrée, et qu'on ne doit pas traiter un homme comme un criminel avant que d'avoir quelque preuve et du crime et de la culpabilité de cet homme. »

Sur ce, je lui déclarai que notre navire était celui-là même que ces messieurs avaient attaqué; je lui exposai tout au long l'escarmouche que nous avions eue avec leurs chaloupes et la sottise et la couardise de leur conduite; je lui contai toute l'histoire de l'acquisition du navire et comment le Hollandais nous avait présenté la chose; je lui dis les raisons que j'avais de ne pas ajouter foi à l'assassinat du capitaine par les Malais, non plus qu'au rapt du navire; que ce n'était qu'une fable du crû de ces messieurs pour insinuer que l'équipage s'était fait pirate; qu'après tout ces messieurs auraient dû au moins s'assurer du fait avant de nous attaquer au dépourvu et de nous contraindre à leur résister : — « Ils auront à répondre, ajoutai-je, du sang des hommes que dans notre légitime défense nous avons tués! »

Ébahi à ce discours, le bon homme nous dit que nous avions furieusement raison de gagner le Nord, et que, s'il avait un conseil à nous donner, ce serait de vendre notre bâtiment en Chine, chose facile, puis d'en construire ou d'en acheter un autre dans ce pays : — « Assurément, ajouta-t-il, vous n'en trouverez pas d'aussi bon que le vôtre; mais vous pourrez vous en procurer un plus que suffisant pour vous ramener vous et toutes vos marchandises au Bengale, ou partout ailleurs. »

Je lui dis que j'userais de son avis quand nous arriverions dans quelque port où je pourrais trouver un bâtiment pour mon retour ou quelque chaland qui voulût acheter le mien. Il m'assura qu'à Nanking les acquéreurs afflueraient; que pour m'en revenir une jonque chinoise ferait parfaitement mon affaire; et qu'il me procurerait des gens qui m'achèteraient l'un et qui me vendraient l'autre.

— «Soit! Senhor, repris-je; mais comme vous dites que ces messieurs connaissent si bien mon navire, en suivant vos conseils, je pourrai jeter d'honnêtes et braves gens dans un affreux guêpier et peut-être les faire égorger inopinément; car partout où ces messieurs rencontreront le navire il leur suffira de le reconnaître pour impliquer l'équipage : ainsi d'innocentes créatures seraient surprises et massacrées. » — « Non, non, dit le bon homme, j'aviserai au moyen de prévenir ce malencontre : comme je connais tous ces commandants dont vous parlez et que je les verrai tous quand ils passeront, j'aurai soin de leur exposer la chose sous son vrai jour, et de leur démontrer l'énormité de leur méprise; je leur dirai que s'il est vrai que les hommes de l'ancien équipage se soient enfuis avec le navire, il est faux pourtant qu'ils se soient faits pirates; et que ceux qu'ils ont assaillis vers Camboge ne sont pas ceux qui autrefois enlevèrent le navire, mais de braves gens qui l'ont acheté innocemment pour leur commerce : et je suis persuadé qu'ils ajouteront foi à mes paroles, assez du moins pour agir avec plus de discrétion à l'avenir. » — « Bravo, lui dis-je, et voulez-vous leur remettre un message de ma part? » — «Oui, volontiers, me répondit-il, si vous me le donnez par écrit et signé, afin que je puisse leur prouver qu'il vient de vous, qu'il n'est pas de mon crû. » — Me rendant à son désir, sur-le-champ je pris une plume, de l'encre et du papier, et je me mis à écrire sur l'échauffourée des chaloupes, sur la prétendue raison de cet injuste et cruel outrage, un long factum où je déclarais en somme à ces messieurs les commandants qu'ils avaient fait une chose honteuse, et que, si jamais ils reparaissaient en Angleterre et que je vécusse assez pour les y voir, ils la paieraient cher, à moins que durant mon absence les lois de ma patrie ne fussent tombées en désuétude.

Mon vieux pilote lut et relut ce manifeste et me demanda à plusieurs reprises si j'étais prêt à soutenir ce que j'y avançais. Je lui répondis que je le maintiendrais tant qu'il me resterait quelque chose au monde, dans la conviction où j'étais que tôt ou tard je devais la trouver belle pour ma revanche. Mais je n'eus pas l'occasion d'envoyer le pilote porter ce message, car il ne s'en retourna point [1]. Tandis que tout ceci se passait entre nous, par manière d'entretien, nous avancions directement vers Nanking, et au bout d'environ treize jours de navigation, nous vînmes jeter l'ancre à la pointe Sud-Ouest du grand golfe de ce nom, où j'appris par hasard que deux bâtiments hollandais étaient arrivés quelque temps avant moi, et qu'infailliblement je tomberais entre leurs mains. Dans cette conjoncture, je consultai de nouveau mon PARTNER ; il était aussi embarrassé que moi, et aurait bien voulu descendre sain et sauf à terre, n'importe où. Comme ma perplexité ne me troublait pas à ce point, je demandai au vieux pilote s'il n'y avait pas quelque crique, quelque hâvre où je pusse

---

[1] On a passé sous silence tout le commencement de ce paragraphe et la moitié du précédent, dans la traduction contemporaine, indigne du beau nom de MADAME TASTU, où, soi-disant, on s'est borné au rôle de TRADUCTEUR FIDÈLE. — P. B.

entrer, pour traiter secrètement avec les Chinois sans être en danger de l'ennemi. Il me dit que si je voulais faire encore quarante-deux lieues au Sud nous trouverions un petit port nommé Quinchang, où les Pères de la Mission débarquaient d'ordinaire en venant de Macao, pour aller enseigner la religion chrétienne aux Chinois, et où les navires européens ne se montraient jamais; et que, si je jugeais à propos de m'y rendre, là, quand j'aurais mis pied à terre, je pourrais prendre tout à loisir une décision ultérieure. — « J'avoue, ajouta-t-il, que ce n'est pas une place marchande, cependant à certaines époques il s'y tient une sorte de foire, où les négociants japonais viennent acheter des marchandises chinoises. »

Nous fûmes tous d'avis de gagner ce port, dont peut-être j'écris le nom de travers; je ne puis au juste me le rappeler l'ayant perdu ainsi que plusieurs autres notés sur un petit livre de poche que l'eau me gâta, dans un accident que je relaterai en son lieu; je me souviens seulement que les négociants chinois et japonais avec lesquels nous entrâmes en relation lui donnaient un autre nom que notre pilote portugais, et qu'ils le prononçaient comme ci-dessus QUINCHANG.

Unanimes dans notre résolution de nous rendre à cette place, nous levâmes l'ancre le jour suivant; nous étions allés deux fois à terre pour prendre de l'eau fraîche, et dans ces deux occasions les habitants du pays s'étaient montrés très-civils envers nous, et nous avaient apporté une profusion de choses, c'est-à-dire de provisions, de plantes, de racines, de thé, de riz et d'oiseaux; mais rien sans argent.

Le vent étant contraire, nous n'arrivâmes à Quinchang qu'au bout de cinq jours; mais notre satisfaction n'en fut pas moins vive. Transporté de joie, et, je puis bien le dire, de reconnaissance envers le Ciel, quand je posai le pied sur le rivage, je fis serment ainsi que mon PARTNER, s'il nous était possible de disposer de nous et de nos marchandises d'une manière quelconque, même désavantageuse, de ne jamais remonter à bord de ce navire de malheur. Oui, il me faut ici le reconnaître, de toutes les circonstances de la vie dont j'ai fait quelque expérience, nulle ne rend l'homme si complètement misérable qu'une crainte continuelle. L'Écriture dit avec raison : — « L'EFFROI QUE CONÇOIT UN HOMME LUI TEND UN PIÉGE. » — C'est une mort dans la vie ; elle oppresse tellement l'âme qu'elle la plonge dans l'inertie ; elle étouffe les esprits animaux et abat toute cette vigueur naturelle qui soutient ordinairement l'homme dans ses afflictions, et qu'il retrouve toujours dans les plus grandes perplexités [1].

[1] On a passé sous silence toute la fin de ce paragraphe dans la traduction, indigne du beau nom de MADAME TASTU, où, soi-disant, on s'est borné au rôle de TRADUCTEUR FIDÈLE.　　　　　　　　　　　　　　　　　　P. B.

Arrivée à Quinchang.

Ce sentiment qui grossit le danger ne manqua pas son effet ordinaire sur notre imagination en nous représentant les capitaines anglais et hollandais comme des gens incapables d'entendre raison, de distinguer l'honnête homme d'avec le coquin, de discerner une histoire en l'air, calculée pour nous nuire et dans le dessein de tromper, d'avec le récit simple et vrai de tout notre voyage, de nos opérations et de nos projets ; car nous avions cent moyens de convaincre toute créature raisonnable que nous n'étions pas des pirates : notre cargaison, la route que nous tenions, la franchise avec laquelle nous nous montrions et nous étions entrés dans tel et tel port, la forme et la faiblesse de notre bâtiment, le nombre de nos hommes, la paucité de nos armes, la petite quantité de nos munitions, la rareté de nos vivres, n'était-ce pas là tout autant de témoignages irrécusables ? L'opium et les autres marchandises que nous avions à bord auraient prouvé que le navire était allé au Bengale ; les Hollandais, qui, disait-on, avaient tous les noms des hommes de son ancien équipage, auraient vu aisément que nous étions un mélange d'Anglais, de Portugais et d'Indiens, et qu'il n'y avait parmi nous que deux Hollandais. Toutes ces circonstances et bien d'autres encore auraient suffi et au-delà pour rendre évident à tout capitaine entre les mains de qui nous serions tombés que nous n'étions pas des pirates.

Mais la peur, cette aveugle et vaine passion, nous troublait et nous jetait dans les vapeurs : elle brouillait notre cervelle, et notre imagination abusée enfantait mille terribles choses moralement impossibles. Nous nous figurions, comme on nous l'avait rapporté, que les marins des navires anglais et hollandais, que ces derniers particulièrement, étaient si enragés au seul nom de pirate, surtout si furieux de la déconfiture de leurs chaloupes et de notre fuite que, sans se donner le temps de s'informer si nous étions ou non des écumeurs et sans vouloir rien entendre, ils nous exécuteraient sur-le-champ. Pour qu'ils daignassent faire plus de cérémonie nous réfléchissions que la chose avait à leurs yeux de trop grandes apparences de vérité : le vaisseau n'était-il pas le même, quelques-uns de leurs matelots ne le connaissaient-ils pas, n'avaient-ils pas fait partie de son équipage, et dans la rivière de Camboge, lorsque nous avions eu vent qu'ils devaient descendre pour nous examiner, n'avions-nous pas battu leurs chaloupes et levé le pied? Nous ne mettions donc pas en doute qu'ils ne fussent aussi pleinement assurés que nous étions pirates que nous nous étions convaincus du contraire; et souvent je disais que je ne savais si, nos rôles changés, notre cas devenu le leur, je n'eusse pas considéré tout ceci comme de la dernière évidence, et me fusse fait aucun scrupule de tailler en pièces l'équipage sans croire et peut-être même sans écouter ce qu'il aurait pu alléguer pour sa défense.

Quoi qu'il en fût, telles avaient été nos appréhensions; et mon PARTNER et moi nous avions rarement fermé l'œil sans rêver corde et grande vergue, c'est-à-dire potence; sans rêver que nous combattions, que nous étions pris, que nous tuions et que nous étions tués. Une nuit entre autres, dans mon songe j'entrai dans une telle fureur, m'imaginant que les Hollandais nous abordaient et que j'assommais un de leurs matelots, que je frappai du poing contre le côté de la cabine où je couchais et avec une telle force que je me blessai très-grièvement la main, que je me foulai les jointures, que je me meurtris et déchirai la chair: à ce coup non-seulement je me réveillai en sursaut, mais encore je fus en transe un moment d'avoir perdu deux doigts.

Une autre crainte dont j'avais été possédé, c'était le traitement cruel que nous feraient les Hollandais si nous tombions entre leurs mains. Alors l'histoire d'Amboyne me revenait dans l'esprit, et je pensais qu'ils pourraient nous appliquer à la question, comme en cette île ils y avaient appliqué nos compatriotes, et forcer par la violence de la torture quelques-uns de nos hommes à confesser des crimes dont jamais ils ne s'étaient rendus coupables, à s'avouer eux et nous tous pirates, afin de pouvoir nous mettre à mort avec quelques apparences de justice ; poussés qu'ils seraient à cela par l'appât du gain : notre vaisseau et sa cargaison valant en somme quatre ou cinq mille livres sterling.

Toutes ces appréhensions nous avaient tourmentés mon PARTNER et moi nuit et jour. Nous ne prenions point en considération que les capitaines de navire n'avaient aucune autorité pour agir ainsi, et que si nous nous constituions leurs prisonniers ils ne pourraient se permettre de nous torturer, de nous mettre à mort sans en être responsables quand ils retourneraient dans leur patrie : au fait ceci n'avait rien de bien rassurant ; car s'ils eussent mal agi à notre égard, le bel avantage pour nous qu'ils fussent appelés à en rendre compte, car si nous avions été occis tout d'abord, la belle satisfaction pour nous qu'ils en fussent punis quand ils rentreraient chez eux.

Je ne puis m'empêcher de consigner ici quelques réflexions que je faisais alors sur mes nombreuses vicissitudes passées. Oh ! combien je trouvais cruel que moi, qui avais dépensé quarante années de ma vie dans de continuelles traverses, qui avais enfin touché en quelque sorte au port vers lequel tendent tous les hommes, le repos et l'abondance, je me fusse volontairement jeté dans de nouveaux chagrins, par mon choix funeste, et que moi qui avais échappé à tant de périls dans ma jeunesse j'en fusse venu sur le déclin de l'âge, dans une contrée lointaine, en lieu et circonstance où mon innocence ne pouvait m'être d'aucune protection, à me faire pendre pour un crime que, bien loin d'en être coupable, j'exécrais.

A ces pensées succédait un élan religieux, et je me prenais à considérer que c'était là sans doute une disposition immédiate de la Providence; que je devais le regarder comme tel et m'y soumettre; que, bien que je fusse innocent devant les hommes, tant s'en fallait que je le fusse devant mon Créateur; que je devais songer aux fautes signalées dont ma vie était pleine et pour lesquelles la Providence pouvait m'infliger ce châtiment, comme une juste rétribution; enfin, que je devais m'y résigner comme je me serais résigné à un naufrage s'il eût plu à Dieu de me frapper d'un pareil désastre.

A son tour mon courage naturel quelquefois reparaissait, je formais de vigoureuses résolutions, je jurais de ne jamais me laisser prendre, de ne jamais me laisser torturer par une poignée de barbares froidement impitoyables; je me disais qu'il aurait mieux valu pour moi tomber entre les mains des Sauvages, des Cannibales, qui, s'ils m'eussent fait prisonnier, m'eussent à coup sûr dévoré, que de tomber entre les mains de ces messieurs, dont peut-être la rage s'assouvirait sur moi par des cruautés inouïes, des atrocités. Je me disais, quand autrefois j'en venais aux mains avec les Sauvages n'étais-je pas résolu à combattre jusqu'au dernier soupir? et je me demandais pourquoi je ne ferais pas de même alors, puisque être pris par ces messieurs était pour moi une idée plus terrible que ne l'avait jamais été celle d'être mangé par les Sauvages. Les Caraïbes, à leur rendre justice, ne mangeaient pas un prisonnier qu'il n'eût rendu l'âme, ils le tuaient d'abord comme nous tuons un bœuf; tandis que ces messieurs possédaient une multitude de raffinements ingénieux pour enchérir sur la cruauté de la mort. — Toutes les fois que ces pensées prenaient le dessus, je tombais immanquablement dans une sorte de fièvre, allumée par les agitations d'un combat supposé : mon sang bouillait, mes yeux étincelaient comme si j'eusse été dans la mêlée, puis je jurais de ne point accepter de quartier, et quand je ne pourrais plus résister, de faire sauter le navire et tout ce qui s'y trouvait pour ne laisser à l'ennemi qu'un chétif butin dont il pût faire trophée.

Mais aussi lourd qu'avait été le poids de ces anxiétés et de ces perplexités tandis que nous étions à bord, aussi grande fut notre joie quand nous nous vîmes à terre, et mon PARTNER me conta qu'il avait rêvé que ses épaules étaient chargées d'un fardeau très-pesant qu'il devait porter au sommet d'une montagne : il sentait qu'il ne pourrait le soutenir long-temps; mais était survenu le pilote portugais qui l'en avait débarrassé, la montagne avait disparu et il n'avait plus apperçu devant lui qu'une plaine douce et unie. Vraiment il en était ainsi, nous étions comme des hommes qu'on a délivrés d'un pesant fardeau.

Pour ma part j'avais le cœur débarrassé d'un poids sous lequel je faiblissais; et, comme je l'ai dit, je fis serment de ne jamais retourner en mer sur ce navire. — Quand nous fûmes à terre, le vieux pilote, devenu alors notre ami, nous procura un logement et un magasin pour nos marchandises, qui dans le fond ne faisaient à peu près qu'un : c'était une hutte contiguë à une maison spacieuse, le tout construit en cannes et environné d'une palissade de gros roseaux pour garder des pilleries des voleurs, qui, à ce qu'il paraît, pullulent dans le pays. Néanmoins, les magistrats nous octroyèrent une petite garde : nous avions un soldat qui, avec une espèce de hallebarde ou de demi-pique, faisait sentinelle à notre porte et auquel nous donnions une mesure de riz et une petite pièce de monnaie, environ la valeur de trois pennys par jour. Grâce à tout cela, nos marchandises étaient en sûreté.

La foire habituellement tenue dans ce lieu était terminée

depuis quelque temps; cependant nous trouvâmes encore trois ou quatre jonques dans la rivière et deux *japoniers*, j'entends deux vaisseaux du Japon, chargés de marchandises chinoises attendant pour faire voile les négociants japonais qui étaient encore à terre.

La première chose que fit pour nous notre vieux pilote portugais, ce fut de nous ménager la connaissance de trois missionnaires catholiques qui se trouvaient dans la ville et qui s'y étaient arrêtés depuis assez long-temps pour convertir les habitants au Christianisme; mais nous crûmes voir qu'ils ne faisaient que de piteuse besogne et que les Chrétiens qu'ils faisaient ne faisaient que de tristes Chrétiens. Quoiqu'il en fût, ce n'était pas notre affaire. Un de ces prêtres était un Français qu'on appelait Père Simon, homme de bonne et joyeuse humeur, franc dans ses propos et n'ayant pas la mine si sérieuse et si grave que les deux autres, l'un Portugais, l'autre Génois. Père Simon était courtois, aisé dans ses manières et d'un commerce fort aimable; ses deux compagnons, plus réservés, paraissaient rigides et austères, et s'appliquaient tout de bon à l'œuvre pour laquelle ils étaient venus, c'est-à-dire à s'entretenir avec les habitants et à s'insinuer parmi eux toutes les fois que l'occasion s'en présentait. Souvent nous prenions nos repas avec ces révérends; et quoique à vrai direce qu'ils appellent la conversion des Chinois au Christianisme soit fort éloignée de la vraie conversion requise pour amener un peuple à la Foi du Christ, et ne semble guère consister qu'à leur apprendre le nom de Jésus, à réciter quelques prières à la Vierge Marie et à son Fils dans une langue qu'ils ne comprennent pas, à faire le signe de la croix et autres choses semblables, cependant il me faut l'avouer, ces religieux qu'on appelle Missionnaires, ont une ferme croyance que ces gens seront sauvés et qu'ils sont l'instrument de leur salut; dans cette persuasion, ils subissent non-seulement les fatigues du voyage, les dangers d'une pareille vie, mais souvent la mort même avec les tortures les plus violentes pour l'accomplissement de cette œuvre ; et ce serait de notre part un grand manque de charité, quelque opinion que nous ayons de leur besogne en elle-même et de leur manière de l'expédier, si nous n'avions pas une haute opinion du zèle qui la leur fait entreprendre à travers tant de dangers, sans avoir en vue pour eux-mêmes le moindre avantage temporel [1].

[1] On a supprimé toute la fin de ce paragraphe, ainsi que la fin de trois ou quatre paragraphes précédents et suivants, dans la traduction contemporaine, indigne du beau nom de MADAME TASTU, où, soi-disant, on s'est borné au rôle de TRADUCTEUR FIDÈLE. P. B.

Le Négociant Japonais.

Or, pour en revenir à mon histoire, ce prêtre français, Père Simon, avait, ce me semble, ordre du chef de la Mission de se rendre à Péking, résidence royale de l'Empereur chinois, et attendait un autre prêtre qu'on devait lui envoyer de Macao pour l'accompagner. Nous nous trouvions rarement ensemble sans qu'il m'invitât à faire ce voyage avec lui, m'assurant qu'il me montrerait toutes les choses glorieuses de ce puissant Empire, et entre autres la plus grande cité du monde : — « Cité, disait-il, que votre Londres et notre Paris réunis ne pourraient égaler. » — Il voulait parler de Péking, qui, je l'avoue, est une ville fort grande et infiniment peuplée ; mais comme j'ai regardé ces choses d'un autre œil que le commun des hommes, j'en donnerai donc mon opinion en peu de mots quand, dans la suite de mes voyages, je serai amené à en parler plus particulièrement.

Mais d'abord je retourne à mon moine ou missionnaire : dînant un jour avec lui, nous trouvant tous fort gais, je lui laissai voir quelque penchant à le suivre, et il se mit à me presser très-vivement, ainsi que mon PARTNER, et à nous faire mille séductions pour nous décider. — « D'où vient donc, Père Simon, dit mon PARTNER, que vous souhaitez si fort notre société? Vous savez que nous sommes hérétiques; vous ne pouvez nous aimer ni goûter notre compagnie. » — « Oh! s'écria-t-il, vous deviendrez peut-être de bons Catholiques, avec le temps : mon affaire ici est de convertir des payens ; et qui sait si je ne vous convertirai pas aussi? » — « Très-bien, Père, repris-je ; ainsi vous nous prêcherez tout le long du chemin. » — « Non, non, je ne vous importunerai pas : notre religion n'est pas incompatible avec les bonnes manières ; d'ailleurs, nous sommes tous ici censés compatriotes. Au fait ne le sommes-nous pas eu égard au pays où nous nous trouvons ; et si vous êtes huguenots et moi catholique, au total ne sommes-nous pas tous chrétiens? Tout au moins, ajouta-t-il, nous sommes tous de braves gens et nous pouvons fort bien nous hanter sans nous incommoder l'un l'autre. » — Je goûtai fort ces dernières paroles, qui rappelèrent à mon souvenir mon jeune ecclésiastique que j'avais laissé au Brésil, mais il s'en fallait de beaucoup que ce Père Simon approchât de son caractère ; car bien que Père Simon n'eût en lui nulle apparence de légèreté criminelle, cependant il n'avait pas ce fonds de zèle chrétien, de piété stricte, d'affection sincère pour la religion que mon autre bon ecclésiastique possédait et dont j'ai parlé longuement.

Mais laissons un peu Père Simon, quoiqu'il ne nous laissât point, ni ne cessât de nous solliciter de partir avec lui. Autre chose alors nous préoccupait : il s'agissait de nous défaire de notre navire et de nos marchandises, et nous commencions à douter fort que nous le pussions, car nous étions dans une place peu marchande : une fois même je fus tenté de me hasarder à faire voile pour la rivière de Kilam et la ville de Nanking ; mais la Providence sembla alors, plus visiblement que jamais, s'intéresser à nos affaires, et mon courage fut tout-à-coup relevé par le pressentiment que je devais, d'une manière ou d'une autre, sortir de cette perplexité et revoir enfin ma patrie : pourtant je n'avais pas le moindre soupçon de la voie qui s'ouvrirait, et quand je me prenais quelquefois à y songer je ne pouvais imaginer comment cela adviendrait. La Providence, dis-je, commença ici à débarrasser un peu notre route, et pour la première chose heureuse voici que notre vieux pilote portugais nous amena un négociant japonais qui, après s'être enquis des marchandises que nous avions, nous acheta en premier lieu tout notre opium : il nous en donna un très-bon prix, et nous paya en or, au poids, partie en petites pièces au coin du pays, partie en petits lingots d'environ dix ou onze onces chacun. Tandis que nous étions en affaire avec lui pour notre opium il me vint à l'esprit qu'il pourrait bien aussi s'arranger de notre navire, et j'ordonnai à l'interprète de lui en faire la proposition ; à cette ouverture, il leva tout bonnement les épaules, mais quelques jours après il revint avec un des missionnaires pour son trucheman, et me fit cette offre : — « Je vous ai acheté, dit-il, une trop grande quantité de marchandises avant d'avoir la pensée ou que la proposition m'ait été faite d'acheter le navire, de sorte qu'il ne me reste pas assez d'argent pour le payer ; mais si vous voulez le confier au même équipage je le louerai pour aller au Japon, d'où je l'enverrai aux îles Philippines avec un nouveau chargement dont je paierai le fret avant son départ du Japon, et à son retour je l'achèterai. » — Je prêtai l'oreille à cette proposition, et elle remua si vivement mon humeur aventurière que je conçus aussitôt l'idée de partir moi-même avec lui, puis de faire voile des îles Philippines pour les mers du Sud. Je demandai donc au négociant japonais s'il ne pourrait pas ne nous garder que jusqu'aux Philippines et nous congédier là. Il répondit que non, que la chose était impossible, parce qu'alors il ne pourrait effectuer le retour de sa cargaison, mais qu'il nous congédierait au Japon, à la rentrée du navire. J'y adhérais, toujours disposé à partir ; mais mon PARTNER, plus sage que moi, m'en dissuada en me représentant les dangers auxquels j'allais courir et sur ces mers, et chez les Japonais, qui sont faux, cruels et perfides, et chez les Espagnols des Philippines, plus faux, plus cruels et plus perfides encore.

Mais pour amener à conclusion ce grand changement dans nos affaires, il fallait d'abord consulter le capitaine du navire et l'équipage, et savoir s'ils voulaient aller au Japon, et tandis que cela m'occupait, le jeune homme que mon neveu m'avait laissé pour compagnon de voyage vint à moi et me dit qu'il croyait l'expédition proposée fort belle, qu'elle promettait de grands avantages et qu'il serait ravi que je l'entreprisse ; mais que si je ne me décidais pas à cela et que je voulusse l'y autoriser, il était prêt à partir comme marchand, ou en toute autre qualité, à mon bon plaisir. — « Si jamais je retourne en Angleterre, ajouta-t-il, et vous y retrouve vivant, je vous rendrai un compte fidèle de mon gain, qui sera tout à votre discrétion. »

Il me fâchait réellement de me séparer de lui ; mais, songeant aux avantages qui étaient vraiment considérables, et que ce jeune homme était aussi propre à mener l'affaire à bien que qui que ce fût, j'inclinai à le laisser partir ; cependant je lui dis que je voulais d'abord consulter mon PARTNER, et que je lui donnerais une réponse le lendemain. Je m'en entretins donc avec mon PARTNER, qui s'y prêta très-généreusement : — « Vous savez, me dit-il, que ce navire nous a été funeste, et que nous avons résolu tous les deux de ne plus nous y embarquer : si votre intendant — ainsi appelait-il mon jeune homme — veut tenter le voyage, je lui abandonne ma part du navire pour qu'il en tire le meilleur parti possible ; et si nous vivons assez pour revoir l'Angleterre, et s'il réussit dans ces expéditions lointaines, il nous tiendra compte de la moitié du profit du louage du navire, l'autre moitié sera pour lui. »

Mon PARTNER, qui n'avait nulle raison de prendre intérêt à ce jeune homme, faisant une offre semblable, je me gardai bien d'être moins généreux ; et tout l'équipage consentant à partir avec lui, nous lui donnâmes la moitié du bâtiment en propriété, et nous reçûmes de lui un écrit par lequel il s'obligeait à nous tenir compte de l'autre, et il partit pour le Japon. — Le négociant japonais se montra un parfait honnête homme à son égard : il le protégea au Japon, il lui fit obtenir la permission de descendre à terre, faveur qu'en général les Européens n'obtiennent plus depuis quelque temps; il lui paya son fret très-ponctuellement, et l'envoya aux Philippines chargé de porcelaines du Japon et de la Chine avec un subrécargue du pays, qui, après avoir trafiqué avec les Espagnols, rapporta des marchandises européennes et une forte partie de clous de girofle et autres épices. A son arrivée, non-seulement il lui paya son fret recta et grassement, mais encore, comme notre jeune homme ne se souciait point alors de vendre le navire, le négociant lui fournit des marchandises pour son compte; de sorte qu'avec quelque argent et quelques épices qu'il avait d'autre part et qu'il emporta avec lui, il retourna aux Philippines, chez les Espagnols, où il se défit de sa cargaison très-avantageusement. Là, s'étant fait de bonnes connaissances à Manille, il obtint que son navire fût déclaré libre; et le gouverneur de Manille l'ayant loué pour aller en Amérique, à Acapulco, sur la côte du Mexique, il lui donna la permission d'y débarquer, de se rendre à Mexico, et de prendre passage pour l'Europe, lui et tout son monde, sur un navire espagnol.

Il fit le voyage d'Acapulco très-heureusement, et là il vendit son navire. Là, ayant aussi obtenu la permission de se rendre par terre à Porto-Bello, il trouva, je ne sais comment, le moyen de passer à la Jamaïque avec tout ce qu'il avait, et environ huit ans après il revint en Angleterre excessivement riche : de quoi je parlerai en son lieu. Sur ce je reviens à mes propres affaires.

Sur le point de nous séparer du bâtiment et de l'équipage, nous nous prîmes naturellement à songer à la récompense que nous devions donner aux deux hommes qui nous avaient avertis si fort à propos du projet formé contre nous dans la rivière de Cambogc. Le fait est qu'ils nous avaient rendu un service insigne, et qu'ils méritaient bien de nous, quoique, soit dit en passant, ils ne fussent eux-mêmes qu'une paire de coquins; car, ajoutant foi à la fable qui nous transformait en pirates, et ne doutant pas que nous ne nous fussions enfuis avec le navire, ils étaient venus nous trouver, non-seulement pour nous vendre la mèche de ce qu'on machinait contre nous, mais encore pour s'en aller faire la course en notre compagnie, et l'un d'eux avoua plus tard que l'espérance seule d'écumer la mer avec nous l'avait poussé à cette révélation. N'importe! le service qu'ils nous avaient rendu n'en était pas moins grand, et c'est pourquoi, comme je leur avais promis d'être reconnaissant envers eux, j'ordonnai premièrement qu'on leur payât les appointements qu'ils déclaraient leur être dus à bord de leurs vaisseaux respectifs, c'est-à-dire à l'Anglais neuf mois de ses gages et sept au Hollandais; puis, en outre et par dessus, je leur fis donner une petite somme en or, à leur grand contentement. Je nommai ensuite l'Anglais maître canonnier du bord, le nôtre ayant passé lieutenant en second et commis aux vivres; pour le Hollandais je le fis maître d'équipage. Ainsi grandement satisfaits, l'un et l'autre rendirent de bons offices, car touts les deux étaient d'habiles marins et d'intrépides compagnons.

Nous étions alors à terre à la Chine; et si au Bengale je m'étais cru banni et éloigné de ma patrie, tandis que pour mon argent j'avais tant de moyens de revenir chez moi, que ne devais-je pas penser en ce moment où j'étais environ à mille lieues plus loin de l'Angleterre, et sans perspective aucune de retour!

Seulement, comme une autre foire devait se tenir au bout de quatre mois dans la ville où nous étions, nous espérions qu'alors nous serions à même de nous procurer toutes sortes de produits du pays, et vraisemblablement de trouver quelques jonques chinoises ou quelques navires venant de Nanking qui seraient à vendre et qui pourraient nous transporter nous et nos marchandises où il nous plairait. Faisant fond là-dessus, je résolus d'attendre ; d'ailleurs comme nos personnes privées n'étaient pas suspectes, si quelques bâtiments anglais ou hollandais se présentaient ne pouvions-nous pas trouver l'occasion de charger nos marchandises et d'obtenir passage pour quelque autre endroit des Indes moins éloigné de notre patrie ?

Dans cette espérance, nous nous déterminâmes donc à demeurer en ce lieu ; mais pour nous récréer nous nous permîmes deux ou trois petites tournées dans le pays. Nous fîmes d'abord un voyage de dix jours pour aller voir Nanking, ville vraiment digne d'être visitée. On dit qu'elle renferme un million d'âmes, je ne le crois pas : elle est symétriquement bâtie, toutes les rues sont régulièrement alignées et se croisent l'une l'autre en ligne droite, ce qui lui donne une avantageuse apparence.

Voyage à Nanking.

ais quand j'en viens à comparer les misérables peuples de ces contrées aux peuples de nos contrées, leurs édifices, leurs mœurs, leur gouvernement, leur religion, leurs richesses et leur splendeur, — comme disent quelques-uns, — j'avoue que tout cela me semble ne pas valoir la peine d'être nommé, ne pas valoir le temps que je passerais à le décrire et que perdraient à le lire ceux qui viendront après moi.

Il est à remarquer que nous nous ébahissons de la grandeur, de l'opulence, des cérémonies, de la pompe, du gouvernement, des manufactures, du commerce et de la conduite de ces peuples, non parce que ces choses méritent de fixer notre admiration ou même nos regards, mais seulement parce que, tout remplis de l'idée primitive que nous avons de la barbarie de ces contrées, de la grossièreté et de l'ignorance qui y règnent, nous ne nous attendons pas à y trouver rien de si avancé.

Autrement, que sont leurs édifices au prix des palais et des châteaux royaux de l'Europe? Qu'est-ce que leur commerce auprès du commerce universel de l'Angleterre, de la Hollande, de la France et de l'Espagne? Que sont leurs villes au prix des nôtres pour l'opulence, la force, le faste des habits, le luxe des ameublements, la variété infinie? Que sont leurs ports parsemés de quelques jonques et de quelques barques, comparés à notre navigation, à nos flottes marchandes, à notre puissante et formidable marine? Notre cité de Londres fait plus de commerce que tout leur puissant Empire. Un vaisseau de guerre anglais, hollandais ou français, de quatre-vingts canons, battrait et détruirait toutes les forces navales des Chinois. La grandeur de leur opulence et de leur commerce, la puissance de leur gouvernement, la force de leurs armées nous émerveillent parce que, je l'ai déjà dit, accoutumés que nous sommes à les considérer comme une nation barbare de payens et à peu près comme des Sauvages, nous ne nous attendons pas à rencontrer rien de semblable chez eux, et c'est vraiment de là que vient le jour avantageux sous lequel nous apparaissent leur splendeur et leur puissance : autrement, cela en soi-même n'est rien du tout ; car ce que j'ai dit de leurs vaisseaux peut être dit de leurs troupes et de leurs armées ; toutes les forces de leur Empire, bien qu'ils puissent mettre en campagne deux millions d'hommes, ne seraient bonnes ni plus ni moins qu'à ruiner le pays et à les réduire eux-mêmes à la famine. S'ils avaient à assiéger une ville forte de Flandre ou à combattre une armée disciplinée, une ligne de cuirassiers allemands ou de gendarmes français culbuterait toute leur cavalerie ; un million de leurs fantassins ne pourraient tenir devant un corps de notre infanterie rangé en bataille et posté de façon à ne pouvoir être enveloppé, fussent-ils vingt contre un : voire même, je ne hâblerais pas si je disais que trente mille hommes d'infanterie allemande ou anglaise et dix mille chevaux françois brosseraient toutes les forces de la Chine. Il en est de même de notre fortification et de l'art de nos ingénieurs dans l'attaque et la défense des villes : il n'y a pas à la Chine une place fortifiée qui pût tenir un mois contre les batteries et les assauts d'une armée européenne, tandis que toutes les armées des Chinois ne pourraient prendre une ville comme Dunkerque, à moins que ce ne fût par famine, l'assiégeraient-elles dix ans. Ils ont des armes à feu, il est vrai ; mais elles sont lourdes et grossières et sujettes à faire long feu ; ils ont de la poudre, mais elle n'a point de force ; enfin ils n'ont ni discipline sur le champ de bataille, ni tactique, ni habileté dans l'attaque, ni modération dans la retraite. Aussi j'avoue que ce fut chose bien étrange pour moi quand je revins en Angleterre d'entendre nos compatriotes débiter de si belles bourdes sur la puissance, les richesses, la gloire, la magnificence et le commerce des Chinois, qui ne sont, je l'ai vu, je le sais, qu'un méprisable troupeau d'esclaves ignorants et sordides assujétis à un gouvernement bien digne de commander à tel peuple; et en un mot, car je suis maintenant tout-à-fait lancé hors de mon sujet, et en un mot, dis-je, si la Moscovie n'était pas à une si énorme distance, si l'Empire moscovite n'était pas un ramassis d'esclaves presque aussi grossiers, aussi faibles, aussi mal gouvernés que les Chinois eux-mêmes, le Czar de Moscovie pourrait tout à son aise les chasser toute de leur contrée et la subjuguer dans une seule campagne. Si le Czar, qui, à ce que j'entends dire, devient un grand prince et commence à se montrer formidable dans le monde, se fût jeté de ce côté au lieu de s'attaquer aux belliqueux Suédois, — dans cette entreprise aucune des puissances de l'Europe ne l'eût envié ou entravé, — il serait aujourd'hui Empereur de la Chine au lieu d'avoir été battu par le Roi de Suède à Narva, où les Suédois n'étaient pas un contre six. — De même que les Chinois nous sont inférieurs en force, en magnificence, en navigation, en commerce et en agriculture, de même ils nous sont inférieurs en savoir, en habileté dans les sciences : ils ont des globes et des sphères et une teinture des mathématiques ; mais vient-on à examiner leurs connaissances.... que les plus judicieux de leurs savants ont la vue courte! Ils ne savent rien du mouvement des corps célestes et sont si grossièrement et si absurdement ignorants, que, lorsque le soleil s'éclipse, ils s'imaginent qu'il est assailli par un grand dragon qui veut l'emporter, et ils se mettent à faire un charivari avec touts les tambours et touts les chaudrons du pays pour épouvanter et chasser le monstre, juste comme nous faisons pour rappeler un essaim d'abeilles.

C'est là l'unique digression de ce genre que je me sois permise dans tout le récit que j'ai donné de mes voyages ; désormais je me garderai de faire aucune description de contrée et de peuple ; ce n'est pas mon affaire, ce n'est pas de mon ressort : m'attachant seulement à la narration de mes propres aventures à travers une vie ambulante et une longue série de vicissitudes, presque inouïes, je ne parlerai des villes importantes, des contrées désertes, des nombreuses nations que j'ai encore à traverser qu'autant qu'elles se lieront à ma propre histoire et que mes relations avec elles le rendront nécessaire. — J'étais alors, selon mon calcul le plus exact, dans le cœur de la Chine, par 30 degrés environ de latitude Nord, car nous étions revenus de Nanking. J'étais toujours possédé d'une grande envie de voir Péking, dont j'avais tant ouï parler, et Père Simon m'importunait chaque jour pour que je fisse cette excursion. Enfin l'époque de son départ étant fixée, et l'autre missionnaire qui devait aller avec lui étant arrivé de Macao, il nous fallait prendre une détermination. Je renvoyai Père Simon à mon PARTNER, m'en référant tout-à-fait à son choix. Mon PARTNER finit par se déclarer pour l'affirmative, et nous fîmes nos préparatifs de voyage. Nous partîmes assez avantageusement sous un rapport, car nous obtînmes la permission de voyager à la suite d'un des mandarins du pays, une manière de vice-rois ou principaux magistrats de la province où ils résident, tranchant du grand, voyageant avec un grand cortége et force grands hommages de la part du peuple, qui souvent est grandement appauvri par eux, car tous les pays qu'ils traversent sont obligés de leur fournir des provisions à eux et à toute leur séquelle. Une chose que je ne laissai pas de remarquer particulièrement en cheminant avec les bagages de celui-ci, c'est que, bien que nous reçussions des habitants de suffisantes provisions pour nous et nos chevaux, comme appartenant au mandarin, nous étions néanmoins obligés de tout payer ce que nous acceptions d'après le prix courant du lieu. L'intendant ou commissaire des vivres du mandarin nous soutirait très-ponctuellement ce revenant-bon, de sorte que si voyager à la suite du mandarin était une grande commodité pour nous, ce n'était pas une haute faveur de sa part, c'était, tout au contraire, un grand profit pour lui, si l'on considère qu'il y avait une trentaine de personnes chevauchant de la même manière sous la protection de son cortège ou, comme nous dirions, sous son convoi. C'était, je le répète, pour lui un bénéfice tout clair : il nous prenait tout notre argent pour les vivres que le pays lui fournissait pour rien.

Pour gagner Péking nous eûmes vingt-cinq jours de marche à travers un pays extrêmement populeux, mais misérablement cultivé : quoiqu'on préconise tant l'industrie de ce peuple, son agriculture, son économie rurale, sa manière de vivre, tout cela n'est qu'une pitié. Je dis une pitié, et cela est vraiment tel comparativement à nous, et nous semblerait ainsi à nous qui entendons la vie, si nous étions obligés de le subir; mais il n'en est pas de même pour ces pauvres diables qui ne connaissent rien autre. L'orgueil de ces pécores est énorme, il n'est surpassé que par leur pauvreté, et ne fait qu'ajouter à ce que j'appelle leur misère. Il m'est avis que les Sauvages tout nus de l'Amérique vivent beaucoup plus heureux ; s'ils n'ont rien ils ne désirent rien, tandis que ceux-ci, insolents et superbes, ne sont après tout que des gueux et des valets; leur ostentation est inexprimable : elle se manifeste surtout dans leurs vêtements, dans leurs demeures et dans la multitude de laquais et d'esclaves qu'ils entretiennent; mais ce qui met le comble à leur ridicule, c'est le mépris qu'ils professent pour tout l'univers, excepté pour eux-mêmes.

Sincèrement, je voyageai par la suite plus agréablement dans les déserts et les vastes solitudes de la Grande-Tartarie que dans cette Chine où cependant les routes sont bien pavées, bien entretenues et très-commodes pour les voyageurs. Rien ne me révoltait plus que de voir ce peuple si hautain, si impérieux, si outrecuidant au sein de l'imbécillité et de l'ignorance la plus crasse : car tout son fameux génie n'est que ça et pas plus ! Aussi mon ami Père Simon et moi ne laissions-nous jamais échapper l'occasion de faire gorge chaude de leur orgueilleuse gueuserie. — Un jour, approchant du manoir d'un gentilhomme campagnard, comme l'appelait Père Simon, à environ dix lieues de la ville de Nanking, nous eûmes l'honneur de chevaucher pendant environ deux milles avec le maître de la maison, dont l'équipage était un parfait Don-Quichotisme, un mélange de pompe et de pauvreté.

L'habit de ce crasseux Don eût merveilleusement fait l'affaire d'un scaramouche ou d'un fagotin : il était d'un sale calicot surchargé de tout le pimpant harnachement de la casaque d'un fou ; les manches en étaient pendantes, de tout côté ce n'était que satin, crevés et taillades. Il recouvrait une riche veste de taffetas aussi grasse que celle d'un boucher, et qui témoignait que son Honneur était un très-exquis saligaud.

Son cheval était une pauvre, maigre, affamée et cagneuse créature ; on pourrait avoir une pareille monture en Angleterre pour trente ou quarante schelings. Deux esclaves le suivaient à pied pour faire trotter le pauvre animal. Il avait un fouet à la main et il rossait la bête aussi fort et ferme du côté de la tête que ses esclaves le faisaient du côté de la queue, et ainsi il s'en allait chevauchant près de nous avec environ dix ou douze valets ; et on nous dit qu'il se rendait à son manoir à une demi-lieue devant nous. Nous cheminions tout doucement, mais cette manière de gentilhomme prit le devant, et comme nous nous arrêtâmes une heure dans un village pour nous rafraîchir, quand nous arrivâmes vers le castel de ce grand personnage, nous le vîmes installé sur un petit emplacement devant sa porte, et en train de prendre sa réfection : au milieu de cette espèce de jardin, il était facile de l'appercevoir, et on nous donna à entendre que plus nous le regarderions, plus il serait satisfait.

Il était assis sous un arbre à peu près semblable à un palmier nain, qui étendait son ombre au-dessus de sa tête, du côté du midi ; mais, par luxe, on avait placé sous l'arbre un immense parasol qui ajoutait beaucoup au coup d'œil. Il était étalé et renversé dans un vaste fauteuil, car c'était un homme pesant et corpulent, et sa nourriture lui était apportée par deux esclaves femelles.

Le Don Quichotte Chinois.

On en voyait deux autres, dont peu de gentilshommes européens, je pense, eussent agréé le service : la première abecquait notre gentillâtre avec une cuillère ; la seconde tenait un plat d'une main, et de l'autre raclait ce qui tombait sur la barbe ou la veste de taffetas de sa Seigneurie. Cette grosse et grasse brute pensait au-dessous d'elle d'employer ses propres mains à toutes ces opérations familières que les rois et les monarques aiment mieux faire eux-mêmes plutôt que d'être touchés par les doigts rustiques de leurs valets [1].

À ce spectacle, je me pris à penser aux tortures que la vanité prépare aux hommes et combien un penchant orgueilleux ainsi mal dirigé doit être incommode pour un être qui a le sens commun ; puis, laissant ce pauvre héros se délecter à l'idée que nous nous ébahissions devant sa pompe, tandis que nous le regardions en pitié et lui prodiguions le mépris, nous poursuivîmes notre voyage ; seulement Père Simon eut la curiosité de s'arrêter pour tâcher d'apprendre quelles étaient les friandises dont ce châtelain se repaissait avec tant d'apparat ; il eut l'honneur d'en goûter et nous dit que c'était, je crois, un mets dont un dogue anglais voudrait à peine manger, si on le lui offrait, c'est-à-dire un plat de riz bouilli, rehaussé d'une grosse gousse d'ail, d'un sachet rempli de poivre vert et d'une autre plante à peu près semblable à notre gingembre, mais qui a l'odeur du musc et la saveur de la moutarde ; le tout mis ensemble et mijoté avec un petit morceau de mouton maigre. Voilà quel était le festin de sa Seigneurie, dont quatre ou cinq autres domestiques attendaient les ordres à quelque distance. S'il les nourrissait moins somptueusement qu'il se nourrissait lui-même, si, par exemple, on leur retranchait les épices, ils devaient faire maigre chère en vérité.

Quant à notre mandarin avec qui nous voyagions, res-

[1] On a passé sous silence la fin de ce paragraphe et le commencement du suivant dans la traduction contemporaine, indigne du beau nom de MADAME TASTU. — Désormais nous nous abstiendrons de relever les mutilations que, dans la susdite traduction, on a fait subir à toute la dernière partie de Robinson : il faudrait une note à chaque phrase. P. B.

pecté comme un roi, il était toujours environné de ses gentilshommes, et entouré d'une telle pompe que je ne pus guère l'entrevoir que de loin ; je remarquai toutefois qu'entre tous les chevaux de son cortége il n'y en avait pas un seul qui parût valoir les bêtes de somme de nos voituriers anglais ; ils étaient si chargés de housses, de caparaçons, de harnais et autres semblables friperies, que vous n'auriez pu voir s'ils étaient gras ou maigres : on appercevait à peine le bout de leur tête et de leurs pieds.

J'avais alors le cœur gai ; débarrassé du trouble et de la perplexité dont j'ai fait la peinture, et ne nourrissant plus d'idées rongeantes, ce voyage me sembla on ne peut plus agréable. Je n'y essuyai d'ailleurs aucun fâcheux accident ; seulement en passant à gué une petite rivière, mon cheval broncha et me désarçonna, c'est-à-dire qu'il me jeta dedans : l'endroit n'était pas profond, mais je fus trempé jusqu'aux os. Je ne fais mention de cela que parce que ce fut alors que se gâta mon livre de poche, où j'avais couché les noms de plusieurs peuples et de différents lieux dont je voulais me ressouvenir. N'en ayant pas pris tout le soin nécessaire, les feuillets se moisirent, et par la suite il me fut impossible de déchiffrer un seul mot, à mon grand regret, surtout quant aux noms de quelques places auxquelles je touchai dans ce voyage.

Enfin nous arrivâmes à Péking. — Je n'avais avec moi que le jeune homme que mon neveu le capitaine avait attaché à ma personne comme domestique, lequel se montra très-fidèle et très-diligent ; mon PARTNER n'avait non plus qu'un compagnon, un de ses parents. Quant au pilote portugais, ayant désiré voir la Cour, nous lui avions donné son passage, c'est-à-dire que nous l'avions défrayé pour l'agrément de sa compagnie et pour qu'il nous servît d'interprète, car il entendait la langue du pays, parlait bien français et quelque peu anglais : vraiment ce bon homme nous fut partout on ne peut plus utile. Il y avait à peine une semaine que nous étions à Péking, quand il vint me trouver en riant : — « Ah! SENHOR INGLEZ, me dit-il, j'ai quelque chose à vous dire qui vous mettra la joie au cœur. » — « La joie au cœur! dis-je, que serait-ce donc? Je ne sache rien dans ce pays qui puisse m'apporter ni grande joie ni grand chagrin. » — « Oui, oui, dit le vieux homme en mauvais anglais, faire vous content, et moi FACHEUX. » — C'est FÂCHÉ qu'il voulait dire. Ceci piqua ma curiosité. — « Pourquoi, repris-je, cela vous fâcherait-il? » — « Parce que, répondit-il, après m'avoir amené ici, après un voyage de vingt-cinq jours, vous me laisserez m'en retourner seul. Et comment ferai-je pour regagner mon port sans vaisseau, sans cheval, sans PÉCUNE? » C'est ainsi qu'il nommait l'argent dans un latin corrompu qu'il avait en provision pour notre plus grande hilarité.

Bref, il nous dit qu'il y avait dans la ville une grande caravane de marchands moscovites et polonais qui se disposaient à retourner par terre en Moscovie dans quatre ou cinq semaines, et que sûrement nous saisirions l'occasion de partir avec eux et le laisserions derrière s'en revenir tout seul. J'avoue que cette nouvelle me surprit : une joie secrète se répandit dans toute mon âme, une joie que je ne puis décrire, que je ne ressentis jamais ni auparavant ni depuis. Il me fut impossible pendant quelque temps de répondre un seul mot au bon homme ; à la fin pourtant, me tournant vers lui : — « Comment savez-vous cela? fis-je, êtes-vous sûr que ce soit vrai? » — « Oui-dà, reprit-il ; j'ai rencontré ce matin, dans la rue, une de mes vieilles connaissances, un Arménien, ou, comme vous dites vous autres, un Grec, qui se trouve avec eux ; il est arrivé dernièrement d'Astracan et se proposait d'aller au Ton-Kin, où je l'ai connu autrefois ; mais il a changé d'avis, et maintenant il est déterminé à retourner à Moscou avec la caravane, puis à descendre le Volga jusqu'à Astracan. » — « Eh bien ! senhor, soyez sans inquiétude quant à être laissé seul : si c'est un moyen pour moi de retourner en Angleterre, ce sera votre faute si vous remettez jamais le pied à Macao. » J'allai alors consulter mon partner sur ce qu'il y avait à faire, et je lui demandai ce qu'il pensait de la nouvelle du pilote et si elle contrarierait ses intentions : il me dit qu'il souscrivait d'avance à tout ce que je voudrais ; car il avait si bien établi ses affaires au Bengale et laissé ses effets en si bonnes mains, que, s'il pouvait convertir l'expédition fructueuse que nous venions de réaliser en soies de Chine écrues et ouvrées qui valussent la peine d'être transportées, il serait très-content d'aller en Angleterre, d'où il repasserait au Bengale par les navires de la Compagnie.

Cette détermination prise, nous convînmes que, si notre vieux pilote portugais voulait nous suivre, nous le défraierions jusqu'à Moscou ou jusqu'en Angleterre, comme il lui plairait. Certes nous n'eussions point passé pour généreux si nous ne l'eussions pas récompensé davantage ; les services qu'il nous avait rendus valaient bien cela et au-delà : il avait été non-seulement notre pilote en mer, mais encore pour ainsi dire notre courtier à terre ; et en nous procurant le négociant japonais il avait mis quelques centaines de livres sterling dans nos poches. Nous devisâmes donc ensemble là-dessus, et désireux de le gratifier, ce qui, après tout, n'était que lui faire justice, et souhaitant d'ailleurs de le conserver avec nous, car c'était un homme précieux en toute occasion, nous convînmes que nous lui donnerions à nous deux une somme en or monnayé, qui, d'après mon calcul, pouvait monter à 175 livres sterling, et que nous prendrions ses dépenses pour notre compte, les siennes et celles de son cheval, ne laissant à sa charge que la bête de somme qui transporterait ses effets.

Ayant arrêté ceci entre nous, nous mandâmes le vieux pilote pour lui faire savoir ce que nous avions résolu. — « Vous vous êtes plaint, lui dis-je, d'être menacé de vous en retourner tout seul; j'ai maintenant à vous annoncer que vous ne vous en retournerez pas du tout. Comme nous avons pris le parti d'aller en Europe avec la caravane, nous voulons vous emmener avec nous, et nous vous avons fait appeler pour connaître votre volonté. » — Le bonhomme hocha la tête et dit que c'était un long voyage; qu'il n'avait point de PÉCUNE pour l'entreprendre, ni pour subsister quand il serait arrivé. — « Nous ne l'ignorons pas, lui dîmes-nous, et c'est pourquoi nous sommes dans l'intention de faire quelque chose pour vous qui vous montrera combien nous sommes sensibles au bon office que vous nous avez rendu, et combien aussi votre compagnie nous est agréable. » — Je lui déclarai alors que nous étions convenus de lui donner présentement une certaine somme, qu'il pourrait employer de la même manière que nous emploierions notre avoir, et que, pour ce qui était de ses dépenses, s'il venait avec nous, nous voulions le déposer à bon port, — sauf mort ou événements, — soit en Moscovie soit en Angleterre, et cela à notre charge, le transport de ses marchandises excepté.

Il reçut cette proposition avec transport, et protesta qu'il nous suivrait au bout du monde; nous nous mîmes donc à faire nos préparatifs de voyage. Toutefois il en fut de nous comme des autres marchands : nous eûmes tous beaucoup de choses à terminer, et au lieu d'être prêts en cinq semaines, avant que tout fût arrangé quatre mois et quelques jours s'écoulèrent.

Ce ne fut qu'au commencement de février que nous quittâmes Péking. — Mon PARTNER et le vieux pilote se rendirent au port où nous avions d'abord débarqué pour disposer de quelques marchandises que nous y avions laissées, et moi avec un marchand chinois que j'avais connu à Nanking, et qui était venu à Péking pour ses affaires, je m'en allai dans la première de ces deux villes, où j'achetai quatre-vingt-dix pièces de beau damas avec environ deux cents pièces d'autres belles étoffes de soie de différentes sortes, quelques-unes brochées d'or ; toutes ces acquisitions étaient déjà rendues à Péking au retour de mon PARTNER. En outre, nous achetâmes une partie considérable de soie écrue et plusieurs autres articles : notre pacotille s'élevait, rien qu'en ces marchandises, à 3,500 livres sterling, et avec du thé, quelques belles toiles peintes, et trois charges de chameaux en noix muscades et clous de girofle, elle chargeait, pour notre part, dix-huit chameaux non compris ceux que nous devions monter, ce qui, avec deux ou trois chevaux de main et deux autres chevaux chargés de provisions, portait en somme notre suite à vingt-six chameaux ou chevaux.

La caravane était très-nombreuse, et, autant que je puis me le rappeler, se composait de trois ou quatre cents chevaux et chameaux et de plus de cent vingt hommes très-bien armés et préparés à tout événement ; car, si les caravanes orientales sont sujettes à être attaquées par les Arabes, celles-ci sont sujettes à l'être par les Tartares, qui ne sont pas, à vrai dire, tout-à-fait aussi dangereux que les Arabes, ni si barbares quand ils ont le dessus.

Notre compagnie se composait de gens de différentes

nations, principalement de Moscovites ; il y avait bien une soixantaine de négociants ou habitants de Moscou, parmi lesquels se trouvaient quelques Livoniens, et, à notre satisfaction toute particulière, cinq Écossais, hommes de poids et qui paraissaient très-versés dans la science des affaires.

Après une journée de marche, nos guides, qui étaient au nombre de cinq, appelèrent touts les GENTLEMEN et les marchands, c'est-à-dire touts les voyageurs, excepté les domestiques, pour tenir, disaient-ils, un *grand conseil*. A ce grand conseil chacun déposa une certaine somme à la masse commune pour payer le fourrage qu'on achèterait en route, lorsqu'on ne pourrait en avoir autrement, pour les émoluments des guides, pour les chevaux de louage et autres choses semblables. Ensuite ils constituèrent le voyage, selon leur expression, c'est-à-dire qu'ils nommèrent des capitaines et des officiers pour nous diriger et nous commander en cas d'attaque, et assignèrent à chacun son tour de commandement. L'établissement de cet ordre parmi nous ne fut rien moins qu'inutile le long du chemin, comme on le verra en son lieu.

La Grande Muraille.

La route, de ce côté-là du pays, est très-peuplée : elle est pleine de potiers et de modeleurs, c'est-à-dire d'artisans qui travaillent la terre à porcelaine, et comme nous cheminions, notre pilote portugais, qui avait toujours quelque chose à nous dire pour nous égayer, vint à moi en ricanant et me dit qu'il voulait me montrer la plus grande rareté de tout le pays, afin que j'eusse à dire de la Chine, après toutes les choses défavorables que j'en avais dites, que j'y avais vu une chose qu'on ne saurait voir dans tout le reste de l'univers. Intrigué au plus haut point, je grillais de savoir ce que ce pouvait être; à la fin il me dit que c'était une maison de plaisance, toute bâtie en marchandises de Chine (en *China ware*). — « J'y suis, lui dis-je, les matériaux dont elle est construite sont tous la production du pays? Et ainsi elle est toute en *China ware*, est-ce pas? » — « Non, non, répondit-il, j'entends que c'est une maison entièrement de *China ware*, comme vous dites en Angleterre, ou de *porcelaine*, comme on dit dans notre pays. » — « Soit, repris-je, cela est très-possible. Mais comment est-elle grosse? Pourrions-nous la transporter dans une caisse sur un chameau? Si cela se peut, nous l'acheterons. » — « Sur un chameau! » s'écria le vieux pilote levant ses deux mains jointes, « peste! une famille de trente personnes y loge. »

Je fus alors vraiment curieux de la voir, et quand nous arrivâmes auprès je trouvai tout bonnement une maison de charpente, une maison bâtie, comme on dit en Angleterre, avec latte et plâtre; mais dont tous les crépis étaient réellement de *China ware*, c'est-à-dire qu'elle était enduite de terre à porcelaine.

L'extérieur, sur lequel dardait le soleil, était vernissé, d'un bel aspect, parfaitement blanc, peint de figures bleues, comme le sont les grands vases de Chine qu'on voit en Angleterre, et aussi dur que s'il eût été cuit. Quant à l'intérieur, toutes les murailles au lieu de boiseries étaient revêtues de tuiles durcies et émaillées, comme les petits carreaux qu'on nomme en Angleterre *gally tiles*, et toutes faites de la plus belle porcelaine, décorée de figures déliciaux d'une variété infinie de couleurs, mélangées d'or. Une seule figure occupait plusieurs de ces carreaux; mais avec un mastic fait de même terre on les avait si habilement assemblés qu'il n'était guère possible de voir où étaient les joints. Le pavé des salles était de la même matière, et aussi solide que les aires de terre cuite en usage dans plusieurs parties de l'Angleterre, notamment dans le Lincolnshire, le Nottinghamshire et le Leicestershire; il était dur comme une pierre, et uni, mais non pas émaillé et peint, si ce n'est dans quelques petites pièces ou cabinets, dont le sol était revêtu comme les parois. Les plafonds, en un mot tous les endroits de la maison étaient faits de même terre; enfin le toit était couvert de tuiles semblables, mais d'un noir foncé et éclatant.

C'était vraiment à la lettre un magasin de porcelaine, on pouvait à bon droit le nommer ainsi, et, si je n'eusse été en marche, je me serais arrêté là plusieurs jours pour l'examiner dans tous ses détails. On me dit que dans le jardin il y avait des fontaines et des viviers dont le fond et les bords étaient pavés pareillement, et le long des allées de belles statues entièrement faites en terre à porcelaine, et cuites toutes d'une pièce.

C'est là une des singularités de la Chine, on peut accorder aux Chinois qu'ils excellent en ce genre; mais j'ai la certitude qu'ils n'excellent pas moins dans les contes qu'ils font à ce sujet, car ils m'ont dit de si incroyables choses de leur habileté en poterie, des choses telles que je ne me soucie guère de les rapporter, dans la conviction où je suis qu'elles sont fausses. Un hâbleur me parla entre autres d'un ouvrier qui avait fait en fayence un navire, avec tous ses apparaux, ses mâts et ses voiles, assez grand pour contenir cinquante hommes. S'il avait ajouté qu'il l'avait lancé, et que sur ce navire il avait fait un voyage au Japon, j'aurais pu dire quelque chose, mais comme je savais ce que valait cette histoire, et, passez-moi l'expression, que le camarade mentait, je souris et gardai le silence.

Cet étrange spectacle me retint pendant deux heures derrière la caravane; aussi celui qui commandait ce jour-là me condamna-t-il à une amende d'environ trois shellings et me déclara-t-il que si c'eût été à trois journées en dehors de la muraille, comme c'était à trois journées en dedans, il m'en aurait coûté quatre fois autant et qu'il m'aurait obligé à demander pardon au premier jour de Conseil. Je promis donc d'être plus exact, et je ne tardai pas à reconnaître que l'ordre de se tenir tous ensemble était d'une nécessité absolue pour notre commune sûreté.

Deux jours après nous passâmes la grande muraille de la Chine, boulevart élevé contre les Tartares, ouvrage immense, dont la chaîne sans fin s'étend jusque sur des collines et des montagnes, où les rochers sont infranchissables, et les précipices tels qu'il n'est pas d'ennemis qui puissent y pénétrer, qui puissent y gravir, ou, s'il en est, quelle muraille pourrait les arrêter ! Son étendue, nous dit-on, est d'à peu près un millier de milles d'Angleterre, mais la contrée qu'elle couvre n'en a que cinq cents, mesurée en droite ligne, sans avoir égard aux tours et retours qu'elle fait. Elle a environ quatre toises ou fathoms de hauteur et autant d'épaisseur en quelques endroits.

Là, au pied de cette muraille, je m'arrêtai une heure ou environ sans enfreindre nos réglements, car la caravane mit tout ce temps à défiler par un guichet; je m'arrêtai une heure, dis-je, à la regarder de chaque côté, de près et de loin, du moins à regarder ce qui était à la portée de ma vue; et le guide de notre caravane qui l'avait exaltée comme la merveille du monde, manifesta le vif désir de savoir ce que j'en pensais. Je lui dis que c'était une excellente chose contre les Tartares. Il arriva qu'il n'entendit pas ça comme je l'entendais, et qu'il le prit pour un compliment ; mais le vieux pilote sourit : — « Oh ! senhor Inglez, dit-il, vous parlez de deux couleurs. » — « De deux couleurs ! répétai-je ; qu'entendez-vous par là ? » — « J'entends que votre réponse paraît blanche d'un côté et noire de l'autre, gaie par là et sombre par ici : vous lui dites que c'est une bonne muraille contre les Tartares : cela signifie pour moi qu'elle n'est bonne à rien, sinon contre les Tartares, ou qu'elle ne défendrait pas de tout autre ennemi. Je vous comprends, senhor Inglez, je vous comprends, répétait-il en se gaussant ; mais monsieur le Chinois vous comprend aussi de son côté. »

— « Eh bien, senhor, repris-je, pensez-vous que cette muraille arrêterait une armée de gens de notre pays avec un bon train d'artillerie, ou nos ingénieurs avec deux compagnies de mineurs ? En moins de dix jours n'y feraient-ils pas une brèche assez grande pour qu'une armée y pût passer en front de bataille, ou ne la feraient-ils pas sauter, fondation et tout, de façon à n'en pas laisser une trace ? » — « Oui, oui, s'écria-t-il, je sais tout cela. » — Le Chinois brûlait de connaître ce que j'avais dit : je permis au vieux pilote de le lui répéter quelques jours après ; nous étions alors presque sortis du territoire, et ce guide devait nous quitter bientôt ; mais quand il sut ce que j'avais dit, il devint muet tout le reste du chemin, et nous sevra de ses belles histoires sur le pouvoir et sur la magnificence des Chinois.

Après avoir passé ce puissant rien, appelé muraille, à peu près semblable à la muraille des Pictes, si fameuse dans le Northumberland et bâtie par les Romains, nous commençâmes à trouver le pays clairsemé d'habitants, ou plutôt les habitants confinés dans des villes et des places fortes, à cause des incursions et des déprédations des Tartares, qui exercent le brigandage en grand, et auxquels ne pourraient résister les habitants sans armes d'une contrée ouverte.

Je sentis bientôt la nécessité de nous tenir tous ensemble en caravane, chemin faisant; car nous ne tardâmes pas à voir rôder autour de nous plusieurs troupes de Tartares. Quand je vins à les appercevoir distinctement, je m'étonnai que l'Empire chinois ait pu être conquis par de si misérables drôles : ce ne sont que de vraies hordes, de vrais troupeaux de Sauvages, sans ordre, sans discipline et sans tactique dans le combat.

Leurs chevaux, pauvres bêtes maigres, affamées et mal dressées, ne sont bons à rien; nous le remarquâmes dès le premier jour que nous les vîmes, ce qui eut lieu aussitôt que nous eûmes pénétré dans la partie déserte du pays; car alors notre commandant du jour donna la permission à seize d'entre nous d'aller à ce qu'ils appelaient une chasse. Ce n'était qu'une chasse au mouton, cependant cela pouvait à bon droit se nommer chasse; car ces moutons sont les plus sauvages et les plus vites que j'aie jamais vus : seulement ils ne courent pas long-temps; aussi vous êtes sûr de votre affaire quand vous vous mettez à leurs trousses. Ils se montrent généralement en troupeaux de trente ou quarante; et, comme de vrais moutons, ils se tiennent toujours ensemble quand ils fuient.

Durant cette étrange espèce de chasse, le hasard voulut que nous rencontrâmes une quarantaine de Tartares. Chassaient-ils le mouton comme nous ou cherchaient-ils quelque autre proie, je ne sais ; mais aussitôt qu'ils nous virent, l'un d'entre eux se mit à souffler très-fort dans une trompe, et il en sortit un son barbare que je n'avais jamais ouï auparavant, et que, soit dit en passant, je ne me soucierais pas d'entendre une seconde fois. Nous supposâmes que c'était pour appeler à eux leurs amis ; et nous pensâmes vrai, car en moins d'un demi-quart d'heure une autre troupe de quarante ou cinquante parut à un mille de distance ; mais la besogne était déjà faite, et voici comment :

Un des marchands écossais de Moscou se trouvait par hasard avec nous : aussitôt qu'il entendit leur trompe il nous dit que nous n'avions rien autre à faire qu'à les charger immédiatement, en toute hâte ; et, nous rangeant tous en ligne, il nous demanda si nous étions bien déterminés. Nous lui répondîmes que nous étions prêts à le suivre : sur ce il courut droit à eux. Nous regardant fixement, les Tartares s'étaient arrêtés tous en troupeau, pêle-mêle et sans aucune espèce d'ordre ; mais sitôt qu'ils nous virent avancer ils décochèrent leurs flèches, qui ne nous atteignirent point, fort heureusement. Ils s'étaient trompés vraisemblablement non sur le but, mais sur la distance, car toutes leurs flèches tombèrent près de nous, si bien ajustées, que si nous avions été environ à vingt verges plus près, nous aurions eu plusieurs hommes tués ou blessés.

Nous fîmes sur-le-champ halte, et, malgré l'éloignement, nous tirâmes sur eux et leur envoyâmes des balles de plomb pour leurs flèches de bois ; puis au grand galop nous suivîmes notre décharge, déterminés à tomber dessus sabre en main, selon les ordres du hardi Écossais qui nous commandait. Ce n'était, il est vrai, qu'un marchand ; mais il se conduisit dans cette occasion avec tant de vigueur et de bravoure, et en même temps avec un si courageux sang-froid, que je ne sache pas avoir jamais vu dans l'action un homme plus propre au commandement. Aussitôt que nous les joignîmes nous leur déchargeâmes nos pistolets à la face et nous dégaînâmes ; mais ils s'enfuirent dans la plus grande confusion imaginable. Le choc fut seulement soutenu sur notre droite, où trois d'entre eux résistèrent, en faisant signe aux autres de se rallier à eux : ceux-là avaient des espèces de grands cimeterres au poing et leurs arcs pendus sur le dos. Notre brave commandant, sans enjoindre à personne de le suivre, fondit sur eux au galop ; d'un coup de crosse le premier fut renversé de son cheval, le second fut tué d'un coup de pistolet, le troisième prit la fuite. Ainsi finit notre combat, où nous eûmes l'infortune de perdre touts les moutons que nous avions attrapés. Pas un seul de nos combattants ne fut tué ou blessé ; mais du côté des Tartares cinq hommes restèrent sur la place. Quel fut le nombre de leurs blessés ? nous ne pûmes le savoir ; mais, chose certaine, c'est que l'autre bande fut si effrayée du bruit de nos armes, qu'elle s'enfuit sans faire aucune tentative contre nous.

Chameau Volé.

Nous étions lors de cette affaire sur le territoire chinois : c'est pourquoi les Tartares ne se montrèrent pas très-hardis; mais au bout de cinq jours nous entrâmes dans un vaste et sauvage désert qui nous retint trois jours et trois nuits. Nous fûmes obligés de porter notre eau avec nous dans de grandes outres, et de camper chaque nuit, comme j'ai ouï dire qu'on le fait dans les déserts de l'Arabie.

Je demandai à nos guides à qui appartenait ce pays-là. Ils me dirent que c'était une sorte de frontière qu'à bon droit on pourrait nommer No Man's Land, la Terre de Personne, faisant partie du grand Karakathay ou grande Tartarie, et dépendant en même temps de la Chine; et que, comme on ne prenait aucun soin de préserver ce désert des incursions des brigands, il était réputé le plus dangereux de la route, quoique nous en eussions de beaucoup plus étendus à traverser.

En passant par ce désert qui, de prime abord, je l'avoue, me remplit d'effroi, nous vîmes deux ou trois fois de petites troupes de Tartares; mais ils semblaient tout entiers à leurs propres affaires et ne paraissaient méditer aucun dessein contre nous; et, comme l'homme qui rencontra le diable, nous pensâmes que s'ils n'avaient rien à nous dire, nous n'avions rien à leur dire : nous les laissâmes aller.

Une fois, cependant, un de leurs partis s'approcha de nous, s'arrêta pour nous contempler. Examinait-il ce qu'il devait faire, s'il devait nous attaquer ou non, nous ne savions pas. Quoi qu'il en fût, après l'avoir un peu dépassé, nous formâmes une arrière-garde de quarante hommes, et nous nous tînmes prêts à le recevoir, laissant la caravane cheminer à un demi-mille ou environ devant nous. Mais au bout de quelques instants il se retira, nous saluant simplement à son départ de cinq flèches, dont une blessa et estropia un de nos chevaux : nous abandonnâmes le lendemain la pauvre bête en grand besoin d'un bon maréchal. Nous nous attendions à ce qu'il nous décocherait de nouvelles flèches, mieux ajustées; mais, pour cette fois, nous ne vîmes plus ni flèches ni Tartares.

Nous marchâmes après ceci près d'un mois par des routes moins bonnes que d'abord, quoique nous fussions toujours dans les États de l'Empereur de la Chine ; mais, pour la plupart, elles traversaient des villages dont quelques-uns étaient fortifiés, à cause des incursions des Tartares. En atteignant un de ces bourgs, à deux journées et demie de marche de la ville de Naum, j'eus envie d'acheter un chameau. Tout le long de cette route il y en avait à vendre en quantité, ainsi que des chevaux tels quels, parce que les nombreuses caravanes qui suivent ce chemin en ont souvent besoin. La personne à laquelle je m'adressai pour me procurer un chameau serait allée me le chercher ; mais moi, comme un fou, par courtoisie, je voulus l'accompagner. L'emplacement où l'on tenait les chameaux et les chevaux sous bonne garde se trouvait environ à deux milles du bourg.

Je m'y rendis à pied avec mon vieux pilote et un Chinois, désireux que j'étais d'un peu de diversité. En arrivant là nous vîmes un terrain bas et marécageux entouré comme un parc d'une muraille de pierres empilées à sec, sans mortier et sans liaison, avec une petite garde de soldats chinois à la porte. Après avoir fait choix d'un chameau, après être tombé d'accord sur le prix, je m'en revenais, et le Chinois qui m'avait suivi conduisait la bête, quand tout-à-coup s'avancèrent cinq Tartares à cheval : deux d'entre eux se saisirent du camarade et lui enlevèrent le chameau, tandis que les trois autres coururent sur mon vieux pilote et sur moi, nous voyant en quelque sorte sans armes ; je n'avais que mon épée, misérable défense contre trois cavaliers. Le premier qui s'avança s'arrêta court quand je mis flamberge au vent, ce sont d'insignes couards ; mais un second se jetant à ma gauche m'assena un horion sur la tête ; je ne le sentis que plus tard et je m'étonnai, lorsque je revins à moi, de ce qui avait eu lieu et de ma posture, car il m'avait renversé à plate terre. Mais mon fidèle pilote, mon vieux Portugais, par un de ces coups heureux de la Providence, qui se plaît à nous délivrer des dangers par des voies imprévues, avait un pistolet dans sa poche, ce que je ne savais pas, non plus que les Tartares; s'ils l'avaient su, je ne pense pas qu'ils nous eussent attaqués : les couards sont toujours les plus hardis quand il n'y a pas de danger.

Le bon homme me voyant terrassé marcha intrépidement sur le camarade qui m'avait frappé, et lui saisissant le bras d'une main et de l'autre l'attirant violemment à lui, il lui déchargea son pistolet dans la tête et l'étendit roide mort; puis il s'élança immédiatement sur celui qui s'était arrêté, comme je l'ai dit, et avant qu'il pût s'avancer de nouveau, car tout ceci fut fait pour ainsi dire en un tour de main, il lui détacha un coup de cimeterre qu'il portait d'habitude. Il manqua l'homme, mais il effleura la tête du cheval et lui abattit une oreille et une bonne tranche de la bajoue. Exaspérée par ses blessures, n'obéissant plus à son cavalier, quoiqu'il se tînt bien en selle, la pauvre bête prit la fuite et l'emporta hors de l'atteinte du pilote. Enfin, se dressant sur les pieds de derrière, elle culbuta le Tartare et se laissa choir sur lui.

Dans ces entrefaites survint le pauvre Chinois qui avait perdu le chameau; mais il n'avait point d'armes. Cependant, appercevant le Tartare abattu et écrasé sous son cheval, il courut à lui, empoignant un instrument grossier et mal fait qu'il avait au côté, une manière de hache d'armes, il le lui arracha et lui fit sauter sa cervelle tartaricnne. Or mon vieux pilote avait encore quelque chose à démêler avec le troisième chenapan. Voyant qu'il ne fuyait pas comme il s'y était attendu, qu'il ne s'avançait pas pour le combattre comme il le redoutait, mais qu'il restait là comme une souche, il se tint coi lui-même et se mit à recharger son pistolet. Sitôt que le Tartare entrevit le pistolet, s'imagina-t-il que c'en était un autre, je ne sais, il se sauva ventre à terre, laissant à mon pilote, mon champion, comme je l'appelai depuis, une victoire complète.

En ce moment je commençais à m'éveiller, car, en revenant à moi, je crus sortir d'un doux sommeil; et, comme je l'ai dit, je restai là dans l'étonnement de savoir où j'étais, comment j'avais été jeté par terre, ce que tout cela signifiait; mais bientôt après, recouvrant mes esprits, j'éprouvai une douleur vague, je portai la main à ma tête, et je la retirai ensanglantée. Je sentis alors des élancements, la mémoire me revint et tout se représenta dans mon esprit.

Je me dressai subitement sur mes pieds, je me saisis de mon épée, mais point d'ennemis! Je trouvai un Tartare étendu mort et son cheval arrêté tranquillement près de lui; et, regardant plus loin, j'apperçus mon champion, mon libérateur, qui était allé voir ce que le Chinois avait fait et qui s'en revenait avec son sabre à la main. Le bon homme me voyant sur pied vint à moi en courant et m'embrassa dans un transport de joie, ayant eu d'abord quelque crainte que je n'eusse été tué; et me voyant couvert de sang, il voulut visiter ma blessure : ce n'était que peu de chose, seulement, comme on dit, une tête cassée. Je ne me ressentis pas trop de ce horion, si ce n'est à l'endroit même qui avait reçu le coup et qui se cicatrisa au bout de deux ou trois jours.

Cette victoire après tout ne nous procura pas grand butin, car nous perdîmes un chameau et gagnâmes un cheval; mais ce qu'il y a de bon, c'est qu'en rentrant dans le village, l'homme, le vendeur, demanda à être payé de son chameau. Je m'y refusai, et l'affaire fut portée à l'audience du juge chinois du lieu, c'est-à-dire, comme nous dirions chez nous, que nous allâmes devant un juge de paix. Rendons-lui justice, ce magistrat se comporta avec beaucoup de prudence et d'impartialité. Après avoir entendu les deux parties, il demanda gravement au Chinois qui était venu avec moi pour acheter le chameau de qui il était le serviteur. — « Je ne suis pas serviteur, répondit-il, je suis allé simplement avec l'étranger. » — « A la requête de qui ? » dit le juge. — « A la requête de l'étranger. » — « Alors, reprit le *justice*, vous étiez serviteur de l'étranger pour le moment ; et le chameau ayant été livré à son serviteur, il a été livré à lui, et il faut, lui, qu'il le paie. »

J'avoue que la chose était si claire que je n'eus pas un mot à dire. Enchanté de la conséquence tirée d'un si juste raisonnement et de voir le cas si exactement établi, je payai le chameau de tout cœur et j'en envoyai quérir un autre. Remarquez bien que j'y envoyai ; je me donnai de garde d'aller le chercher moi-même : j'en avais assez comme ça.

La ville de Naum est sur la lisière de l'Empire chinois. On la dit fortifiée et l'on dit vrai : elle l'est pour le pays ; car je ne craindrais pas d'affirmer que touts les Tartares du Karakathay, qui sont, je crois, quelques millions, ne pourraient pas en abattre les murailles avec leurs arcs et leurs flèches ; mais appeler cela une ville forte, si elle était attaquée avec du canon, ce serait vouloir se faire rire au nez par touts ceux qui s'y entendent.

Nous étions encore, comme je l'ai dit, à plus de deux journées de marche de cette ville, quand des exprès furent expédiés sur toute la route pour ordonner à touts les voyageurs et à toutes les caravanes de faire halte jusqu'à ce qu'on leur eût envoyé une escorte, parce qu'un corps formidable de Tartares, pouvant monter à dix mille hommes, avait paru à trente milles environ au-delà de la ville.

C'était une fort mauvaise nouvelle pour des voyageurs ; cependant, de la part du gouverneur, l'attention était louable, et nous fûmes très-contents d'apprendre que nous aurions une escorte. Deux jours après nous reçûmes donc deux cents soldats détachés d'une garnison chinoise sur notre gauche et trois cents autres de la ville de Naum, et avec ce renfort nous avançâmes hardiment. Les trois cents soldats de Naum marchaient à notre front, les deux cents autres à l'arrière-garde, nos gens de chaque côté des chameaux chargés de nos bagages, et toute la caravane au centre. Dans cet ordre, et bien préparés au combat, nous nous croyions à même de répondre aux dix mille Tartares-Mongols, s'ils se présentaient ; mais le lendemain, quand ils se montrèrent, ce fut tout autre chose.

De très-bonne heure dans la matinée, comme nous quittions une petite ville assez bien située, nommée Changu, nous eûmes une rivière à traverser. Nous fûmes obligés de la passer dans un bac, et si les Tartares eussent eu quelque intelligence, c'est alors qu'ils nous eussent attaqués, tandis que la caravane était déjà sur l'autre rivage et l'arrière-garde encore en-deçà ; mais personne ne parut en ce lieu.

Environ trois heures après, quand nous fûmes entrés dans un désert de quinze ou seize milles d'étendue, à un nuage de poussière qui s'élevait nous présumâmes que l'ennemi était proche : et il était proche en effet, car il arrivait sur nous à toute bride.

Les Chinois de notre avant-garde qui la veille avaient eu le verbe si haut commencèrent à s'ébranler ; fréquemment ils regardaient derrière eux, signe certain chez un soldat qu'il est prêt à lever le camp. Mon vieux pilote fit la même remarque; et, comme il se trouvait près de moi, il m'appela : — « SENHOR INGLEZ, dit-il, il faut remettre du cœur au ventre à ces drôles, ou ils nous perdront touts, car si les Tartares s'avancent, ils ne résisteront pas. » — « C'est aussi mon avis, lui répondis-je, mais que faire? » — « Que faire ! s'écria-t-il, que de chaque côté cinquante de nos hommes s'avancent, qu'ils flanquent ces peureux et les animent, et ils combattront comme de braves compagnons en brave compagnie; sinon touts vont tourner casaque. » — Là-dessus je courus au galop vers notre commandant, je lui parlai, il fut entièrement de notre avis : cinquante de nous se portèrent donc à l'aile droite et cinquante à l'aile gauche, et le reste forma une ligne de réserve. Nous poursuivîmes ainsi notre route, laissant les derniers deux cents hommes faire un corps à part pour garder nos chameaux; seulement, si besoin était, ils devaient envoyer une centaine des leurs pour assister nos cinquante hommes de réserve.

Les Tartares-Mongols.

Bref les Tartares arrivèrent en foule : impossible à nous de dire leur nombre, mais nous pensâmes qu'ils étaient dix mille tout au moins. Ils détachèrent d'abord un parti pour examiner notre attitude, en traversant le terrain sur le front de notre ligne. Comme nous le tenions à portée de fusil, notre commandant ordonna aux deux ailes d'avancer en toute hâte et de lui envoyer simultanément une salve de mousqueterie, ce qui fut fait. Sur ce, il prit la fuite, pour rendre compte, je présume, de la réception qui attendait nos Tartares. Et il paraîtrait que ce salut ne les mit pas en goût, car ils firent halte immédiatement. Après quelques instants de délibération, faisant un demi-tour à gauche, ils rengaînèrent leur compliment et ne nous en dirent pas davantage pour cette fois, ce qui, vu les circonstances, ne fut pas très-désagréable : nous ne brûlions pas excessivement de donner bataille à une pareille multitude.

Deux jours après ceci nous atteignîmes la ville de Naum ou Naunu. Nous remerciâmes le gouverneur de ses soins pour nous, et nous fîmes une collecte qui s'éleva à une centaine de crowns que nous donnâmes aux soldats envoyés pour notre escorte. Nous y restâmes un jour. Naum est tout de bon une ville de garnison ; il y avait bien neuf cents soldats, et la raison en est qu'autrefois les frontières moscovites étaient beaucoup plus voisines qu'elles ne le sont aujourd'hui, les Moscovites ayant abandonné toute cette portion du pays (laquelle, à l'Ouest de la ville, s'étend jusqu'à deux cents milles environ), comme stérile et indéfrichable, et plus encore à cause de son éloignement et de la difficulté qu'il y a d'y entretenir des troupes pour sa défense, car nous étions encore à deux mille milles de la Moscovie proprement dite.

Après cette étape nous eûmes à passer plusieurs grandes rivières et deux terribles déserts, dont l'un nous coûta seize jours de marche : c'est à juste titre, comme je l'ai dit, qu'ils pourraient se nommer No Man's Land, la Terre de Personne ; et le 13 avril nous arrivâmes aux frontières des États moscovites. Si je me souviens bien la première cité, ville ou forteresse, comme il vous plaira, qui appartient au Czar de Moscovie, s'appelle Argun, située qu'elle est sur la rive occidentale de la rivière de ce nom.

Je ne pus m'empêcher de faire paraître une vive satisfaction en entrant dans ce que j'appelais un pays chrétien, ou du moins dans un pays gouverné par des Chrétiens; car, quoiqu'à mon sens les Moscovites ne méritent que tout juste le nom de Chrétiens, cependant ils se prétendent tels et sont très-dévots à leur manière. Tout homme à coup sûr qui voyage par le monde comme je l'ai fait, s'il n'est pas incapable de réflexion, tout homme, à coup sûr, dis-je, en arrivera à se bien pénétrer que c'est une bénédiction d'être né dans une contrée où le nom de Dieu et d'un Rédempteur est connu, révéré, adoré, et non pas dans un pays où le peuple, abandonné par le Ciel à de grossières impostures, adore le démon, se prosterne devant le bois et la pierre, et rend un culte aux monstres, aux éléments, à des animaux de forme horrible, à des statues ou à des images monstrueuses. Pas une ville, pas un bourg par où nous venions de passer qui n'eût ses pagodes, ses idoles, ses temples, et dont la population ignorante n'adorât jusqu'aux ouvrages de ses mains!

Alors du moins nous étions arrivés en un lieu où tout respirait le culte chrétien, où, mêlée d'ignorance ou non, la religion chrétienne était professée et le nom du vrai Dieu invoqué et adoré. J'en étais réjoui jusqu'au fond de l'âme. Je saluai le brave marchand écossais dont j'ai parlé plus haut à la première nouvelle que j'en eus, et, lui prenant la main, je lui dis : — « Béni soit Dieu! nous voici encore une fois revenus parmi les Chrétiens! » — Il sourit, et me répondit : — « Compatriote, ne vous réjouissez pas trop tôt : ces Moscovites sont une étrange sorte de Chrétiens;

ils en portent le nom, et voilà tout ; vous ne verrez pas grand'chose de réel avant quelques mois de plus de notre voyage. »

— « Soit, dis-je ; mais toujours est-il que cela vaut mieux que le paganisme et l'adoration des démons. » — « Attendez, reprit-il, je vous dirai qu'excepté les soldats russiens des garnisons et quelques habitants des villes sur la route, tout le reste du pays jusqu'à plus de mille milles au-delà est habité par des payens exécrables et stupides ; » — comme en effet nous le vîmes.

Nous étions alors, si je comprends quelque chose à la surface du globe, lancés à travers la plus grande pièce de terre solide qui se puisse trouver dans l'univers. Nous avions au moins douze cents milles jusqu'à la mer, à l'Est ; nous en avions au moins deux mille jusqu'au fond de la mer Baltique, du côté de l'Ouest, et au moins trois mille si nous laissions cette mer pour aller chercher au couchant le canal de la Manche entre la France et l'Angleterre ; nous avions cinq mille milles pleins jusqu'à la mer des Indes ou de Perse, vers le Sud, et environ huit cents milles au Nord jusqu'à la mer Glaciale. Si l'on en croit même certaines gens, il ne se trouve point de mer du côté du Nord-Est jusqu'au pôle, et conséquemment dans tout le Nord-Ouest : un continent irait donc joindre l'Amérique, nul mortel ne sait où ! mais d'excellentes raisons que je pourrais donner me portent à croire que c'est une erreur.

Quand nous fûmes entrés dans les possessions moscovites, avant d'arriver à quelque ville considérable, nous n'eûmes rien à observer, sinon que toutes les rivières coulent à l'Est. Ainsi que je le reconnus sur les cartes que quelques personnes de la caravane avaient avec elles, il est clair qu'elles affluent toutes dans le grand fleuve Yamour ou

Gammour. Ce fleuve, d'après son cours naturel, doit se jeter dans la mer ou Océan chinois. On nous raconta que ses bouches sont obstruées par des joncs d'une crue monstrueuse, de trois pieds de tour et de vingt ou trente pieds de haut. Qu'il me soit permis de dire que je n'en crois rien. Comme on ne navigue pas sur ce fleuve, parce qu'il ne se fait point de commerce de ce côté, les Tartares qui, seuls, en sont les maîtres, s'adonnant tout entiers à leurs troupeaux, personne donc, que je sache, n'a été assez curieux pour le descendre en bateaux jusqu'à son embouchure, ou pour le remonter avec des navires. Chose positive, c'est que courant vers l'Est par une latitude de 60 degrés, il emporte un nombre infini de rivières, et qu'il trouve dans cette latitude un Océan pour verser ses eaux. Aussi est-on sûrs qu'il y a une mer par là.

A quelques lieues au Nord de ce fleuve il se trouve plusieurs rivières considérables qui courent aussi directement au Nord que le Yamour court à l'Est. On sait qu'elles vont toutes se décharger dans le grand fleuve Tartarus, tirant son nom des nations les plus septentrionales d'entre les Tartares-Mongols, qui, au sentiment des Chinois, seraient les plus anciens Tartares du monde, et, selon nos géographes, les Gogs et Magogs dont il est fait mention dans l'histoire sacrée.

Ces rivières courant toutes au Nord aussi bien que celles dont j'ai encore à parler, démontrent évidemment que l'Océan septentrional borne aussi la terre de ce côté, de sorte qu'il ne semble nullement rationel de penser que le continent puisse se prolonger dans cette région pour aller joindre l'Amérique, ni qu'il n'y ait point de communication entre l'Océan septentrional et oriental ; mais je n'en dirai pas davantage là-dessus : c'est une observation que je fis alors, voilà pourquoi je l'ai consignée ici. De la rivière Arguna nous poussâmes en avant à notre aise et à petites journées, et nous fûmes sensiblement obligés du soin que le Czar de Moscovie a pris de bâtir autant de cités et de villes que possible, où ses soldats tiennent garnison à peu près comme ces colonies militaires postées par les Romains dans les contrées les plus reculées de leur Empire, et dont quelques-unes, entre autres, à ce que j'ai lu, étaient placées en Bretagne pour la sûreté du commerce et pour l'hébergement des voyageurs. C'était de même ici; car partout où nous passâmes, bien que, en ces villes et en ces stations, la garnison et les gouverneurs fussent Russiens et professassent le Christianisme, les habitants du pays n'étaient que de vrais payens, sacrifiant aux idoles et adorant le soleil, la lune, les étoiles et toutes les armées du Ciel. Je dirai même que de toutes les idolatries, de tous les payens que je rencontrai jamais, c'étaient bien les plus barbares; seulement ces misérables ne mangeaient pas de chair humaine, comme font nos Sauvages de l'Amérique.

Nous en vîmes quelques exemples dans le pays entre Arguna, par où nous entrâmes dans les États moscovites, et une ville habitée par des Tartares et des Moscovites appelée Nertzinskoy, où se trouve un désert, une forêt continue qui nous demanda vingt-deux jours de marche. Dans un village près la dernière de ces places, j'eus la curiosité d'aller observer la manière de vivre des gens du pays, qui est bien la plus brute et la plus insoutenable. Ce jour-là il y avait sans doute grand sacrifice, car on avait dressé sur un vieux tronc d'arbre une idole de bois aussi effroyable que le diable, du moins à peu près comme nous nous figurons qu'il doit être représenté : elle avait une tête qui assurément ne ressemblait à celle d'aucune créature que le monde ait vue ; des oreilles aussi grosses que les cornes d'un bouc et aussi longues ; des yeux de la taille d'un écu ; un nez bossu comme une corne de bélier, et une gueule carrée et béante comme celle d'un lion, avec des dents horribles, crochues comme le bec d'un perroquet. Elle était habillée de la plus sale manière qu'on puisse s'imaginer : son vêtement supérieur se composait de peaux de mouton, la laine tournée en dehors, et d'un grand bonnet tartare planté sur sa tête avec deux cornes passant au travers. Elle pouvait avoir huit pieds de haut ; mais elle n'avait ni pieds ni jambes, ni aucune espèce de proportions.

Cet épouvantail était érigé hors du village, et quand j'en approchai il y avait là seize ou dix-sept créatures, hommes ou femmes, je ne sais, — car ils ne font point de distinction ni dans leurs habits ni dans leurs coiffures, — toutes couchées par terre à plat ventre, autour de ce formidable et informe bloc de bois. Je n'appercevais pas le moindre mouvement parmi elles, pas plus que si elles eussent été des souches comme leur idole. Je le croyais d'abord tout de bon ; mais quand je fus un peu plus près, elles se dressèrent sur leurs pieds et poussèrent un hurlement, à belle gueule, comme l'eût fait une meute de chiens, puis elles se retirèrent, vexées sans doute de ce que nous les troublions. A une petite distance du monstre, à l'entrée d'une tente ou hutte toute faite de peaux de mouton et de peaux de vache séchées, étaient postés trois hommes que je pris pour des bouchers parce qu'en approchant je vis de longs couteaux dans leurs mains et au milieu de la tente trois moutons tués et un jeune bœuf ou bouvillon. Selon toute apparence ces victimes étaient pour cette bûche d'idole, à laquelle appartenait les trois prêtres, et les dix-sept imbécilles prosternés avaient fourni l'offrande et adressaient leurs prières à la bûche.

Je confesse que je fus plus révolté de leur stupidité et de cette brutale adoration d'un *hobgoblin*, d'un fantôme, que de tout ce qui m'avait frappé dans le cours de ma vie. Oh! qu'il m'était douloureux de voir la plus glorieuse, la meilleure créature de Dieu, à laquelle, par la création même, il a octroyé tant d'avantages, préférablement à touts les autres ouvrages de ses mains, à laquelle il a donné une âme raisonnable, douée de facultés et de capacités, afin qu'elle honorât son Créateur et qu'elle en fût honorée! oh! qu'il m'était douloureux de la voir, dis-je, tombée et dégénérée jusque là d'être assez stupide pour se prosterner devant un rien hideux, un objet purement imaginaire, dressé par elle-même, rendu terrible à ses yeux par sa propre fantaisie, orné seulement de torchons et de guenilles, et de songer que c'était là l'effet d'une pure ignorance transformée en dévotion infernale par le diable lui-même, qui, enviant à son créateur l'hommage et l'adoration de ses créatures, les avait plongées dans des erreurs si grossières, si dégoûtantes, si honteuses, si bestiales, qu'elles semblaient devoir choquer la nature elle-même!

Cham-Chi-Thaungu.

Mais que signifiaient cet ébahissement et ces réflexions ? C'était ainsi ; je le voyais devant mes yeux ; impossible à moi d'en douter. Tout mon étonnement tournant en rage, je galopai vers l'image ou monstre, comme il vous plaira, et avec mon épée je pourfendis le bonnet qu'il avait sur la tête, au beau milieu, tellement qu'il pendait par une des cornes. Un de nos hommes qui se trouvait avec moi saisit alors la peau de mouton qui couvrait l'idole et l'arrachait, quand tout-à-coup une horrible clameur parcourut le village, et deux ou trois cents drôles me tombèrent sur les bras, si bien que je me sauvai sans demander mon reste, et d'autant plus volontiers que quelques-uns avaient des arcs et des flèches; mais je fis serment de leur rendre une nouvelle visite.

Notre caravane demeura trois nuits dans la ville, distante de ce lieu de quatre ou cinq milles environ, afin de se pourvoir de quelques montures dont elle avait besoin, plusieurs de nos chevaux ayant été surmenés et estropiés par le mauvais chemin et notre longue marche à travers le dernier désert; ce qui nous donna le loisir de mettre mon dessein à exécution. — Je communiquai mon projet au marchand écossais de Moscou, dont le courage m'était bien connu. Je lui contai ce que j'avais vu et de quelle indignation j'avais été rempli en pensant que la nature humaine pût dégénérer jusque là. Je lui dis que si je pouvais trouver quatre ou cinq hommes bien armés qui voulussent me suivre, j'étais résolu à aller détruire cette immonde, cette abominable idole, pour faire voir à ses adorateurs que ce n'était qu'un objet indigne de leur culte et de leurs prières, incapable de se défendre lui-même, bien loin de pouvoir assister ceux qui lui offraient des sacrifices.

Il se prit à rire. — « Votre zèle peut être bon, me dit-il; mais que vous proposez-vous par là? » — « Ce que je me propose! m'écriai-je, c'est de venger l'honneur de Dieu qui est insulté par cette adoration satanique. » — « Mais comment cela vengerait-il l'honneur de Dieu, reprit-il, puisque ces gens ne seront pas à même de comprendre votre intention, à moins que vous ne leur parliez et ne la leur expliquiez, et, alors, ils vous battront, je vous l'assure, car ce sont d'enragés coquins, et surtout quand il s'agit de la défense de leur idolâtrie. » — « Ne pourrions-nous pas le faire de nuit, dis-je, et leur en laisser les raisons par écrit, dans leur propre langage ? » — « Par écrit ! répéta-t-il ; peste ! Mais dans cinq de leurs nations il n'y a pas un seul homme qui sache ce que c'est qu'une lettre, qui sache lire un mot dans aucune langue même dans la leur. » — « Misérable ignorance !.... » m'écriai-je. « J'ai pourtant grande envie d'accomplir mon dessein ; peut-être la nature les amènera-t-elle à en tirer des inductions, et à reconnaître combien ils sont stupides d'adorer ces hideuses machines. » — « Cela vous regarde, sir, reprit-il ; si votre zèle vous y pousse si impérieusement, faites-le ; mais auparavant qu'il vous plaise de considérer que ces peuples sauvages sont assujétis par la force à la domination du Czar de Moscovie ; que si vous faites le coup, il y a dix contre un à parier qu'ils viendront par milliers se plaindre au gouverneur de Nertzinskoy et demander satisfaction, et que si on ne peut leur donner satisfaction, il y a dix contre un à parier qu'ils se révolteront et que ce sera là l'occasion d'une nouvelle guerre avec touts les Tartares de ce pays. »

Ceci, je l'avoue, me mit pour un moment de nouvelles pensées en tête ; mais j'en revenais toujours à ma première idée, et toute cette journée l'exécution de mon projet me tourmenta[1]. Vers le soir le marchand écossais m'ayant rencontré par hasard dans notre promenade autour de la ville,

---

[1] Nous avions promis de ne plus faire de notes ; cependant, il ne nous est guère possible de ne pas dire qu'ici, dans la traduction contemporaine, indigne du beau nom de MADAME TASTU, on a passé sous silence CINQ pages et DEMIE du texte original, à partir de *Vers le soir....* (page 427) jusqu'à *Le matin....* (page 435) : c'est vraiment commode. P. B.

me demanda à s'entretenir avec moi. — « Je crains, me dit-il, de vous avoir détourné de votre bon dessein : j'en ai été un peu préoccupé depuis, car j'abhorre les idoles et l'idolâtrie tout autant que vous pouvez le faire. » — « Franchement, lui répondis-je, vous m'avez quelque peu déconcerté quant à son exécution, mais vous ne l'avez point entièrement chassé de mon esprit, et je crois fort que je l'accomplirai avant de quitter ce lieu, dussé-je leur être livré en satisfaction. » — « Non, non, dit-il, à Dieu ne plaise qu'on vous livre à une pareille engeance de monstres ! On ne le fera pas ; ce serait vous assassiner. » — « Oui-dà, fis-je, eh ! comment me traiteraient-ils donc ? » — « Comment ils vous traiteraient ! s'écria-t-il ; écoutez, que je vous conte comment ils ont accommodé un pauvre Russien qui, les ayant insultés dans leur culte, juste comme vous avez fait, tomba entre leurs mains. Après l'avoir estropié avec un dard pour qu'il ne pût s'enfuir, ils le prirent, le mirent tout nu, le posèrent sur le haut de leur idole-monstre, se rangèrent tout autour et lui tirèrent autant de flèches qu'il s'en put ficher dans son corps ; puis ils le brûlèrent lui et toutes les flèches dont il était hérissé, comme pour l'offrir en sacrifice à leur idole. » — « Était-ce la même idole ? » fis-je. — « Oui, dit-il, justement la même. » — « Eh ! bien, » repris-je, « à mon tour, que je vous conte une histoire. » — Là-dessus je lui rapportai l'aventure de nos Anglais à Madagascar, et comment ils avaient incendié et mis à sac un village et tué hommes, femmes et enfants pour venger le meurtre de nos compagnons, ainsi que cela a été relaté précédemment ; puis, quand j'eus fini, j'ajoutai que je pensais que nous devions faire de même à ce village.

Il écouta très-attentivement toute l'histoire ; mais quand je parlai de faire de même à ce village, il me dit : — « Vous

vous trompez fort, ce n'est pas ce village, c'est au moins à cent milles plus loin; mais c'était bien la même idole, car on la charrie en procession dans tout le pays. » — « Eh! bien, alors, « dis-je, » que l'idole soit punie! et elle le sera, que je vive jusqu'à cette nuit! »

Bref, me voyant résolu, l'aventure le séduisit, et il me dit que je n'irais pas seul, qu'il irait avec moi, et qu'il m'amènerait pour nous accompagner un de ses compatriotes, un drille, disait-il, aussi fameux que qui que ce soit pour son zèle contre toutes pratiques diaboliques. Bref, il m'amena ce camarade, cet Écossais qu'il appelait capitaine RICHARDSON. Je lui fis au long le récit de ce que j'avais vu et de ce que je projetais, et sur-le-champ il me dit qu'il voulait me suivre, dût-il lui en coûter la vie. Nous convînmes de partir seulement nous trois. J'en avais bien fait la proposition à mon PARTNER, mais il s'en était excusé. Il m'avait dit que pour ma défense il était prêt à m'assister de toutes ses forces et en toute occasion; mais que c'était une entreprise tout-à-fait en dehors de sa voie : ainsi, dis-je, nous résolûmes de nous mettre en campagne seulement nous trois et mon serviteur, et d'exécuter le coup cette nuit même sur le minuit, avec tout le secret imaginable.

Cependant, toute réflexion faite, nous jugeâmes bon de renvoyer la partie à la nuit suivante, parce que la caravane devant se mettre en route dans la matinée du surlendemain, nous pensâmes que le gouverneur ne pourrait prétendre donner satisfaction à ces barbares à nos dépens quand nous serions hors de son pouvoir. Le marchand écossais, aussi ferme dans ses résolutions que hardi dans l'exécution, m'apporta une robe de Tartare ou gonelle de peau de mouton, un bonnet avec un arc et des flèches, et s'en pourvut lui-même ainsi que son compatriote, afin que si nous venions à être apperçus on ne pût savoir qui nous étions.

Nous passâmes toute la première nuit à mixtionner quelques matières combustibles avec de l'*aqua-vitæ*, de la poudre à canon et autres drogues que nous avions pu nous procurer, et le lendemain, ayant une bonne quantité de goudron dans un petit pot, environ une heure après le soleil couché nos partîmes pour notre expédition.

Quand nous arrivâmes, il était à peu près onze heures du soir : nous ne remarquâmes pas que le peuple eût le moindre soupçon du danger qui menaçait son idole. La nuit était sombre, le ciel était couvert de nuages; cependant la lune donnait assez de lumière pour laisser voir que l'idole était juste dans les mêmes posture et place qu'auparavant. Les habitants semblaient tout entiers à leur repos; seulement dans la grande hutte ou tente, comme nous l'appelions, où nous avions vu les trois prêtres que nous avions pris pour des bouchers, nous apperçûmes une lueur, et en nous glissant près de la porte, nous entendîmes parler, comme s'il y avait cinq ou six personnes. Il nous parut donc de toute évidence que si nous mettions le feu à l'idole, ces gens sortiraient immédiatement et s'élanceraient sur nous pour la sauver de la destruction que nous préméditions; mais comment faire? nous étions fort embarrassés. Il nous passa bien par l'esprit de l'emporter et de la brûler plus loin; mais quand nous vînmes à y mettre la main, nous la trouvâmes trop pesante pour nos forces et nous retombâmes dans la même perplexité. Le second Écossais était d'avis de mettre le feu à la hutte et d'assommer les drôles qui s'y trouvaient à mesure qu'ils montreraient le nez; mais je m'y opposai, je n'entendais point qu'on tuât personne, s'il était possible de l'éviter. — « Eh bien, alors, dit le marchand écossais, voilà ce qu'il nous faut faire : tâchons de nous emparer d'eux, lions-leur les mains, et forçons-les à assister à la destruction de leur idole. »

Comme il se trouvait que nous n'avions pas mal de cordes et de ficelles qui nous avaient servi à lier nos pièces d'artifice, nous nous déterminâmes à attaquer d'abord les gens de la cabane, et avec aussi peu de bruit que possible. Nous commençâmes par heurter à la porte, et quand un des prêtres se présenta, nous nous en saisîmes brusquement, nous lui bouchâmes la bouche, nous lui liâmes les mains sur le dos et le conduisîmes vers l'idole, où nous le bâillonnâmes pour qu'il ne pût jeter des cris : nous lui attachâmes aussi les pieds et le laissâmes par terre.

Deux d'entre nous guettèrent alors à la porte, comptant que quelque autre sortirait pour voir de quoi il était question. Nous attendîmes jusqu'à ce que notre troisième compagnon nous eût rejoint ; mais personne ne se montrant, nous heurtâmes de nouveau tout doucement. Aussitôt sortirent deux autres individus que nous accommodâmes juste de la même manière ; mais nous fûmes obligés de nous mettre tous après eux pour les coucher par terre près de l'idole, à quelque distance l'un de l'autre. Quand nous revînmes nous en vîmes deux autres à l'entrée de la hutte et un troisième se tenant derrière en dedans de la porte. Nous empoignâmes les deux premiers et les liâmes sur-le-champ. Le troisième se prit alors à crier en se reculant ; mais mon Écossais le suivit, et prenant une composition que nous avions faite, une mixtion propre à répandre seulement de la fumée et de la puanteur, il y mit le feu et la jeta au beau mitan de la hutte. Dans l'entrefaite l'autre Écossais et mon serviteur s'occupant des deux hommes déjà liés, les attachèrent ensemble par le bras, les menèrent auprès de l'idole ; puis, pour qu'ils vissent si elle les secourerait, ils les laissèrent là, ayant grande hâte de revenir vers nous.

Quand l'artifice que nous avions jeté eut tellement rempli la hutte de fumée qu'on y était presque suffoqué, nous y lançâmes un sachet de cuir d'une autre espèce qui flambait comme une chandelle ; nous le suivîmes, et nous n'aperçûmes que quatre personnes, deux hommes et deux femmes à ce que nous crûmes, venus sans doute pour quelque sacrifice diabolique. Ils nous parurent dans une frayeur mortelle, ou du moins tremblants, stupéfiés, et à cause de la fumée incapables de proférer une parole.

Destruction de Cham-Chi-Thaungu.

N un mot, nous les prîmes, nous les garrottâmes comme les autres, et le tout sans aucun bruit. J'aurais dû dire que nous les emmenâmes hors de la hutte d'abord, car tout comme à eux la fumée nous fut insupportable. Ceci fait nous les conduisîmes tous ensemble vers l'idole, et arrivés là nous nous mîmes à la travailler : d'abord nous la barbouillâmes du haut en bas, ainsi que son accoutrement, avec du goudron, et certaine autre matière que nous avions, composée de suif et de soufre; nous lui bourrâmes ensuite les yeux, les oreilles et la gueule de poudre à canon; puis nous entortillâmes dans son bonnet une grande pièce d'artifice, et quand nous l'eûmes couverte de tous les combustibles que nous avions apportés nous regardâmes autour de nous pour voir si nous pourrions trouver quelque chose pour son embrasement. Tout-à-coup mon serviteur se souvint que près de la hutte il y avait un tas de fourrage sec, de la paille ou du foin, je ne me rappelle pas : il y courut avec un des Écossais et ils en apportèrent plein leurs bras. Quand nous eûmes achevé cette besogne nous prîmes tous nos prisonniers, nous les rapprochâmes, ayant les pieds déliés et la bouche débâillonnée nous les fîmes tenir debout et les plantâmes juste devant leur monstrueuse idole, puis nous y mîmes feu de tout côté.

Nous demeurâmes là un quart d'heure ou environ avant que la poudre des yeux, de la bouche et des oreilles de l'idole sautât; cette explosion, comme il nous fut facile de le voir, la fendit et la défigura toute; en un mot, nous demeurâmes là jusqu'à ce que nous la vîmes s'embraser et ne former plus qu'une souche, qu'un bloc de bois. Après l'avoir entourée de fourrage sec, ne doutant pas qu'elle ne fût bientôt entièrement consumée, nous nous disposions à nous retirer, mais l'Écossais nous dit : — « Ne partons pas, car ces pauvres misérables dupes seraient capables de se jeter dans le feu pour se faire rôtir avec leur idole. — Nous consentîmes donc à rester jusqu'à ce que le fourrage fût brûlé, puis nous fîmes volte-face, et les quittâmes.

Le matin nous parûmes parmi nos compagnons de

voyage excessivement occupés à nos préparatifs de départ : personne ne se serait imaginé que nous étions allés ailleurs que dans nos lits, comme raisonnablement tout voyageur doit faire, pour se préparer aux fatigues d'une journée de marche.

Mais ce n'était pas fini, le lendemain une grande multitude de gens du pays, non-seulement de ce village mais de cent autres, se présenta aux portes de la ville, et d'une façon fort insolente, demanda satisfaction au gouverneur de l'outrage fait à leurs prêtres et à leur grand Cham-Chi-Thaungu; c'était là le nom féroce qu'il donnait à la monstrueuse créature qu'ils adoraient. Les habitants de Nertzinskoy furent d'abord dans une grande consternation : ils disaient que les Tartares étaient trente mille pour le moins, et qu'avant peu de jours ils seraient cent mille et au-delà.

Le gouverneur russien leur envoya des messagers pour les appaiser et leur donner toutes les bonnes paroles imaginables. Il les assura qu'il ne savait rien de l'affaire ; que pas un homme de la garnison n'ayant mis le pied dehors, le coupable ne pouvait être parmi eux ; mais que s'ils voulaient le lui faire connaître il serait exemplairement puni. Ils répondirent hautainement que toute la contrée révérait le grand Cham-Chi-Thaungu qui demeurait dans le soleil, et que nul mortel n'eût osé outrager son image, hors quelque chrétien mécréant (ce fut là leur expression, je crois), et qu'ainsi ils lui déclaraient la guerre à lui et à tous les Russiens, qui, disaient-ils, étaient des infidèles, des chrétiens.

Le gouverneur, toujours patient, ne voulant point de rupture, ni qu'on pût en rien l'accuser d'avoir provoqué la guerre, le Czar lui ayant étroitement enjoint de traiter le pays conquis avec bénignité et courtoisie, leur donna encore toutes les bonnes paroles possibles ; à la fin il leur dit qu'une caravane était partie pour la Russie le matin même, que quelqu'un peut-être des voyageurs leur avait fait cette injure, et que, s'ils voulaient en avoir l'assurance, il enverrait après eux pour en informer. Ceci parut les appaiser un peu, et le gouverneur nous dépêcha donc un courrier pour nous exposer l'état des choses, en nous intimant que si quelques hommes de notre caravane avaient fait le coup, ils feraient bien de se sauver, et, coupables ou non, que nous ferions bien de nous avancer en toute hâte, tandis qu'il les amuserait aussi long-temps qu'il pourrait.

C'était très-obligeant de la part du gouverneur. Toutefois lorsque la caravane fut instruite de ce message, personne n'y comprit rien, et quant à nous qui étions les coupables, nous fûmes les moins soupçonnés de touts : on ne nous fit pas seulement une question. Néanmoins le capitaine qui pour le moment commandait la caravane, profita de l'avis que le gouverneur nous donnait, et nous marchâmes ou voyageâmes deux jours et deux nuits, presque sans nous arrêter. Enfin nous nous reposâmes à un village nommé Plothus, nous n'y fîmes pas non plus une longue station, voulant gagner au plus tôt Jarawena, autre colonie du Czar de Moscovie où nous espérions être en sûreté. Une chose à remarquer, c'est qu'après deux ou trois jours de marche, au-delà de cette ville, nous commençâmes à entrer dans un vaste désert sans nom dont je parlerai plus au-long en son lieu, et que si alors nous nous y fussions trouvés, il est plus que probable que nous aurions été touts détruits. Ce fut le lendemain de notre départ de Plothus, que des nuages de poussière qui s'élevaient derrière nous à une grande distance firent soupçonner à quelques-uns des nôtres que nous étions poursuivis. Nous étions entrés dans le désert, et nous avions longé un grand lac, appelé Shanks-Oser, quand nous apperçumes un corps nombreux de cavaliers de l'autre côté du lac vers le Nord. Nous remarquâmes qu'ils se dirigeaient ainsi que nous vers l'Ouest, mais fort heureusement ils avaient supposé que nous avions pris la rive Nord, tandis que nous avions pris la rive Sud. Deux jours après nous ne les vîmes plus, car pensant que nous étions toujours devant eux ils poussèrent jusqu'à la rivière Udda : plus loin, vers le Nord, c'est un courant considérable, mais à l'endroit où nous la passâmes, elle est étroite et guéable.

Le troisième jour, soit qu'ils se fussent apperçu de leur méprise, soit qu'ils eussent eu de nos nouvelles, ils revinrent sur nous ventre à terre, à la brune. Nous venions justement de choisir, à notre grande satisfaction, une place très-convenable pour camper pendant la nuit, car, bien que nous ne fussions qu'à l'entrée d'un désert dont la longueur était de plus de cinq cents milles, nous n'avions point de villes où nous retirer, et par le fait nous n'en avions d'autre à attendre que Jarawena, qui se trouvait encore à deux journées de marche. Ce désert, cependant, avait quelque peu de bois de ce côté, et de petites rivières qui couraient toutes se jeter dans la grande rivière Udda. Dans un passage étroit entre deux bocages très-épais nous avions assis notre camp pour cette nuit, redoutant une attaque nocturne.

Personne, excepté nous, ne savait pourquoi nous étions poursuivis ; mais comme les Tartares-Mongols ont pour habitude de rôder en troupes dans ce désert, les caravanes ont coutume de se fortifier ainsi contre eux chaque nuit, comme contre des armées de voleurs ; cette poursuite n'était donc pas chose nouvelle.

Or nous avions cette nuit le camp le plus avantageux que nous eussions jamais eu : nous étions postés entre deux bois, un petit ruisseau coulait juste devant notre front, de sorte que nous ne pouvions être enveloppés, et qu'on ne pouvait nous attaquer que par devant ou par derrière. Encore mîmes-nous tous nos soins à rendre notre front aussi fort que possible, en plaçant nos bagages, nos chameaux et nos chevaux, tous en ligne au bord du ruisseau : sur notre arrière nous abattîmes quelques arbres.

Dans cet ordre nous nous établissions pour la nuit, mais les Tartares furent sur nos bras avant que nous eussions achevé notre campement. Ils ne se jetèrent pas sur nous comme des brigands, ainsi que nous nous y attendions, mais il nous envoyèrent trois messagers pour demander qu'on leur livrât les hommes qui avaient bafoué leurs prêtres et brûlé leur Dieu Cham-Chi-Thaungu, afin de les brûler, et sur ce ils disaient qu'ils se retireraient, et ne nous feraient point de mal, autrement qu'ils nous feraient tous périr dans les flammes. Nos gens parurent fort troublés à ce message, et se mirent à se regarder l'un l'autre entre les deux yeux pour voir si quelqu'un avait le péché écrit sur la face. Mais, Personne! c'était le mot, personne n'avait fait cela. Le commandant de la caravane leur fit répondre qu'il était bien sûr que pas un des nôtres n'était coupable de cet outrage; que nous étions de paisibles marchands voyageant pour nos affaires; que nous n'avions fait de dommage ni à eux ni à qui que ce fût; qu'ils devaient chercher plus loin ces ennemis, qui les avaient injuriés, car nous n'étions pas ces gens-là; et qu'il les priait de ne pas nous troubler, sinon que nous saurions nous défendre.

Cette réponse fut loin de les satisfaire, et le matin, à la pointe du jour, une foule immense s'avança vers notre camp; mais en nous voyant dans une si avantageuse position, ils n'osèrent pas pousser plus avant que le ruisseau qui barrait notre front, où ils s'arrêtèrent, et déployèrent de telles forces, que nous en fûmes atterrés au plus haut point; ceux d'entre nous qui en parlaient le plus modestement, disaient qu'ils étaient dix mille. Là, ils firent une pause et nous regardèrent un moment; puis, poussant un affreux hourra, ils nous décochèrent une nuée de flèches. Mais nous étions trop bien à couvert, nos bagages nous abritaient, et je ne me souviens pas que parmi nous un seul homme fût blessé.

Quelque temps après, nous les vîmes faire un petit mouvement à notre droite, et nous les attendions sur notre arrière, quand un rusé compagnon, un Cosaque de Jarawena, aux gages des Moscovites, appela le commandant de la caravane et lui dit : — « Je vais envoyer toute cette engeance à Sibeilka. » — C'était une ville à quatre ou cinq journées de marche au moins, vers le Sud, ou plutôt derrière nous. Il prend donc son arc et ses flèches, saute à cheval, s'éloigne de notre arrière au galop, comme s'il retournait à Nertzinskoy, puis faisant un grand circuit, il rejoint l'armée des Tartares comme s'il était un exprès envoyé pour leur faire savoir tout particulièrement que les gens qui avaient brûlé leur CHAM-CHI-THAUNGU étaient partis pour Sibeilka avec une caravane de mécréants, c'est-à-dire de Chrétiens, résolus qu'ils étaient de brûler le Dieu SCAL-ISARG, appartenant aux Tongouses.

Comme ce drôle était un vrai Tartare et qu'il parlait parfaitement leur langage, il feignit si bien, qu'ils gobèrent tout cela et se mirent en route en toute hâte pour Sibeilka, qui était, ce me semble, à cinq journées de marche vers le Sud. En moins de trois heures ils furent entièrement hors de notre vue, nous n'en entendîmes plus parler, et nous n'avons jamais su s'ils allèrent ou non jusqu'à ce lieu nommé Sibeilka.

Nous gagnâmes ainsi sans danger la ville de Jarawena,

où il y avait une garnison de Moscovites, et nous y demeurâmes cinq jours, la caravane se trouvant extrêmement fatiguée de sa dernière marche et de son manque de repos durant la nuit.

Au sortir de cette ville nous eûmes à passer un affreux désert qui nous tint vingt-trois jours. Nous nous étions munis de quelques tentes pour notre plus grande commodité pendant la nuit, et le commandant de la caravane s'était procuré seize chariots ou fourgons du pays pour porter notre eau et nos provisions. Ces chariots, rangés chaque nuit tout autour de notre camp, nous servaient de retranchement; de sorte que, si les Tartares se fussent montrés, à moins d'être en très-grand nombre, ils n'auraient pu nous toucher.

Les Tongouses.

On croira facilement que nous eûmes grand besoin de repos après ce long trajet; car dans ce désert nous ne vîmes ni maisons ni arbres. Nous y trouvâmes à peine quelques buissons, mais nous apperçûmes en revanche une grande quantité de chasseurs de zibelines; ce sont touts des Tartares de la Mongolie dont cette contrée fait partie. Ils attaquent fréquemment les petites caravanes, mais nous n'en rencontrâmes point en grande troupe. J'étais curieux de voir les peaux des zibelines qu'ils chassaient ; mais je ne pus me mettre en rapport avec aucun d'eux, car ils n'osaient pas s'approcher de nous, et je n'osais pas moi-même m'écarter de la compagnie pour les joindre.

Après avoir traversé ce désert, nous entrâmes dans une contrée assez bien peuplée, c'est-à-dire où nous trouvâmes des villes et des châteaux élevés par le Czar de Moscovie, avec des garnisons de soldats stationnaires pour protéger les caravanes, et défendre le pays contre les Tartares, qui autrement rendraient la route très-dangereuse. Et sa majesté Czarienne a donné des ordres si stricts pour la sûreté des caravanes et des marchands que, si on entend parler de quelques Tartares dans le pays, des détachements de la garnison sont de suite envoyés pour escorter les voyageurs de station en station.

Aussi le gouverneur d'Adinskoy, auquel j'eus occasion de rendre visite, avec le marchand écossais qui était lié avec lui, nous offrit-il une escorte de cinquante hommes, si nous pensions qu'il y eût quelque danger, jusqu'à la prochaine station.

Long-temps je m'étais imaginé qu'en approchant de l'Europe, nous trouverions le pays mieux peuplé et le peuple plus civilisé ; je m'étais doublement trompé, car nous avions encore à traverser la nation des Tongouses, où nous vîmes des marques de paganisme et de barbarie, pour le moins aussi grossières que celles qui nous avaient frappées précédemment ; seulement comme ces Tongouses ont été assujétis par les Moscovites, et entièrement réduits, ils ne sont pas très-dangereux ; mais en fait de rudesse de mœurs, d'idolâtrie et de polythéisme jamais peuple au monde ne les surpassa. Ils sont couverts de peaux de bêtes, aussi bien que leurs maisons, et, à leur mine rébarbative, à leur costume, vous ne distingueriez pas un homme d'avec une femme. Durant l'hiver, quand la terre est couverte de neige, ils vivent sous terre, dans des espèces de repaires voûtés dont les cavités ou cavernes se communiquent entre elles.

Si les Tartares avaient leur CHAM-CHI-THAUNGU pour tout un village ou toute une contrée, ceux-ci avaient des idoles dans chaque hutte et dans chaque cave. En outre ils adorent les étoiles, le soleil, l'eau, la neige, et en un mot tout ce qu'ils ne comprennent pas, et ils ne comprennent pas grand'chose; de sorte qu'à touts les éléments et à presque touts les objets extrordinaires ils offrent des sacrifices.

Mais je ne dois faire la description d'un peuple ou d'une contrée qu'autant que cela se rattache à ma propre histoire. — Il ne m'arriva rien de particulier dans ce pays, que j'estime éloigné de plus de quatre cents milles du dernier désert dont j'ai parlé, et dont la moitié même est aussi un désert, où nous marchâmes rudement pendant douze jours sans rencontrer une maison, un arbre, une broussaille, et où nous fûmes encore obligés de porter avec nous nos provisions, l'eau comme le pain. Après être sortis de ce steppe, nous parvînmes en deux jours à Yénisséisk, ville ou station moscovite sur le grand fleuve Yénisséi. Ce fleuve, nous fut-il dit, sépare l'Europe de l'Asie, quoique nos faiseurs de cartes, à ce qu'on m'a rapporté, n'en tombent pas d'accord. N'importe, ce qu'il y a de certain, c'est qu'il borne à l'Orient l'ancienne Sibérie, qui aujourd'hui ne forme qu'une province du vaste Empire Moscovite bien qu'elle soit aussi grande que l'Empire Germanique tout entier.

Je remarquai que l'ignorance et le paganisme prévalaient encore, excepté dans les garnisons Moscovites : toute la contrée entre le fleuve Oby et le fleuve Yénisséi est entièrement payenne, et les habitants sont aussi barbares que les Tartares les plus reculés, même qu'aucune nation que je sache de l'Asie ou de l'Amérique. Je remarquai aussi, ce que je fis observer aux gouverneurs Moscovites avec lesquels j'eus occasion de converser, que ces payens, pour être sous le gouvernement moscovite n'en étaient ni plus sages ni plus près du christianisme. Mais tout en reconnaissant que c'était assez vrai, ils répondaient que ce n'était pas leur affaire; que si le Czar s'était promis de convertir ses sujets sibériens, tongouses ou tartares, il aurait envoyé parmi eux des prêtres et non pas des soldats, et ils ajoutaient avec plus de sincérité que je ne m'y serais attendu que le grand souci de leur monarque n'était pas de faire de ces peuples des Chrétiens, mais des sujets.

Depuis ce fleuve jusqu'au fleuve Oby, nous traversâmes une contrée sauvage et inculte; je ne saurais dire que ce soit un sol stérile, c'est seulement un sol qui manque de bras et d'une bonne exploitation, car autrement c'est un pays charmant, très-fertile et très-agréable en soi. Les quelques habitants que nous y trouvâmes étaient tous payens, excepté ceux qu'on y avait envoyés de Russie; car c'est dans cette contrée, j'entends sur les rives de l'Oby, que sont bannis les criminels moscovites qui ne sont point condamnés à mort : une fois là, il est presque impossible qu'ils en sortent.

Je n'ai rien d'essentiel à dire sur mon compte jusqu'à mon arrivée à Tobolsk, capitale de la Sibérie, où je séjournai assez long-temps pour les raisons suivantes.

Il y avait alors près de sept mois que nous étions en

route et l'hiver approchait rapidement : dans cette conjoncture, sur nos affaires privées, mon PARTNER et moi, nous tînmes donc un conseil, où nous jugeâmes à propos, attendu que nous devions nous rendre en Angleterre et non pas à Moscou, de considérer le parti qu'il nous fallait prendre. On nous avait parlé de traîneaux et de rennes pour nous transporter sur la neige pendant l'hiver ; et c'est tout de bon que les Russiens font usage de pareils véhicules, dont les détails sembleraient incroyables si je les rapportais, et au moyen desquels ils voyagent beaucoup plus dans la saison froide qu'ils ne sauraient voyager en été, parce que dans ces traîneaux ils peuvent courir nuit et jour : une neige congelée couvrant alors toute la nature, les montagnes, les vallées, les rivières, les lacs n'offrent plus qu'une surface unie et dure comme la pierre, sur laquelle ils courent sans se mettre nullement en peine de ce qui est dessous.

Mais je n'eus pas occasion de faire un voyage de ce genre. — Comme je me rendais en Angleterre et non pas à Moscou, j'avais deux routes à prendre : il me fallait aller avec la caravane jusqu'à Jaroslav, puis tourner vers l'Ouest, pour gagner Narva et le golfe de Finlande, et, soit par mer soit par terre, Dantzick, où ma cargaison de marchandises chinoises devait se vendre avantageusement ; ou bien il me fallait laisser la caravane à une petite ville sur la Dvina, d'où par eau je pouvais gagner en six jours Archangel, et de là faire voile pour l'Angleterre, la Hollande ou Hambourg.

Toutefois il eût été absurde d'entreprendre l'un ou l'autre de ces voyages pendant l'hiver : si je me fusse décidé pour Dantzick, la Baltique en cette saison est gelée, tout passage m'eût été fermé, et par terre il est bien moins sûr de voyager dans ces contrées que parmi les Tartares-Mongols. D'un autre côté, si je me fusse rendu à Archangel en octobre, j'eusse trouvé tous les navires partis, et même les marchands qui ne s'y tiennent que l'été, et l'hiver se retirent à Moscou, vers le Sud, après le départ des vaisseaux. Un froid excessif, la disette, et la nécessité de rester tout l'hiver dans une ville déserte, c'est là tout ce que j'eusse pu espérer d'y rencontrer. En définitive, je pensai donc que le mieux était de laisser partir la caravane, et de faire mes dispositions pour hiverner à l'endroit où je me trouvais, c'est-à-dire à Tobolsk en Sibérie, par une latitude de 60 degrés; là, du moins, pour passer un hiver rigoureux, je pouvais faire fond sur trois choses, savoir : l'abondance de toutes les provisions que fournit le pays, une maison chaude avec des combustibles à suffisance, et une excellente compagnie. De tout ceci, je parlerai plus au long en son lieu.

J'étais alors dans un climat entièrement différent de mon île bien-aimée, où je n'eus jamais froid que dans mes accès de fièvre, où tout au contraire j'avais peine à endurer des habits sur mon dos, où je ne faisais jamais de feu que dehors, et pour préparer ma nourriture : aussi étais-je emmitouflé dans trois bonnes vestes avec de grandes robes par-dessus, descendant jusqu'aux pieds et se boutonnant au poignet, toutes doublées de fourrures pour les rendre suffisamment chaudes.

J'avoue que je désapprouve fort notre manière de chauffer les maisons en Angleterre, c'est-à-dire de faire du feu dans chaque chambre, dans des cheminées ouvertes, qui, dès que le feu est éteint, laissent l'air intérieur aussi froid que la température. Après avoir pris un appartement dans une bonne maison de la ville, au centre de six chambres différentes je fis construire une cheminée en forme de fourneau, semblable à un poêle; le tuyau pour le passage de la fumée était d'un côté, la porte ouvrant sur le foyer d'un autre ; toutes les chambres étaient également chauffées, sans qu'on vît aucun feu, juste comme sont chauffés les bains en Angleterre.

Par ce moyen nous avions toujours la même température dans tout le logement, et une chaleur égale se conservait. Quelque froid qu'il fît dehors, il faisait toujours chaud dedans; cependant on ne voyait point de feu, et l'on n'était jamais incommodé par la fumée.

Mais la chose la plus merveilleuse c'était qu'il fût possible de trouver bonne compagnie, dans une contrée aussi barbare que les parties les plus septentrionales de l'Europe, dans une contrée proche de la mer Glaciale, et à peu de degrés de la Nouvelle-Zemble.

Cependant, comme c'est dans ce pays, ainsi que je l'ai déjà fait remarquer, que sont bannis les criminels d'État moscovites, la ville était pleine de gens de qualité, de princes, de gentilshommes, de colonels, en un mot, de nobles de tout rang, de soldats de tout grade, et de courtisans. Il y avait le fameux prince GALILFKEN ou GALOFFKEN, son fils le fameux général ROBOSTISKY, plusieurs autres personnages de marque, et quelques dames de haut parage.

Par l'intermédiaire de mon négociant écossais, qui toutefois ici se sépara de moi, je fis connaissance avec plusieurs de ces gentilshommes, avec quelques-uns même du premier ordre, et de qui, dans les longues soirées d'hiver pendant lesquelles je restais au logis, je reçus d'agréables visites. Ce fut causant un soir avec un certain prince banni, un des ex-ministres d'État du Czar, que la conversation tomba sur mon chapitre. Comme il me racontait une foule de belles choses sur la grandeur, la magnificence, les possessions, et le pouvoir absolu de l'Empereur des Russiens, je l'interrompis et lui dis que j'avais été un prince plus grand et plus puissant que le Czar de Moscovie, quoique mes États ne fussent pas si étendus, ni mes peuples si nombreux. A ce coup, le seigneur russien eut l'air un peu surpris, et, tenant ses yeux attachés sur moi, il commença de s'étonner de ce que j'avançais.

Je lui dis que son étonnement cesserait quand je me serais expliqué. D'abord je lui contai que j'avais à mon entière disposition la vie et la fortune de mes sujets; que nonobstant mon pouvoir absolu, je n'avais pas eu un seul individu mécontent de mon gouvernement ou de ma personne dans toutes mes possessions. Là-dessus il secoua la tête, et me dit qu'en cela je surpassais tout de bon le Czar de Moscovie. Me reprenant, j'ajoutai que toutes les terres de mon royaume m'appartenaient en propre; que touts mes sujets étaient non-seulement mes tenanciers, mais mes tenanciers à volonté; qu'ils se seraient touts battus pour moi jusqu'à la dernière goutte de leur sang, et que jamais tyran, car pour tel je me reconnaissais, n'avait été si universellement aimé, et cependant si horriblement redouté de ses sujets.

Le Prince Moscovite.

Après avoir amusé quelque temps la compagnie de ces énigmes gouvernementales, je lui en dis le mot, je lui fis au long l'histoire de ma vie dans l'île, et de la manière dont je m'y gouvernais et gouvernais le peuple rangé sous moi, juste comme je l'ai rédigé depuis. On fut excessivement touché de cette histoire, et surtout le prince, qui me dit avec un soupir, que la véritable grandeur ici-bas était d'être son propre maître ; qu'il n'aurait pas échangé une condition telle que la mienne, contre celle du Czar de Moscovie ; qu'il trouvait plus de félicité dans la retraite à laquelle il semblait condamné en cet exil qu'il n'en avait jamais trouvé dans la plus haute autorité dont il avait joui à la Cour de son maître le Czar ; que le comble de la sagesse humaine était de ployer notre humeur aux circonstances, et de nous faire un calme intérieur sous le poids des plus grandes tempêtes. — « Ici, poursuivit-il, au commencement de mon bannissement, je pleurais, je m'arrachais les cheveux, je déchirais mes habits, comme tant d'autres avaient fait avant moi, mais amené après un peu de temps et de réflexion à regarder au-dedans de moi, et à jeter les yeux autour de moi sur les choses extérieures, je trouvai que, s'il est une fois conduit à réfléchir sur la vie, sur le peu d'influence qu'a le monde sur le véritable bonheur, l'esprit de l'homme est parfaitement capable de se créer une félicité à lui, le satisfaisant pleinement et s'alliant à ses meilleurs desseins et à ses plus nobles désirs, sans grand besoin de l'assistance du monde. De l'air pour respirer, de la nourriture pour soutenir la vie, des vêtements pour avoir chaud, la liberté de prendre l'exercice nécessaire à la santé, complètent dans mon opinion tout ce que le monde peut faire pour nous. La grandeur, la puissance, les richesses et les plaisirs dont quelques-uns jouissent ici-bas, et dont pour ma part j'ai joui, sont pleins d'attraits pour nous, mais toutes ces choses lâchent la bride à nos plus mauvaises passions, à notre ambition, à notre orgueil, à notre avarice, à notre vanité, à notre sensualité, passions qui procèdent de ce qu'il y a de pire dans la nature de l'homme, qui sont des crimes en elles-mêmes, qui renferment la semence de toute espèce de crimes, et n'ont aucun rapport, et ne se rattachent en rien ni aux vertus qui constituent l'homme sage, ni aux grâces qui nous distinguent comme Chrétiens. Privé que je suis aujourd'hui de toute cette félicité imaginaire que je goûtais dans la pratique de tous ces vices, je me trouve à même de porter mes regards sur leur côté sombre, où je n'entrevois que difformités. Je suis maintenant convaincu que la vertu seule fait l'homme vraiment sage, riche, grand, et le retient dans la voie qui conduit à un bonheur suprême, dans une vie future; et en cela, ne suis-je pas plus heureux dans mon exil que ne le sont mes ennemis en pleine possession des biens et du pouvoir que je leur ai abandonnés? »

« Sir, ajouta-t-il, je n'amène point mon esprit à cela par politique, me soumettant à la nécessité de ma condition, que quelques-uns appellent misérable. Non, si je ne m'abuse pas trop sur moi-même, je ne voudrais pas m'en retourner; non, quand bien même le Czar mon maître me rappellerait et m'offrirait de me rétablir dans toute ma grandeur passée; non, dis-je, je ne voudrais pas m'en retourner, pas plus que mon âme, je pense, quand elle sera délivrée de sa prison corporelle, et aura goûté la félicité glorieuse qu'elle doit trouver au-delà de la vie, ne voudra retourner à la geôle de chair et de sang qui l'enferme aujourd'hui, et abandonner les Cieux pour se replonger dans la fange et l'ordure des affaires humaines. »

Il prononça ces paroles avec tant de chaleur et d'effusion, tant d'émotion se trahissait dans son maintien qu'il était visible que c'étaient là les vrais sentiments de son âme. Impossible de mettre en doute sa sincérité.

Je lui répondis qu'autrefois dans mon ancienne condition

dont je venais de lui faire la peinture, je m'étais cru une espèce de monarque, mais que je pensais qu'il était, lui, non-seulement un monarque mais un grand conquérant ; car celui qui remporte la victoire sur ses désirs excessifs, qui a un empire absolu sur lui-même, et dont la raison gouverne entièrement la volonté est certainement plus grand que celui qui conquiert une ville. — « Mais, Mylord, ajoutai-je, oserais-je vous faire une question ? » — « De tout mon cœur, répondit-il. » — « Si la porte de votre liberté était ouverte, repris-je, ne saisiriez-vous pas cette occasion de vous délivrer de cet exil ? »

— « Attendez, dit-il, votre question est subtile, elle demande de sérieuses et d'exactes distinctions pour y donner une réponse sincère, et je veux vous mettre mon cœur à jour. Rien au monde que je sache ne pourrait me porter à me délivrer de cet état de bannissement, sinon ces deux choses : premièrement ma famille, et secondement un climat un peu plus doux. Mais je vous proteste que pour retourner aux pompes de la Cour, à la gloire, au pouvoir, au tracas d'un ministre d'État, à l'opulence, au faste et aux plaisirs, c'est-à-dire aux folies d'un courtisan, si mon maître m'envoyait aujourd'hui la nouvelle qu'il me rend tout ce dont il m'a dépouillé, je vous proteste, dis-je, si je me connais bien, que je ne voudrais pas abandonner ce désert, ces solitudes et ces lacs glacés pour le palais de Moscou. »

— « Mais, Mylord, repris-je, peut-être n'êtes-vous pas seulement banni des plaisirs de la Cour, du pouvoir, de l'autorité et de l'opulence dont vous jouissiez autrefois, vous pouvez être aussi privé de quelques-unes des commodités de la vie ; vos terres sont peut-être confisquées, vos biens pillés, et ce qui vous est laissé ici ne suffit peut-être pas aux besoins ordinaires de la vie.

— « Oui, me répliqua-t-il, si vous me considérez comme un seigneur ou un prince, comme dans le fait je le suis; mais veuillez ne voir en moi simplement qu'un homme, une créature humaine, que rien ne distingue d'avec la foule, et il vous sera évident que je ne puis sentir aucun besoin, à moins que je ne sois visité par quelque maladie ou quelque infirmité. Pour mettre toutefois la question hors de doute, voyez notre manière de vivre : nous sommes en cette ville cinq grands personnages; nous vivons tout-à-fait retirés, comme il convient à des gens en exil. Nous avons sauvé quelque chose du naufrage de notre fortune, qui nous met au-dessus de la nécessité de chasser pour notre subsistance; mais les pauvres soldats qui sont ici, et qui n'ont point nos ressources, vivent dans une aussi grande abondance que nous. Ils vont dans les bois chasser les zibelines et les renards : le travail d'un mois fournit à leur entretien pendant un an. Comme notre genre de vie n'est pas coûteux, il nous est aisé de nous procurer ce qu'il nous faut : donc votre objection est détruite. »

La place me manque pour rapporter tout au long la conversation on ne peut plus agréable que j'eus avec cet homme véritablement grand, et dans laquelle son esprit laissa paraître une si haute connaissance des choses, soutenue tout à la fois et par la religion et par une profonde sagesse, qu'il est hors de doute que son mépris pour le monde ne fût aussi grand qu'il l'exprimait. Et jusqu'à la fin il se montra toujours le même comme on le verra par ce qui suit.

Je passai huit mois à Tobolsk. Que l'hiver me parut sombre et terrible! Le froid était si intense que je ne pouvais pas seulement regarder dehors sans être enveloppé dans des pelleteries, et sans avoir sur le visage un masque de fourrure ou plutôt un capuchon, avec un trou simplement pour la bouche et deux trous pour les yeux. Le faible jour que nous eûmes pendant trois mois ne durait pas, calcul fait, au-delà de cinq heures, six tout au plus ; seulement le sol étant continuellement couvert de neige et le temps assez clair, l'obscurité n'était jamais profonde. Nos chevaux étaient gardés ou plutôt affamés sous terre, et quant à nos valets, car nous en avions loué pour prendre soin de nous et de nos montures, il nous fallait à chaque instant panser et faire dégeler leurs doigts ou leurs orteils, de peur qu'ils ne restassent perclus.

Dans l'intérieur à vrai dire nous avions chaud, les maisons étant closes, les murailles épaisses, les ouvertures petites, et les vitrages doubles. Notre nourriture consistait principalement en chair de daim salée et apprêtée dans la saison, en assez bon pain, mais préparé comme du biscuit, en poisson sec de toute sorte, en viande de mouton, et en viande de buffle, assez bonne espèce de bœuf. Toutes les provisions pour l'hiver sont amassées pendant l'été, et parfaitement conservées. Nous avions pour boisson de l'eau mêlée avec de l'*aqua-vitæ* au lieu de brandevin, et pour régal, en place de vin, de l'hydromel : ils en ont vraiment de délicieux. Les chasseurs, qui s'aventurent dehors par tous les temps, nous apportaient fréquemment de la venaison fraîche, très-grasse et très-bonne, et quelquefois de la chair d'ours, mais nous ne faisions pas grand cas de cette dernière. Grâce à la bonne provision de thé que nous avions, nous pouvions régaler nos amis, et après tout, toutes choses bien considérées, nous vivions très-gaîment et très-bien.

Nous étions alors au mois de mars, les jours croissaient sensiblement et la température devenait au moins supportable ; aussi les autres voyageurs commençaient-ils à préparer les traîneaux qui devaient les transporter sur la neige, et à tout disposer pour leur départ ; mais notre dessein de gagner Archangel, et non Moscou ou la Baltique, étant bien arrêté, je ne bougeai pas. Je savais que les navires du Sud ne se mettent en route pour cette partie du monde qu'au mois de mai ou de juin, et que si j'y arrivais au commencement d'août, j'y serais avant qu'aucun bâtiment fût prêt à remettre en mer. Je ne m'empressai donc nullement de partir comme les autres, et je vis une multitude de gens, je dirai même tous les voyageurs, quitter la ville avant moi. Il paraît que tous les ans ils se rendent à Moscou pour trafiquer, c'est-à-dire pour y porter leurs pelleteries et les échanger contre les articles de nécessité dont ils ont besoin pour leurs magasins. D'autres aussi vont pour le même objet à Archangel. Mais comme ils ont plus de huit cents milles à faire pour revenir chez eux, ceux qui s'y rendirent cette année-là partirent de même avant moi.

Bref, dans la seconde quinzaine de mai je commençai à m'occuper de mes malles, et tandis que j'étais à cette besogne, il me vint dans l'esprit de me demander pourquoi tous ces gens bannis en Sibérie par le Czar, mais une fois arrivés là laissés libres d'aller où bon leur semble, ne gagnaient pas quelque autre endroit du monde à leur gré. Et je me pris à examiner ce qui pouvait les détourner de cette tentative.

Mais mon étonnement cessa quand j'en eus touché quelques mots à la personne dont j'ai déjà parlé, et qui me répondit ainsi : — « Considérez d'abord, sir, me dit-il, le lieu où nous sommes, secondement la condition dans laquelle nous sommes, et surtout la majeure partie des gens qui sont bannis ici. Nous sommes environnés d'obstacles plus forts que des barreaux et des verrous : au Nord s'étend un océan innavigable où jamais navire n'a fait voile, où jamais barque n'a vogué, et eussions-nous navire et barque à notre service que nous ne saurions où aller. De tout autre côté nous avons plus de mille milles à faire pour sortir des États du Czar, et par des chemins impraticables, à moins de prendre les routes que le gouvernement a fait construire et qui traversent les villes où ses troupes tiennent garnison. Nous ne pouvons ni suivre ces routes sans être découverts, ni trouver de quoi subsister en nous aventurant par tout autre chemin ; ce serait donc en vain que nous tenterions de nous enfuir. »

Le Fils du Prince Moscovite.

Là-dessus je fus réduit au silence, et je compris, qu'ils étaient dans une prison tout aussi sûre que s'ils eussent été renfermés dans le château de Moscou. Cependant il me vint la pensée que je pourrais fort bien devenir l'instrument de la délivrance de cet excellent homme, et qu'il me serait très-aisé de l'emmener, puisque dans le pays on n'exerçait point sur lui de surveillance. Après avoir roulé cette idée dans ma tête quelques instants, je lui dis que, comme je n'allais pas à Moscou mais à Archangel, et que je voyageais à la manière des caravanes, ce qui me permettait de ne pas coucher dans les stations militaires du désert, et de camper chaque nuit où je voulais, nous pourrions facilement gagner sans malencontre cette ville où je le mettrais immédiatement en sûreté à bord d'un vaisseau anglais ou hollandais qui nous transporterait tous deux à bon port. — « Quant à votre subsistance et aux autres détails, ajoutai-je, je m'en chargerai jusqu'à ce que vous puissiez faire mieux vous-même. »

Il m'écouta très-attentivement et me regarda fixement tout le temps que je parlai; je pus même voir sur son visage que mes paroles jetaient son esprit dans une grande émotion. Sa couleur changeait à tout moment, ses yeux s'enflammaient, toute sa contenance trahissait l'agitation de son cœur. Il ne put me répliquer immédiatement quand j'eus fini. On eût dit qu'il attendait ce qu'il devait répondre. Enfin, après un moment de silence, il m'embrassa en s'écriant : — « Malheureux que nous sommes, infortunées créatures, il faut donc que même les plus grands actes de l'amitié soient pour nous des occasions de chute, il faut donc que nous soyons les tentateurs l'un de l'autre ! Mon cher ami, continua-t-il, votre offre est si honnête, si désintéressée, si bienveillante pour moi, qu'il faudrait que j'eusse une bien faible connaissance du monde si, tout à la fois, je ne m'en étonnais pas et ne reconnaissais pas l'obligation que je vous en ai. Mais croyez-vous que j'aie été sincère dans ce que je vous ai si souvent dit de mon mépris pour le monde ? Croyez-vous que je vous aie parlé du fond de l'âme; et qu'en cet exil je sois réellement parvenu à ce degré de félicité qui m'a placé au-dessus de tout ce que le monde pouvait me donner et pouvait faire pour moi? Croyez-vous que j'étais franc quand je vous ai dit que je ne voudrais pas m'en retourner, fussé-je rappelé pour redevenir tout ce que j'étais autrefois à la Cour, et pour rentrer dans la faveur du Czar mon maître? Croyez-vous, mon ami, que je sois un honnête homme, ou pensez-vous que je sois un orgueilleux hypocrite?» —Ici il s'arrêta comme pour écouter ce que je répondrais; mais je reconnus bientôt que c'était l'effet de la vive émotion de ses esprits : son cœur était plein, il ne pouvait poursuivre. Je fus, je l'avoue, aussi frappé de ces sentiments qu'étonné de trouver un tel homme, et j'essayai de quelques arguments pour le pousser à recouvrer sa liberté. Je lui représentai qu'il devait considérer ceci comme une porte que lui ouvrait le Ciel pour sa délivrance, comme une sommation que lui faisait la Providence, qui dans sa sollicitude dispose tous les évènements, pour qu'il eût à améliorer son état et à se rendre utile dans le monde.

Ayant eu le temps de se remettre, — « Que savez-vous, SIR, me dit-il vivement, si, au lieu d'une injonction de la part du Ciel, ce n'est pas une instigation de toute autre part me représentant sous des couleurs attrayantes, comme une grande félicité, une délivrance qui peut être en elle-même un piége pour m'entraîner à ma ruine? Ici je ne suis point en proie à la tentation de retourner à mon ancienne misérable grandeur; ailleurs je ne suis pas sûr que toutes les semences d'orgueil, d'ambition, d'avarice et de luxure que je sais au fond de mon cœur ne puissent se raviver, prendre racine, en un mot, m'accabler derechef, et alors l'heureux prisonnier que vous voyez maintenant maître de la liberté de son âme deviendrait, en pleine possession de toute liberté, personnelle, le misérable esclave de ses sens. Généreux ami, laissez-moi dans cette heureuse captivité, éloigné de toute occasion de chute, plutôt que de m'exciter à pourchasser une ombre de liberté aux dépens de la liberté de ma raison et aux dépens du bonheur futur que j'ai aujourd'hui en perspective, et qu'alors, j'en ai peur, je perdrais totalement de vue, car je suis de chair, car je suis un homme, rien qu'un homme, car je ne suis pas plus qu'un autre à l'abri des passions. Oh! ne soyez pas à la fois mon ami et mon tentateur. »

Si j'avais été surpris d'abord, je devins alors tout-à-fait muet, et je restai là à le contempler dans le silence et l'admiration. Le combat que soutenait son âme était si grand que, malgré le froid excessif, il était tout en sueur. Je vis que son esprit avait besoin de retrouver du calme; aussi je lui dis en d   mots que je le laissais réfléchir, que je reviendrais le voir; et je regagnai mon logis.

Environ deux heures après, j'entendis quelqu'un à la porte de la chambre, et je me levais pour aller ouvrir quand il l'ouvrit lui-même et entra. — « Mon cher ami, me dit-il, vous m'aviez presque vaincu, mais je suis revenu à moi. Ne trouvez pas mauvais que je me défende de votre offre. Je vous assure que ce n'est pas que je ne sois pénétré de votre bonté; je viens pour vous exprimer la plus sincère reconnaissance; mais j'espère avoir remporté une victoire sur moi-même. »

— « Mylord, lui répondis-je, j'aime à croire que vous êtes pleinement assuré que vous ne résistez pas à la voix du Ciel. » — « Sir, reprit-il, si c'eût été de la part du Ciel, la même influence céleste m'eût poussé à l'accepter, mais j'espère, mais je demeure bien convaincu que c'est de par le Ciel que je m'en excuse, et quand nous nous séparerons ce ne sera pas une petite satisfaction pour moi de penser que vous m'aurez laissé honnête homme, sinon homme libre. »

Je ne pouvais plus qu'acquiescer et lui protester que dans tout cela mon unique but avait été de le servir. Il m'embrassa très-affectueusement en m'assurant qu'il en était convaincu et qu'il en serait toujours reconnaissant ; puis il m'offrit un très-beau présent de zibelines, trop magnifique vraiment pour que je pusse l'accepter d'un homme dans sa position, et que j'aurais refusé s'il ne s'y fût opposé.

Le lendemain matin j'envoyai à sa seigneurie mon serviteur avec un petit présent de thé, deux pièces de damas chinois, et quatre petits lingots d'or japonais, qui tous ensemble ne pesaient pas plus de six onces ou environ ; mais ce cadeau n'approchait pas de la valeur des zibelines, dont je trouvai vraiment, à mon arrivée en Angleterre, près de 200 livres sterling. Il accepta le thé, une des pièces de damas et une des pièces d'or au coin japonais, portant une belle empreinte, qu'il garda, je pense, pour sa rareté ; mais il ne voulut rien prendre de plus, et me fit savoir par mon serviteur qu'il désirait me parler.

Quand je me fus rendu auprès de lui, il me dit que je savais ce qui s'était passé entre nous, et qu'il espérait que je ne chercherais plus à l'émouvoir ; mais puisque je lui avais fait une si généreuse offre, qu'il me demandait si j'aurais assez de bonté pour la transporter à une autre personne qu'il me nommerait, et à laquelle il s'intéressait beaucoup. Je lui répondis que je ne pouvais dire que je fusse porté à faire autant pour un autre que pour lui pour qui j'avais conçu une estime toute particulière, et que j'aurais été ravi de délivrer ; cependant, s'il lui plaisait de me nommer la personne, que je lui rendrais réponse, et que j'espérais qu'il ne m'en voudrait pas si elle ne lui était point agréable. Sur ce il me dit qu'il s'agissait de son fils unique, qui, bien que je ne l'eusse pas vu, se trouvait dans la même situation que lui, environ à deux cents milles plus loin, de l'autre côté de l'Oby, et que, si j'accueillais sa demande, il l'enverrait chercher.

Je lui répondis sans balancer que j'y consentais. Je fis toutefois quelques cérémonies pour lui donner à entendre que c'était entièrement à sa considération, et parce que, ne pouvant l'entraîner, je voulais lui prouver ma déférence par mon zèle pour son fils. Mais ces choses sont trop fastidieuses pour que je les répète ici. Il envoya le lendemain chercher son fils, qui, au bout de vingt jours, arriva avec le messager, amenant six ou sept chevaux chargés de très-riches pelleteries d'une valeur considérable.

Les valets firent entrer les chevaux dans la ville, mais ils laissèrent leur jeune seigneur à quelque distance. A la nuit, il se rendit incognito dans notre appartement, et son père me le présenta. Sur-le-champ nous concertâmes notre voyage, et nous en réglâmes tous les préparatifs.

J'achetai une grande quantité de zibelines, de peaux de renards noirs, de belles hermines, et d'autres riches pelleteries; je les troquai, veux-je dire, dans cette ville, contre quelques-unes des marchandises que j'avais apportées de Chine, particulièrement contre des clous de girofle, des noix muscades dont je vendis là une grande partie, et le reste plus tard à Archangel, beaucoup plus avantageusement que je ne l'eusse fait à Londres; aussi mon PARTNER, qui était fort sensible aux profits et pour qui le négoce était chose plus importante que pour moi, fut-il excessivement satisfait de notre séjour en ce lieu à cause du trafic que nous y fîmes.

Ce fut au commencement de juin que je quittai cette

place reculée, cette ville dont, je crois, on entend peu parler dans le monde ; elle est, par le fait, si éloignée de toutes les routes du commerce, que je ne vois pas pourquoi on s'en entretiendrait beaucoup. Nous ne formions plus alors qu'une très-petite caravane, composée seulement de trente-deux chevaux et chameaux. Tous passaient pour être à moi, quoique onze d'entre eux appartinssent à mon nouvel hôte. Il était donc très-naturel après cela que je m'attachasse un plus grand nombre de domestiques. Le jeune seigneur passa pour mon intendant ; pour quel grand personnage passai-je moi-même ? je ne sais ; je ne pris pas la peine de m'en informer. Nous eûmes ici à traverser le plus détestable et le plus grand désert que nous eussions rencontré dans tout le voyage ; je dis le plus détestable parce que le chemin était creux en quelques endroits et très-inégal dans d'autres. Nous nous consolions en pensant que nous n'avions à redouter ni troupes de Tartares, ni brigands, que jamais ils ne venaient sur ce côté de l'Oby, ou du moins très-rarement ; mais nous nous mécomptions.

Mon jeune seigneur avait avec lui un fidèle valet moscovite ou plutôt sibérien qui connaissait parfaitement le pays, et qui nous conduisit par des chemins détournés pour que nous évitassions d'entrer dans les principales villes échelonnées sur la grande route, telles que Tumen, Soloy-Kamaskoy et plusieurs autres, parce que les garnisons moscovites qui s'y trouvent examinent scrupuleusement les voyageurs, de peur que quelque exilé de marque ne parvienne à rentrer en Moscovie. Mais si, par ce moyen, nous évitions toutes recherches, en revanche nous faisions tout notre voyage dans le désert, et nous étions obligés de camper et de coucher sous nos tentes, tandis que nous pouvions avoir de bons logements dans les villes de la route. Le jeune seigneur le sentait si bien qu'il ne voulait pas nous permettre de coucher dehors, quand nous venions à rencontrer quelque bourg sur notre chemin. Il se retirait seul avec son domestique et passait la nuit en plein air dans les bois, puis le lendemain il nous rejoignait au rendez-vous.

Nous entrâmes en Europe en passant le fleuve Kama, qui, dans cette région, sépare l'Europe de l'Asie. La première ville sur le côté européen s'appelle Soloy-Kamaskoy, ce qui veut dire la grande ville sur le fleuve Kama. Nous nous étions imaginé qu'arrivés là nous verrions quelque changement notable chez les habitants, dans leurs mœurs, leur costume, leur religion, mais nous nous étions trompés, nous avions encore à traverser un vaste désert qui, à ce qu'on rapporte, a près de sept cents milles de long en quelques endroits, bien qu'il n'en ait pas plus de deux cents milles au lieu où nous le passâmes, et jusqu'à ce que nous fûmes sortis de cette horrible solitude nous trouvâmes très-peu de différence entre cette contrée et la Tartarie-Mongole.

Dernière Affaire.

Nous trouvâmes les habitants pour la plupart payens et ne valant guère mieux que les Sauvages de l'Amérique. Leurs maisons et leurs villages sont pleins d'idoles, et leurs mœurs sont tout-à-fait barbares, excepté dans les villes et dans les villages qui les avoisinent, où ces pauvres gens se prétendent Chrétiens de l'Église grecque, mais vraiment leur religion est encore mêlée à tant de restes de superstitions que c'est à peine si l'on peut en quelques endroits la distinguer d'avec la sorcellerie et la magie.

En traversant ce steppe, lorsque nous avions banni toute idée de danger de notre esprit, comme je l'ai déjà insinué, nous pensâmes être pillés et détroussés, et peut-être assassinés par une troupe de brigands. Étaient-ils de ce pays, étaient-ce des bandes roulantes d'Ostiaks (espèce de Tartares ou de peuple sauvage du bord de l'Oby) qui rôdaient ainsi au loin, ou étaient-ce des chasseurs de zibelines de Sibérie, je suis encore à le savoir, mais ce que je sais bien, par exemple, c'est qu'ils étaient tous à cheval, qu'ils portaient des arcs et des flèches, et que nous les rencontrâmes d'abord au nombre de quarante-cinq environ. Ils approchèrent de nous jusqu'à deux portées de mousquet, et, sans autre préambule, ils nous environnèrent avec leur chevaux et nous examinèrent à deux reprises très-attentivement. Enfin ils se postèrent juste dans notre chemin, sur quoi nous nous rengeâmes en ligne devant nos chameaux ; nous n'étions pourtant que seize hommes en tout, et ainsi rangés nous fîmes halte et dépêchâmes le valet sibérien au service du jeune seigneur, pour voir quelle engeance c'était. Son maître le laissa aller d'autant plus volontiers qu'il avait une vive appréhension que ce ne fût une troupe de Sibériens envoyés à sa poursuite. Cet homme s'avança vers eux avec un drapeau parlementaire et les interpella. Mais quoiqu'il sût plusieurs de leurs langues ou plutôt de leurs dialectes, il ne put comprendre un mot de ce qu'ils répondaient. Toutefois à quelques signes ayant cru reconnaître qu'ils le menaçaient de lui tirer dessus s'il s'approchait, ce garçon s'en revint comme il était parti. Seulement il nous dit qu'il présumait, à leur costume, que ces Tartares devaient appartenir à quelque horde calmoucke ou circassienne, et qu'ils devaient se trouver en bien plus grand nombre dans le désert, quoiqu'il n'eût jamais entendu dire qu'auparavant ils eussent été vus si loin vers le Nord.

C'était peu consolant pour nous, mais il n'y avait point de remède. — A main gauche, à environ un quart de mille de distance, se trouvait un petit bocage, un petit bouquet d'arbres très-serrés, et fort près de la route. Sur-le-champ je décidai qu'il nous fallait avancer jusqu'à ces arbres et nous y fortifier de notre mieux, envisageant d'abord que leur feuillage nous mettrait en grande partie à couvert des flèches de nos ennemis, et, en second lieu, qu'ils ne pourraient venir nous y charger en masse : ce fut, à vrai dire, mon vieux pilote qui en fit la proposition. Ce brave avait cette précieuse qualité, qui ne l'abandonnait jamais, d'être toujours le plus prompt et plus apte à nous diriger et à nous encourager dans les occasions périlleuses. Nous avançâmes donc immédiatement, et nous gagnâmes en toute hâte ce petit bois, sans que les Tartares ou les brigands, car nous ne savions comment les appeler, eussent fait le moindre mouvement pour nous en empêcher. Quand nous fûmes arrivés, nous trouvâmes, à notre grande satisfaction, que c'était un terrain marécageux et plein de fondrières d'où, sur le côté, s'échappait une fontaine, formant un ruisseau, joint à quelque distance de là par un autre petit courant. En un mot c'était la source d'une rivière considérable appelée plus loin Wirtska. Les arbres qui croissaient autour de cette source n'étaient pas en tout plus de deux cents, mais ils étaient très-gros et plantés fort épais. Aussi dès que nous eûmes pénétré dans ce bocage vimes-nous que nous y serions parfaitement à l'abri de l'ennemi, à moins qu'il ne mît pied à terre pour nous attaquer.

Mais afin de rendre cette attaque même difficile, notre vieux Portugais, avec une patience incroyable, s'avisa de couper à demi de grandes branches d'arbres, et de les laisser pendre d'un tronc à l'autre pour former une espèce de palissade tout autour de nous.

Nous attendions là depuis quelques heures que nos ennemis exécutassent un mouvement sans nous être apperçus qu'ils eussent fait mine de bouger, quand environ deux heures avant la nuit ils s'avancèrent droit sur nous. Quoique nous ne l'eussions point remarqué, nous vîmes alors qu'ils avaient été rejoints par quelques gens de leur espèce, de sorte qu'ils étaient bien quatre-vingts cavaliers parmi lesquels nous crûmes distinguer quelques femmes. Lorsqu'ils furent à demi-portée de mousquet de notre petit bois, nous tirâmes un coup à poudre et leur adressâmes la parole en langue russienne pour savoir ce qu'ils voulaient et leur enjoindre de se tenir à distance; mais comme ils ne comprenaient rien à ce que nous leur disions ce coup ne fit que redoubler leur fureur, et ils se précipitèrent du côté du bois ne s'imaginant pas que nous y étions si bien barricadés qu'il leur serait impossible d'y pénétrer. Notre vieux pilote, qui avait été notre ingénieur, fut aussi notre capitaine. Il nous pria de ne point faire feu dessus qu'ils ne fussent à portée de pistolet, afin de pouvoir être sûrs de leur faire mordre la poussière, et de ne point tirer que nous ne fussions sûrs d'avoir bien ajusté. Nous nous en remîmes à son commandement, mais il différa si long-temps le signal que quelques-uns de nos adversaires n'étaient pas éloignés de nous de la longueur de deux piques quand nous leur envoyâmes notre décharge.

Nous visâmes si juste, ou la Providence dirigea si sûrement nos coups, que de cette première salve nous en tuâmes quatorze et en blessâmes plusieurs autres, cavaliers et chevaux; car nous avions tous chargé nos armes de deux ou trois balles au moins.

Ils furent terriblement surpris de notre feu, et se retirèrent immédiatement à environ une centaine de verges. Ayant profité de ce moment pour recharger nos armes, et voyant qu'ils se tenaient à cette distance, nous fîmes une sortie et nous attrapâmes quatre ou cinq de leurs chevaux dont nous supposâmes que les cavaliers avaient été tués. Aux corps restés sur la place nous reconnûmes de suite que ces gens étaient des Tartares; mais à quel pays appartenaient-ils, mais comment en étaient-ils venus à faire une excursion si longue, c'est ce que nous ne pûmes savoir.

Environ une heure après ils firent un second mouvement pour nous attaquer, et galopèrent autour de notre petit bois pour voir s'ils pourraient y pénétrer par quelque autre point; mais nous trouvant toujours prêts à leur faire face ils se retirèrent de nouveau : sur quoi nous résolûmes de ne pas bouger de là pour cette nuit.

Nous dormîmes peu, soyez sûr. Nous passâmes la plus grande partie de la nuit à fortifier notre assiette, et à barricader toutes les percées du bois; puis faisant une garde sévère, nous attendîmes le jour. Mais, quand il parut, il nous fit faire une fâcheuse découverte; car l'ennemi que nous pensions découragé par la réception de la veille, s'était renforcé de plus de deux cents hommes et avait dressé onze ou douze huttes comme s'il était déterminé à nous assiéger. Ce petit camp était planté en pleine campagne à trois quarts de mille de nous environ. Nous fûmes tout de bon grandement surpris à cette découverte, et j'avoue que je me tins alors pour perdu, moi et tout ce que j'avais. La perte de mes effets, bien qu'ils fussent considérables, me touchait moins que la pensée de tomber entre les mains de pareils barbares, tout à la fin de mon voyage, après avoir traversé tant d'obstacles et de hasards, et même en vue du port où nous espérions sûreté et délivrance. Quant à mon PARTNER il enrageait ; il protestait que la perte de ses marchandises serait sa ruine, qu'il aimait mieux mourir que d'être réduit à la misère et qu'il voulait combattre jusqu'à la dernière goutte de son sang.

Le jeune seigneur, brave au possible, voulait aussi combattre jusqu'au dernier soupir, et mon vieux pilote avait pour opinion que nous pouvions résister à nos ennemis, postés comme nous l'étions. Toute la journée se passa ainsi en discussions sur ce que nous devions faire, mais vers le soir nous nous apperçûmes que le nombre de nos ennemis s'était encore accru. Comme ils rôdaient en plusieurs bandes à la recherche de quelque proie, peut-être la première bande avait-elle envoyé des exprès pour demander du secours et donner avis aux autres du butin qu'elle avait découvert, et rien ne nous disait que le lendemain ils ne seraient pas encore en plus grand nombre ; aussi commençai-je à m'enquérir auprès des gens que nous avions amenés de Tobolsk s'il n'y avait pas d'autres chemins, des chemins plus détournés par lesquels nous pussions échapper à ces drôles pendant la nuit, puis nous réfugier dans quelque ville, ou nous procurer une escorte pour nous protéger dans le désert.

Le Sibérien, domestique du jeune seigneur, nous dit que si nous avions le dessein de nous retirer et non pas de combattre, il se chargerait à la nuit de nous faire prendre un chemin conduisant au Nord vers la rivière Petraz, par lequel nous pourrions indubitablement nous évader sans que les Tartares y vissent goutte ; mais il ajouta que son seigneur lui avait dit qu'il ne voulait pas s'enfuir, qu'il aimait mieux combattre. Je lui répondis qu'il se méprenait sur son seigneur, qui était un homme trop sage pour vouloir se battre pour le plaisir de se battre ; que son seigneur avait déjà donné des preuves de sa bravoure et que je le tenais pour brave, mais que son seigneur avait trop de sens pour désirer mettre aux prises dix-sept ou dix-huit hommes avec cinq cents, à moins d'une nécessité inévitable. — « Si vous pensez réellement, ajoutai-je, qu'il nous soit possible de nous échapper cette nuit, nous n'avons rien de mieux à faire. » — « Que mon seigneur m'en donne l'ordre, répliqua-t-il, et ma vie est à vous si je ne l'accomplis pas. » Nous amenâmes bientôt son maître à donner cet ordre, secrètement toutefois, et nous nous préparâmes immédiatement à le mettre à exécution.

Et d'abord, aussitôt qu'il commença à faire sombre, nous allumâmes un feu dans notre petit camp, que nous entretînmes et que nous disposâmes de manière à ce qu'il pût brûler toute la nuit, afin de faire croire aux Tartares que nous étions toujours là ; puis, dès qu'il fit noir, c'est-à-dire dès que nous pûmes voir les étoiles (car notre guide ne voulut pas bouger auparavant), touts nos chevaux et nos chameaux se trouvant prêts et chargés, nous suivîmes notre nouveau guide, qui, je ne tardai pas à m'en appercevoir, se guidait lui-même sur l'étoile polaire, tout le pays ne formant jusqu'au loin qu'une vaste plaine.

Quand nous eûmes marché rudement pendant deux heures, le ciel, non pas qu'il eût été bien sombre jusque-là, commença à s'éclaircir, la lune se leva, et bref il fit plus clair que nous ne l'aurions souhaité. Vers six heures du matin nous avions fait près de quarante milles, à vrai dire nous avions éreinté nos chevaux. Nous trouvâmes alors un village russien nommé Kirmazinskoy où nous nous arrêtâmes tout le jour. N'ayant pas eu de nouvelles de nos Tartare Calmoucks, environ deux heures avant la nuit nous nous remîmes en route et marchâmes jusqu'à huit heures du matin, moins vite toutefois que la nuit précédente. Sur les sept heures nous passâmes une petite rivière appelée Kirtza et nous atteignîmes une bonne et grande ville habitée par les Russiens et très-peuplée, nommée Ozomoys. Nous y apprîmes que plusieurs troupes ou hordes de Calmoucks s'étaient répandues dans le désert, mais que nous n'en avions plus rien à craindre, ce qui fut pour nous une grande satisfaction, je vous l'assure. Nous fûmes obligés de nous procurer quelques chevaux frais en ce lieu, et comme nous avions grand besoin de repos, nous y demeurâmes cinq jours; et mon PARTNER et moi nous convînmes de donner à l'honnête Sibérien qui nous y avait conduits, la valeur de dix pistoles pour sa peine.

Après une nouvelle marche de cinq jours nous atteignîmes Veussima, sur la rivière Witzogda qui se jette dans la Dvina : nous touchions alors au terme heureux de nos voyages par terre, car ce fleuve, en sept jours de navigation, pouvait nous conduire à Archangel. De Veussima nous nous rendîmes à Laurenskoy, au confluent de la rivière, le 3 juillet, où nous nous procurâmes deux bateaux de transport, et une barge pour notre propre commodité. Nous nous embarquâmes le 7, et nous arrivâmes touts sains et saufs à Archangel le 18, après avoir été un an cinq mois et trois jours en voyage, y compris notre station de huit mois et quelques jours à Tobolsk.

Nous fûmes obligés d'y attendre six semaines l'arrivée

des navires, et nous eussions attendu plus long-temps si un navire hambourgeois n'eût devancé de plus d'un mois toutes les vaisseaux anglais. Considérant alors que nous pourrions nous défaire de nos marchandises aussi avantageusement à Hambourg qu'à Londres, nous prîmes touts passage sur ce bâtiment. Une fois nos effets à bord, pour en avoir soin, rien ne fut plus naturel que d'y placer mon intendant, le jeune seigneur, qui, par ce moyen, put se tenir caché parfaitement. Tout le temps que nous séjournâmes encore il ne remit plus le pied à terre, craignant de se montrer dans la ville, où quelques-uns des marchands moscovites l'eussent certainement vu et reconnu.

Nous quittâmes Archangel le 20 août de la même année, et, après un voyage pas trop mauvais, nous entrâmes dans l'Elbe le 13 septembre. Là, mon PARTNER et moi nous trouvâmes un très-bon débit de nos marchandises chinoises, ainsi que de nos zibelines et autres pelleteries de Sibérie. Nous fîmes alors le partage de nos bénéfices, et ma part montait à 3,475 livres sterling 17 *shillings* et 3 *pence*, malgré toutes les pertes que nous avions essuyées et les frais que nous avions eus; seulement, je me souviens que j'y avais compris la valeur d'environ 600 livres sterling pour les diamants que j'avais achetés au Bengale.

Le jeune seigneur prit alors congé de nous, et s'embarqua sur l'Elbe, dans le dessein de se rendre à la Cour de Vienne, où il avait résolu de chercher protection et d'où il pourrait correspondre avec ceux des amis de son père qui vivaient encore. Il ne se sépara pas de moi sans me témoigner toute sa gratitude pour le service que je lui avais rendu, et sans se montrer pénétré de mes bontés pour le prince son père.

Pour conclusion, après être demeuré près de quatre mois

à Hambourg, je me rendis par terre à La Haye, où je m'embarquai sur le paquebot, et j'arrivai à Londres le 10 janvier 1705. Il y avait dix ans et neuf mois que j'étais absent d'Angleterre.

Enfin, bien résolu à ne pas me harasser davantage, je suis en train de me préparer pour un plus long voyage que tous ceux-ci, ayant passé soixante-douze ans d'une vie d'une variété infinie, ayant appris suffisamment à connaître le prix de la retraite et le bonheur qu'il y a à finir ses jours en paix.

FIN DE ROBINSON.

NOTICE
AT
DISSERTATION.

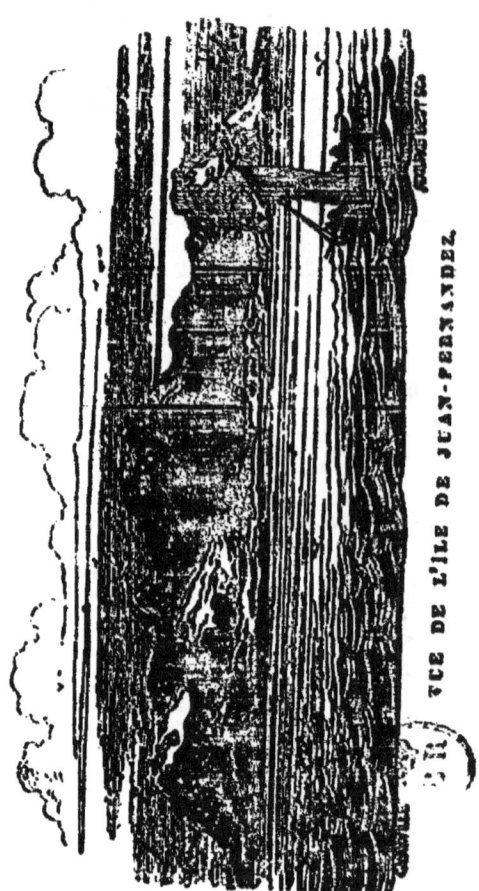

VUE DE L'ILE DE JEAN-FERNANDEZ.

NOTICE.

Ôtez à quelques îles de la Polynésie ou du grand océan cette poésie d'un jour, qu'elles ont empruntée à une légende presque fabuleuse ; enlevez à l'île de France sa Virginie, à Madère son Anna d'Arfet, à Tonga son Christian, et voilà ces belles contrées privées de leurs souvenirs ; elles n'ont de traditions que celles qui leur ont été léguées par quelque voyageur inconnu ou par le poëte qui ne devait jamais visiter leurs rivages : s'il est un coin du monde auquel on puisse appliquer ces paroles, c'est bien ce rocher moitié verdoyant, moitié stérile, que Juan Fernandez découvrit en 1563, et qui resta à peu près ignoré de l'Europe, jusqu'à ce qu'un pauvre matelot écossais, qui y vécut dans la solitude près de cinq ans, eût servi de type ou héros d'un livre admirable.

Mais si l'ouvrage de Daniel de Foë a exercé une assez grande influence pour que toutes les nations se soient hâtées de le reproduire dans leurs langues ; si on l'a mis avec juste raison au nombre de ces livres qui agrandissent la pensée et qui initient les jeunes intelligences aux vérités morales les plus élevées, il n'est pas sans intérêt peut-être de retrouver la tradition primitive qui a inspiré l'auteur de ROBINSON.

L'oubli de certaines données géographiques qu'on remarque chez cet écrivain, et qui devait être volontaire, son dédain évident pour quelques vérités de détails, qu'il a abandonnées sans doute à dessein, la manière dont il confond les coutumes de certains peuples, son ignorance plus marquée de certaines lois d'histoire naturelle, tous ces défauts qu'un seul coup d'œil peut faire reconnaître, sont là comme une ombre bien faible sans doute à la composition admirable du maître : disons plus, ils font ressortir encore mieux peut-être cet instinct puissant de vérité supérieure toujours indépendant de la vérité vulgaire, comme le travail l'est du génie.

Les siècles cependant ont leurs exigences. Daniel de Foë ne pourrait aujourd'hui négliger certains détails trop connus. Rétablissons quelques faits purement historiques, rassemblons plusieurs documents épars et qu'il a peut-être trop dédaignés : il y a toujours quelque charme à remonter aux sources, l'œuvre elle-même s'en agrandit.

Il n'en est pas de l'île de Juan-Fernandez comme de certaines contrées de l'Amérique : vers la fin du dix-septième siècle, au commencement du dix-huitième, elle était plus célèbre parmi les marins qu'elle ne l'est devenue depuis. On en parlait du moins dans les ports comme d'un lieu abondant pour les relâches, comme d'une île où ceux qui convoitaient les galions de la Nouvelle-Espagne pouvaient aller se réfugier. Les changements arrivés dans la politique du Nouveau-Monde la firent bientôt oublier.

Mais à partir de cette époque rien n'est plus différent sans doute que les diverses relations qui nous sont données par les navigateurs : pour les uns, Juan-Fernandez est un séjour de délices faciles, un lieu de repos ; pour les autres, c'est un rocher aride battu par la tempête, une terre désolée et qui n'offre aucun avantage en compensation des dangers qu'elle fait courir ; cependant ces contradictions apparentes n'ont rien qui doive faire suspecter la vérité de ceux qui les ont répandues : selon les années, selon les saisons, selon même la volonté des gouverneurs du Chili, Juan-Fernandez a mérité les diverses épithètes que lui donnent les navigateurs, quelques mots vont tout expliquer.

Le groupe de Juan-Fernandez se compose de deux îles situées à trente-cinq lieues l'une de l'autre; toutes deux portent, sur les anciennes cartes, le nom du navigateur par lequel elles furent découvertes; et le capitaine Moss, qui les a explorées avec une sagacité remarquable, dit qu'on peut aisément les confondre, parce qu'elles sont sous la même latitude. Elles ont reçu, des caboteurs errants dans ces parages, deux dénominations qui attestent leur position en mer. La première, qui a environ quarante-deux milles de circonférence, est désignée sous le nom de Mas-a-Tierra, pour indiquer son voisinage du continent, dont elle n'est qu'à cent cinquante lieues. Mas-a-Fuera n'a qu'une lieue de longueur et elle est plus éloignée des côtes. Sa solitude perpétuelle, ses forêts à peu près semblables à celles du Chili, et que l'on n'apperçoit pas en mer parce qu'elles sont environnées de roches escarpées qui sortent presque perpendiculairement de l'Océan; ses vastes citernes naturelles, où viennent se baigner des lions de mer: tout lui donne un caractère à part et qui empêche qu'on ne la confonde avec l'île plus importante de Mas-a-Tierra, dont nous allons nous occuper.

La grande île de Juan-Fernandez, celle qui servit d'asile à Selkirk, gît par 33° 4' de latitude Sud et par 80° 30' * de longitude à l'Ouest de Greenwich. C'est par erreur que Dampier, d'ordinaire si exact, la place par 34° de latitude Sud. Si l'on s'en rapporte à un navigateur anglais qui l'a bien observée, Mas-a-Fuera, vue dans l'éloignement, se présente sous la forme d'un rocher plein de crevasses; mais à mesure que l'on en approche l'aspect change d'une manière remarquable, et l'on y découvre des forêts profondes qui forment un admirable paysage. Vue du côté de l'Ouest, l'île paraît plus haute à son extrémité septentrionale, elle s'abaisse vers le Sud, où elle se termine, à une demi-lieue marine, par un gros rocher qu'on appelle l'île au Cabris. Si le commandant Laplace, dont

* D'après les calculs positifs de M. Laplace, qui commandait la Favorite en 1832, et qui visita ce groupe, la longitude du milieu de l'île de Mas-a-Fuera est de 83° 3' 27" 25.

nous avons déjà invoqué le témoignage, fut frappé de la nudité extrême des roches qui avoisinent Mas-a-Fuera, la véritable île de Juan-Fernandez lui sembla, au premier aspect, d'une extrême fertilité. Toutes les portions du sol ne jouissent pas cependant de cet avantage, et certains cantons de la côte sont désolés par d'affreux ouragans.

Il s'en faut bien que l'île de Juan-Fernandez offre maintenant l'aspect inculte qu'elle avoit à l'époque où Dampier, Scharp et Cowley venaient de la visiter et où Daniel de Foë allait écrire son livre. Non-seulement les jardins qui environnent la bourgade qu'on y fonda en 1792, renferment presque toutes les herbes potagères cultivées au Chili, mais on s'y procure encore des figues, des cerises, des pommes de diverses espèces, des amandes, et quelques autres fruits d'Europe. Cette herbe aromatique dont l'usage est si répandu dans une partie de l'Amérique méridionale, et qui remplace le thé au Chili et au Paraguay, le maté vous est offert dans toutes les maisons où vous vous présentez. Les bestiaux transportés du continent se sont multipliés, et l'on apperçoit, dit-on, quelques troupeaux de bœufs et de moutons où l'on ne voyait jadis que des chèvres sauvages. En un mot, une certaine culture, une faible industrie se montre dans un lieu où rien de semblable n'existait encore, il y a près de quatre-vingts ans: cela ne veut pas dire sans doute que cette île exposée, de l'avis de tous les navigateurs, à de perpétuels orages, soit un séjour bien désirable, et que sa population, sans cesse sur le qui vive, doive jamais s'élever à un chiffre bien important. Mais certaines portions abritées peuvent devenir un point utile de relâche, et il est probable que le tableau énergique qui nous a été tracé récemment par un exilé et que nous allons reproduire ici ne peut pas s'appliquer au voisinage de la grande baie, où le mouillage est à l'abri des vents.

« Nous sommes arrivés enfin à Juan-Fernandez, écrivait il y a quelques années D. Juan Egana; je ne vous parlerai pas des misères qui nous y attendent loin de tout secours humain. Rappelez-vous cette île, qui est le produit de quelque éruption volcanique, et dont on pourrait croire que l'intérieur est encore en combustion, tant est fatigante la chaleur que l'on y éprouve. Lorsque le calme s'y maintient, il semble que ce ne soit qu'une nuée épaisse où nous nous sommes plongés, et où l'on peut regarder comme un prodige d'appercevoir une heure le ciel serein. En effet, les pluies sont si constantes et si répétées que sans compter l'hivernage j'ai vu pleuvoir à vingt-quatre reprises différentes en un seul jour d'été. Jamais il ne nous est arrivé de pouvoir nous éloigner avec quelque sécurité de nos misérables cabanes, seulement à quelques pas; encore bien moins pouvons-nous y trouver le repos. L'eau tombant à travers leur faible toiture nous fait souffrir une inondation perpétuelle; l'humidité constante de notre linge, de notre lit, produit en nous une lassitude extrême; rarement pouvons-nous faire un moment d'exercice: les ouragans, l'inondation du sol, les eaux du ciel enfin ne le sauraient permettre.

« Les vents sont si continuels et si tempétueux, que soit inexpérience, soit préjugé, je ne crois pas que la nature puisse être autre part si constante en ses horreurs. J'ai observé des effets de la tempête qui passeraient pour rares partout ailleurs. D'un seul coup de vent je vis voler le toit de l'hôpital qu'on peut considérer comme l'édifice le plus solide du lieu. Plusieurs de nos cabanes ont été renversées. Une malle énorme, le matelas et la garniture de lit d'un de nos compagnons, furent enlevés comme une plume. Il y a deux jours l'embarcation de transport qui se trouvait à terre, mais sur une surface plane et sans aucune inclinaison, a été emportée jusqu'à l'Océan. Il est très fréquent de voir se résoudre en pluie les eaux de la mer, lorsqu'elles ont été suspendues au-dessus de l'île par les ouragans: plus d'une fois un espace étendu du rivage a été inondé ainsi. On voit en même temps se dégager des montagnes une pluie de sable et de petites pierres, et c'est le fléau de ceux qu'elle surprend. Dans le principe, il nous arrivait sans cesse de fuir hors de nos cabanes, craignant de les voir tomber en ruine à chaque effort de l'ouragan. Le bruit que fait l'orage et le grondement de la tempête, se prolongeant durant la nuit, s'opposent presque toujours à ce que l'on puisse dormir. Les navires ne peuvent guère aborder ces plages sans grand péril, parce qu'ils courent risque d'être mis en pièces par les vents. Et il est arrivé fréquemment à ceux qu'on envoyait avec des vivres, de ne pas avoir le temps de sauver leurs ancres et d'être emportés par la tempête; aussi est-ce chose presque incroyable, que la précipitation avec laquelle les pilotes se hâtent d'opérer leur déchargement afin de s'enfuir du port. Ces tempêtes habituelles produisent à la longue, sur l'économie animale, une irritation qui n'est que trop propre à enfanter des discordes toujours renaissantes et à conduire au suicide. » Voilà sans doute des expressions d'angoisse bien vives; une peinture sincère et énergique des misères de l'exilé, qui rappellent involontairement ce surnom d'*île du Désespoir* que ROBINSON donnait à sa solitude. Je me hâte de le répéter, le climat de l'île n'est pas partout le même, et il suffit d'une chaîne de collines plus élevée, d'une forêt qui s'oppose aux orages, pour qu'on retrouve dans certaines vallées le climat tempéré du Chili.

Mais voyons ce que devait être cette île au dix-septième siècle, envisageons-la sous son premier aspect, et telle qu'elle apparut aux premiers navigateurs qui y abordèrent. En 1563, et comme il se rendait de Lima à Valdivia, le marin castillan eut connaissance de ce groupe, et son nom lui fut imposé. Il aborda Mas-a-Tierra et il y séjourna, dit-on, quelques mois avec plusieurs colons du Chili. Mais les premiers essais de culture qu'ils y font sont probablement bien incomplets, car les navigateurs qui leur succèdent retrouvent partout ce caractère de solitude primitive que le séjour des hommes a bientôt fait disparaître. Ce qui les frappe surtout, c'est cette teinte enflammée du sol, qui fait croire à la présence de quelque volcan [*], ce sont ces grands cèdres rouges qui croissent en abondance sur le revers des collines, ces arbres à piment, dont la tête est si verdoyante et dont le bois est si recherché déjà en Europe; ils admirent comment les autres arbres se ploient et se contournent pour résis-

---

[*] Le capitaine Shillibeer compare cette teinte rougeâtre à celle de la brique; son éclat a été exagéré par Anson, le même navigateur s'est assuré qu'il n'y avait à Juan-Fernandez aucune trace de volcan.

ter aux orages. En avançant ils découvrent des citernes profondes environnées de fleurs, des sources abondantes, et qui réunissent leurs eaux limpides pour retomber en cascades. Nulle part d'animaux nuisibles, mais des phoques indolents qui se traînent sur le rivage, et d'innombrables troupeaux de chèvres qui errent dans les vallées. Ces sources abondantes, ces lions marins, les troupeaux sauvages, voilà ce qui durant un demi-siècle amènera tour à tour à Juan-Fernandez ces pirates que l'Espagne voudrait détruire, et ces navires armés en guerre qui rôdent dans la mer du Sud pour arrêter les galions. Qu'on lise en effet Scharp, Dampier, Cowley, Woode-Rogers, c'est Juan-Fernandez qu'ils nous vantent, Juan-Fernandez où ils ont été se ravitailler avant de poursuivre leurs courses aventureuses.

Mais ces marins ne prolongeaient leur relâche, toujours momentanée, que de quelques semaines. Ce qu'il y a de curieux sans doute pour l'histoire de Robinson, et ce qui n'a peut-être pas été remarqué, c'est qu'après l'abandon de Mas-a-Tierra par la petite colonie qu'y avait fondée le premier explorateur, cette île devint successivement l'asile d'un ou deux Indiens civilisés et de quelques marins qui y vécurent durant plusieurs années complétement abandonnés à eux-mêmes.

Consultons les anciens voyageurs, voyons en quelques mots, et dans l'ordre chronologique, quelle est l'histoire de ces aventuriers solitaires.

Avant 1680, il est fait mention par Ringrose d'un navire qui périt sur les brisants de cette île; un seul homme échappe au naufrage, et il vit cinq ans dans la solitude jusqu'à ce qu'un autre navire le reprenne.

Le second habitant de Mas-a-Tierra est un Indien mosquito, que le capitaine Sharp y laisse en 1680, lorsqu'il vient relâcher dans cette île, à laquelle il lui plaît d'imposer le nom de la reine Catherine. Cet homme y vit seul, et il est dans l'île de Juan-Fernandez sans doute de son plein gré, car le capitaine Cowley nous apprend qu'à l'approche de ses navires, il tua deux chèvres et les tint prêtes pour servir aux équipages.

C'est le même individu qui s'est plu dans cette solitude, sans doute; mais il y a erreur de date dans le journal de Dampier. Ce marin parle d'un Mosquito qu'il retrouva en 1684 dans l'île, et qui y avait été déposé en 1681, lorsqu'il était à bord du capitaine *Watling*; il entre dans les détails les plus curieux sur la vie solitaire de cet homme et sur son admirable industrie.

Voilà ce que dit à son tour Wafer, et son récit date de 1687. « Trois ou quatre de nos compagnons de fortune, chagrins d'avoir perdu tout ce qu'ils avaient au jeu, et de sortir de ces mers aussi pauvres qu'ils y étaient venus, se décidèrent à rester sur l'île de Juan-Fernandez; nous leur donnâmes un petit canot, une marmite, des haches, de grands couteaux, du maïs, et les provisions dont ils avaient le plus de besoin. J'ai appris dans la suite qu'ils avaient planté de ce maïs, apprivoisé quelques chèvres et vécu de poisson et d'oiseaux. »

Ces trois désespérés eurent le temps de faire de sérieuses réflexions sur le jeu et sur ses hasards : ils vécurent un ou deux ans dans la solitude qu'ils s'étaient choisie.

Enfin plus tard, Alexandre Selkirk lui-même, le prototype de Robinson, parle de deux hommes qui avaient été laissés à Juan-Fernandez dans une relâche qu'il y fit, et qui y vécurent durant six mois.

Tous les détails de ces existences solitaires n'étaient pas complétement perdus à l'époque où Daniel de Foë vivait; l'homme qu'il dut consulter avant tous les autres voyageurs, les avait peut-être lui-même recueillis. Notre auteur enfin les tenait peut-être directement de Dampier, de Sharp et de Woode-Rogers. Il en serait alors du Robinson comme de ces épopées dues primitivement aux rapsodes; le poète leur a donné leur forme durable, mais elles se composent de mille traits épars.

Venons au personnage plus connu, que l'on est accoutumé à voir figurer dans cette histoire, examinons le type réel de Robinson.

Le 1er février 1709, comme le capitaine Woode-Rogers croisait sur les côtes du Chili, de conserve avec ce navire qui devait naviguer plus tard vers la Californie, sous le commandement de Dampier, les vents du Sud-Ouest le portèrent vers Juan-Fernandez, et il résolut d'y débarquer; vers le soir des feux s'élevèrent sur le rivage. Nos flibustiers crurent à la présence de quelques pêcheurs ou tout au moins de quelques navires armés, et ils se tinrent sur leurs gardes, sans pour cela quitter la partie. Or, le lendemain vers midi, comme la pinace que l'on avait envoyée à terre sous les ordres du capitaine Dower, revenait en faisant force de rames vers les deux navires, on apperçut au milieu des six matelots dont se composait l'équipage, une figure bizarre, étrange, un homme vêtu de peaux de chèvres enfin, et paraissant, comme le dit Woode-Rogers lui-même, « plus sauvage que ces animaux. »

Toutefois cet homme n'avait de farouche que l'aspect, et le capitaine s'empressa de nous le dire. C'était un honnête maître d'équipage nommé Alexandre Selkirk, natif de Lasgo dans le comté de Fife, en Ecosse. Il avait été embarqué jadis, à bord du navire *les Cinq Ports*, où M. Dampier, qui se trouvait présent, l'avait connu beaucoup, l'estimant, ainsi qu'il l'affirma lui-même, un des meilleurs hommes du bord, et engageant fort Woode-Rogers à le prendre. Voilà ce qu'Alexandre Selkirk raconta :

Il y avait déjà quatre ans et trois mois, et il ne devait pas avoir oublié la date malheureuse, car il l'avait gravée plus d'une fois sur les grands arbres de son île; il y avait plus de quatre ans, dis-je, que lui Alexandre Selkirk avait débarqué sur cette plage déserte de bonne et franche volonté, comme il l'avoue lui-même, à la suite d'une querelle qui s'était élevée entre lui et le capitaine Stradling. Cependant le dégoût du bord et l'ardeur pour la solitude ne lui avaient pas duré longtemps; après sans doute l'examen préalable du lieu qu'il devait habiter, et les réflexions plus mûres que cette visite devait faire naître, il avait désiré revenir à bord, mais le capitaine n'avait pas voulu y consentir. Quelques mois plus tard Stradling faisait naufrage et une partie de l'équipage périssait.

Selkirk n'avait pas été abandonné sans ressources dans son île ; il est probable même qu'il était infiniment plus riche que le Mosquito ou les Européens qui l'avaient précédé, voire même que les colons qui avaient accompagné Juan-Fernandez. De son propre aveu, on lui remit des vêtements, son lit, un fusil, une livre de poudre, des balles, du tabac, une hache, un couteau, un chaudron, une bible, quelques livres de piété, et enfin ses instruments de marine.

Si l'on excepte de cette liste la provision de poudre, qui aurait dû être plus considérable, avec l'arme et les ustensiles qui lui avaient été remis, Selkirk pouvait facilement subvenir à ses besoins les plus impérieux ; mais, pour ma part, je crois que notre matelot écossais, que Steele a connu et dont il nous cite l'esprit réfléchi et la gravité un peu mélancolique, était un de ces hommes plus propres aux spéculations mystiques, aux effusions ardentes de la prière, qu'aux combinaisons de l'industrie. C'est ce que Daniel de Foë a senti admirablement, et Robinson est bien plutôt un esprit contemplateur, un poète religieux désolé et consolé tour à tour dans la solitude, qu'un homme énergique et habile, tirant parti de sa position. Ses irrésolutions perpétuelles, ses tâtonnements, ses maladresses naïves, son manque de réflexion dans les choses les plus simples de la vie, ne sont pas un des traits les moins intéressants de son caractère ; à la persévérance près, un enfant ferait presque ainsi, c'est ce qui le rend si cher aux enfants.

Dans la réalité, Selkirk fut certainement moins inventif que le personnage qui a été créé d'après lui. Selon son propre récit, qui nous a été transmis avec naïveté, il paraît que le manque de sel fut une des privations les plus vives qu'il eut à subir au commencement de son exil. Le manque absolu de sel l'empêche de manger sans dégoût le poisson qu'il se procure si aisément et avec tant d'abondance : c'est encore ce qui s'oppose à ce qu'il fasse des provisions un peu considérables de gibier. Si le récit de Woode-Rogers est exact, et l'on ne saurait en douter, on ne conçoit pas comment l'industrie de Selkirk ne va pas jusqu'à user du moyen si simple qu'emploie lui-même Robinson. Il paraît étrange qu'ayant navigué dans ces parages, il ignore les procédés des Sauvages auxquels l'usage du sel est inconnu, mais qui conservent leur venaison en l'exposant au feu du boucan. Les exemples de cette nature pourraient être multipliés.

En revanche, et s'il ne sait tirer qu'un faible parti des ressources que lui offre la nature, cette nature sauvage elle-même le touche profondément. Jamais il n'a été si bon chrétien et il désespère même de l'être autant à l'avenir. Il s'est construit deux huttes à quelque distance l'une de l'autre. La première est réservée aux choses vulgaires, l'autre pour ainsi dire est son temple ; il y prie, il y dort en présence de Dieu, c'est là qu'il va chanter ses psaumes. Dans les horreurs de son affreuse solitude, je le vois d'abord tout ému de son abandon, plein d'amertume, ayant besoin de la prière pour ne point succomber ; peu à peu il se console en contemplant ses beaux cèdres, ou bien en respirant l'air embaumé qu'exale le piment gigantesque de la Jamaïque. Après avoir gravé son nom sur ces arbres qui lui fournissent à la fois le temple et l'encens, il s'en va chercher les hôtes que le ciel lui a donnés ; ne riez pas, car ce sont les propres paroles du pauvre exilé. Il a apprivoisé de jeunes chats, il a dressé de jeunes chevreaux, il s'en va bondir avec eux, puis le soir, rentré dans sa cabane, il allume un feu de piment, dont l'odeur le récrée ; il ouvre le livre saint, il entonne de nouveau les psaumes, et il peut dire les paroles de l'Ecriture. J'ai appelé, j'ai été consolé.

Voilà pour la vie de l'âme, voyons pour celle du corps. Il n'a plus de poudre, et, à l'exception des grandes crevettes de rivière, manne abondante qu'il se procure à toute heure dans les ruisseaux de son île, et dont la saveur est exquise, c'est de sa poudre dont il a tiré jusqu'à présent la plus grande partie de sa subsistance. Sa poudre usée, il lui reste sa hache. Il a une vue perçante, ses jambes sont agiles, car il est jeune ; comme au premier homme dans son Eden, toutes les créatures vivantes de cette île semblent lui appartenir ; il va choisir dans son troupeau sauvage, qui pâture sur la colline. Je me représente quelquefois Selkirk bondissant de rocher en rocher, franchissant les gorges étroites de l'île, passant comme une bête fauve à travers les arbres, saisissant une liane pour gravir un piton, puis, arrivé près de l'animal, l'abattant d'un seul coup de sa hache, ou, si ce n'est qu'un jeu, l'arrêtant par les cornes et se débattant avec lui. Il est probable que cette chasse étrange n'était pas sans charme pour Selkirk, et qu'elle allait à son esprit ardent, car ce n'est pas seulement le besoin qui la lui fait entreprendre. Si près de cinq cents chèvres succombent dans cette lutte bizarre, il en laisse retourner dans leurs montagnes un nombre égal qu'il se contente de marquer à quelque partie de la tête. Comme Woode-Rogers s'en assura, Selkirk à la longue était parvenu à dépasser en vitesse le lévrier le plus agile, la plante de ses pieds s'était si bien endurcie qu'il courait partout sans peine. Mais cette chasse, qu'il renouvelait souvent, ne se faisait pas sans danger ; il tomba une fois dans un profond abîme, et quand il revint à lui, il s'apperçut qu'une chèvre qu'il poursuivait, et qu'il avait entraînée dans sa chute, l'avait préservé de la mort ; il la trouva écrasée sous lui.

Le séjour de Selkirk à Juan-Fernandez devait durer près de cinq ans, mais sa vie ne fut pas si uniforme qu'on aurait pu le supposer. Il n'eut pas à combattre, il est vrai, les Sauvages, encore moins trouva-t-il un VENDREDI pour partager sa solitude, mais souvent des navires passaient devant son île. Il se sentait mille désirs de les voir débarquer, il formait mille projets de délivrance, et puis il s'abstenait de tout signal par terreur des Espagnols. Deux fois des Européens débarquèrent dans la grande baie, il ne put résister au désir de revoir enfin une figure humaine ; il en fut cruellement puni : des coups de fusil l'accueillirent, et il fut contraint de fuir dans ses forêts.

Comme il l'avoua par la suite, il se fût livré aux Français, et cela volontairement. La terreur d'être envoyé aux présidios espagnols prolongea de beaucoup son séjour dans la solitude ; et puis, il en faisait encore l'aveu à Steele, sa pauvreté indépendante lui était devenue chère. Esprit croyant, il avait deviné la sécurité toute religieuse qu'il y avait pour lui au milieu de ces rochers battus par la mer. Les épisodes d'ailleurs ne lui manquaient pas, et ils venaient interrompre la monotonie d'une vie trop simple. Un jour c'était des myriades de rats qu'il fallait éloigner de son habitation, et il appelait contre ces légions incommodes les chats sauvages des bois environnants. Ses vêtements usés, il fallait remédier à cette nouvelle misère ; l'invention originale des vêtements n'appartient pas à de Foë « Il se fit un justaucorps et un bonnet de peaux de chèvres, qu'il cousut ensemble avec de petites courroies qu'il en ôta et un clou qui lui servit d'aiguille ; il se fit aussi des chemises de quelque toile qu'il avait, et il les cousut de même avec un clou et le fil d'estame qu'il tira de ses vieux bas : il en était à sa dernière lorsque nous le rencontrâmes sur cette île. »

Dans ces résultats d'une industrie assez grossière, il n'y a rien sans doute qu'un homme doué de quelque intelligence n'ait pu faire. Ce qu'il y a de curieux à observer, c'est l'influence de cette longue solitude sur l'homme lui-même et sur ses habitudes morales. Selkirk, dont on nous vante le sens naturel, avait en partie oublié sa langue ; il ne prononçait plus les mots qu'à demi, et les marins qui l'accueillirent eurent d'abord quelque peine à l'entendre. D'abord les liqueurs fortes lui parurent trop violentes pour son palais, et il se passa quelque temps avant qu'il pût manger certains mets apprêtés selon l'usage.

Recueilli par Woode-Rogers à la recommandation de Dampier, il se montra bon, obligeant, serviable. Comme le ROBINSON imaginaire, il accomplit sans doute encore de longues navigations ; il est probable que le titre de gouverneur qu'on lui avait donné en riant, rappela plus d'une fois à ses compagnons ses mémorables aventures et ses réflexions ; il leur fit sans doute des révélations curieuses. Regrettons que Woode-Rogers, si judicieux du reste, ait regardé de telles choses comme « étant bien davantage du ressort des théologiens et des philosophes que d'un homme de mer. » L'écrivain plein de sagacité qui partagea souvent les travaux d'Adisson, Steele comprit tout ce qu'il y avait là de précieux à recueillir pour le moraliste intelligent ; plus d'une fois il interrogea Selkirk, et il fut frappé du sens remarquable qu'il y avait en cet homme : il nous apprend que son regard était sérieux quoique serein, et qu'il semblait accorder peu d'attention aux objets extérieurs. Il déplorait aussi son retour au monde, qui ne pouvait avec tous ses plaisirs lui rendre le calme de la solitude.

Ce que nous avons à dire maintenant sur l'île de Juan-Fernandez, cesse naturellement d'avoir le même intérêt. Aucun des flibustiers qui parcouraient encore l'Océan-Pacifique, vers le milieu du dix-huitième siècle, n'ignorait l'immense parti que l'on pouvait tirer de ces innombrables troupeaux de chèvres et des lions marins que renfermait surtout Mas-a-Fuera. Ce lieu désert, où il était facile de se procurer en tout temps des provisions abondantes, devint le refuge d'une foule de pirates, qui s'en allaient croisant ensuite sur les côtes, et qui s'emparaient des navires richement chargés qu'on expédiait pour l'Espagne. Le gouverneur du Chili résolut de mettre fin à ces déprédations, en employant un moyen fort simple : il fit débarquer à diverses reprises des chiens de chasse habilement dressés, qui détruisirent en peu de mois les nombreux troupeaux qu'on y voyait depuis la fin du seizième siècle. Peu à peu les pirates cessèrent de fréquenter un lieu qui leur offrait moins d'avantages, et dont l'abord présentait, en certaines saisons, des difficultés presque insurmontables. Quelques chèvres fugitives, et qui avaient échappé aux meutes envoyées du Chili en gravissant jusqu'au sommet des roches dont l'île est parsemée, descendirent bientôt dans les vallées avec une postérité nombreuse, et leurs troupeaux ne tardèrent pas d'offrir aux navigateurs à peu près les mêmes avantages que par le passé ; mais les pirates avaient cessé de se montrer dans ces parages, et il n'était plus nécessaire de les détruire : on les laissa errer en paix. Vers 1792 le gouvernement espagnol comprit que les îles de Juan-Fernandez pouvaient être deux points assez importants à conserver. Mas-a-Tierra surtout occupa son attention : une bourgade composée d'une quarantaine d'habitations fut fondée, diverses maisons isolées furent construites dans l'île. On renversa quelques forêts, on multiplia les arbres utiles, et des champs d'une certaine étendue furent cultivés, tandis que des troupeaux de vaches envoyées du Chili multiplièrent dans les vallées *.

Ce qui eût dû être fait un siècle auparavant fut fait alors. Des fortifications s'élevèrent, une batterie de cinq canons se trouva bientôt établie à la pointe occidentale de l'île, et elle put commander la rade. Une autre batterie, construite en briques avec ses deux

* Le consciencieux Alcedo affirme que les chiens de chasse envoyés du Chili multiplièrent à leur tour comme on les a vus multiplier à l'état sauvage dans les plaines de la Patagonie ; il avaient perdu la faculté d'aboyer, et se réunissaient en troupes nombreuses. Les voyageurs modernes se taisent sur ces nouveaux hôtes.

dans chacun de quatorze embrasures, s'éleva sur une autre éminence de manière à dominer le bourg et le mouillage. Le premier fort fut muni de cinq pièces d'artillerie, tandis que l'autre ne reçut qu'un seul canon. Woode-Rogers regardait jadis la position de Juan-Fernandez comme imprenable, pour peu qu'on y fît construire quelques ouvrages. Mais il est probable que toutes les conditions requises ne furent pas remplies lorsqu'on éleva ces fortifications, car le capitaine Moss, qui les visita en 1792, nie qu'elles aient jamais pu s'opposer à un débarquement. Il faut convenir aussi, d'ailleurs, qu'à cette époque la garnison n'était pas très-redoutable : elle se composait de six soldats et de quarante colons armés. Don Juan Calvo de la Cantera était le gouverneur suprême de l'île, et il rappelait passablement par sa courtoisie l'hidalgo que ROBINSON établit dans son île en l'investissant de ses pouvoirs.

On a vu ce que Juan-Fernandez est devenu durant les troubles qui ont précédé l'émancipation américaine. A cette époque, un bien petit nombre de colons s'y étaient fixés, et les déportés qu'on y envoyait n'aspiraient qu'à en sortir. Il y a trois ou quatre ans, l'amour ardent de la botanique confinait un savant sur ces plages, et comme cela était arrivé jadis à celui qu'entraînait sans cesse la soif des voyages, la science avait son martyr solitaire [*].

En 1832, et comme il venait d'accomplir glorieusement son voyage autour du monde, un de nos navigateurs les plus habiles, le commandant Laplace, a aperçu Mas-a-Fuera et a séjourné dans Juan-Fernandez. A cette époque chaque parti, lorsqu'il parvenait au pouvoir, y confinait encore les principaux adhérents du parti vaincu. Cependant le séjour fréquent que les navires de guerre des diverses stations européennes font à Juan-Fernandez, a contribué à lui donner une certaine importance, et, comme le dit le commandant Laplace, « cette importance augmentera à mesure que le commerce et la population du Chili prendront de l'accroissement ; alors si parmi cette population si nouvelle il se trouve quelque curieux aimant à s'enquérir de vieux vestiges, peut-

[*] M. Bertero est mort, et l'on va publier, dit-on, sa Flore de Juan-Fernandez.

être parcourra-t-il religieusement les forêts un de Foë à la main, peut-être rencontrera-t-il quelque vieux cèdre portant encore une date et un nom. Alexandre Selkirk et ROBINSON CRUSOÉ s'assorteront intimement dans sa mémoire, et il rendra grâce sans doute au poète qui aura donné de si touchants souvenirs à cette île qu'il n'avait point vue. »

Après avoir visité le lieu de la scène, examinons quelques-uns des personnages du drame. Ici il faut bien le dire, de Foë a agi tout aussi librement que dans le reste de son ouvrage. Sa fantaisie indépendante n'a pas cru devoir se soumettre davantage aux exigences de l'histoire qu'à celles de la géographie. Peu importe sans doute, puisque le livre est admirable ; nous rétablirons cependant quelques faits.

Certes, on lisant avec attention la description qui nous est donnée de l'île imaginaire qu'habita ROBINSON CRUSOÉ, on reconnaît facilement à quelques traits généraux le groupe de Juan-Fernandez et son climat ; et si l'on met de côté plusieurs inexactitudes assez fortes, telles que la réunion par exemple de certains végétaux qui ne conviennent qu'à des zones fort différentes, on retrouve jusqu'à un certain point la vérité locale. C'est bien là la disposition du sol, et même l'aspect d'une nature qui ne doit appartenir qu'aux régions voisines du Chili. Mais une fois la donnée primitive acceptée par Daniel de Foë, le choix des personnages qu'il allait mettre en scène semblait ne pas pouvoir être douteux, c'était aux côtes du Chili, à l'archipel de Chiloé, à la Mocha, ou même aux terres du Pérou, qu'ils devaient nécessairement appartenir. Dans le cas où cela eût été ainsi, sans être à coup sûr moins pittoresques dans leurs habitudes que les Caraïbes, moins remarquables dans leurs mœurs, les Sauvages que Daniel de Foë eût eu à mettre en scène n'eussent pas offert en réalité les conditions nécessaires à la combinaison du drame. Les Puelches et les Araucans ne sont pas anthropophages.

Etudiés avec attention sans doute, il y a peu de peuples dans le Nouveau-Monde qui présentent autant de coutumes curieuses, autant de traditions poétiques à mettre en œuvre. Mais il est évident qu'il suffisait à Daniel de Foë d'avoir à sa disposition un nom connu de peuplade indienne et quelques traits caractéristiques essentiellement propres aux nations sauvages pour faire marcher sa fable, le siècle n'en exigeait pas davantage ; de Foë nous paraît avoir inventé, avec une retenue fort louable du reste, jusqu'aux idées religieuses et jusqu'aux mots caraïbes qu'il met dans la bouche de ses personnages.

Ce n'eût pas été pour la première fois néanmoins que ces peuples eussent figuré dans une œuvre d'imagination. Ercilla, qui les avait étudiés sur le champ de bataille, leur avait déjà emprunté les traits les plus saillants de son poème de l'Araucana ; Lope de Vega les avait introduits sur la scène espagnole, en demandant sans doute aux relations contemporaines plus de couleur locale qu'il n'en met d'ordinaire dans ses drames. Parmi les poètes, nous ne citons que les plus remarquables ; on devrait leur réunir les noms d'une foule de voyageurs ; et dès le dix-huitième siècle les documents sont si nombreux, qu'ils pourraient mettre dans l'embarras un érudit plus attentif que ne le fut Daniel de Foë. Examinons, en suivant la donnée première, les peuples qu'il avait à peindre.

On commettrait une erreur assez grave si l'on regardait les Chiliens primitifs comme des peuples aussi sauvages que les Caraïbes. Leur religion, les formes compliquées de leur gouvernement, la perfection remarquable de leur langue, tout prouve jusqu'à l'évidence, qu'à l'arrivée des Espagnols ils étaient déjà en voie de civilisation, et que si la conquête ne les eût pas heurtés d'un coup trop rude, cette civilisation eût eu un caractère original, comme celle des Péruviens, des Mexicains et des Mayscas.

Le bas Chili ou le Chili proprement dit s'étend entre les Andes et l'Océan-Pacifique, et il se divise en deux parties, le Chili araucanien, et le Chili qui fut conquis dès l'origine par les Espagnols. Toute cette vaste étendue du territoire qui s'étend du Bio-Bio à l'archipel de Chiloé, c'est-à-dire entre les 36° 44' et 41° 30' de latitude méridionale, pouvait sans doute envoyer ses pirogues de guerre jusqu'à Juan-Fernandez, et ce que raconte Ulloa de l'audacieux voyage des trois Indiens qui s'en revinrent en 1759 de notre île à Valparaiso, prouve que cette navigation n'était pas impossible. Eh bien, tout ce territoire était occupé par les Araucans *, les Cunchos et les Huilliches, tribus remarquables, qui parlent un même langage et auxquelles s'assortirent plus tard les Puelches, cette nation nomade qui partage les idées religieuses des Araucans, et qui, errant sans cesse des bords de la mer aux montagnes, s'est rendue célèbre surtout dans ces derniers temps. Si l'on ajoute donc aux peuples que nous venons de nommer les Pehuenches, qui habitent les Andes chiliennes, entre les 36° et 37° de latitude, si on se rappelle les tribus pacifiques de Chiloé, et mieux encore les insulaires de la petite île de Pâques, que elle Molina en les considérant comme étant d'une race un peu différente, on aura une idée des peuplades qui pouvaient au dix-huitième siècle figurer dans Robinson.

Toutes ces tribus, qui forment la grande famille chilienne, gardent dans leur religion, dans leur langage et jusque dans leurs coutumes, l'empreinte du caractère araucan. Il est donc indispensable de faire connaître en quelques mots ce peuple qui domine les autres par son intelligence et par les formes de son gouvernement.

De même que les Caraïbes sont accoutumés à se nommer entre eux le peuple par excellence, de même les Araucans ou Molouches prennent le titre d'*Aucas*, de peuple libre. De bonne heure les Espagnols justifièrent ce titre en désignant sous le nom d'*estado indomito*, pays indomptable, le territoire qu'ils habitaient. Les Araucans sont en général robustes et très-bien proportionnés ; ils paraissent différer, sous certains rapports, de quelques nations américaines plus voisines de la ligne : ils ont la peau rougeâtre ou de teinte cuivrée, et ne présentent aucun des caractères physiologiques que Daniel de Foë attribue à VENDREDI. Leur visage est large et plus arrondi que celui des Européens. Leur expression pleine d'énergie offre aussi quelque chose de farouche. Leurs yeux sont petits, ternes, noirs et enfoncés ; ils ont fréquemment le nez court et épaté, les pommettes saillantes, la bouche assez grande et le menton peu prononcé.

Tout le territoire occupé par les

* Les Puelches sont en quelque sorte les Araucans de la partie orientale.

Aucas est partagé entre quatre gouvernements ou pour mieux dire entre quatre tétrarchies, désignées sous le nom d'*Ulthalmapus*, et gouvernés par des espèces de tétrarques qui prennent le titre de *Toquis*; ces chefs sont héréditaires, indépendants l'un de l'autre dans l'administration civile de leur district, mais ils doivent se réunir quand il s'agit de l'intérêt général; ils ont sous eux des chefs secondaires que l'on désigne sous le nom d'*Ulmènes*. Ainsi que l'a fait observer déjà un savant géographe, le gouvernement de ce pays offre la plus grande ressemblance avec l'aristocratie militaire des ducs, des comtes et des barons du nord de l'ancien continent, quoique son existence semble de beaucoup antérieure à l'arrivée des Espagnols.

Le système religieux adopté par les Aucas est assez compliqué; ils reconnaissent un être suprême, auteur de toute chose, qu'ils désignent sous le nom de Pilan. Pilli ou Pulli signifie dans leur langue âme ou esprit par excellence. *Butagen*, le grand être, *Thalcave*, le tonnant, *Vivanvoe*, le créateur de toutes choses, l'*Upcivilvoe*, le tout-puissant, *Molghulle*, l'éternel, *Aunonolli*, l'infini, sont autant de dénominations qui le distinguent. Cela ne veut pas dire que la religion des Aucas soit une espèce de monothéisme. Dans leur pensée, le gouvernement du Ciel est semblable à celui d'ici-bas, et ils ont une foule de dieux secondaires, ulmènes célestes, qui remplissent au firmament les fonctions des ulmènes de la terre. Parmi ces dieux il en est un plus audacieux que les autres, c'est Guecubu le terrible, cause première de tous les maux, et que les ulmènes de la hiérarchie céleste, d'accord avec Meulen, doivent s'occuper sans cesse à combattre.

Comme plusieurs peuplades américaines, moins avancées qu'eux en civilisation, les Araucans ainsi que les Puelches ont le souvenir d'un cataclisme universel, pendant lequel le monde aurait été inondé. Une foule de traditions poétiques animent les récits de leurs bardes, qu'ils nomment *Gempir*. Mais ce qu'il y a de plus remarquable sans doute, c'est qu'ils ne sont pas étrangers aux sciences positives. Ils savent déterminer par le moyen de l'ombre les solstices, et, comme on l'a déjà fait remarquer, leur année offre encore plus d'analogie avec l'année égyptienne que celle des Aztèques. Ils divisent le jour naturel comme les Chinois, les Japonais, les Tahitiens. Ainsi que quelques autres tribus, ils distinguent les planètes des étoiles, et, ce qui est si rare chez les peuples de l'Amérique, ils ont dans leur langue des mots pour désigner les différentes espèces de quantités, comme le point, la ligne, l'angle, le triangle, le cône, la sphère et le cube. Un peuple a cessé depuis long-temps d'être sauvage quand il s'est élevé à ces idées abstraites.

Leur langue est sans contredit une des plus remarquables de toute l'Amérique méridionale, si ce n'est même la plus parfaite; on la désigne sous le nom de *chilidugu*. Ainsi que nous l'apprend Molina, qui avait eu occasion de l'étudier, elle est douce, expressive, harmonieuse et régulière, aucun terme ne lui manque pour exprimer les idées morales. Quoiqu'elle ne soit pas fixée par l'écriture, la tradition l'a conservée; les chefs s'efforcent surtout de la parler dans toute sa pureté, et c'est bien d'eux qu'on peut dire ce que disait jadis un vieux missionnaire de la plupart des chefs des tribus américaines : « Ils sont puissants autant qu'ils sont éloquents. »

Voici pour l'organisation sociale et religieuse, pour l'état intellectuel, pour le développement moral de l'individu; voyons maintenant quelques usages.

Les Araucans et les Puelches sont plutôt des peuples guerriers et nomades que des peuples agriculteurs; cependant, si les Puelches errent dans leur contrée montueuse comme les Tartares, les Araucans possèdent maintenant une ville assez considérable. En général ils ne forment point bourgades, leurs habitations sont éparses; dans les endroits propres à l'agriculture, les hommes bêchent la terre et les femmes l'ensemencent.

Le vêtement des Araucans est simple, mais il offre quelque chose d'assez pittoresque. Ceux qui résident dans le voisinage des Européens portent une veste qui leur descend jusqu'à la ceinture, une calotte courte, et le poncho, pièce d'étoffe de laine d'environ trois aunes de long sur deux de large, qui affecte la forme d'un scapulaire, et qui sert à la fois de manteau et de couverture.

Comme chez la plupart des nations peu avancées dans la civilisation, ce sont les femmes qui exécutent la plupart des travaux pénibles. Leurs traits sont peu agréables, mais on vante en général leur propreté. Leur costume n'est pas dénué de grâce; leur habillement est tout en laine, dit un voyageur espagnol qui les a visitées, la couleur bleu turquin est la couleur qu'elles affectionnent; elles portent une tunique et un mantelet court, appelé *ichella*, qu'elles serrent par devant la taille avec une boucle d'argent. Cet habillement, consacré par l'usage, ne varie jamais; un bandeau ceint quelquefois leur front; elles y joignent une foule d'ornements en verroterie et même en argent: cette dernière partie de leur toilette s'élève souvent à des sommes considérables.

La polygamie est en usage parmi les Puelches et les Araucans, et ils élèvent autant de cabanes qu'ils ont de femmes. Il serait inconvenant de demander à un guerrier combien il a de femmes, mais on demande combien il a de feux.

Les Puelches et les Araucans sont des peuples essentiellement guerriers, et c'est surtout dans leur gouvernement militaire qu'ils font preuve d'une sagacité remarquable. En droit reconnu, bien que l'élection du généralissime doive tomber sur un des quatre toquis que l'on regarde comme les chefs nés de la république, si aucun d'eux n'est jugé digne de cette dignité, on donne le grade de général à celui qu'on croit le plus habile parmi les ulmènes, ou les chefs du second rang. Il prend alors le titre de toqui et reçoit la hache de pierre, symbole de la dignité suprême. Plus d'une fois les Espagnols ont éprouvé ce que valait un tel choix.

Rien n'égale, dit-on, l'espèce de fureur guerrière qui s'empare de ces Indiens au commencement de l'action. Comme ils le disent eux-mêmes, ils s'enivrent de l'esprit de carnage. Il y a quelques années le savant Lesson, se trouvant au Chili, interrogeait des officiers de la république sur leur manière de combattre, et il n'en reçut pour réponse que ces mots significatifs: *terribles, señor*, oh! ils sont terribles!

Un ancien voyageur, qui paraît avoir fort bien observé ces peuples, dit que les dépouilles de l'ennemi appartiennent à celui qui s'en empare, et que si la prise est faite par plusieurs guerriers, on la divise en plusieurs parties égales. Les prisonniers ne sont pas immolés pour servir à un festin de guerre, comme cela arrivait infailliblement chez les Tupis et même chez les Aztèques; on se contente de les condamner à un esclavage perpétuel. Le code de la nation, désigné sous le nom d'*Adanmapu*, ordonne cependant qu'un de ces malheureux soit immolé aux mânes des soldats morts sur le champ de bataille; cette loi cruelle n'a été exécutée qu'une ou deux fois dans l'espace de deux cents ans.

Maintenant, si on examine ce que la nature a fait pour les Araucans, on pourra se convaincre aisément qu'ils doivent être plutôt pasteurs et nomades que navigateurs. La Pérouse a dit avec beaucoup de justesse: « La multiplication des chevaux qui se sont répandus dans l'intérieur des déserts, et en même temps celle des bœufs et des moutons, qui n'a pas été moins rapide, a fait de ces peuples de vrais Arabes, que l'on peut comparer en tout à ceux de l'Arabie. » Les Puelches habitent surtout les montagnes de la partie orientale; ils se portent jusqu'aux plaines de la Patagonie, où leur taille athlétique les a fait remarquer; les autres tribus d'Aucas ne s'aventurent guère sur l'Océan-Pacifique, et s'ils le font c'est bien plutôt, comme les Péruviens, sur des espèces de radeaux connus sous le nom de *Balzas* que dans des pirogues. Les habitants des îles Chiloé, qui conservent encore les traditions primitives des tribus, s'occupent davantage de la navigation; mais le trajet qu'il faudrait faire pour se rendre au groupe de Juan-Fernandez est trop considérable sans doute pour qu'ils aient osé l'entreprendre. On le comprend donc, si, ayant égard à la position géographique, Daniel de Foë se voyait contraint de mettre en scène les tribus guerrières de ces contrées, il ne trouvait plus aucun des traits distinctifs de race et de caractère qu'il avait l'intention de reproduire. Il a tourné ses regards vers une autre partie de l'Amérique: voyons s'il a mieux réussi.

Au temps où vivait l'auteur de Robinson Crusoé, on s'occupait encore beaucoup des Caraïbes des îles; une foule de missionnaires partaient pour les catéchiser, et les meilleures relations qui nous les aient fait connaître datent précisément de cette époque. En changeant jusqu'à la dénomination des mers où l'action devait se passer, en avançant de plusieurs degrés vers la ligne, Daniel de Foë se trouva tout-à-coup dans les parages occupés par les Caraïbes, mais ce fut le seul effort qu'il crut devoir faire, le reste l'occupa peu.

Les Caraïbes des îles différaient d'abord assez essentiellement du type que Daniel de Foë accepte pour Vendredi. Non-seulement ils avaient la peau cuivrée et non pas olivâtre, mais un usage que citent tous les voyageurs donnait à leur physionomie un caractère bizarre qu'on ne pouvait pas oublier une fois que l'on avait vu quelques-uns de leurs guerriers. Tandis que les anciens habitants des grandes Antilles se comprimaient le front de manière à lui donner légèrement la forme pyramidale, les Caraïbes imprimaient à celui de leurs enfants une direction tout opposée; deux planchettes légères mais solides étaient attachées de chaque côté de la tête avec des lianes de mahot, et ajustées au moyen de coussinets de coton, de manière à ne pas blesser celui qui devait subir cette longue opération. Tel était au bout de quelques jours le résultat de cette compression répétée, que, si l'on s'en rapporte au père Labat, un Caraïbe des îles pouvait voir presque perpendiculairement au-dessus de lui, sans avoir besoin de hausser la tête. Laissons au vieux voyageur le soin de terminer le portrait : « Leur taille, dit-il, est au-dessus de la médiocre; ils sont tous bien faits et proportionnés. Ceux que j'eus occasion de voir avaient des dents fort belles, blanches et bien rangées, les cheveux plats, noirs et luisants. Cette couleur de leurs cheveux est naturelle, mais le lustre vient d'une huile dont ils ne manquent pas de se frotter le matin. » Labat continue sa description naïve en affirmant qu'il est difficile de juger de leur teint, parce qu'ils se peignent tous les jours avec du rocou détrempé dans de l'huile de palma-christi, qui les fait ressembler, dit-il, à des écrevisses cuites. Selon lui, cette peinture leur tient lieu d'habit, et il a raison; car M. de Humboldt, en rappelant une coutume semblable qui existe encore chez la plupart des indigènes du continent, ajoute que les hommes et les femmes seraient peut-être moins honteux de se présenter sans le guayuco ou le pagne, que s'ils étaient dépourvus de peinture.

De même que chez les Tupinambas et les Galibis, le rocou n'était pas la seule peinture que l'on employât. S'il s'agissait d'une grande fête, et surtout d'une expédition guerrière, les femmes, auxquelles cet emploi était dévolu, se servaient pour orner leurs maris de ce suc limpide qui découle du genipa, et qui marque durant neuf jours de sa teinte indélébile chaque partie du corps qu'il a touchée. L'alliance bizarre de ces deux couleurs, ces raies d'un noir bleuâtre qui se détachent d'une manière lugubre sur la teinte du vermillon, tout contribuait à imprimer à la figure du sauvage quelque chose de vraiment terrible. Donnez encore au Caraïbe des îles son caracoli éclatant, espèce de hausse-col de métal qu'il a suspendu à son cou; armez-le de son arc gigantesque, mettez-lui à la main cette courte masse de bois de fer qu'on désigne sous le nom de boutou, et vous aurez le portrait fidèle que tracent les vieux voyageurs.

Les femmes, à ce qu'il paraît, ne se déprimaient pas le front d'une manière aussi prononcée; c'est pour cela sans doute que les missionnaires du dix-septième siècle se plaisent à rappeler leur physionomie agréable : « Elles sont assez bien faites, dit l'un d'entre eux, mais un peu grasses; elles ont les cheveux et les yeux noirs comme leurs maris, le tour du visage rond, la bouche petite, les dents fort blanches, l'air plus gai, plus ouvert et plus riant que les hommes, ce qui ne les empêche pas d'être fort réservées et fort modestes; elles sont rocouées, c'est-à-dire peintes de rouge comme l'autre sexe, mais sans moustaches et sans lignes noires. Leurs cheveux sont liés par derrière la tête d'un petit cordon. Une pagne ondée de petits grains de rassade de différentes couleurs, et garnie par le bas d'une frange de rassade d'environ trois pouces de hauteur, couvre leur nudité.

Mais d'où venait ce peuple qui s'était fait redouter dans tout l'archipel, et qui s'étendait sur 18 à 19 degrés de latitude, depuis les îles Vierges à l'est de Porto Rico jusqu'aux bouches de l'Orénoque. Sans avoir égard aux difficultés de la navigation, Rochefort et quelques autres écrivains du dix-huitième siècle veulent qu'il arrive de l'Amérique du Nord, derrière les Apalachites, où il existait, disait-on, une nation portant le nom de Caraïbe.

Cependant, si l'on compare ces tribus insulaires à celles du continent voisin, on ne tarde pas à se persuader que les Caraïbes n'ont pas fait un si long trajet, et que plus d'un point de ressemblance les unit aux grandes nations, qui peuplèrent jadis la Guyane et le Brésil.

Quoi qu'il en soit, les Caraïbes avaient jadis une telle importance, leur ardeur guerrière et leur activité les avaient si bien mis en évidence aux yeux des Européens, qu'un célèbre voyageur ne pouvait s'empêcher de les comparer, au commencement du siècle, à un peuple célèbre de l'Asie, et qu'il leur imposait le nom de *Boukhares du Nouveau-Monde*. La famille caraïbe tamanaque comprend encore plusieurs nations, mais elle a vu diminuer déjà son influence sur le continent, et elle s'est complétement éteinte dans les Antilles, où elle dominait. A la Guyane ainsi que dans la Colombie, on rencontre encore des tribus nombreuses de Caraïbes, et c'est surtout sur les bords de l'Orénoque qu'elles ont fixé leur séjour. Dans les îles de l'Amérique, quelques misérables débris de cette nation se sont alliés avec des nègres fugitifs; ces sauvages ont été rejetés au commencement du siècle dans les montagnes de Saint-Vincent, c'est là où le docteur Leblond les visita; à cette époque ils se transmettaient quelques coutumes de leurs ancêtres. On affirme que de nos jours ils ont complétement disparu.

Pour trouver des Caraïbes dans toute leur pureté aux îles, il faut rétrograder de bien des années, alors que l'on envoyait des missionnaires pour les convertir, et que ceux-ci composaient des cantiques sacrés dans leur langue, afin de les leur faire répéter en chœur, et de les substituer aux chants qu'ils adressaient à Maboya, le génie du mal; mais ces vers étranges, composés par de pauvres prêtres dans une langue sauvage, sont restés comme un monument curieux de zèle, et le peuple qu'ils devaient instruire s'est éteint: il en est ainsi de bien des nations américaines. *

Les Caraïbes des îles venaient donc du peuple puissant qui habite le continent, et dont on retrouve la langue chez tant de hordes diverses qui ont changé de nom. Ces tribus étaient célèbres entre les autres nations américaines, par l'habileté de leurs jongleurs et par la férocité des initiations qu'elles imposaient aux guerriers. En passant la mer, en vivant au sein d'îles fertiles, les idées des émigrants ne changèrent pas beaucoup, mais elles durent se modifier. Il y eut chez les insulaires quelque chose de plus mâle et de plus rêveur. L'excellent père du Tertre * nous les peint comme « étant habituellement plongés dans la mélancolie, s'asseyant des journées entières sur le sommet d'un rocher et contemplant les flots de l'Océan. » C'était à ce bon missionnaire surtout qu'ils essayaient de faire comprendre la différence existant entre les deux races et les deux pays. Le dieu de la France, disaient-ils, a fait le ciel de la France, et le dieu des îles a fait celui des îles. Rochefort et le sieur Delaborde, ** deux voyageurs employés à des époques différentes à leurs conversions, rapportent de leur théogonie des idées toutes poétiques; j'en citerai quelques-unes. Lorsque l'Être suprême eut créé la terre, bientôt il créa la lune; elle était belle, mais après avoir vu le soleil elle alla se cacher de honte, et ne voulut plus se montrer que la nuit. Les étoiles étaient considérées par eux comme des génies; de même que dans la mythologie antique, l'iris était une divinité; elle avait reçu le nom de Jaloucu, et se nourrissait de ramiers ou de colibris; c'étaient sans doute les couleurs éphémères de ces oiseaux qui ranimaient ses couleurs éternelles.

Comme certaines nations de l'Amérique du Nord, les Caraïbes pensaient qu'ils avaient plusieurs âmes. La première et la plus noble, sans doute, était placée au cœur, à elle seule le privilége de s'élancer vers les plaines de Jaloucu. La tête renfermait la seconde âme, et chaque artère en avait une: mais par une étrange bizarrerie ces intelligences secondaires pouvaient animer un jour les oiseaux du ciel et les bêtes des forêts. C'était, comme on voit, donner à l'homme un double privilége: celui de l'immortalité,

---

* Voyez le Breton, *Dict. Caraïbe*, cantique à l'usage de ces peuples; *Dictionnaire Caraïbe français*, MS. de la B. R. sous le N° 299.

* Voyez du Tertre, t. 2, p. 358.
** Le sieur de la Borde, employé à la conversion des Caraïbes des Antilles, 4 vol. in-4°.

et celui de la création. Cette pensée religieuse convenait bien sans doute au Sauvage qui s'élève quelquefois jusqu'aux idées les plus abstraites d'une métaphysique rêveuse, et qui ne peut jamais se décider à abandonner pour toujours les délices * de ses forêts.

Le Caraïbe des îles avait conservé dans sa conversation ces formes polies, admirées par Biet et par Herrera sur le continent. Un vieux voyageur nous en donne la preuve, quand il dit avec sa naïveté habituelle : « Ils s'écoutent paisiblement les uns les autres, « et ne s'interrompent point dans leurs « discours, mais ils ont accoutumé « de pousser un petit ton de voix au « bout de trois ou quatre périodes de « celui qui parle, pour témoigner la « satisfaction qu'ils ont de l'ouïr. »

Chose bien étrange, mais qui surprend moins quand on connaît les analogies que présentent certaines tribus sauvages étrangères les unes aux autres : les guerriers étaient dans l'usage de changer de nom avec l'ami de leur choix; ils renouvelaient ainsi dans leurs îles la coutume la plus touchante des insulaires de la mer du Sud.**

Quoique les formes de la conversation n'aient qu'un rapport indirect avec la poésie d'un peuple et avec les inspirations de l'éloquence, quelques formules consacrées, quelques expressions transmises par d'anciens voyageurs nous prouvent que les Caraïbes devaient avoir, malgré leurs coutumes terribles, une poésie ingénieuse et tendre, des discours heureusement inspirés. Mon cœur était le nom qu'un guerrier donnait à sa femme, un frère était la moitié de son frère, un lieutenant la trace du capitaine ; l'arc-en-ciel se nommait le panache de Dieu, les épines les yeux de l'arbre, les doigts les enfants de la main.***

Ce peuple, si habile à trouver des mots expressifs, n'avait point de parole pour signifier la pudeur, et il allait nu : sans la connaître, il la sentait. Mon ami, disait un chef à un Eu-

* *Histoire morale des Antilles*, p. 593.
** Voy. Rochefort, Péron, Cook, etc.
*** Les Indiens des bords de l'Orénoque se servent également de cette expression. V. Salvador Gigli, *Storia Americana*.

ropéen, « c'est entre les deux yeux qu'il faut nous regarder. » C'est ce sentiment profond de la dignité de l'homme qui leur faisait rappeler en peu de mots, et avec une sorte de fierté, qu'ils ne se jugeaient pas inférieurs à leurs conquérants; ils s'irritaient au seul nom de Sauvages, et disaient à ceux qui les appelaient ainsi : « Tu es Français et moi je suis Caraïbe. »* Cette nation qui avait des idées poétiques, ce peuple qui vivait au milieu de terres fertiles dont on nous vante, avec un peu d'exagération peut-être, la prodigieuse abondance, ces Caraïbes des îles, en un mot, que l'on a vantés et calomniés tour à tour jusqu'à l'exagération, étaient anthropophages, et telle fut l'horreur dont ils frappèrent les premiers conquérants, qu'à partir du seizième siècle, leur nom successivement altéré passa dans les langues de l'Europe et servit à désigner toutes les tribus sauvages qui se livraient ainsi à un esprit de vengeance implacable.

On a affirmé, d'une manière un peu positive peut-être, que les Caraïbes du continent n'étaient pas anthropophages, tandis que ceux des îles l'étaient au plus haut degré. Ce qu'il y a de certain, c'est que les Galibis, leurs voisins et leurs alliés, avec lesquels on a voulu quelquefois les confondre, exterminaient leurs ennemis et les dévoraient en conservant des cérémonies plus terribles encore que celles qui étaient usitées au Brésil parmi les Tupinambas. Il est difficile que les Caraïbes des bords de l'Orénoque aient résisté à une coutume générale, et qu'on retrouve chez la plupart des grandes nations de l'Amérique méridionale. Il est probable aussi que l'habitude d'aller chasser aux esclaves pour les vendre aux Européens, succéda chez eux aux cérémonies de l'anthropophagie quand ils y trouvèrent leur avantage. Quant aux Caraïbes des petites Antilles, et à ceux qui dominaient jadis Saint-Domingue, mais qui furent promptement exterminés, il est infiniment probable que le massacre des prisonniers était chez eux l'objet d'une cérémonie solennelle, d'une espèce d'initiation guerrière, comme chez les Tupinambas,

* Caraïbe veut dire guerrier. Carina, qui a la même racine et dont ces peuples se servaient pour se désigner entre eux a formé plus tard le mot *Cannibale*. Quant

mais que par la suite le guerrier fugitif oublia les rites religieux, ne songea plus qu'à assouvir sa vengeance. En 1722, Labat disait : « Un Caraïbe des îles ne pardonne jamais. Ces sauvages n'ont jamais perdu l'usage de manger la chair de leurs ennemis, et lorsqu'on leur en fait un reproche, ils répondent qu'il n'y a point de honte à se venger. »

Plusieurs expéditions furent dirigées contre les Caraïbes, mais nous ne saurions entrer dans aucun détail à ce sujet, parce qu'ils nous entraîneraient trop loin. Ces sauvages furent enfin repoussés dans les îles les moins fertiles, puis traqués au milieu de leurs forêts. Dès l'origine ils avaient prévu l'issue de la lutte ; un souffle invisible nous poursuit et nous abat, disaient-ils. La mélancolie, qui de tout temps a été l'apanage de la race américaine, fut augmentée encore par cette certitude d'une destruction inévitable quoique lente. Une grande tristesse

à la prononciation du mot *Caraïbe*, dont on fait de nos jours *Caribo*. les vieux missionnaires affirment l'avoir entendu prononcer toujours ainsi que nous l'écrivons.

se manifestait dans leurs paroles, et surtout dans leurs hymnes, et ceux qui allaient pour les détruire ne pouvaient s'empêcher de les plaindre toutes les fois qu'ils les écoutaient ; c'est ce qui nous est attesté par cette phrase d'un ancien officier qui servait dans la milice organisée contre leurs tribus: « Les femmes Caraïbes des îles, dit-il, chantent lugubrement et jettent des cris vers le ciel, si touchants, que l'on ne peut s'empêcher d'en être attendri. »

Rochefort dit avoir entendu quelques paroles énergiques qui peignent encore mieux le désespoir de la nation cherchant en vain un asile. « Que deviendra le misérable Caraïbe ? lui disaient ces infortunés ; faudra-t-il qu'il aille habiter la mer ? Il faut que la terre que tu habites soit bien mauvaise, puisque tu viens t'emparer ainsi de celle que nous habitons. » Le P. du Tertre ajoute de son côté : Le seul nom de Chrétien les fait bondir, rien qu'à l'entendre on leur voit grincer les dents.

La haine n'était pas sans motif, et la prévision s'est accomplie ; il ne reste pas aujourd'hui un seul Caraïbe des îles.

FERDINAND DENIS.

CHRISTE ET LE CAPITAINE DOWER.

DISSERTATION RELIGIEUSE.

Robinson Crusoé a toujours été pour moi un livre de prédilection; je l'ai lu avec délices dans mon extrême jeunesse, quoique la traduction de St.-Hyacinthe soit dépourvue d'élégance; je viens de le relire avec le même plaisir dans la maturité de l'âge, plus exactement et plus élégamment traduit. C'est qu'on y remarque une si profonde connaissance du cœur humain, une peinture si naturelle des événements de la vie, que tous les âges s'y reconnaissent, que toutes les positions peuvent y puiser des leçons; c'est qu'il s'en exhale un parfum de religion si suave et si doux, qu'il doit paraître agréable à toutes les âmes sensibles et pénétrées de respect pour la révélation.

Cependant, par cela même que Robinson est écrit d'un bout à l'autre dans des sentiments religieux, il importe de relever, pour l'utilité des lecteurs, ce qu'il présente de conforme aux principes fondamentaux du Christianisme. Comme d'un autre côté il est arrivé à Daniel de Foë, zélé protestant, de manifester parfois les préjugés de sa communion contre l'Église catholique, il n'importe pas moins de signaler ses erreurs; voilà ce qui nous a déterminé à composer une *Dissertation religieuse*, dans laquelle se trouveraient tout à la fois et la proclamation des véritables croyances, et la courte rectification des méprises qui ont pu lui échapper. Loin de nous la pensée d'entreprendre une polémique contre des Chrétiens d'une communion étrangère, dans un livre de pur agrément : nous choisirions trop mal le lieu. Tout ce que nous nous proposons de faire, c'est de recueillir les nobles inspirations dont il abonde, et de les proposer à l'imitation des jeunes gens, comme aussi de marquer quelques endroits qui sentent l'esprit de secte et d'en dire modestement notre avis.

Il est donc vrai que si la prospérité entraîne la plupart des hommes dans l'oubli de la religion, l'adversité les y ramène; il n'est pas permis d'en douter, la parole de Dieu est expresse. *Couvre leur face de confusion, et les peuples rendront hommage à ton nom, ô Jéhova*. Telle est la prière du roi-prophète (psaume 82, verset 17), si souvent accompagnée de l'effet, comme nous l'apprenons des livres bibliques et de l'histoire.

C'est la tribulation qui a porté Robinson à réfléchir dans son île sur la perversité de ses mœurs jusqu'à son dernier naufrage, et à revenir à Dieu. Quelle admirable relation il nous fait lui-même de son repentir! Quelle vive peinture de ses terreurs et ses angoisses, dans le songe salutaire que lui envoie la Providence! Quel regret d'avoir perdu toute connaissance de Dieu; d'avoir effacé, par huit années consécutives d'une jeunesse licencieuse, les bonnes instructions de son père! Il faut lire cet intéressant récit, depuis la page 134 du tome 1er, jusqu'à la page 140. Qu'on nous permette cependant de rapporter ici le dénoûment: « Maintenant, les pa-
» roles de mon cher père sont accom-
» plies, la justice de Dieu m'a atteint,
» et je n'ai personne pour me secourir
» ni m'entendre; j'ai méconnu la
» voix de la Providence, qui m'avait
» généreusement placé dans un état et
» dans un rang où j'aurais pu vivre
» dans l'aisance et dans le bonheur;
» mais je n'ai point voulu concevoir
» cela, ni apprendre de mes parents
» à connaître les biens attachés à cette
» condition; je les ai délaissés pleurant
» sur ma folie, et maintenant, aban-
» donné, je pleure sur les conséquen-
» ces de cette folie; j'ai refusé leur

»aide et leur appui, qui aurait pu
»me produire dans le monde et m'y
»rendre toute chose facile. Mainte-
»nant, j'ai des difficultés à combattre,
»contre lesquelles la nature même ne
»prévaudrait pas, et je n'ai ni assis-
»tance, ni aide, ni conseil, ni récon-
»fort. Et je m'écriai alors. » — « Seigneur, viens à mon aide, car je suis
dans une grande détresse. » — « Ce
»fut la première prière, si je puis l'ap-
»peler ainsi, que j'eusse faite depuis
»plusieurs années. »

Nous pardonnerait-on si nous osions mettre en parallèle un roman et une histoire véritable, si nous hasardions de citer quelquefois, à côté de Robinson Crusoé, l'ouvrage de Silvio Pellico, qui jouit à juste titre d'une si vaste renommée, parce qu'il est impossible de n'être pas frappé de la parfaite ressemblance qui s'offre dans leur retour à la religion, et dans les principes fondamentaux sur lesquels ils se sont appuyés l'un et l'autre.

C'est aussi par cet instinct du malheur qui court aux consolations naturelles que l'illustre Italien est revenu au Christianisme, autant que par cette infaillible logique d'un esprit élevé qui, forcé de renoncer au monde, regarde au-delà, et juge de plus haut. (*Mes Prisons*, tome I", page 28. Paris, 1854. 2 vol. in-8°, 4° édition, avec le texte en regard.)

Depuis que Robinson est convaincu que c'est une *plus grande bénédiction d'être délivré du poids d'un crime que d'une affliction*, tout se lie, tout s'enchaîne dans le cours de son existence. Voyez quel est son respect pour la Bible et surtout pour le Nouveau-Testament, qui n'a besoin que d'être médité pour porter dans tous les cœurs l'amour de son auteur, et dont on ne quitte pas la lecture sans se sentir meilleur qu'auparavant! « Je lisais chaque jour la parole
»de Dieu, et j'en appliquais toutes les
»consolations à mon état présent. Un
»matin que j'étais fort triste, j'ouvris
»la Bible à ce passage : *Jamais, jamais*
»*je ne te délaisserai; je ne t'aban-*
»*donnerai jamais.* Immédiatement
»il me sembla que ces mots s'adres-
»saient à moi; pourquoi autrement
»m'auraient-ils été envoyés juste au
»moment où je me désolais sur ma si-
»tuation, comme être abandonné de
»Dieu et des hommes? Eh bien, me
»dis-je, si Dieu ne me délaisse point,
»que m'importe que tout le monde
»me délaisse! puisque, au contraire,
»si j'avais le monde entier, et que je
»perdisse la faveur et la bénédiction
»de Dieu, rien ne pourrait contreba-
»lancer cette perte.... Je n'ouvrais
»jamais la Bible ni ne la fermais sans
»qu'intérieurement mon âme ne bénît
»Dieu d'avoir inspiré la pensée à mon
»ami d'Angleterre d'emballer, sans
»aucun avis de moi, ce saint livre
»parmi mes marchandises, et d'avoir
»permis que plus tard je le sauvasse
»des débris du navire. » (Tome I",
pages 173, 176.)

Même respect pour la Bible dans Silvio Pellico, même avidité pour la lire. « Ce livre divin, que j'avais tou-
»jours beaucoup aimé, même quand
»je me croyais incrédule, je l'étudiais
»alors avec plus de respect que ja-
»mais; mais très-souvent encore, en
»dépit de ma bonne volonté, je le
»lisais ayant l'esprit ailleurs et ne com-
»prenais plus. Insensiblement, je de-
»vins capable de le méditer plus pro-
»fondément et de le goûter chaque
»jour davantage. Cette lecture ne me
»donna jamais la moindre disposi-
»tion à la bigoterie, ou, si l'on veut,
»à cette dévotion mal entendue qui
»rend pusillanime ou fanatique. Elle
»m'enseignait au contraire à aimer
»Dieu et les hommes, à désirer tou-
»jours plus ardemment le règne de la
»justice, à abhorrer l'iniquité, en
»pardonnant à ceux qui la commettent.
»Le Christianisme, au lieu de détruire
»en moi ce que la philosophie y avait
»fait de bon, confirmait et étayait mes
»convictions de raisons plus hautes et
»plus puissantes. » (*Mes Prisons*,
tome I", page 65.)

Il est impossible que la lecture assidue de la parole de Dieu n'augmente pas l'amour de la prière; c'est son effet ordinaire, c'est celui qu'elle produisit sur Robinson Crusoé. Outre les passages que nous avons déjà transcrits, nous pourrions en transcrire une multitude d'autres qui respirent le même goût pour la prière; nous nous bornerons à ceux-ci : « Ces réflexions
»pénétrèrent mon cœur; je me jetai à
»genoux, et je remerciai Dieu à haute
»voix de m'avoir sauvé de cette ma-
»ladie.... Je laissai choir le livre, et,
»élevant mon cœur et mes mains vers
»le Ciel, dans une sorte d'extase de
»joie, je m'écriai. — » *Jésus, fils
de David; Jésus, toi sublime prince
et sauveur, donne-moi repentance.* —»
»Ce fut là réellement la première fois

«de ma vie que je fis une prière; car
»je priai alors avec le sentiment de ma
»misère, et avec une espérance toute
»biblique fondée sur la parole consa-
»lante de Dieu; et dès lors je conçus
»l'espoir qu'il m'exaucerait... Je puis
»affirmer par ma propre expérience
»qu'un cœur rempli de paix, de re-
»connaissance, d'amour et d'affection,
»est beaucoup plus propre à la prière
»qu'un cœur plein de terreur et de
»confusion; et que, sous la crainte
»d'un malheur prochain, un homme
»n'est pas plus capable d'accomplir ses
»devoirs envers Dieu qu'il n'est ca-
»pable de repentance sur le lit de
»mort... Je n'oubliai pas de me re-
»commander avec ferveur à la pro-
»tection divine, et de supplier Dieu
»de me délivrer des mains des bar-
»bares.»(Tome 1er, pages 148, 149, 232,
273.)

Venons maintenant à Silvio Pellico.
« Un jour, ayant lu qu'il faut prier
»sans cesse et que la véritable prière
»ne consiste pas à marmotter beaucoup
»de paroles à la façon des payens, mais
»à adorer Dieu avec simplicité, tant
»en paroles qu'en actions, et à faire
»que les unes et les autres soient l'ac-
»complissement de sa sainte volonté,
»je me proposai de commencer sérieu-
»sement cette incessante prière de
»toutes les heures, à savoir de ne plus
»me permettre même une seule pensée
»qui ne fût inspirée par le désir de me
»conformer aux décrets de Dieu... Je
»me prosternai à terre, et avec une fer-
»veur que je ne m'étais jamais sentie
»j'adressai à Dieu cette courte prière :
»mon Dieu, j'accepte tout de ta main;
»mais prodigue ta force aux cœurs à
»qui j'étais nécessaire, que je cesse de
»leur être tel, et que la vie d'aucun
»d'eux ne s'abrège pour cela d'un seul
»jour. O bienfait de la prière ! je restai
»plusieurs heures l'âme élevée à Dieu,
»et ma confiance croissait à mesure que
»je méditais sur la bonté divine, à me-
»sure que je méditais sur la grandeur
»de l'âme humaine quand elle échappe
»à l'égoïsme et s'interdit toute autre vo-
»lonté que celle de la souveraine Sa-
»gesse.»(Mes Prisons, tome I, pag. 67
et 123.)

Ce serait un phénomène inexplicable
qu'une âme pénétrée de respect et d'a-
mour pour le Christianisme n'en
parlât pas avec le transport qu'elle
éprouve. Ah! c'est alors que la bouche
parle de l'abondance du cœur, et que
les convictions se manifestent de la
manière la moins équivoque. Robinson Crusoé en est la preuve la plus
sensible. Soyons attentifs à cet éloge
court et substantiel des bienfaits du
christianisme. « Preuve nouvelle de ce
»que j'ai souvent observé, que la re-
»ligion chrétienne, partout où elle est
»reçue, civilise toujours les hommes et
»réforme leurs mœurs, qu'elle opère
»ou non leur sanctification.»(Tome II,
page 858.)

Silvio Pellico ne demeure point en
reste à cet égard. « Le Christianisme
»est philosophique au plus haut degré,
»et les hommes se débattent en vain
»pour sortir de son cercle magique,
»de son cercle divin... Le Christianis-
»me fut et sera toujours la doctrine du
»bienfait, appuyée sur les principes
»les plus raisonnés, et unie à un culte
»simple et sage. Le christianisme,
»source de toute vertu dans la Judée,
»où il est né, dans le monde payen,
»où il s'est établi, et dans la barbarie
»du moyen-âge, qu'il a traversée, ne
»sera pas moins fécond dans des temps
»plus éclairés et mieux en harmonie
»avec lui..... Je le louai de cette fran-
»chise dont il disait faire profession ; je
»lui protestai qu'en cela je l'égalerais,
»et j'ajoutai que, pour lui en donner
»une preuve, je me faisais fort de me
»constituer le champion du Christia-
»nisme, bien convaincu, disais-je,
»que si je suis toujours prêt à écouter
»amicalement toutes vos opinions,
»vous aurez de votre côté la générosi-
»té d'écouter tranquillement les mien-
»nes. Cette apologie, je me proposai
»de la faire peu à peu, et je commen-
»çais, en attendant, par une analyse
»fidèle de l'essence du Christianisme:
»—Culte de Dieu dépouillé de toute su-
»perstition.—Fraternité entre les hom-
»mes. — Aspiration perpétuelle à la
»vertu.—Humilité sans bassesse.—Di-
»gnité sans orgueil. — Et pour type un
»Homme-Dieu ! Quoi de plus philoso-
»phique et de plus grand! (Mes Prisons, tome Ier, pages 29 et 265.)

On ne peut se défendre d'admirer
la solidité avec laquelle Robinson
Crusoé établit ce dogme sacré de la
Providence, les fins qu'elle se propose et l'ordre avec lequel elle régit
les événements de ce monde (tome II,
page 110). Rien ne se dérobe à ses regards vigilants, qui sondent les aby-
mes ; rien ne peut arrêter son incessante activité; elle ordonne toutes
choses pour le mieux, elle gouverne
le monde avec le même pouvoir et la

même sagesse par lesquels il a été créé. C'est le mot de Montesquieu : *Les lois selon lesquelles Dieu a fait toutes choses, sont celles selon lesquelles il les gouverne.*

Quand l'homme s'efforce de s'écarter des voies de la Providence, il est contraint d'y rentrer presque aussitôt qu'il en est sorti, ou plutôt, dans son éloignement même, il concourt à l'accomplissement des décrets éternels. « Soit bénie la Providence ! s'écrie à « ce sujet Silvio Pellico (*Mes Prisons*, « tome II, page 279). Les hommes et « les choses, qu'ils le veuillent ou ne le « veuillent pas, ne sont entre ses mains « que d'admirables instruments qu'elle « sait mettre en œuvre pour des fins « dignes d'elle. »

Il est bien rare que l'homme qui ne consulte pas les desseins de la Providence n'en soit sévèrement puni : malheureux lorsqu'il échoue, plus malheureux encore lorsqu'il réussit. C'est ce qui faisait dire à ROBINSON CRUSOË : « La Providence se montre clairement, « nous rassasie de nos propres désirs « et fait que le plus ardent de nos souhaits « soit notre affliction ; elle nous « punit sévèrement dans les choses « même où nous pensions rencontrer « le suprême bonheur. » (Tome Iᵉʳ, page 203.)

Après une amère réflexion sur les maux dont il était accablé et sur son affreux isolement dans l'île, il finit par dire : « Il faut considérer dans les « maux le bon qui peut faire compensation « et ce qu'ils auraient pu amener « de pire. » (Tome Iᵉʳ, page 94.)

Quelle confusion d'avoir fermé l'oreille à la voix de la Providence, qui ne lui avait pas ménagé les avertissements de toute espèce au milieu de ses écarts, et d'être demeuré insensible aux marques frappantes de sa protection spéciale, dans le temps qu'il courait à sa perte !

Quelles actions de grâces de ce que la Providence avait merveilleusement ordonné que le navire sur lequel il voguait échouât près du rivage de l'île, d'où non-seulement il avait pu l'atteindre, mais où il avait pu transporter tout ce qu'il en avait tiré pour son soulagement et pour son bien-être, et de ce que sa main divine lui avait dressé, contre son attente, une table dans le désert ! (Tome Iᵉʳ, page 203.)

Quelle religieuse considération, que celle qui le porte à reconnaître que c'était la Providence de Dieu qui l'avait condamné à cet état de vie ; qu'incapable de pénétrer les desseins de la sagesse divine à son égard, il ne pouvait pas décliner la souveraineté d'un Être qui, comme créateur, avait le droit incontestable et absolu de disposer de lui à son bon plaisir, et qui pareillement avait le pouvoir judiciaire de le condamner, à cause de ses offenses, au châtiment qu'il jugeait convenable, et qu'il devait se résigner à supporter sa colère, puisqu'il avait péché contre lui ! (Tome Iᵉʳ, page 243.)

Quelle ferme confiance dans la Providence, qui lui inspire une si noble profession de foi, que notre sublime Créateur peut traiter miséricordieusement ses créatures, même dans ces conditions où elles semblent être plongées dans la désolation ; qu'il sait adoucir nos plus grandes amertumes, et nous donner occasion de le glorifier au fond même de nos cachots ! (Tome Iᵉʳ, page 229 et 230.)

Tout dans sa longue carrière le porte à chanter sans cesse les louanges de la Providence, et à lui témoigner sa vive gratitude pour les biens innombrables qu'il en a reçus ; son livre tout entier est un hymne perpétuel. Tantôt il se rappelle qu'il a été sauvé seul du naufrage, sans l'avoir mérité. Tantôt il la remercie d'avoir posé des bornes étroites à la vue et à la science de l'homme ; quoiqu'il marche environné de mille dangers dont le spectacle, s'ils se découvraient à lui, troublerait son âme et terrasserait son courage, il garde son calme et sa sérénité, parce que l'issue des événements est cachée à ses regards, parce qu'il ne sait rien des périls imminents qui le menacent. (Tome Iᵉʳ, page 299). Tantôt il proclame sa conviction intime que, comme la prudence humaine est justifiée par l'autorité de la Providence, c'est la Providence qui la met en œuvre ; et que si nous écoutions religieusement sa voix, nous éviterions un grand nombre d'adversités, auxquelles par notre négligence notre vie est exposée. (Tome II, page 126.) Tantôt aussi, quand il faisait réflexion que peut-être, par arrêt du Ciel, il devait terminer sa vie de la plus triste manière, dans un lieu d'exil et de désolation, des larmes coulaient en abondance sur son visage, et quelquefois il se plaignait en lui-même de ce que la Providence pouvait ruiner ainsi complètement ses créatures, les rendre absolument misérables, et les accabler à un tel point qu'à peine serait-il raisonnable qu'elles lui sussent gré de l'existence. (Tome 1er, page 63.)

Qu'on ne croie pas néanmoins que ROBINSON CRUSOÉ professe la doctrine nouvelle que Dieu bénit constamment ici-bas les actions de l'homme juste, et qu'il rejette sans cesse les efforts des méchants; qu'il n'y ait de prospérité sur la terre que pour celui qui accomplit la loi dans sa plénitude, et de tribulation que pour celui qui se complaît dans sa malice. Non certes, et ses paroles sont bien expresses : « Les jus-
» tes ne reçoivent pas leur récom-
» pense ni les méchants leur châti-
» ment en ce monde. » (Tome II, page 230.)

Et bien qu'il dise ailleurs que la bénédiction de Dieu ne suit pas ordinairement une présomptueuse transgression de sa loi (tome II, page 208), si nous n'accordons pas que des crimes visibles sont poursuivis de châtiments visibles, comment concilierons-nous les événements avec la justice divine (tome II, page 135)? Il n'en reste pas moins démontré, comme preuve évidente d'un Dieu et d'une vie future, que l'ordre ne semble pas régner invariablement dans la dispensation des biens temporels, et qu'il ne sera véritablement rétabli que par la distribution des récompenses éternelles, qui seront accordées à chacun selon ses œuvres.

Ainsi donc il est constant, selon la doctrine de saint Augustin, que la Providence dispense les biens et les maux de la vie, indistinctement et sans avoir égard à la vertu et aux vices, parce que si elle ne donnait des richesses qu'aux hommes vertueux, ils recevraient dès ici-bas la récompense de leurs bonnes actions et n'auraient plus de droit à la récompense future ; si elle les leur refusait sans exception, on croirait qu'elle n'est point indépendante dans ses déterminations ; si elle plaçait tous les méchants dans un état d'opulence et de prospérité, il en naîtrait une erreur cent fois plus dangereuse encore ; le crime serait honoré comme le chemin de la fortune et les penchants de l'homme criminel achèveraient de se pervertir. Il n'en est pas ainsi. Dieu répand des ténèbres sur les voies de l'homme. Le juste languit souvent dans l'oppression, tandis que l'injuste est exalté.

Telle est la doctrine des Saintes Lettres, et lorsque dans le livre de Job, Sophar de Naamath a déroulé en ces termes ses astucieuses théories, chapitre xx :

> Tout l'atteste : depuis que, commençant d'éclore,
> Cet univers sourit à la première aurore ;
> Le bonheur du pervers ne fut jamais constant,
> Son triomphe est un point, et sa joie un instant ;
> De sa tête superbe il toucherait aux nues,
> Il atteindrait des cieux les hauteurs inconnues,
> Que d'un souffle bientôt il serait renversé,
> Et ceux qui l'admiraient diront : il a passé !
> Méprisable poussière, imperceptible atôme,
> Il se dissipera comme un léger fantôme ;
> D'un ... imposteur naguère enorgueilli,
> Son ... s'effacera dans l'éternel oubli.
> Ces ... rimaient ses mains fécondes en ruines
> Forme... enfants à rendre ses rapines....

Job répond aux sarcasmes amers de son ami Sophar de Naamath, à ses odieuses imputations, chap. xxi, par ces versets, étincelants de la plus brillante poésie dans la langue originale :

> J'ai dit : pourquoi l'impie au sein de l'abondance,
>   Toujours favorisé des cieux,
> Prolonge-t-il des jours qu'embellit l'opulence ?
>   Ses fils grandissent sous ses yeux,

Et sa postérité fleurit en sa présence.
De son toit le malheur semble s'être écarté,
Instrument de terreur pour le reste du monde,
La verge du Très-Haut, la verge d'équité,
Respecte son repos et sa sécurité.
    Il jouit d'une paix profonde ;
    De ses taureaux de fierté,
    La vigueur est toujours féconde,
    Et la génisse qu'il nourrit
    Jusqu'au terme porte son fruit....
Ah ! combien des mortels les destins sont divers !
L'un achève une vie exempte de revers ;
D'un suc toujours nouveau, plus doux que la rosée,
La moelle de ses os sans cesse est arrosée ;
L'autre dans l'amertume, expirant de douleur,
Passe et n'a pas vu luire un rayon de bonheur ;
Une même demeure aujourd'hui les rassemble,
Et, pâture des vers, ils pourrissent ensemble....
Seul, debout, au milieu d'une immense ruine,
Le méchant a bravé la colère divine.
Qui donc lui reproche sa honte et ses forfaits ?
Et quel bras l'a puni pour les maux qu'il a faits ?
    Conduit en pompe en mausolée,
    Il semble encore y voir le jour ;
    Tranquillement dans la vallée
Il repose, il paraît le roi de ce séjour ;
Et, lui servant d'escorte, une foule sans nombre
Le précède et le suit dans le royaume sombre.

(*Traduction de B. M. F. Levavasseur*, Paris, 1826, in-8°.)

L'Arabe Job, comme on le voit, est formel sur ce point, que le juste et l'injuste prospèrent également sur la terre, et qu'il serait impossible de discerner l'état de leur conscience par leur position dans le monde. David ne l'est pas moins. Tout le monde connaît les beaux vers de Racine, qui expriment si bien le verset 36 du psaume XXXV :

J'ai vu l'impie adoré sur la terre ;
Pareil au cèdre, il cachait dans les cieux
    Son front audacieux ;
Il semblait à son gré gouverner le tonnerre,
Foulait aux pieds ses ennemis vaincus.
Je n'ai fait que passer, il n'était déjà plus.

(*Esther*, acte III, scène IX.)

Le roi-prophète dit aussi, psaume 72, traduction de Jean-Baptiste Rousseau, ode VII, tome Ier, page 31, édition de Paris, 1743, 4 volumes in-12 :

Pardonne, Dieu puissant, pardonne à ma faiblesse,
A l'aspect des méchants, confus, épouvanté,
Le trouble m'a saisi, mes pas ont hésité ;
Mon zèle m'a trahi, Seigneur, je le confesse,
    En voyant leur prospérité.
Cette mer d'abondance où leur âme se noie
Ne craint ni les écueils ni les vents rigoureux ;
Ils ne partagent point nos fléaux douloureux,
Ils marchent sur les fleurs, ils nagent dans la joie,
    Le sort n'ose changer pour eux.
. . . .

De là, je l'avoûrai, naissait ma défiance :
Si sur tous les mortels Dieu tient les yeux ouverts,
Comment sans les punir voit-il ces cœurs pervers ?
Et s'il ne les voit pas, comment peut sa science
  Embrasser tout cet univers ?

. . . .

Je croyais pénétrer tes jugements augustes ;
Mais, grand Dieu, mes efforts ont toujours été vains,
Jusqu'à ce qu'éclairé du flambeau de tes saints,
J'ai reconnu la fin qu'à ces hommes injustes
  Réservent tes puissantes mains.
J'ai vu que leurs honneurs, leur gloire, leur richesse,
Ne sont que des filets tendus à leur orgueil ;
Que la part n'est pour eux qu'un véritable deuil ;
Et que ces lits pompeux où s'endort leur mollesse,
  Ne couvrent qu'un affreux cercueil.
Comment tant de grandeur s'est-elle évanouie ?
Qu'est devenu l'éclat de ce vaste appareil ?
Quoi ! leur clarté s'éteint aux clartés du soleil ?
Dans un sommeil profond ils ont passé leur vie,
  Et la mort a fait leur réveil.

Salomon, auteur de l'*Ecclésiaste*, conserve religieusement les traditions de David, son père, sur le mélange des biens et des maux qui sont, dans ce monde, le partage de l'impie et du juste.

« — J'ai vu sous le soleil, dit-il cha-»pitre 3, versets 16 et 17, l'impiété »dans le lieu du jugement, et l'ini-»quité dans le siège de la justice, et »j'ai dit en mon cœur : Dieu jugera »le juste et l'impie, et alors ce sera »le temps de toute chose. »

« J'ai vu les impies ensevelis. Ils »étaient pendant leur vie dans le lieu »saint, on les louait dans la ville »comme s'ils avaient fait le bien ; »mais cela même est vanité. » (VIII, 10.)

« Il y a des justes à qui des maux »adviennent, comme s'ils avaient fait »les œuvres des impies ; et il y a des »impies qui vivent dans la sécurité, »comme s'ils avaient fait les œuvres »des justes ; je dis donc que c'est là »vanité. » (VIII, 14.)

« Tout demeure incertain et se ré-»serve pour l'avenir, parce que tout »arrive également au juste et à l'im-»pie, au bon et au méchant, au pur »et à l'impur, à celui qui immole des »victimes et à celui qui méprise les »sacrifices. L'innocent est assimilé au »pécheur, le parjure à celui qui res-»pecte le serment. C'est là ce qu'il y »a de plus mauvais dans ce qui passe »sous le soleil, que tout arrive de »même à tous. De là vient que les »cœurs des enfants des hommes sont »remplis de malice et de dédain pen-»dant leur vie, et qu'ils descendent »ainsi dans le tombeau. » (IX, 2 et 3.)

Insistons sur ce point essentiel que, quoique rien n'arrive dans le monde sans une disposition précise de la Providence, nous ignorons complètement si cette disposition est générale ou particulière, si c'est pour ce qu'on appelle vulgairement bonheur ou malheur de la vie.

O homme ! qui t'a donné le droit de déterminer les desseins de la Providence dans le gouvernement du monde ? Qui es-tu pour sonder ses secrets et pour pénétrer dans ses impénétrables conseils ? Lorsque Job est précipité du sein de l'opulence dans l'excès de la misère, on n'entend sortir de sa bouche que des paroles touchantes, dictées par la plus sublime philosophie tout aussi bien que par la plus admirable résignation :

Je sortis, ô mon Dieu, nu des flancs de ma mère,
Nu bientôt dans son sein me recevra la terre.
Ta main m'a tout donné, ta main m'a tout ôté ;
Que ton nom soit béni ! que, toujours respecté,
  Le décret souverain qu'a dicté ta justice
Soit reçu sans murmure et sur moi s'accomplisse !

Le Seigneur est le maître de la vie et de la mort, il envoie sur les bords du tombeau et il en retire à son gré. Celui-ci est enlevé à la fleur de son âge; est-ce un malheur pour lui? L'esprit de Dieu répond dans le livre de la *Sagesse* (IV, 11) : « Il a été enlevé de peur que son entendement ne fût corrompu par la malice, et que les apparences trompeuses ne séduisissent son âme. »

Le terme de la course de celui-là est reculé jusqu'à la vieillesse la plus avancée; faut-il l'en féliciter? Oui, s'il fait usage des jours qui lui sont laissés pour réformer ses penchants dissolus; non, s'il ne se sert de cette prolongation que pour endurcir son cœur et aggraver son fardeau. Ce peuple remporte des victoires éclatantes; qui osera décider que la Providence a voulu récompenser ses vertus? Cet autre peuple a vu moissonner l'élite de ses guerriers sur le champ de bataille; qui sera assez téméraire pour assurer que la Providence a voulu le punir? Ô homme! rougis donc de ton ignorance et de ton aveuglement! Tu es dans l'ivresse de la joie, quand tu devrais être dans la douleur; tu pleures, quand il faudrait te réjouir. Tu confesses que tes pieds ont chancelé dans la foi à la vue de la paix des méchants, et bientôt tu prétends expliquer ce mystère! Quelle inconcevable présomption!....

Les préjugés de nation et de secte enfantent bien des erreurs, comme on va le voir. ROBINSON CRUSOÉ, après avoir *représenté* un religieux bénédictin, qui joue un assez beau rôle dans la dernière partie du roman, *comme Papiste, comme prêtre papiste*, et définitivement *comme prêtre papiste français*, reconnaît néanmoins (tome II, page 203), que c'était un homme grave, sobre, pieux, plein de ferveur, d'une vie régulière, d'une ardente charité, et presque en toutes choses d'une conduite exemplaire. Si l'injure de *papiste*, de *prêtre*, de *français*, est grave, la réparation est complète. Quelques courtes réflexions sur tout cela, et sur la tolérance, comme l'entend ROBINSON.

Lorsque l'ouvrage de Daniel de Foë parut, les Anglais applaudirent sans doute à ces trois mots qui étaient alors des injures de la plus grande force. Actuellement les préventions se sont tellement dissipées que ces injures ne seraient plus de mise. Les Papistes ont été émancipés, le nom du pape a été prononcé avec respect par des populations nombreuses en présence de l'illustre *agitateur* O'Connell, son mannequin n'est point brûlé dans Londres, la nation anglaise est l'alliée de la nation française, sans cesser d'être son émule de gloire. Les *prêtres* sont accueillis dans les cités de l'empire britannique, et révérés à l'égal des ministres anglicans. Oserait-on aujourd'hui demander excuse de ce qu'on fait l'éloge d'un homme qui réunit en lui les titres de *papiste*, de *prêtre*, et de *français*? Aurait-on à redouter d'être blâmé d'apprécier, nonobstant sa communion, la valeur d'un tel homme, quoiqu'on le croie dans l'erreur, et de lui donner son vrai caractère? c'est peu vraisemblable. Le temps a marché, et la sociabilité avec lui.

Qu'on aime à retrouver la sage réserve du religieux bénédictin à précipiter dans l'abyme infernal ceux qui ne vivent pas dans le sein de l'Église catholique! Oui, *hors de l'Église point de salut*, c'est un principe inébranlable, c'est le fondement de la foi; mais il est aussi de foi que Dieu est riche en miséricordes, qu'il peut jusqu'au dernier soupir de l'homme dévoyé laisser parler sa clémence, et qu'il n'appartient qu'au juge suprême de discerner ceux qui paraissent devant son tribunal avec le signe sacré du salut, d'avec ceux qui sont marqués du caractère de la réprobation. Dans le catholicisme il n'y a de proscription que pour l'erreur, qu'anathème contre l'erreur, mais il y coule une source inépuisable de compassion, d'espérance et de charité pour les errants. Plus on se rapproche de la vérité, plus on lui devient cher; plus on conserve des traces de l'enseignement du Verbe éternel, plus on est sûr de lui être agréable. Cependant il ne tolère jamais aucune espèce d'alliance entre Jésus-Christ et Bélial, aucune association avec la vérité et le mensonge; il cesserait d'être ce qu'il est, le dépositaire et le gardien des moyens du salut.

Il est douteux qu'aucun prêtre catholique portât aussi loin la condescendance que le bénédictin de ROBINSON. Il baptise lestement, et il laisse les néophytes entre les mains des Protestants pour être perfectionnés dans la science de l'Évangile. Il a beau dire qu'il existe une grande différence entre un protestant et un païen, entre celui qui invoque Jésus-Christ, quoique dans un mode qu'il ne juge pas conforme à la véritable foi, et un Sauvage, un Barbare, qui ne connaît ni Dieu, ni Christ, ni Rédempteur. La maxime est vraie, mais la conduite n'est pas selon les règles ecclésiastiques. Le bénédictin va plus loin encore: il donne la bénédiction nuptiale à des personnes qui n'y croient point, sans aucune préparation antérieure, presque à leur insu, desorte qu'on ne pouvait deviner par là de quelle religion il était (page 258). Qu'importe que les Anglais ne désapprouvent point un tel mariage, s'il encourt la désapprobation de l'Église catholique? Un prêtre, dans ses fonctions, ne doit avoir en vue que la société dont il est le ministre. Il a tort dans sa conviction qu'*il n'y a point d'hérésie dans un excès de charité* (page 240). Il est bien enseigné dans l'Évangile que beaucoup de péchés sont remis à qui aime beaucoup, et que la charité couvre la multitude des péchés, mais non qu'un excès de charité empêche de tomber dans l'hérésie. Sans contredit, la charité est une garantie contre l'erreur, elle aide à sortir de l'erreur, mais elle ne préserve pas infailliblement de toute chute celui qui la possède.

On serait étonné de rencontrer dans un livre aussi modéré que ROBINSON CRUSOÉ, quelques préjugés contre le catholicisme, si l'on ne savait que l'auteur était zélé protestant. On en voit percer des traces tome II, page 202 et 203; elles sont empreintes d'un peu de ridicule, même tome, page 220. Mais on lit, pages 257 et 258: « Jamais pareil sermon n'a été prêché »par un prêtre papiste dans ces der-»niers siècles du monde. Aussi lui »dis-je que je lui trouvais tout le zèle, »toute la sincérité d'un Chrétien, sans »les erreurs d'un catholique romain, »et que je croyais voir en lui un pas-»teur tel qu'avaient été les évêques »de Rome avant que l'Église ro-»maine se fût assurée la souveraineté »spirituelle sur les consciences hu-»maines. » Mais le sermon du Bénédictin n'offre rien de contraire à la foi de l'Église catholique, et par conséquent rien qui ne puisse être prêché par un prêtre papiste. Il serait bien à désirer que les yeux des Protestants se décillassent et qu'ils aperçussent enfin qu'on les a égarés sur l'enseignement du catholicisme. Ne cessera-t-on jamais de se tromper soi-même et de prendre pour la doctrine du corps les opinions de quelques membres sans crédit? Ne reconnaîtra-t-on jamais les calomnies des coryphées de la réforme, qui ont donné, dans leur système d'intérêt, quelques valeurs pratiques pour le culte solennel et avoué de l'Église? Quel homme de bonne foi se refuserait d'entrer dans les sentiments de Silvio Pellico? (*Le Mie Prigioni*, tome II, page 101.) « Nos entretiens, »d'Oroboni et de moi, ne roulaient »plus que sur la philosophie chré-»tienne, et sur la comparaison que »nous en faisions avec les pauvretés »de la doctrine sensualiste. C'était un »bonheur pour tous deux de trouver »une si grande conformité entre le »Christianisme et la raison. Tous »deux, en confrontant les diverses »communions évangéliques, nous re-»connaissions que la catholique est »la seule qui puisse réellement ré-»sister à la critique, et que la doc-»trine de cette communion se com-»pose de dogmes très-purs et d'une »morale très-élevée, et non des mi-»sérables conceptions de l'ignorance »humaine. » Les sentiments qu'il exprime page 120 ne sont-ils pas ceux de tout prêtre catholique? « Quel »contentement de nous trouver d'ac-»cord en matière de religion, d'ac-»cord l'un et l'autre à haïr l'igno-»rance et la barbarie, mais aussi à ne »haïr aucun homme, à prendre en »pitié les ignorants et les méchants, »et à prier pour eux! » Que vient faire ici *l'usurpation de la souveraineté spirituelle sur les consciences humaines par les évêques de Rome*? N'est-il pas constant que la primauté du pape est de droit divin, que l'usage qu'il en a fait, dès l'origine du Christianisme, est un fait reconnu par les Protestants les plus instruits et les plus distingués, qu'en général ceux qui ont occupé le siége apostolique semblent n'avoir eu de règle de conduite que la maxime de l'un d'entre eux: *Ne plions pas les canons à notre volonté, mais que les canons nous trouvent soumis à leur empire*; qu'il serait de la plus horrible injustice d'attribuer à tous les pontifes romains les empiétements de quelques-uns d'entre eux; que l'Église gallicane ne cesse pas de faire partie de l'Église universelle, et n'a jamais été condamnée, quoiqu'elle mette des bornes à l'exercice de quelques attributions du pape? Sans doute, dans la file des siècles, les évêques de Rome ont subi le torrent de la corruption humaine; mais dans les temps modernes, que de traits de ressemblance ne présentent-ils pas avec leurs devanciers de la primitive Église? Ils se montrent aussi incontestablement les héritiers de leurs lumières et de leurs vertus, que de leurs augustes prérogatives.

Le roman ajoute (page 375): « Ce « que les *Missionnaires* appellent la « conversion des Chinois au Christianisme est plus éloigné de la vraie « conversion requise pour amener un « peuple à la foi du Sauveur, et ne semble guère consister qu'à leur apprendre le nom de Jésus, à réciter « quelques prières à la Vierge Marie « et à son fils dans une langue qu'ils ne « comprennent pas, à faire le signe « de la croix et autres choses semblables. » Ceci est évidemment faux. Les Chinois sont instruits dans leur langue, prient dans leur langue, chantent à l'église des cantiques en leur langue, la plupart de nos bons livres de piété sont traduits en leur langue, comme on peut s'en convaincre dans les *Lettres édifiantes* et ailleurs. Au reste, ce qui suit ce passage est un hommage rendu au zèle et au dévouement des missionnaires. « Il faut l'avouer, ces religieux ont « une ferme croyance que ces gens seront sauvés et qu'ils sont l'instrument de leur salut : dans cette persuasion, ils subissent non-seulement les fatigues du voyage, les dangers d'une pareille vie, mais souvent la mort même avec les tortures « les plus violentes pour l'accomplissement de cette œuvre; et ce serait « de notre part un grand manque de « charité, quelque opinion que nous « ayons de leur besogne en elle-même « et de leur manière de l'expédier, « si nous n'avions pas une haute opinion du zèle qui la leur fait entreprendre à travers tant de dangers, « sans avoir en vue pour eux-mêmes « le moindre avantage temporel. »

Le grand attachement de Robinson pour le Protestantisme ne l'empêcha pas de professer le catholicisme au Brésil, ainsi qu'il l'avoue, page 14, tome II : « Je ne m'étais fait aucun « scrupule de professer publiquement « la religion du pays, tout le temps que « j'y avais séjourné. » Et plus forte ment encore, suivant une traduction littérale, communiquée par MM. Borel et Soulement, comme j'avais depuis « peu réfléchi quelquefois sur ce sujet « plus mûrement que jadis, quand je « venais à songer qu'il était question « d'aller vivre et mourir parmi ces « peuples (les Brésiliens), je commen çais à me repentir d'avoir professé « le papisme et à croire que ce pouvait « bien ne pas être la meilleure religion « pour y mourir. » Cet aveu est encore plus formel dans un passage que le traducteur a supprimé, et qui devait se trouver tome II, page 39, le voici : « Comme j'avais nourri quelques dou tes touchant la religion catholique « romaine, du temps même que j'étais « à l'étranger, surtout durant ma vie « solitaire, je sentais qu'il ne m'appartenait pas d'aller au Brésil, encore « moins de m'y établir, à moins « que d'être déterminé à embrasser « le Catholicisme sans réserve aucune, « ou que d'être résolu à me sacrifier « pour mes principes, à me faire martyriser pour ma religion, à mourir « entre les mains de l'inquisition. » N'est-ce pas, en d'autres termes, les deux vers de Zaïre?

J'eusse été près du Gange esclave des faux dieux,
Chrétienne dans Paris, Musulmane en ces lieux.

Il est vrai que Robinson témoigne du regret d'avoir pu trahir sa conscience, et qu'il rappelle ses remords et ses doutes dans cet état de dissimulation, mais il n'en est pas moins coupable d'avoir professé en public une religion qu'il condamnait en secret et d'avoir été hypocrite malgré ses scrupules. C'est ici le cas d'invoquer l'autorité de Silvio Pellico. « Et si, par le « plus incroyable des hasards, nous devions rentrer dans la société, disait « Oroboni, serions-nous assez lâches « pour ne pas confesser l'Évangile, « pour nous laisser aller au respect humain, si quelqu'un s'avisait de dire « que la prison a affaibli notre intelligence, et que par faiblesse d'esprit «nous sommes devenus plus féroces «dans la foi? — Cher Ucédami, lui «dis-je, ta question me révèle la ré-«ponse, et celle-ci est aussi la mienne. «Le comble de la lâcheté est donc faire «l'esclave des jugements d'autrui, lors-«qu'on a la conviction de leur fausseté. «Je ne crois pas que cette lâcheté, «tel ou tel, nous l'eussions jamais » (tome II, page 109). C'est là parler en catholique, et en vrai catholique.

Invoquons une autorité plus respectable encore, celle de la Sorbonne dans la censure d'Émile. Page 282, édition in-8°, J. J. Rousseau avait dit : « Toutes les religions sont autant d'in-«stitutions salutaires, qui prescrivent «dans chaque pays une manière uni-«forme d'honorer Dieu ; qu'elles sont «toutes bonnes, quand on y sert Dieu «convenablement : le culte essen-«tiel étant celui du cœur ; qu'elles «peuvent avoir toutes leurs raisons «dans le climat, dans le gouverne-«ment, dans le génie du peuple ou «dans quelque autre cause locale qui «rend l'une préférable à l'autre, se-«lon les temps et les lieux. » La Sor-bonne déclare que ces paroles portent à une hypocrisie détestable. En effet, c'est une conséquence évidente de la doctrine qu'elles contiennent, qu'il est au moins permis à cha-cun de changer de religion en chan-geant de lieu, de climat, de gouverne-ment, et de professer ainsi l'une après l'autre toutes les différentes religions du monde. Elle met Rousseau en con-tradiction avec lui-même, en citant ce qu'il dit ailleurs : « Dans l'incertitude «où nous sommes, c'est une inexcusa-«ble présomption de professer une «autre religion que celle où l'on est «né, et une fausseté de ne pas prati-«quer sincèrement celle qu'on pro-«fesse. »

Le lecteur n'oubliera pas que le Bé-nédictin ne peut être excusé de pré-varication au sujet de sa religion, que le héros du roman a manifestement et sciemment trahi la sienne, qu'il a préconisé la tolérance, c'est-à-dire, d'après sa conduite, l'abandon de la Foi. Nous allons voir maintenant quelle sera sa tolérance à l'égard des Tartares idolâtres. L'idole Cham-Chi-Thaungu, adorée par des peuplades barbares, excite sa rage, et, dans son fanatisme, il pourfend avec son épée le bonnet qu'elle avait sur la tête. Son exemple encourage ses compagnons de voyage à insulter le monstre, et il y a grande apparence qu'ils l'auraient renversé et brisé, si les idolâtres ne s'étaient armés pour sa défense. Ce-pendant Robinson jure de détruire l'idole, et en effet pendant la nuit, lorsque la population tout entière était plongée dans le sommeil, lorsque les ministres et les adorateurs de Cham-Chi - Thaungu seuls veillaient dans une maison voisine, il parvient à force de ruse à s'emparer d'eux, à les bâil-lonner, à les traîner près de l'idole et à l'incendier en leur présence avec des matières inflammables. Le jour qui suivit cette expédition nocturne aurait été funeste à toute la caravane sans les sages précautions du gouver-neur moscovite. Il faut lire la cons-ternation de Nertsinskoy à la vue du soulèvement de tous les villages des environs et de la multitude de Tarta-res qui prirent les armes et se réuni-rent pour venger la destruction de leur dieu. Toute la feuille 28 est rem-plie des détails de la fureur des idolâ-tres, des craintes des soldats russes, des menaces de déclaration de guerre au Czar, des ruses de la caravane pour éviter de tomber entre les mains des fu-rieux, des marches et contre-marches pour échapper à leurs coups, des impos-tures des coupables pour n'être point découverts, et de mille autres incon-vénients qu'ils s'étaient attirés et qu'ils faisaient partager à des voyageurs pai-sibles.

Comment se fait-il que Robinson n'ait pas prévu l'orage qui allait fon-dre sur lui et qu'il ait commis de gaîté de cœur un crime que la religion réprouve? Comment peut-il ne pas condamner une action que les anciens conciles, révérés par les Protestants eux-mêmes, ont sévèrement défen-due, et qui ne peut que rendre le Christianisme odieux?

Si quelqu'un, dit le 60e canon du concile d'Elvire, tenu en 305, est mis à mort pour avoir détruit des idoles, il ne sera point admis au nombre des martyrs, parce que cela n'est point écrit dans l'Évangile et n'a pas été pra-tiqué par les Apôtres.

Sous l'empire de Julien, on força les Chrétiens de rebâtir les temples qu'ils avaient démolis, et on punit ceux qui s'y refusèrent.

En Perse, l'évêque Abdas abattit un temple du feu vers 420, et causa une grande persécution.

Le zèle immodéré des Chrétiens, qui les porte à briser les idoles, a insulter les objets du culte public, est une des causes les plus ordinaires des persécutions dans le vaste empire de la Chine.

Il y a bien encore dans Robinson Crusoé quelques autres points qui blessent les convenances ou les idées généralement reçues, comme 1°. ce qu'il dit des Cannibales, tome 1er, pages 203, 204, 205, 206, et 207. « Quelle autorité, quelle mission avais-je pour me prétendre juge et bourreau de ces hommes criminels, lorsque Dieu avait décrété convenable de les laisser impunis durant plusieurs siècles, pour qu'ils fussent en quelque sorte les exécuteurs réciproques de ses jugements ?... Comment puis-je savoir ce que Dieu lui-même juge en ce cas tout particulier. Il est certain que ces peuples ne considèrent pas ceci comme un crime; ce n'est point réprouvé par leur conscience, leurs lumières ne le leur reprochent point. Ils ignorent que c'est mal, et ne le commettent point pour braver la justice divine, comme nous faisons dans presque tous les péchés dont nous nous rendons coupables. Ils ne pensent pas plus que ce soit un crime de tuer un prisonnier de guerre que nous de tuer un bœuf, et de manger de la chair humaine, que nous de manger du mouton. » Ce plaidoyer était tout-puissant pour arrêter le bras de Robinson et l'empêcher de tuer ces Sauvages uniquement parce qu'ils étaient Cannibales; mais il était insuffisant dans la considération de sa propre défense et de repousser la force par la force; à plus forte raison devait-il paraître plus insuffisant encore quand il s'agissait de justifier un crime aussi horrible que celui de dévorer des prisonniers de guerre après les avoir immolés. A quoi sert d'alléguer le silence de la conscience, l'habitude invétérée des traditions de famille et de nation, la profondeur des ténèbres de l'esprit, lorsque le cœur se soulève d'horreur à la pensée d'un si détestable banquet ? Bien des raisons contribuent sans doute à atténuer la coutume des Cannibales; mais il n'en est point qui fasse disparaître entièrement ce qu'elle a d'affreux; elle demeure toujours exécrable au jugement de la morale et de la révélation. Que Robinson se refuse à renouveler les atrocités des Espagnols dans le Nouveau-Monde, rien de mieux; mais n'y avait-il pas

moyen d'anéantir les sacrifices sanglants des nations américaines, autrement que par l'extermination ? Et parce que des Chrétiens mettent à mort des prisonniers après le combat, s'ensuit-il que les anthropophages ne soient pas plus des meurtriers dans le sens qu'il les avait d'abord condamnés en son esprit ? Un crime peut-il justifier un crime par assimilation ? N'est-ce pas là de purs sophismes, et rien de plus ? Au reste, il conclut assez bien. « Quant à leurs crimes, ils n'en seraient coupables les uns envers les autres, je n'avais rien à y faire. Pour les offenses nationales, il est des punitions nationales, et c'est à Dieu qu'il appartient d'infliger des châtiments publics à ceux qui l'ont publiquement offensé. »

2°. Ce qu'il dit du commerce des esprits. Il s'exprime ainsi tome 1er, page 379 : « Que l'homme ne méprise pas les pressentiments et les avertissements secrets du danger qui parfois lui sont donnés, quand il ne peut entrevoir la possibilité de son existence réelle. Que de tels pressentiments et avertissements nous soient donnés, je crois peu de gens ayant fait quelque observation des choses puissent le nier ; qu'ils soient les manifestations certaines d'un monde invisible et du commerce des esprits, on ne saurait non plus le mettre en doute. Et s'ils semblent tendre à nous avertir du danger, pourquoi ne supposerions-nous pas qu'ils nous viennent de quelque agent propice, soit suprême ou inférieur et subordonné, ce n'est pas là la question, et qu'ils nous sont donnés pour notre bien ? » Et tome II, page 110 : « Je suis convaincu que nos âmes, dans leur enveloppe charnelle, communiquent avec des esprits incorporels, habitants du monde invisible, et en reçoivent des clartés. » Bien que ce commerce des esprits et ces pressentiments secrets ne soient point opposés au sentiment religieux, qu'ils le favorisent même, ils peuvent ouvrir la porte à l'illusion et au fanatisme, et c'est pour parer à cet inconvénient que nous en avons parlé. Toutefois la conviction de Robinson est généralement répandue, et nous en trouvons un exemple dans *Mes Prisons* de Silvio Pellico, tome II, page 165 : « Une voix semblait m'assurer dans l'âme qu'Oroboni n'était plus dans le lieu des expiations; néanmoins je ne ces-

«sais pas de prier pour lui. Plusieurs
fois je crus le voir en songe prier aussi
pour moi, et ces songes j'aimais à
me persuader qu'ils n'étaient pas
l'effet du hasard, mais bien de réelles
manifestations d'un usage que Dieu
permettait pour me consoler. Je ferais
rire si j'essayais de peindre la
vivacité de ces songes, et l'enchantement
véritable qu'ils me laissaient
pendant des journées entières. »

Si nous avons qualifié de nouvelle
la doctrine qui veut que Dieu bénisse
constamment ici-bas les bonnes actions
de l'homme juste, et qu'il punisse
sans cesse les mauvaises œuvres
de l'impie, ce n'est pas que nous prétendions
avancer qu'elle est professée
par tous les modernes indistinctement.
Loin de là, puisque nous avons
cité Pelliee parmi les partisans de la
doctrine catholique. Mais dans quelle
catégorie ranger l'illustre poète M. de
Lamartine? on en jugera par ces cinq
vers de l'Épisode qui fait maintenant
tant de bruit dans le monde:

L'innocent à ses yeux pale-t-il pour l'impie?
Ou plutôt est-il donc dans ces sacrés desseins
Que ceux qu'il a choisis ici-bas pour ses saints,
Avant de briller l'homme à ses taches sublimes,
Les premiers que l'autel lui servent de victimes?

Jocelyn, tom. II, pag. 8.

L'abbé LACOUDRIE,
Vicaire-général d'Avignon.

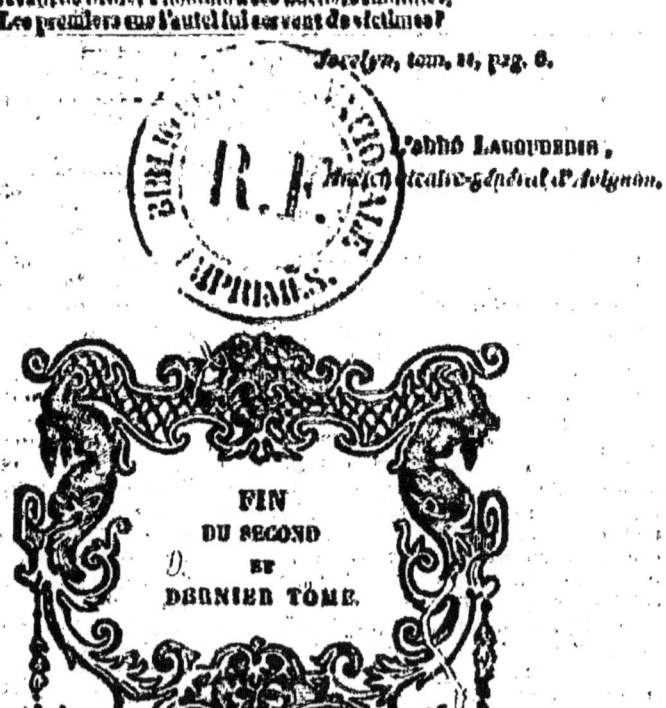

FIN
DU SECOND
ET
DERNIER TOME.

www.ingramcontent.com/pod-product-compliance
Lightning Source LLC
Chambersburg PA
CBHW071724230426
43670CB00008B/1114